U0940754

广州统计年鉴

GUANGZHOU STATISTICAL YEARBOOK

2024

（总第36期 NO. 36）

广　州　市　统　计　局
国家统计局广州调查队　编

Guangzhou Municipal Bureau of Statistics
Survey Office of the National Bureau of Statistics in Guangzhou

中国统计出版社
China Statistics Press

图书在版编目（CIP）数据

广州统计年鉴. 2024 = Guangzhou Statistical Yearbook 2024 : 汉英对照 / 广州市统计局, 国家统计局广州调查队编. -- 北京 : 中国统计出版社, 2024. 10. -- ISBN 978-7-5230-0469-2

Ⅰ. C832.651-54

中国国家版本馆 CIP 数据核字第 20240GX046 号

广州统计年鉴 2024

作　　者/ 广州市统计局　国家统计局广州调查队
责任编辑/ 钟钰
出版发行/ 中国统计出版社有限公司
地　　址/ 北京市丰台区西三环南路甲 6 号
邮政编码/ 100073
电　　话/ 邮购（010）63376909　书店（010）68783171
网　　址/ http://www.zgtjcbs.com
印　　刷/ 广州星河印刷有限公司
经　　销/ 新华书店
开　　本/ 890mm×1240mm　1/16
字　　数/ 1100 千字
印　　张/ 32.25　彩页 1
版　　别/ 2024 年 10 月第 1 版
版　　次/ 2024 年 10 月第 1 次印刷
定　　价/ 398.00 元　Price: 398.00 yuan (RMB)

如有印装差错，由本社发行部调换。

编者说明

EDITOR'S NOTE

一、《广州统计年鉴 2024》是一本全面反映广州经济和社会发展的资料工具书。本书通过大量的统计数据，全面客观地记录了 2023 年及重要历史年份广州市经济、社会的发展情况。

二、全书内容分为 18 个篇目，即：1.综合；2.人口；3.从业人员和工资；4.固定资产投资；5.能源和环境；6.财政和金融；7.价格指数；8.人民生活；9.城市建设；10.农业；11.工业；12.建筑业；13.运输和邮电；14.国内贸易；15.对外经济贸易和旅游；16.规模以上服务业；17.科技；18.教育、文化、体育、卫生、社会福利和其他。在附录部分，收集了全国、广东省、香港特别行政区、澳门特别行政区和粤港澳大湾区主要经济指标。

三、本年鉴资料主要来自广州市的政府各级统计局、国家统计局广州调查队的各种统计报表和抽样调查资料，部分资料来自省属、市属各主管部门。

四、2014 年广州市行政区划有调整，原黄埔区和原萝岗区合并为新黄埔区，原增城市和原从化市撤市设区。从 2015 年起，我市行政区划包括荔湾区、越秀区、海珠区、天河区、白云区、黄埔区、番禺区、花都区、南沙区、从化区和增城区等 11 个区，无县级市。

五、从 2014 年起广州市实施城乡一体化分市县住户调查制度，住户调查统计指标体系有较大变动。

六、根据《国家统计局关于执行新国民经济行业分类国家标准的通知》（国统字〔2017〕142 号）要求，新的行业分类《国民经济行业分类 GB/T4754-2017》从 2017 年统计年报和 2018 年定期统计报表统一开始使用。

七、从 2018 年起，新增《规模以上服务业》篇。

八、本年鉴总量指标计算所采用的价格除注明外均为当年价格。

九、读者在使用历年资料时，凡与本年鉴有出入的，均以本年鉴为准。

十、本年鉴中部分数据合计数或相对数由于单位取舍不同而产生的计算误差，均未作机械调整。

十一、本年鉴表中的符号使用说明：" 空格" 表示该项统计指标数据不详或无该项数据；" …" 表示数不足本表最小单位数；" #" 表示其中的主要项。

十二、2019 年，根据第四次全国经济普查结果，对 2008-2018 年度地区生产总值、2010-2017 年度工业、2011-2018 年度年末全社会从业人员和 1992-2018 年度社会消费品零售总额数据进行了修订。

十三、2020 年，根据第七次全国人口普查结果，对 2011-2019 年常住人口及常住人口城镇人口比重等数据进行了修正。

十四、由于第五次全国经济普查数据尚未核实发布，本年鉴与经济普查有关的专业如核算、工业、固定资产投资、建筑业、规模以上服务业、批发零售业和住宿餐饮业等 2023 年数据均采用年快报数，部分数据由于只有年报数据故暂时无法提供，上述专业 2023 年年报数据将在 2025 年出版的统计年鉴反映。

编者说明
EDITOR'S NOTE

Ⅰ. *Guangzhou Statistical Yearbook 2024* is a reference book that comprehensively reflects the economic and social development of Guangzhou. Through a large number of statistical data, this book comprehensively and objectively records the economic and social development of Guangzhou in 2023 and important historical years.

Ⅱ. The yearbook contains the following 18 chapters: 1. General Survey; 2. Population; 3. Employment and Wages; 4. Investment in Fixed Assets; 5. Energy and Environment; 6. Government Finance and Banking; 7. Price Indices; 8. People's Livelihood; 9. City Construction; 10. Agriculture; 11. Industry; 12. Construction; 13. Transport, Postal and Telecommunication Services; 14. Domestic Trade; 15. Foreign Economy and Tourism; 16. Service Industry above Scale; 17. Science and Technology; 18. Education, Culture, Sports, Public Health, Social Welfare and Others. In the Appendix, the main economic indicators of China, Guangdong Province, Hong Kong Special Administrative Region, Macao Special Administrative Region and the Guangdong–Hong Kong–Macao Greater Bay Area are collected.

Ⅲ. The data in the yearbook are mainly obtained from various statistical statements and sampling surveys conducted by Statistics Bureaus of all levels of government and the Survey Office of the National Bureau of Statistics in Guangzhou. Some data are collected from the departments of the provincial and municipal government.

Ⅳ. Since 2014 Guangzhou administrative division has been adjusted. The original Huangpu and Luogang districts have been merged into the new Huangpu district. The former Zengcheng City and the former Conghua City are divided into districts. Since 2015, Guangzhou city administrative division has included 11 districts, which are Liwan district, Yuexiu district, Haizhu district, Tianhe district, Baiyun district, Huangpu district, Panyu district, Huadu district, Nansha district, Conghua district and Zengcheng district, excluding county–level cities.

Ⅴ. Urban and rural integrated household survey is carried out in Guangzhou from 2014, statistical indicator system of urban and rural integrated household survey is changed greatly.

Ⅵ. According to The Notice of the National Bureau of Statistics on the Implementation of the New National Standard of National Economic Industry Classification (Guotongzi [2017] No. 142), the new classification of National Economic Sectors GB/T4754–2017 has been used from the statistical annual statements of 2017 and the periodic statistical statements of 2018.

Ⅶ. Starting from 2018, a new chapter entitled "Service Industry above scale" has been added.

Ⅷ. The prices used in calculation in the yearbook are current prices except noted.

Ⅸ. In any case the data of this book shall be deemed as the authoritative ones.

Ⅹ. In the yearbook all calculating errors of some total and regular figures for the difference of measuring units haven't been adjusted.

Ⅺ. Notations in this book: blank space indicates data are not available. "…" indicates not large enough to be rounded into the least unit of measurement. "#" indicates major item in a category.

Ⅻ. In 2019, according to the results of the fourth national economic census, the regional GDP from 2008 to 2018, the industry from 2010 to 2017, the entire society's employees at the end of the year from 2011 to 2018, and the total retail sales of consumer goods from 1992 to 2018 were revised.

XIII. In 2020, according to the results of the Seventh National Census, the permanent population and the proportion of permanent urban population from 2011 to 2019 were revised.

XIV. As the data of the fifth National Economic census has not yet been verified and released, the 2023 data of this yearbook related to the economic census, such as accounting, industry, fixed asset investment, construction, service industry above designated size, wholesale and retail trade, accommodation and catering industry, are all based on flash annual reports. Some data cannot be collected temporarily because only annual reports are available. Data from the 2023 annual reports of the above professions will be reflected in the statistical yearbook published in 2025.

地区生产总值（亿元）
Gross Domestic Product (100 million yuan)

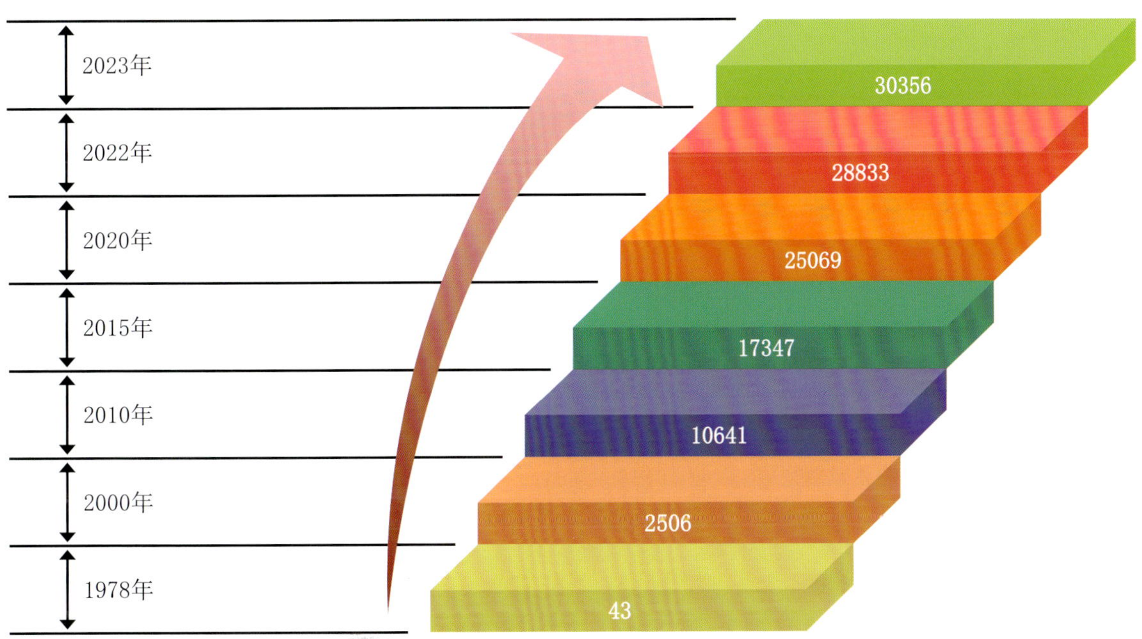

地区生产总值构成（%）
Proportions in GDP (%)

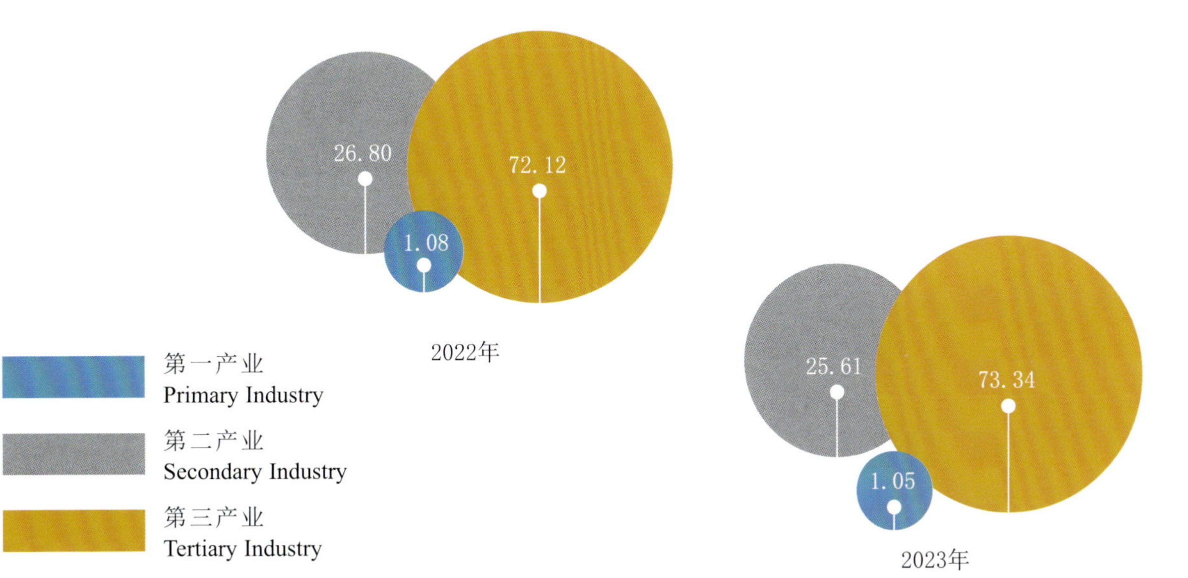

年末户籍总人口（万人）
Total Registered Permanent Residents at Year-end (10000 persons)

户籍人口自然增长率（‰）
Natural Growth Rate of Registered Population (‰)

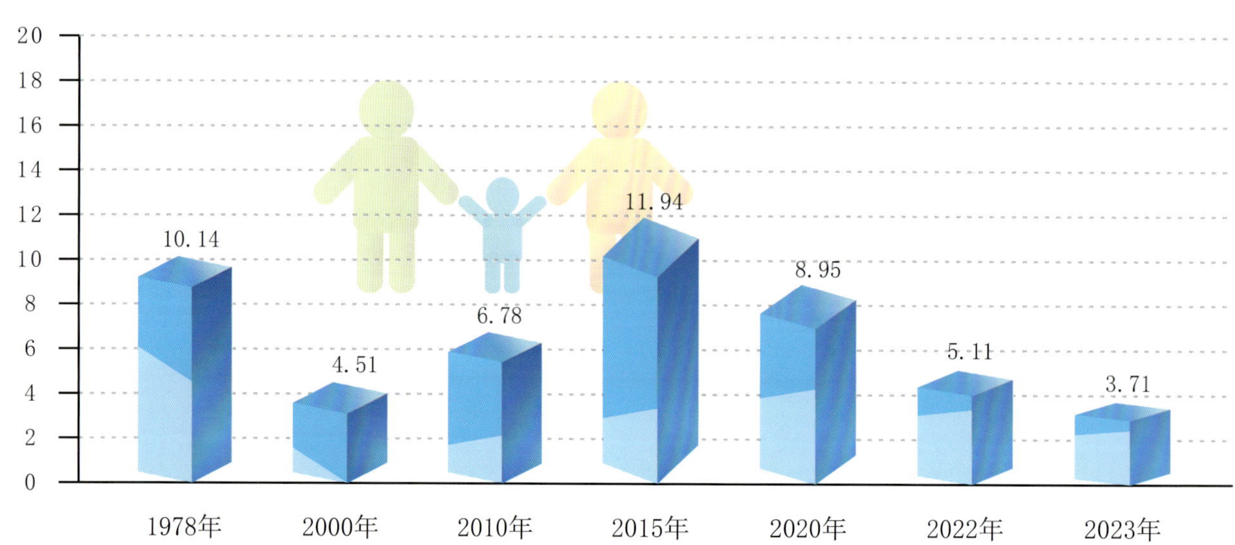

从业人员和工资
EMPLOYMENT AND WAGES

社会从业人员（万人）
Number of Employed Persons (10000 persons)

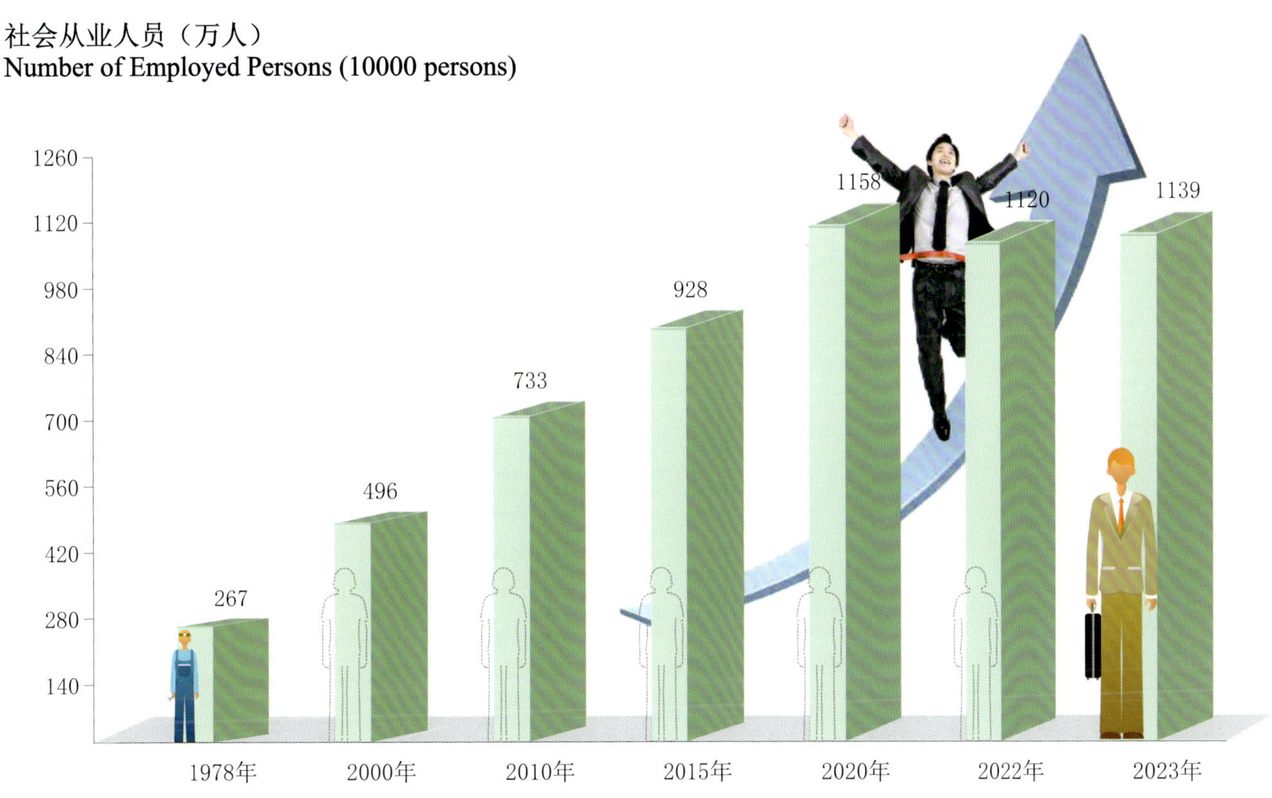

城镇非私营单位在岗职工年平均工资（元）
Average Wage of Fully Employed Staff and Workers in Urban Units (yuan)

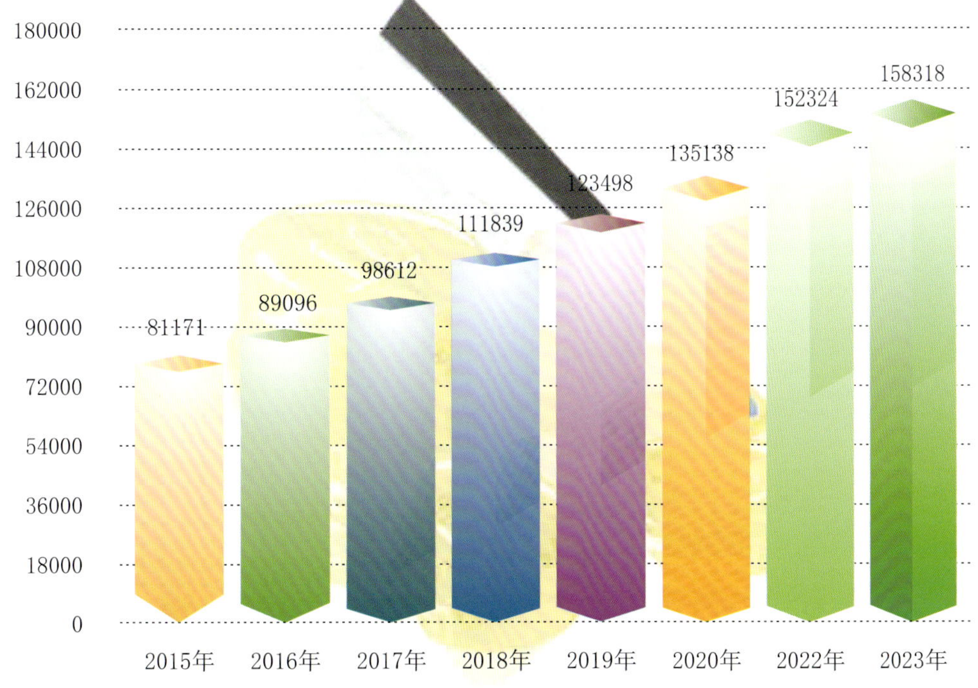

固定资产投资
INVESTMENT IN FIXED ASSETS

固定资产投资额（亿元）
Total Investment in Fixed Assets (100 million yuan)

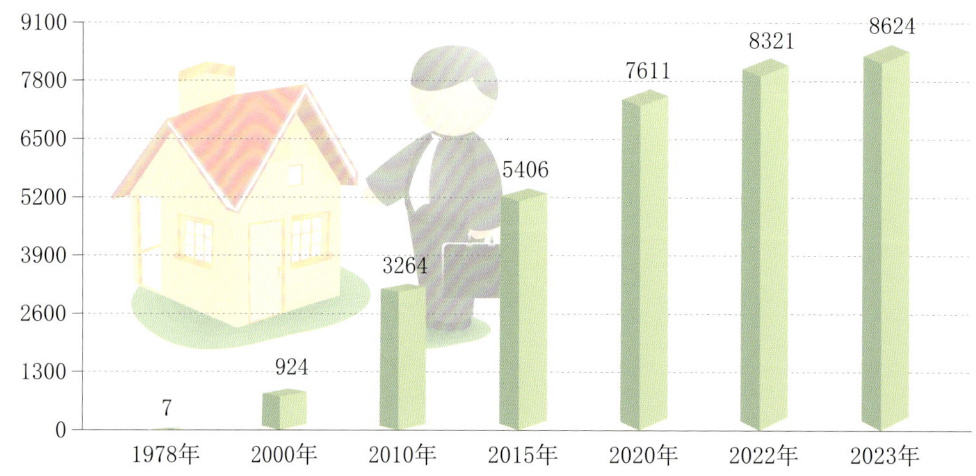

固定资产投资额三次产业构成（%）
Compositions of Investment in Fixed Assets Classified by Three Strata of Industries (%)

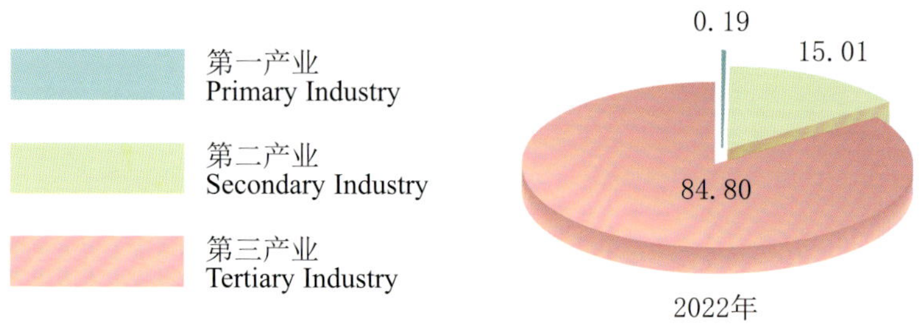

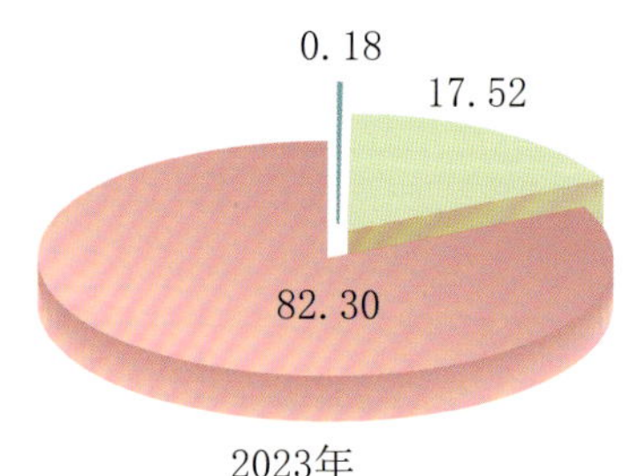

房屋建设(万平方米)
Real Estate Development (10000 sq.m)

房屋施工面积
Floor Space under Construction

12946 12739

2022年 2023年

房屋竣工面积
Floor Space Completed

财政和金融
GOVERNMENT FINANCE AND BANKING

财政收支（按当年口径、亿元）
Revenue and Expenditure of Local Government (at the Coverage of Current Year，100 million yuan)

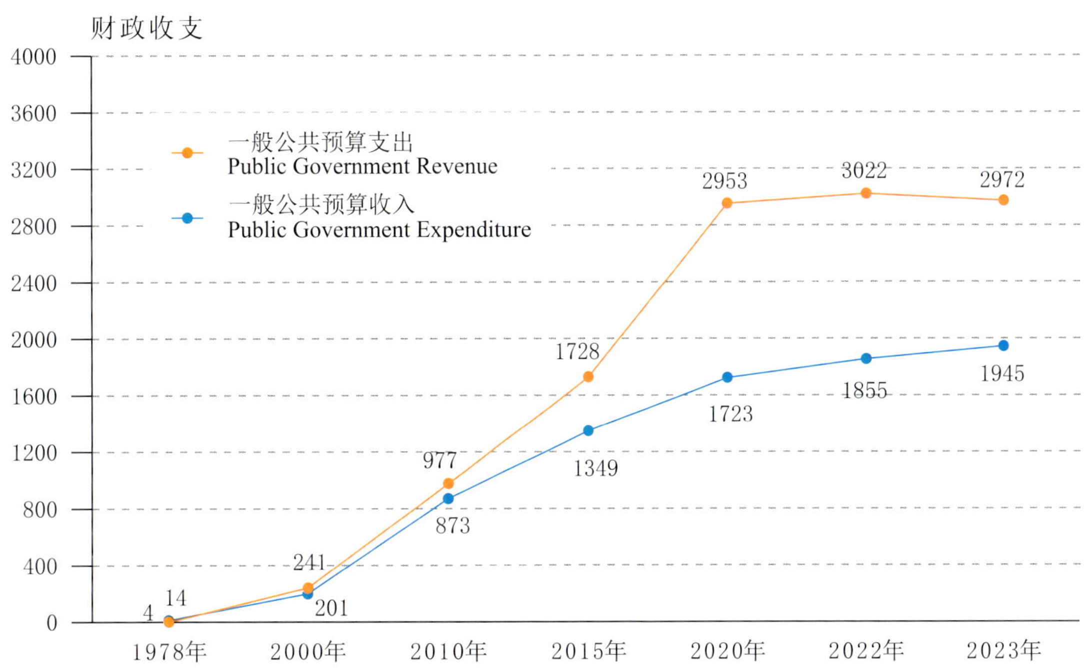

金融机构人民币存、贷款余额（亿元）
RMB Saving Deposit and Loan of Financial Institutions (100 million yuan)

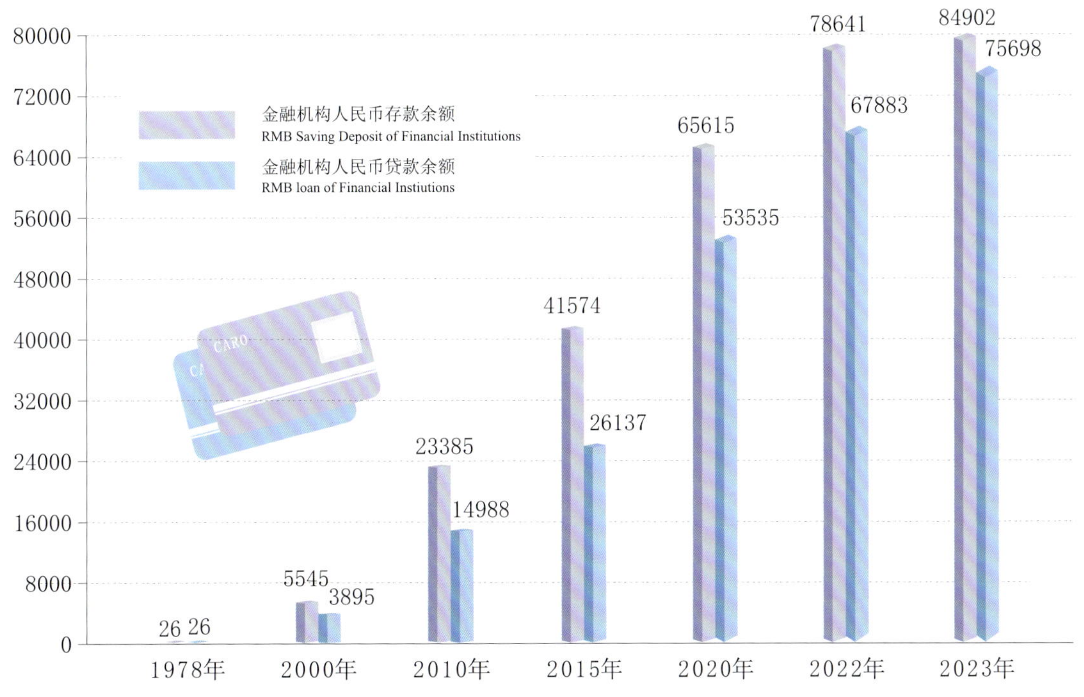

价格指数
PRICE INDICES

城市居民消费价格指数（以上年价格为100）
Urban Residents Consumer Price Indices (preceding year=100)

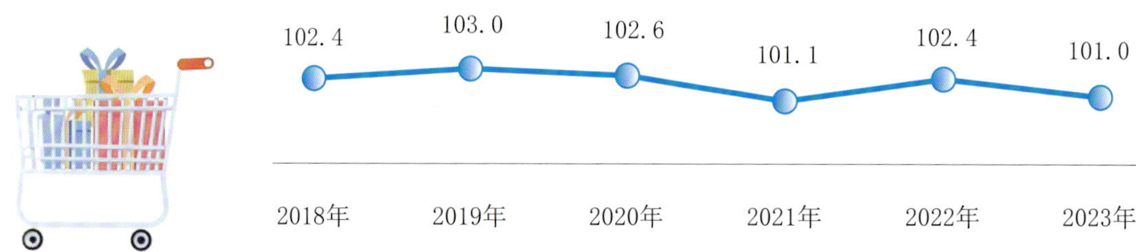

工业生产者出厂价格指数（以上年价格为100）
Producer Price Index for Industrial Products (preceding year=100)

工业生产者购进价格指数（以上年价格为100）
Purchasing Price Index for Industrial Products (preceding year=100)

城镇居民年人均可支配收入（元）
Per Capita Annual Disposable Income of Urban Residents (yuan)

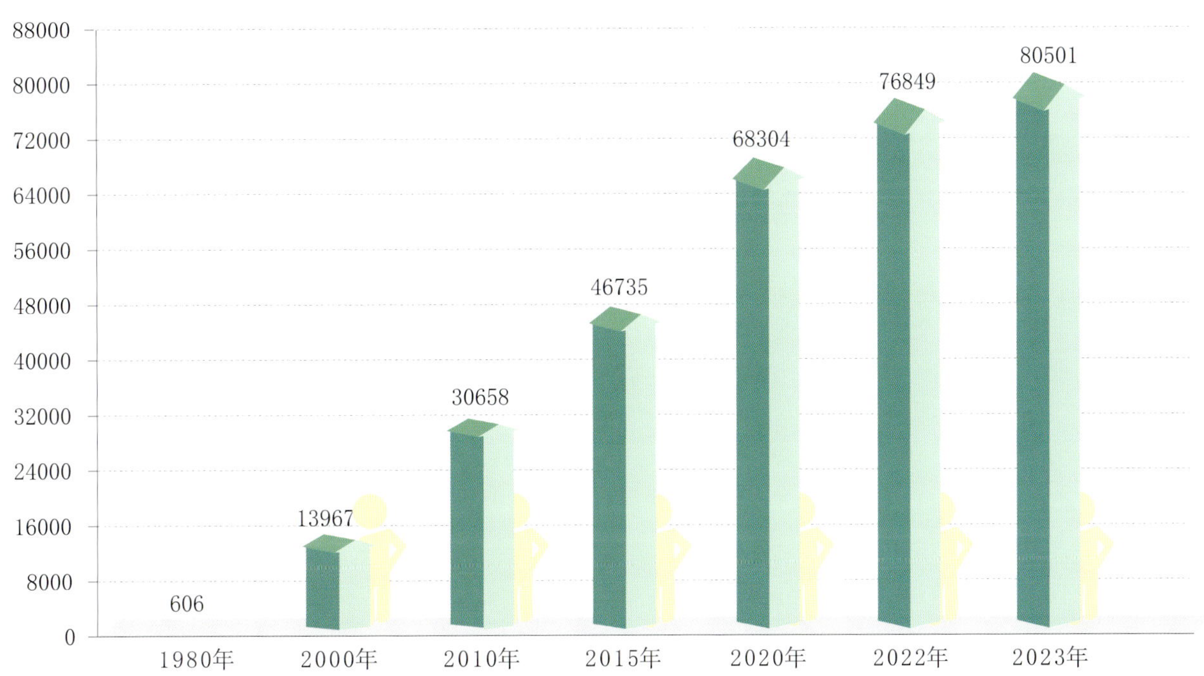

农村居民年人均可支配收入（元）
Per Capita Annual Net Income of Rural Residents (yuan)

城市市政公用设施建设固定资产投资（亿元）
Investment in Fixed Assets in Public Facilities in Urban Districts (100 million yuan)

城市道路面积（万平方米）
Roads Area in Urban Districts (10000 sq.m)

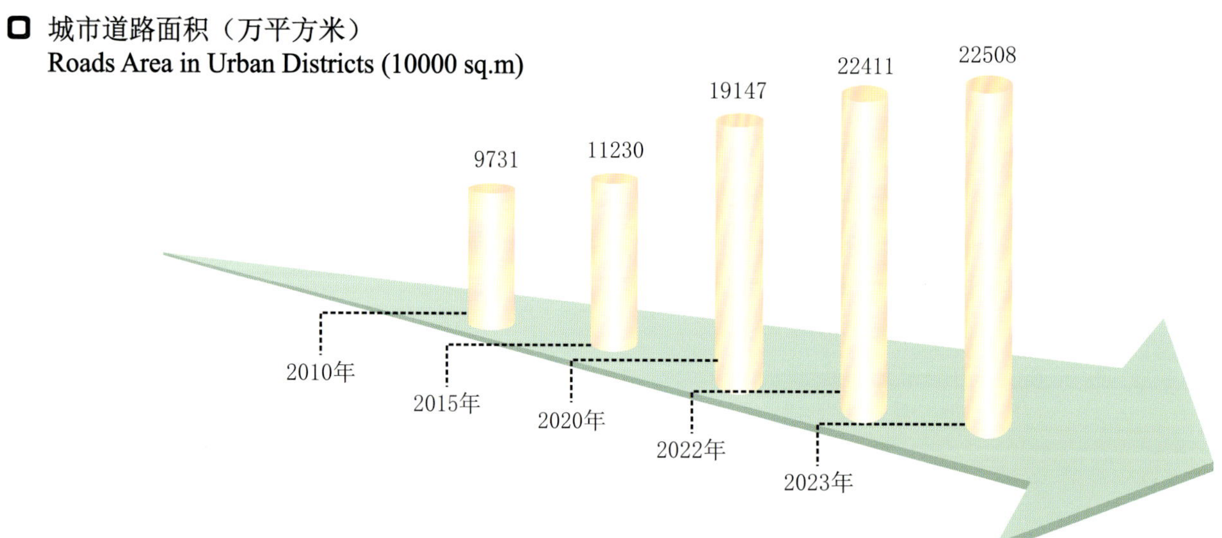

绿地面积（公顷）
Area of Green Areas (hectare)

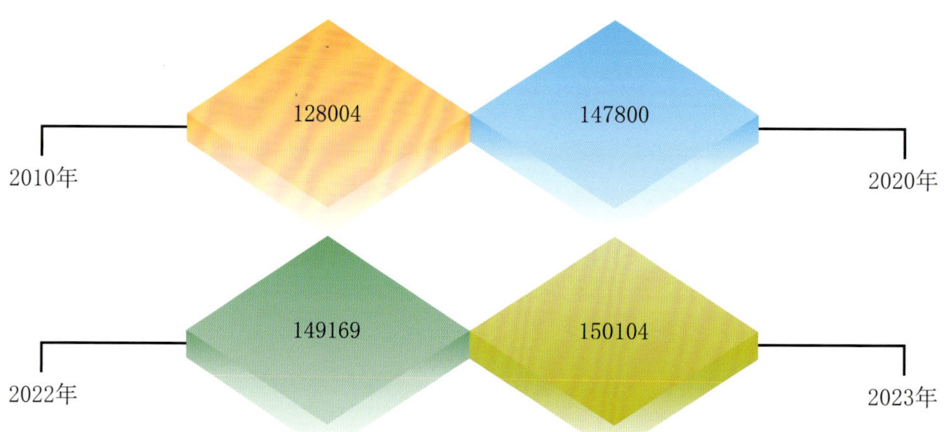

农、林、牧、渔业总产值及增加值（亿元）
Gross Output Value and Added Value of Agriculture (100 million yuan)

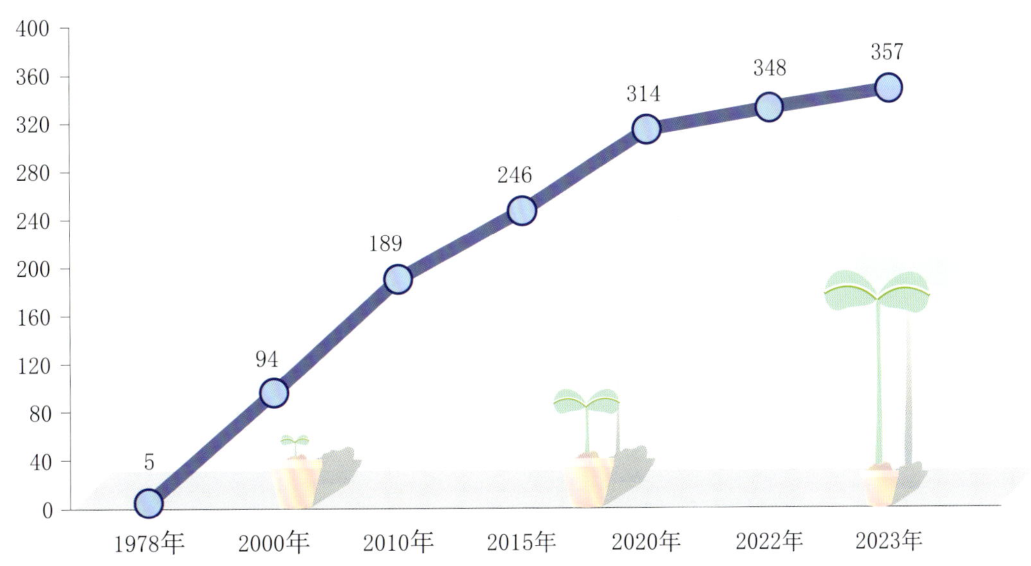

工业总产值（亿元）
Gross Output Value of Industry (100 million yuan)

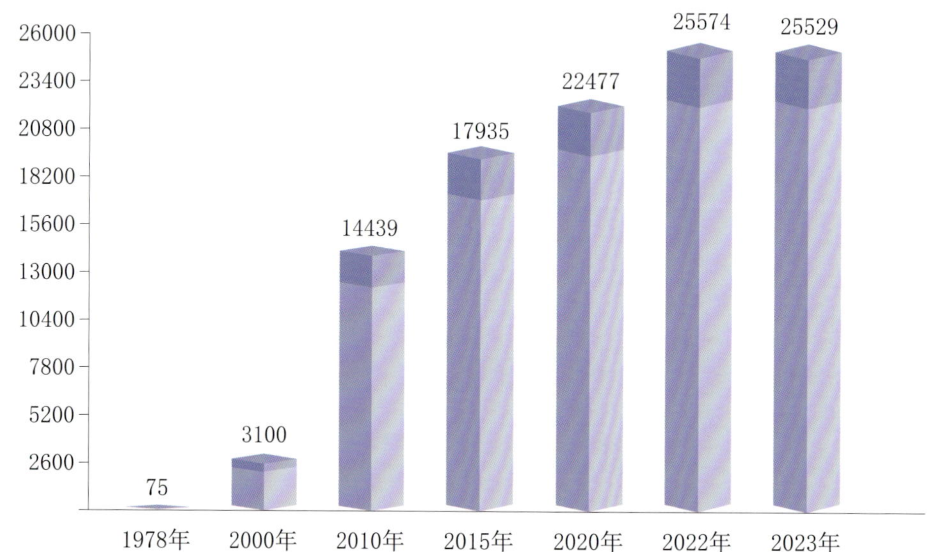

规模以上工业总产值构成（%）（2023年）
Proportions in Gross Output Value of Industry Enterprises above Designated Size(%) (2023)

按规模分
by Scale

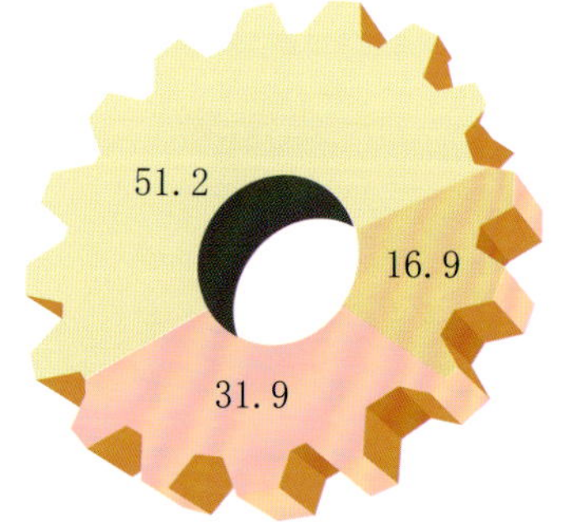

按轻重工业分
by Light and Heavy Industries

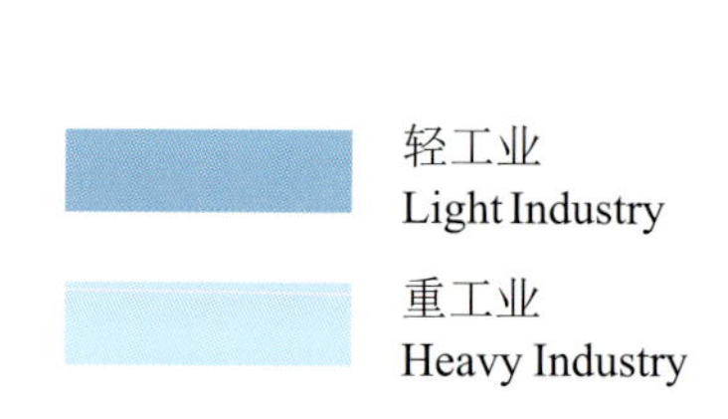

建筑业
CONSTRUCTION

建筑业总产值（亿元）
Gross Output Value (100 million yuan)

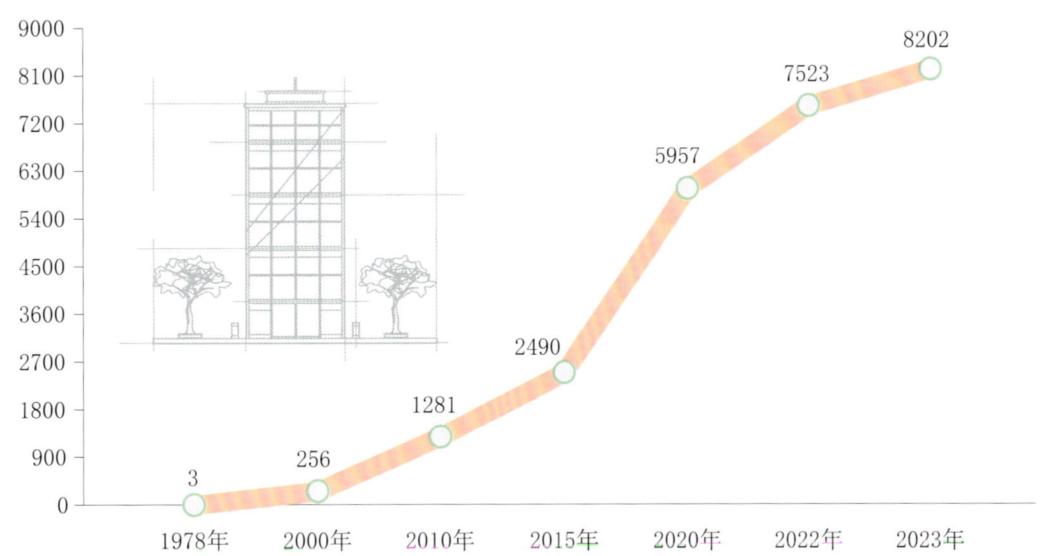

运输和邮电
TRANSPORT, POSTAL AND TELECOMMUNICATION SERVICES

邮电业务收入（亿元）
Revenue of Postal and Telecommunication Services (100 million yuan)

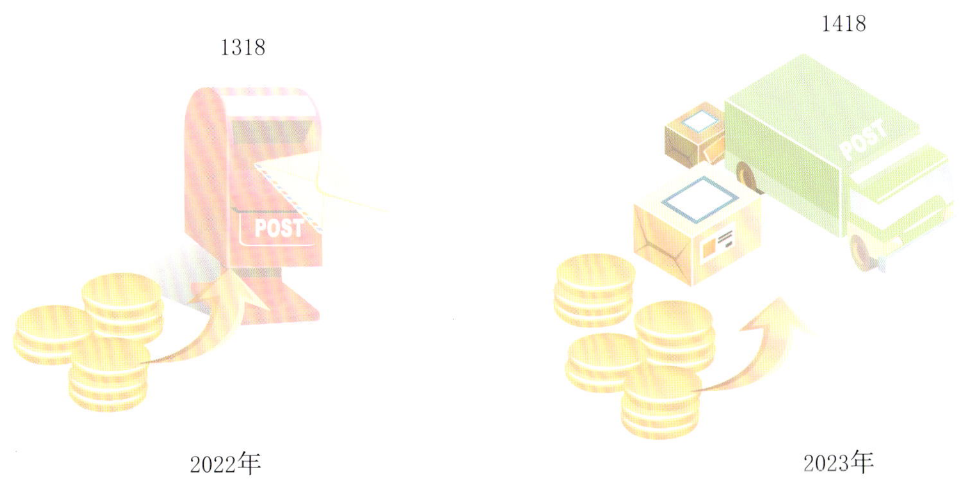

社会消费品零售总额（亿元）
Total Retail Sales of Consumer Goods (100 million yuan)

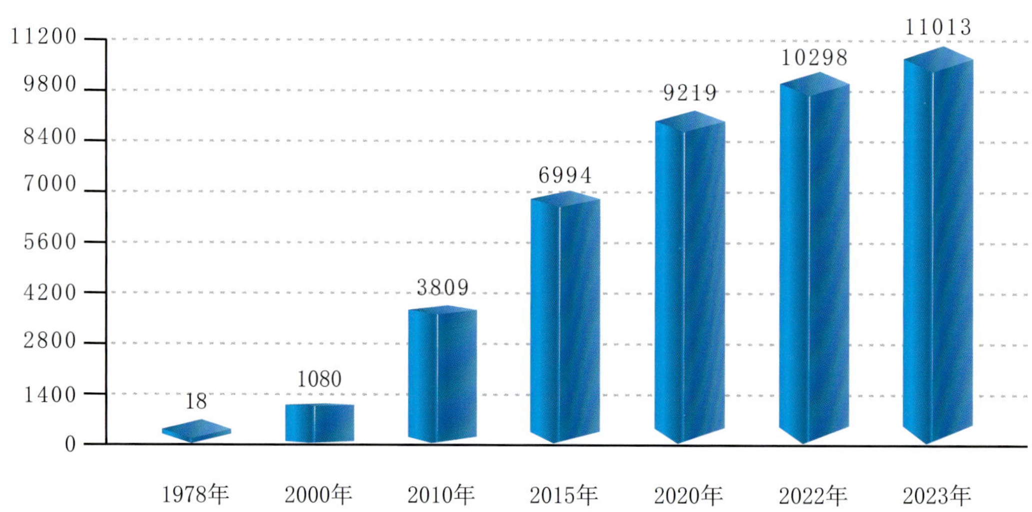

社会消费品零售总额构成（%）
Proportions in Retail Sale of Consumer Goods (%)

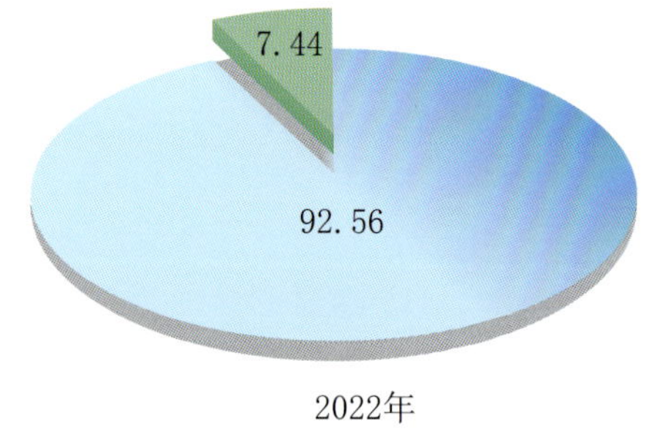

2022年

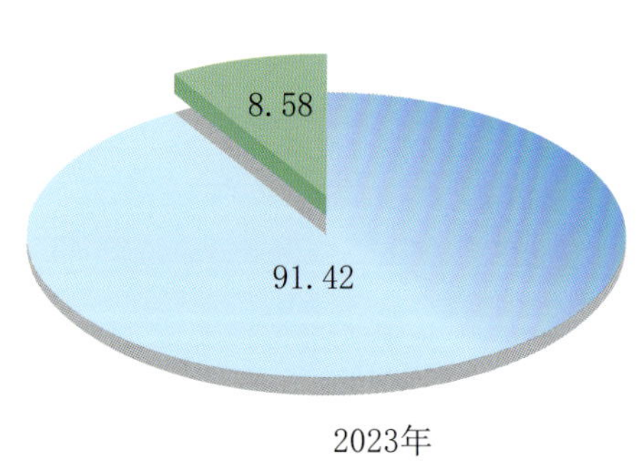

2023年

批发和零售业
Wholesale and Retail Trade

住宿和餐饮业
Hotels and Catering Services

对外经济贸易和旅游
FOREIGN ECONOMY AND TOURISM

商品出口总值构成（%，以人民币计价）
Proportions in Total Value of Export Commodities (%，Valuation in RMB)

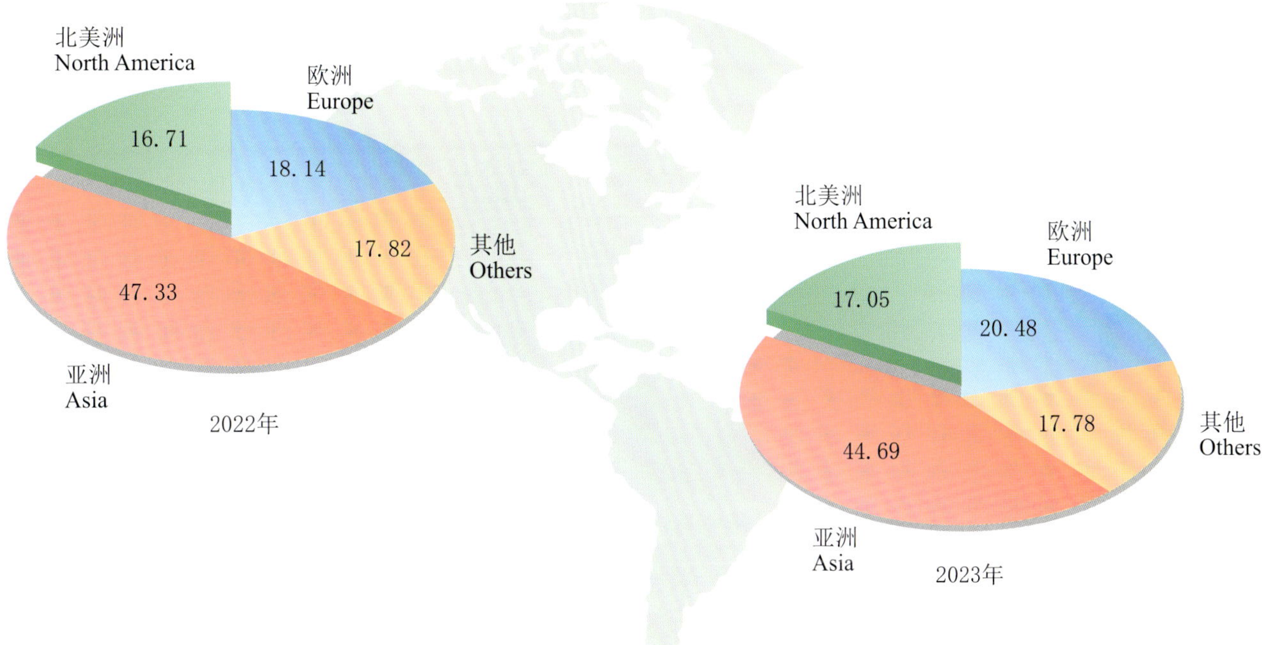

入境旅游者（万人次）
Overseas Tourists (10000 person-times)

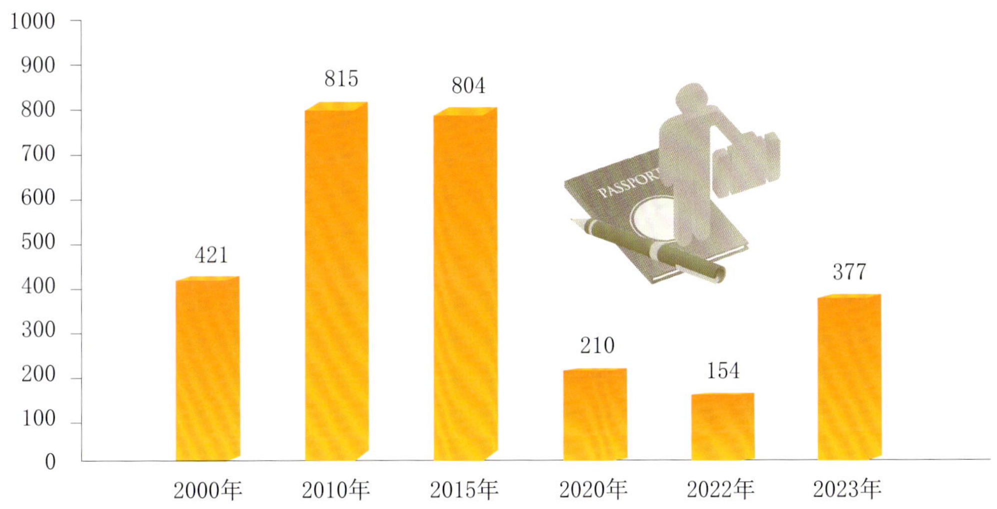

规模以上服务业
SERVICE ENTERPRISES ABOVE DESIGNATED SIZE

营业收入（亿元）
Operating Income(100 million yuan)

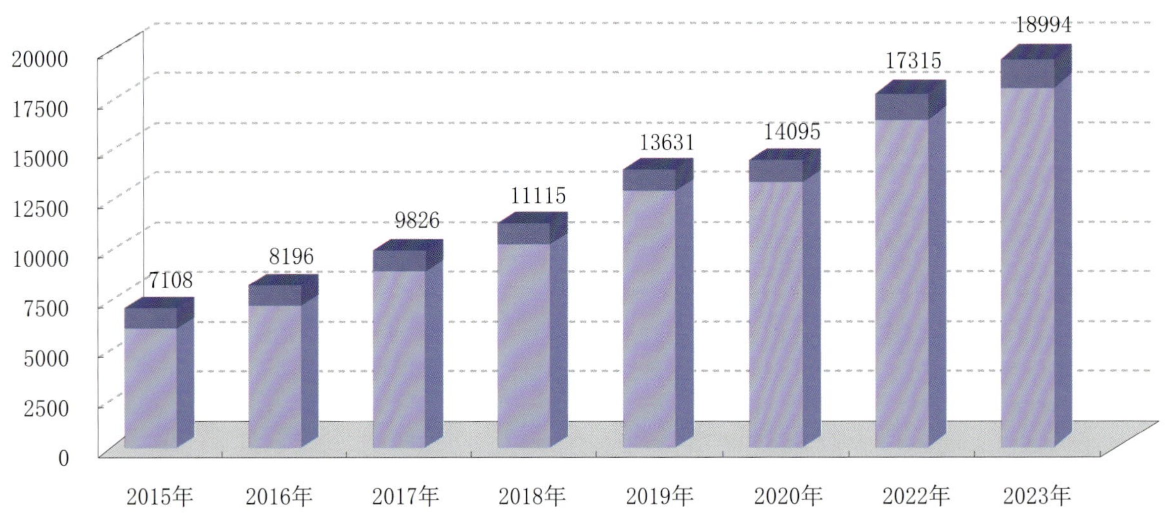

科 技
SCIENCE AND TECHNOLOGY

专利授权量和发明专利授权量
Number of Patent Applications Granted and the Inventions Parts

专利授权量（件）
Number of Patent Applications Granted（item）

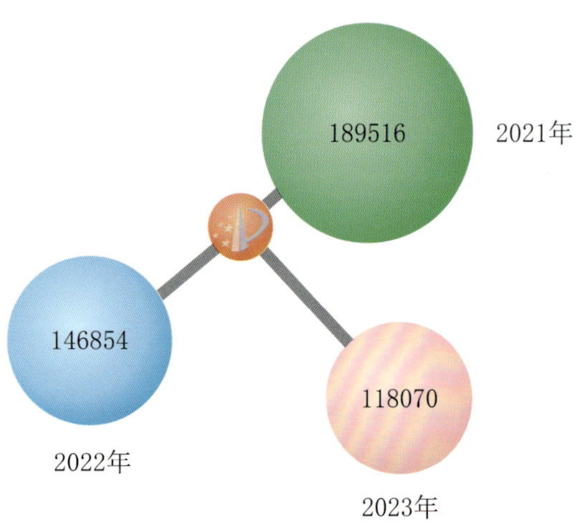

发明专利授权量（件）
Number of Invention Patent Applications Granted（item）

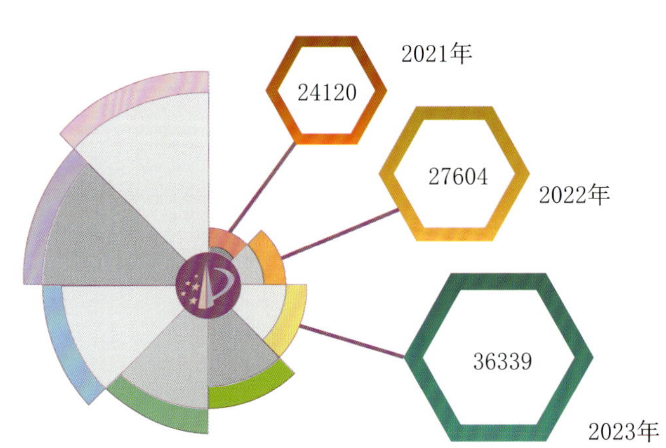

教育、文化、体育、卫生、社会福利和其他
EDUCATION, CULTURE, SPORTS, PUBLIC HEALTH, SOCIAL WELFARE AND OTHERS

各类学校及在校学生数
Number of Schools and Enrolled Students

学校数(所)
Number of Schools(unit)

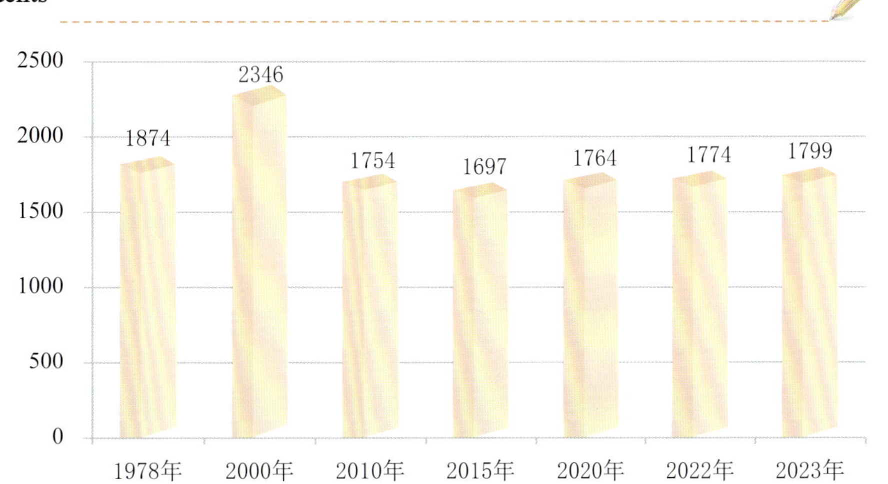

在校学生数(万人)
Number of Enrolled Students (10000 persons)

1978年	99.71
1995年	127.69
2000年	158.09
2010年	274.70
2015年	297.41
2020年	336.74
2022年	373.87
2023年	384.05

卫生事业机构床位数（张）
Number of Beds in Health Institutions (unit)

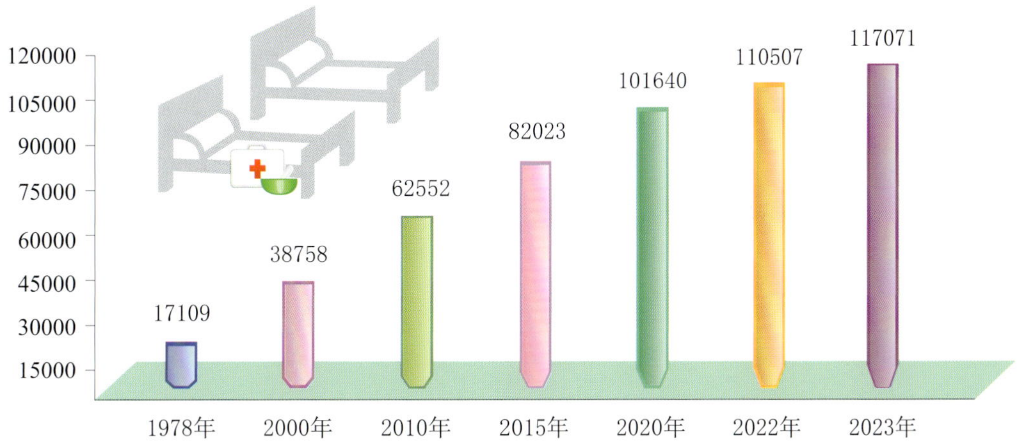

第一篇 综 合
General Survey

第二篇 人 口
Population

第三篇 从业人员和工资
Employment and Wages

第四篇　固定资产投资
Investment in Fixed Assets

第五篇 能源和环境
Energy and Environment

第六篇　财政和金融
Government Finance and Banking

第七篇　价格指数
Price Indices

第八篇　人民生活
People's Livelihood

第九篇 城市建设
City Construction

第十篇 农 业
Agriculture

第十一篇 工 业
Industry

第十二篇　建筑业
Construction

第十三篇 运输和邮电
Transport, Postal and Telecommunication Services

第十四篇　国内贸易
Domestic Trade

第十五篇　对外经济贸易和旅游
Foreign Economy and Tourism

第十六篇 规模以上服务业
Service Enterprise above the Designated Size

第十七篇 科 技
Science and Technology

第十八篇 教育、文化、体育、卫生、社会福利和其他
Education, Culture, Sports, Public Health, Social Welfare and Others

附 录
Appendix

综 合

GENERAL SURVEY

第一篇 综合

简要说明

一、本篇资料反映广州国民经济和社会发展的综合情况以及国民经济核算情况，分别由广州市统计局综合统计处和国民经济核算处整理提供。

二、综合统计资料是根据广州市统计局各专业统计年报资料以及广州市有关部门提供的统计资料加工整理而成。

三、国民经济核算资料主要包括广州市地区生产总值及其有关资料。地区生产总值是根据不同产业部门、不同支出构成的特点和资料来源情况而采用不同方法计算的。2019 年，根据第四次全国经济普查结果，我市对 2008—2018 年度地区生产总值数据进行了修订。2023 年地区生产总值为年快报数据。

地区生产总值是一个价值量指标，其价值的变化受价格变化和物量变化两大因素影响。不变价地区生产总值是把按当期价格计算的地区生产总值换算成按某个固定期（基期）价格计算的价值，从而使两个不同时期的价值进行比较时，能够剔除价格变化的影响，以反映物量变化，反映生产活动成果的实际变动。地区生产总值指数就是根据两个时期不变价地区生产总值计算得到的。随着经济的不断发展，各行业的价格结构也会不断发生变化，为了更好地反映这种变化对于经济的影响，计算不变价地区生产总值需要每隔若干年调整一次基期。我国自开始核算国内生产总值以来，共有 1952 年、1957 年、1970 年、1980 年、1990 年、2000 年、2005 年、2010 年、2015 年、2020 年 10 个不变价基期，目前的基期是 2020 年。

四、根据《国家统计局关于执行新国民经济行业分类国家标准的通知》（国统字〔2017〕142 号）要求，新《国民经济行业分类》从 2017 年统计年报和 2018 年定期统计报表统一开始使用。本资料中凡是涉及分行业的表式（除个别部门提供的数据仍按旧行业分类，表中有注明），均按照新的行业分类《国民经济行业分类 GB/T4754-2017》作调整。

五、资料来源

1．行政区划资料由广州市民政局提供；

2．城市房地产市场交易情况、国有土地使用权出让、划拨情况由广州市规划和自然资源局提供；

3．气象资料由广州市气象局提供；

4．劳动力市场情况由广州市人力资源和社会保障局提供；

5．技术市场交易情况由广州市科学技术局提供；

6．私营企业、城乡个体工商企业资料由广州市市场监督管理局提供。

Chapter 1 General Survey

Brief Introduction

I. The summary data in this chapter reflect the national economy and social development of Guangzhou and also cover the data on its national economic accounts. The data are prepared and provided by the Division of Comprehensive Statistics and the Division of National Accounts of Guangzhou Municipal Bureau of Statistics respectively.

II. The summary data are processed and prepared in the light of the annual reports of various specialized fields provided by Guangzhou Municipal Bureau of Statistics and data provided by some related departments of Guangzhou Municipality.

III.The data on the national economic accounts mainly cover the gross domestic Product (GDP) and related data of Guangzhou. The regional gross domestic product is calculated by different methods according to the characteristics and sources of different industrial sectors and different expenditure components. The GDP data of 2008-2018 are revised in 2019,according to the data of the fourth national economic census. The data of 2023 are the annual express data.

Regional GDP is an index of value, and the change of value is influenced by two factors: price change and material quantity change. The regional GDP at constant prices is converted to the value calculated at a fixed (base period) price at current prices, so that when comparing the values of two different periods, the effects of price changes can be excluded. In order to reflect the volume of change, reflect the actual changes in the results of production activities. Regional GDP index is based on two periods of constant price region GDP calculation. With the continuous development of economy, the price structure of various industries will change constantly. In order to better reflect the impact of this change on the economy, the base period should be adjusted once every several years to calculate the gross domestic product in the constant price area. Since the beginning of our gross domestic product (GDP) accounting, there have been ten constant price base periods in 1952, 1957, 1970, 1980, 1990, 2000, 2005, 2010, 2015 and 2020. The current base period is 2020.

IV. According to the notice of the National Bureau of Statistics on the implementation of the new national standard of national economic industry classification (2017) 142, the new national economic industry classification has been used from the statistical annual report of 2017 and the periodic statistical report of 2018. In this data, all the tables related to sub-industries (except the data provided by individual departments are classified according to the old industry, as indicated in the table), are adjusted according to the new industry classification & GB/T4754-2017 of national economy.

V. Data Resources comes as follows:

The data on administrative divisions are provided by Guangzhou Municipal Bureau of Civil Affairs.

The data on transaction in urban real estate, lease and administrative allocation of the use right of state-owned land are provided by Guangzhou Municipal Planning and Resources Bureau.

The data on meteorological phenomena are provided by Guangzhou Municipal Bureau Meteorology.

The data on labor force markets are provided by Guangzhou Human Resources and Social Security Bureau.

The data on transactions in technology markets are provided by Guangzhou Municipal Science and Technology Bureau.

The data on private enterprises and individuals are provided by Guangzhou Municipal Market Regulatory Administration.

1−1 行政区划(2023年末)

Administrative Divisions (Year-end of 2023)

单位:个　　(unit)

地　区	Districts	街道办事处 Street Communities	镇 Towns	社区居委会 Community Committees	村民委员会 Villagers' Committees
合　计	**Total**	**143**	**34**	**1687**	**1145**
荔湾区	Liwan	22		200	
越秀区	Yuexiu	18		222	
海珠区	Haizhu	18		267	
天河区	Tianhe	21		230	
白云区	Baiyun	20	4	286	118
黄埔区	Huangpu	16	1	135	28
番禺区	Panyu	11	5	99	177
花都区	Huadu	4	6	71	188
南沙区	Nansha	4	6	37	128
从化区	Conghua	3	5	58	221
增城区	Zengcheng	6	7	82	285

注：本表数据由广州市民政局提供。

Note: The data in this table are provided by Guangzhou Municipal Civil Affairs Bureau.

1-2 行政区域面积和人口密度（2023年）

Land Area and Population Density (2023)

各 区	Districts	行政区域面积（平方公里）Administrative Area (sq.km)	年末常住人口（万人）Permanent Population at Year-end (10000 person)	年末户籍人口（万人）Registered Permanent Residents at Year-end (10000 person)	常住人口密度（人/平方公里）Permanent Population Density (person/sq.km)	户籍人口密度（人/平方公里）Population Density by Registered Permanent Residents (person/sq.km)
全　市	**Total**	**7434.40**	**1882.70**	**1056.61**	**2532**	**1421**
荔湾区	Liwan	59.10	113.30	80.48	19171	13618
越秀区	Yuexiu	33.80	96.00	117.01	28402	34618
海珠区	Haizhu	90.40	176.83	110.98	19561	12277
天河区	Tianhe	96.33	223.80	109.36	23233	11353
白云区	Baiyun	795.79	366.68	122.89	4608	1544
黄埔区	Huangpu	484.17	122.21	70.44	2524	1455
番禺区	Panyu	529.94	282.29	120.52	5327	2274
花都区	Huadu	970.04	172.87	90.54	1782	933
南沙区	Nansha	783.86	96.79	56.32	1235	718
从化区	Conghua	1974.50	73.26	66.33	371	336
增城区	Zengcheng	1616.47	158.67	111.74	982	691

注：本表行政区域面积数据由广州市民政局提供，户籍人口数据由广州市公安局提供。

Note: The data of administrative area in this table are provided by Guangzhou Municipal Civil Affairs Bureau, and registered permanent residents data are provided by Guangzhou Public Security Bureau.

1-3 主要年份国民经济和社会发展总量与速度指标

指标	Item	1978	2000	2010	2015
人口和劳动力	**Population and Employment**				
年末户籍人口 (万人)	Year-end Registered Permanent Residents (10000 persons)	482.90	700.69	806.14	854.19
年末常住人口 (万人)	Year-end Permanent Population (10000 persons)	482.90	994.80	1270.96	1594.95
年末全社会从业人员 (万人)	Year-end Employment (10000 persons)	266.90	496.26	732.93	927.91
城镇非私营单位从业人员年末人数 (万人)	Number of Employed Persons at Year-end in Urban Units (10000 persons)	147.36	175.55	246.37	320.31
地区生产总值 (亿元)	**Gross Domestic Product (100 million yuan)**	**43.09**	**2505.58**	**10640.67**	**17347.37**
第一产业	Primary Industry	5.03	94.37	168.62	206.52
第二产业	Secondary Industry	25.24	1029.94	4053.30	5777.17
第三产业	Tertiary Industry	12.82	1381.27	6418.75	11363.68
人均地区生产总值 (元)	Per Capita GDP (yuan)	907	25758	86582	111060
农业生产	**Agriculture**				
农林牧渔业总产值 (亿元)	Gross Output Value of Agriculture, Forestry, Animal Husbandry and Fishery (100 million yuan)	7.99	163.05	322.13	413.46
主要农业产品产量	Output of Major Farm Products				
粮　食 (万吨)	Grain (10000 tons)	111.06	88.11	43.04	44.09
园林水果 (万吨)	Fruits (10000 tons)	5.17	32.97	39.92	48.58
蔬　菜 (万吨)	Vegetable (10000 tons)	55.68	306.49	325.99	369.10
肉　类 (万吨)	Meat (10000 tons)	5.05	32.77	32.36	22.86
水产品 (万吨)	Aquatic Products (10000 tons)	3.16	32.52	44.14	48.39
工业生产	**Industry**				
工业总产值 (亿元)	Gross Industrial Output Value (100 million yuan)	75.39	3100.02	14438.99	17935.16
主要工业产品产量	Output of Major Industrial Products				
汽　车 (万辆)	Motor Vehicles (10000 unit)	0.23	3.81	135.84	220.99
新能源汽车 (辆)	New Energy Automobile (unit)				2613
摩托车整车 (万辆)	Motorcycles (10000 units)		60.31	441.05	363.77
家用电冰箱 (万台)	Household Refrigerators (10000 sets)		58.14	179.14	349.74
智能电视 (万台)	Smart TV (10000 sets)				568.39
房间空气调节器 (万台)	Air Conditioners (10000 sets)	0.32	103.43	636.78	1154.23
原电池及原电池组 (亿只)	Primary Cells and Batteries (100 million units)	2.69	18.89	22.90	2.26
锂离子电池 (亿只)	Lithium Ion Battery (10000 units)				1.18
工业机器人 (套)	Industrial Robot (set)				1737
工业自动调节仪表与控制系统 (万套)	Industrial Automatic Regulating Instrument and Control System (10000 sets)				30.00
固定资产投资	**Investment in Fixed Assets**				
固定资产投资 (亿元)	Total Investment in Fixed Assets (100 million yuan)	7.26	923.67	3263.57	5405.95
#住　宅	Residential Buildings	0.90	325.03	572.71	1406.81
社会消费品零售总额 (亿元)	**Total Retail Sales of Consumer Goods (100 million yuan)**	**17.63**	**1079.59**	**3809.04**	**6994.42**

注：1.本表地区生产总值和工业总产值指数按照可比口径计算。
2.2017年农业生产相关数据经过修订，绝对数沿用历史数，相对数以调整后数据为基期进行计算。
3.2010—2020年的年末社会从业人员根据第七次人口普查结果作了相应调整。
4.2019年，根据第四次全国经济普查结果，对2008—2018年度地区生产总值和1992—2018年社会消费品零售总额数据进行了修订。
5.2015年常住人口数根据第七次全国人口普查结果进行了修正。

Principal Aggregate Indicators on National Economic and Social Development and Growth Rates in Main Years

2020	2021	2022	2023	速度指标(%) Indices and Growth Rates (%)										
				指数(2023为以下各年) Index(2023 as percentage of the following years)							平均增长速度 Average Annual Growth Rate			
				1978	2000	2010	2015	2020	2021	2022	1979-2023	2001-2023	2013-2023	2021-2023
985.11	1011.53	1034.91	1056.61	218.8	150.8	131.1	123.7	107.3	104.5	102.1	1.8	1.8	2.3	2.4
1874.03	1881.06	1873.41	1882.70	389.9	189.3	148.1	118.0	100.5	100.1	100.5	3.1	2.8	2.6	0.2
1158.01	1163.44	1119.82	1138.80	426.7	229.5	155.4	122.7	98.3	97.9	101.7	3.3	3.7	3.3	-0.6
419.36	426.94	424.90	411.19	279.0	234.2	166.9	128.4	98.1	96.3	96.8	2.3	3.8	2.1	-0.7
25068.75	**28225.21**	**28833.06**	**30355.73**	**16494.4**	**888.3**	**245.9**	**152.7**	**114.2**	**105.6**	**104.6**	**12.0**	**10.0**	**6.5**	**4.5**
286.27	299.75	312.42	317.78	773.9	210.7	161.1	141.3	113.2	106.5	103.5	4.7	3.3	3.8	4.2
6716.16	7736.13	7727.05	7775.71	16998.4	797.5	216.7	140.0	110.4	101.6	102.6	12.1	9.4	5.4	3.4
18066.32	20189.34	20793.59	22262.23	21926.6	977.5	264.1	158.9	115.6	107.0	105.3	12.7	10.4	7.1	4.9
135315	150330	153593	161634	4529.7	460.1	160.9	127.0	112.6	105.5	104.5	8.8	6.9	3.6	4.0
514.03	542.55	568.77	582.79	740.9	110.7	54.0	38.7	27.6	14.7	7.0	4.8	3.3	3.5	4.7
14.22	15.08	15.38	15.19	13.7	17.2	35.3	34.5	106.8	100.7	98.8	-4.3	-7.4	-9.4	2.2
79.25	81.94	81.86	84.46	1633.7	256.2	211.6	173.9	106.6	103.1	103.2	6.4	4.2	7.0	2.2
403.82	403.84	411.57	414.13	743.8	135.1	127.0	112.2	102.6	102.7	100.6	4.6	1.3	1.9	0.9
11.21	9.87	9.54	9.57	189.5	29.2	29.6	41.9	85.4	97.0	100.3	1.4	-5.2	-10.4	-5.1
50.67	50.77	49.83	48.37	1530.7	148.7	109.6	100.0	95.5	95.3	97.1	6.3	1.7	0.5	-1.5
22476.89	24644.40	25574.41	25529.50	30366.6	1115.3	231.6	144.9	113.7	103.6	102.9	13.5	11.1	5.8	4.4
295.21	296.64	313.68	317.92	138224.4	8344.3	234.0	143.9	107.7	107.2	101.4	17.4	21.2	4.0	2.5
79767	149882	313685	651604				24937.0	816.9	434.7	207.7				101.4
203.15	219.99	172.18	173.34		287.4	39.3	47.6	85.3	78.8	100.7		4.7	-4.2	-5.2
431.44	366.29	248.80	308.14		530.0	172.0	88.1	71.4	84.1	123.9		7.5	3.0	-10.6
412.77	287.18	470.51	608.22				107.0	147.4	211.8	129.3				13.8
916.16	951.53	904.23	968.03	302508.3	935.9	152.0	83.9	105.7	101.7	107.1	19.5	10.2	2.7	1.9
4.01	5.49	2.29	2.16	80.3	11.4	9.4	95.6	53.8	39.4	94.4	-0.5	-9.0	-8.2	-18.6
3.76	3.16	3.16	3.37				285.3	89.5	106.6	106.6			10.5	-3.6
4242	4343	10055	14746				848.9	347.6	339.5	146.7				51.5
195.07	212.17	215.13	175.30				581.0	89.9	82.6	81.5			14.0	-3.5
7611.10	8502.75	8321.28	8623.66	118716.1	933.6	264.2	159.5	113.3	101.4	103.6	17.5	11.1	9.4	4.2
2263.17	2599.28	2527.39	2268.00	252364.3	697.8	396.0	161.2	100.2	87.3	89.7	19.0	8.8	9.2	0.1
9218.66	**10122.56**	**10298.15**	**11012.62**	**62231.9**	**1017.3**	**288.4**	**157.0**	**119.1**	**108.5**	**106.7**	**15.4**	**10.6**	**7.6**	**6.0**

Notes: I. Indices of gross domestic product and gross industrial output value are calculated at comparable coverage.

II. The relevant data of agricultural production in 2017 have been revised, and the absolute number follows the historical number. The relativ number is calculated on the basis of adjusted data.

III. The year-end social workers from 2010 to 2020 were adjusted according to the results of the seventh National Population Census.

IV. In 2019,according to the data of the Fourth National Economic Census,the regional GDP data from 2008 to 2018 and the total retail sales (consumer goods from 1992 to 2018 were revised.

V. The permanent population of 2015 is revised according to the Seventh National Population Census.

1-3 续表

指　　标	Item	1978	2000	2010	2015
运输邮电	**Transport, Post and Telecommunication**				
货运量 (万吨)	Total Freight Traffic (10000 tons)		27972	57369	100124
#铁　路	Railway		5398	6689	4811
公　路	Highway		12549	39696	71284
水　路	Waterway		9569	10169	23007
民　航	Civil Aviation		27	90	116
客运量 (万人次)	Total Passenger Traffic (10000 person-times)		26097	62595	106082
#铁　路	Railway		4848	9362	13647
公　路	Highway		19964	47296	85109
水　路	Waterway		190	273	281
民　航	Civil Aviation		1095	5664	7045
港口货物吞吐量 (万吨)	Volume of Freight Handled at Ports (10000 tons)	1950	12455	42526	52096
邮电业务收入 (亿元)	Postal and Telecommunication Services (100 million yuan)	0.24	138.48	290.09	540.01
对外贸易、外经	**Foreign Trade and Economic Cooperation**				
商品进口总值 (亿美元)	Total Imports through Customs (USD 100 million)		115.60	553.89	527.01
商品出口总值 (亿美元)	Total Exports through Customs (USD 100 million)		117.91	483.79	811.67
财　政	**Government Finance**				
一般公共预算收入 (亿元)	General Budgetary Revenue (100 million yuan)	13.65	200.55	872.65	1349.47
一般公共预算支出 (亿元)	General Budgetary Expenditure (100 million yuan)	3.87	240.72	977.32	1727.72
价格指数 (上年=100)	**Price Indices (preceding year =100)**				
城市居民消费价格总指数	Urban Residents Consumer Price Index	100.3	102.8	103.2	101.7
人民生活	**People's Livelihood**				
城镇非私营单位从业人员年平均工资 (元)	Average Wage of Employed Persons in Urban Units (yuan)		19714	54091	79534
城镇非私营单位在岗职工年平均工资 (元)	Average Wage of Fully Employed Staff and Workers in Urban Units (yuan)	714	19091	54495	81171
城镇居民年人均可支配收入 (元)	Per Capita Annual Disposable Income of Urban Households (yuan)	442	13967	30658	46735
农村居民年人均可支配收入 (元)	Per Capita Annual Disposable Income of Rural Households (yuan)	250	6086	12676	19323
教育文化	**Education and Culture**				
普通、职业高等学校所数(所)	Number of Regular and Vocational Institutions of Higher Education (unit)	15	31	77	81
普通、职业高等学校在校学生数 (万人)	Number of Students Enrollment of Regular and Vocational Institutions of Higher Education (10000 persons)	2.17	18.51	84.39	104.32
普通中学所数 (所)	Number of Regular Secondary Schools (unit)	234	388	475	510
普通中学在校学生数 (万人)	Number of Students Enrollment of Regular Secondary Schools (10000 persons)	38.43	42.53	57.23	51.52
小学学校所数 (所)	Number of Primary Schools (unit)	1515	1626	1004	941
小学学校在校学生数 (万人)	Number of Students Enrollment of Primary Schools (10000 persons)	56.92	75.70	82.48	93.79
卫　生	**Health Care**				
医院病床数 (万张)	Hospital Beds (10000 units)	1.44	3.37	5.32	7.33
卫生技术人员 (万人)	Medical Technical Personnel (10000 persons)	3.15	5.57	9.55	12.67
#医　生	Doctors	1.20	2.35	3.36	4.25

注：1.国家统计局对2012年城市居民可支配收入统计方法有所调整，绝对值按新口径，增长幅度按可比口径计算。
2.2019年起，港口统计口径和部分货类吞吐量的计算方法有所调整，同时对2018年同期数据进行了调整。
3.交通运输部自2020年起对公路货运量统计口径进行调整。
4.广州市交通局根据交通部门的要求自2021年起对公路客、货运量统计口径进行调整；2021年起水运客运量包含珠江夜游旅客。

continued

2020	2021	2022	2023	速度指标(%) Indices and Growth Rates (%)										
				指数(2023为以下各年) Index(2023 as percentage of the following years)							平均增长速度 Average Annual Growth Rate			
				1978	2000	2010	2015	2020	2021	2022	1979–2023	2001–2023	2013–2023	2021–2023
92458	98175	90511	92862		458.3	335.7	223.5	127.9	94.6	102.6		7.3	5.2	2.8
1793	2292	2360	2525		126.6	107.1	102.3	142.1	110.2	107.0		1.2	0.3	3.0
46966	53204	48845	50516		695.9	423.6	220.0	122.5	94.9	103.4		9.4	5.2	2.5
42238	40765	36977	37317		350.1	313.1	329.8	145.7	91.5	100.9		6.1	7.5	3.8
117	119	110	133		376.1	161.2	112.8	87.5	111.8	120.9		7.2	2.2	1.0
32702	21733	17354	30627		143.3	92.3	59.8	35.3	140.9	176.5		5.1	1.6	-1.9
8686	9175	6781	13249		137.9	105.2	71.5	49.0	144.4	195.4		5.8	3.6	2.0
18054	6531	6651	7838		130.3	84.5	54.9	30.5	120.0	117.8		1.8	-2.5	-7.7
6	200	122	432		215.3	393.2	149.9	145.5	216.0	354.1		11.6	12.8	17.8
5956	5827	3800	9108		226.4	75.5	43.8	35.2	156.3	239.7		9.6	2.7	2.0
63643	65130	65592	67498	3731.1	584.2	266.6	171.1	139.7	103.6	102.9	8.4	8.1	3.2	2.8
1114.44	1222.52	1318.27	1417.95	595687.6	1032.5	643.7	492.8	264.8	116.0	107.6	21.3	10.7	9.3	7.8
593.94	698.33	712.58	627.49		541.8	113.0	118.6	105.4	89.8	88.0		7.6	0.6	1.8
782.18	976.19	926.85	925.38		789.9	192.4	114.8	119.3	95.6	100.7		9.4	4.3	6.0
1722.79	1884.26	1855.10	1945.06	14249.5	969.9	222.9	144.1	112.9	103.2	104.8	11.7	10.4	5.3	4.1
2952.65	3021.18	3022.45	2971.65	76786.8	1234.5	304.1	172.0	100.6	98.4	98.3	15.9	11.5	7.5	0.2
102.6	101.1	102.4	101.0	1107.6	155.0	137.8	119.0	104.5	103.4	101.0	5.5	1.9	2.2	1.5
130110	139802	147947	154475		783.6	285.6	194.2	118.7	110.5	104.4		9.4	8.6	5.9
135138	144288	152324	158318	22173.4	829.3	290.5	195.0	117.2	109.7	103.9	12.8	9.6	8.6	5.4
68304	74416	76849	80501	23050.2	730.0	270.1	172.5	117.9	108.3	104.8	12.9	9.0	7.8	5.6
31266	34533	36292	38607	21373.7	879.4	359.0	199.7	123.4	111.8	106.4	12.7	9.9	9.5	7.3
82	83	84	84	560.0	271.0	109.1	103.7	102.4	101.2	100.0	3.9	4.4	0.4	0.8
130.71	141.26	148.93	146.86	6767.7	793.4	174.0	140.8	112.4	104.0	98.6	9.8	9.4	4.1	4.0
539	551	555	566	241.9	145.9	119.2	111.0	105.0	102.7	102.0	2.0	1.7	1.5	1.6
54.32	56.96	60.24	64.30	167.3	151.2	112.4	124.8	118.4	112.9	106.7	1.2	1.8	1.4	5.8
992	986	992	1008	66.5	62.0	100.4	107.1	101.6	102.2	101.6	-0.9	-2.1	0.6	0.5
112.51	116.44	120.42	129.45	227.4	171.0	156.9	138.0	115.1	111.2	107.5	1.8	2.4	4.2	4.8
9.31	9.71	10.05	10.68	741.7	316.9	200.8	145.7	114.7	110.0	106.3	4.6	5.1	5.0	4.7
17.78	18.77	19.57	20.43	648.6	366.8	213.9	161.2	114.9	108.8	104.4	4.2	5.8	6.1	4.7
6.23	6.62	6.87	7.19	599.2	306.0	214.0	169.2	115.4	108.6	104.7	4.1	5.0	6.1	4.9

Notes: I.Since 2012, the coverage of per capita annual disposable income of urban households has been adjusted, the grow rate of which being calculated at comparable coverage.

II.Since 2019, port statistical caliber and the calculation methods of some cargo throughput have been adjusted.

III.Since 2020, the Ministry of Transportation has adjusted the statistical caliber of highway freight volume, and made the same caliber adjustment for the same period in 2019.

IV.According to the requirements of the transportation department, Guangzhou Transportation Bureau has adjusted the statistical caliber of highway passenger and freight volume since 2021. Since 2021, the passenger volume of water transport includes night travelers on the Pearl River.

1-4 各时期主要指标平均每年增长速度

Average Annual Growth Speed of Main Indicators in Different Periods

单位：% (%)

时 期	Period	地区生产总值 Gross Domestic Product	工业总产值 Gross Output Value of Industry	农林牧渔业总产值 Gross Output Value of Agriculture	社会消费品零售总额 Total Retail Sales of Consumer Goods	一般公共预算收入 Genera Budgetary Revenue
"六五"时期	6th Five-year Plan Period	12.7	12.8	6.2	21.2	13.3
"七五"时期	7th Five-year Plan Period	10.8	13.1	4.6	14.5	5.1
"八五"时期	8th Five-year Plan Period	20.2	26.1	10.0	31.0	21.3
"九五"时期	9th Five-year Plan Period	13.2	15.7	5.9	13.6	23.6
"十五"时期	10th Five-year Plan Period	13.9	18.3	5.8	10.3	18.1
"十一五"时期	11th Five-year Plan Period	13.6	15.8	2.3	16.6	18.6
"十二五"时期	12th Five-year Plan Period	10.0	9.8	2.1	12.9	9.1
"十三五"时期	13th Five-year Plan Period	6.0	5.0	3.9	5.7	5.0
1979—2023年	1979-2023	12.0	13.5	4.8	15.4	11.7
2001—2023年	2001-2023	10.0	11.1	3.3	10.6	10.4
2013—2023年	2013-2023	6.5	5.8	3.5	7.6	5.3
2021—2023年	2021-2023	4.5	4.4	4.7	6.0	4.1

注：2019年，根据第四次全国经济普查结果，对2008—2018年度地区生产总值和1992—2018年度社会消费品零售总额数据进行了修订。

Note: In 2019, according to the results of the fourth national economic census, the 2008-2018 regional GDP and the total retail sales of consumer goods in 1992-2018 were revised.

1-5 全市产业及主要结构情况（2022-2023年）

Basic Statistics on Industries and Main Structure of Guangzhou (2022-2023)

项 目	Item	2022	2023
地区生产总值 (亿元)	Gross Domestic Product (100 million yuan)	28833.06	30355.73
#服务业增加值	Service Industry Added Value	20793.59	22262.23
现代服务业增加值 (亿元)	Modern Service Added Value (100 million yuan)	13946.86	14782.54
规模以上工业增加值 (亿元)	Added Value of Industry above Designated Size (100 million yuan)	4912.19	5145.89
先进制造业增加值 (亿元)	Added Value of Advanced Manufacturing Industry (100 million yuan)	2973.45	3115.57
高技术制造业增加值 (亿元)	Added Value of High-technology Industry (100 million yuan)	934.28	928.19
民营经济增加值 (亿元)	Added Value of Private Economy (100 million yuan)	11825.98	12590.28
规模以上民营工业增加值 (亿元)	Added Value of Private Industry above Designated Size (100 million yuan)	1255.00	1473.38
固定资产投资 (亿元)	Total Investment in Fixed Assets (100 million yuan)	8321.28	8623.66
民间投资 (亿元)	Private Investment in Fixed Assets (100 million yuan)	3323.17	2698.33
出口 (亿元)	Exports (100 million yuan)	6195.42	6501.56
现代服务业增加值占服务业增加值比重 (%)	Modern Service Added Value Accounts for Service Industry Added Value (%)	67.1	66.4
先进制造业增加值占规模以上工业增加值的比重 (%)	Added Value of Advanced Manufacturing Industry Accounts for Added Value of Industry above Designated Size (%)	60.5	60.5
高技术制造业增加值占规模以上工业增加值的比重 (%)	Added Value of High-technology Industry Accounts for Added Value of Industry above Designated Size (%)	19.0	18.0
民营经济增加值占GDP比重 (%)	Added Value of Private Economy Accounts for Gross Domestic Product (%)	41.0	41.5
规模以上民营工业增加值占规模以上工业增加值比重 (%)	Added Value of Private Industry above Designated Size Accounts for Added Value of Industry above Designated Size (%)	25.55	28.63
民间投资占固定资产投资比重 (%)	Private Investment in Fixed Assets Accounts for Total Investment in Fixed Assets (%)	39.9	31.3
私营企业出口占全市出口的比重 (%)	Private Sector Exports Accounts for Total Exports (%)	59.52	62.12
一般贸易出口占全市出口的比重 (%)	General Trade Exports Accounts for Total Exports (%)	64.33	71.31
加工贸易出口占全市出口的比重 (%)	Processing Trade Exports Accounts for Total Exports (%)	21.09	20.61

1-6 人民物质文化生活水平（2022-2023年）
Material and Culture Life of the People (2022-2023)

项　　目	Item	2022	2023
城镇非私营单位在岗职工年平均工资　(元)	Average Wage of Fully Employed Staff and Workers in Urban Units (yuan)	152324	158318
城镇居民年人均可支配收入　(元)	Per Capita Annual Disposable Income of Urban Residents (yuan)	76849	80501
农村居民年人均可支配收入　(元)	Per Capita Annual Disposable Income of Rural Residents (yuan)	36292	38607
社会消费品零售总额　(亿元)	Total Retail Sales of Consumer Goods (100 million yuan)	10298.15	11012.62
储　蓄	**Savings Deposits**		
住户存款余额　(亿元)	Deposits of Households (100 million yuan)	26479.87	29714.95
平均每人储蓄额　(元)	Per Capita Savings Deposits (yuan)	141058	158222
交　通	**Transportation**		
每万人拥有公交车辆　(辆)	Possession of Buses per 10000 Persons (unit)	14.70	13.69
公交车辆平均每日乘客人数　(万人次)	Average Daily Passengers by Buses (10000 person-times)	279.83	298.85
每万人拥有出租汽车　(辆)	Possession of Taxis per 10000 Persons (uint)	19.27	17.99
出租车平均每日乘客人数　(万人次)	Average Daily Passengers by Taxi (10000 person-times)	100.29	87.75
通讯、电信	**Postal and Telecommunication Services**		
城市电话普及率(含移动电话)（部/百人）	Possession of Telephones per 100 Persons in Urban Areas (including mobile telephones) (sets/100 persons)	376.42	382.64
每人每年函件交寄　(件)	Per Capita Annual Number of Letters Mailed (unit)	994	1098
供　气	**Gas Supply**		
居民燃气普及率　(%)	Popularization Rate of Residents with Access to Gas (%)	96.65	98.29
自来水	**Tap Water**		
人均日生活用水量　(升)	Per Capita Daily Water Used (liter)	257.96	259.34

1-6 续表 continued

项 目	Item	2022	2023
教 育	**Education**		
每万人拥有在校大学生 (人)	Number of University and College Students Enrollment per 10000 Persons (person)	1439.04	1389.93
小学毛入学率 (%)	Percentage of School-age Children Enrolled (%)	101.26	101.69
卫 生	**Public Health**		
每万人拥有医院床位 (张)	Number of Hospital Beds per 10000 Persons (unit)	54	57
每万人拥有医生 (人)	Number of Doctors per 10000 Persons (person)	37	38
就 业	**Employment**		
城镇每一就业者负担人口 (人)	Number of Dependents per Employee in Urban Areas (person)	1.81	1.95
绿 化	**Green Areas**		
建成区绿化覆盖率 (%)	Coverage Rate of Green Areas in Developed Land Area (%)	44.20	43.77
人均公园绿地面积 (平方米)	Per Capita Garden (sq.m)	17.23	17.25
居民家庭耐用消费品拥有量	**Number of Durable Consumer Goods Owned**		
每百户城市居民家庭拥有	Owned by per 100 Urban Households		
彩色电视机 (台)	Color TV Sets (set)	116	105
计算机 (台)	Computers (set)	120	114
洗衣机 (台)	Washing Machines (set)	103	101
电冰箱(柜) (台)	Refrigerators (set)	106	102
空调 (台)	Air Conditioners (set)	273	261
每百户农村居民家庭拥有	Owned by Per 100 Rural Household		
彩色电视机 (台)	Color TV Sets (set)	136	128
计算机 (台)	Computers (set)	80	77
洗衣机 (台)	Washing Machines (set)	114	113
电冰箱(柜) (台)	Refrigerators (set)	113	111
空调 (台)	Air Conditioners (set)	245	248

1-7 主要年份地区生产总值

Gross Domestic Product in Main Years

单位：万元　　　　(10000 yuan)

年 份 Year	地区生产总值 Gross Domestic Product	第一产业 Primary Industry	第二产业 Secondary Industry	第三产业 Tertiary Industry	地区生产总值中 In GDP: 工 业 Industry	建筑业 Construction	人均地区生产总值（元） Per Capita GDP (yuan)	人均地区生产总值(美元) Per Capita GDP (USD)
1978	430947	50287	252479	128181	243585	8894	907	
1980	575497	62438	313734	199325	295337	18397	1160	
1985	1243623	120449	658130	465044	577048	81082	2302	784
1986	1395466	132079	701074	562313	608511	92563	2536	734
1987	1732050	156794	794127	781129	693003	101124	3092	831
1988	2400818	227772	1141606	1031440	972078	169528	4205	1130
1989	2878733	243187	1296309	1339237	1093864	202445	4953	1315
1990	3195952	257288	1362975	1575689	1180978	181997	5418	1133
1991	3866741	281734	1799166	1785841	1582970	216196	5956	1119
1992	5107027	356399	2413129	2337499	2120096	293033	7521	1364
1993	7443455	475960	3512607	3454888	3050098	462509	10481	1819
1994	9853082	606222	4556278	4690582	3870183	686095	13264	1539
1995	12603097	734606	5787475	6081016	4941140	846335	16222	1943
1996	14706621	811630	6736549	7158442	5791501	945048	18098	2179
1997	16828743	857155	7642990	8328598	6635562	1007428	19800	2389
1998	19004058	888763	8245913	9869382	7113774	1132139	21378	2582
1999	21492534	928522	9375989	11188023	8044065	1331924	23116	2792
2000	25055794	943718	10299412	13812664	8861172	1438240	25758	3112
2001	28579151	972806	11228325	16378020	9657735	1570590	28700	3468
2002	32243283	1030721	12245382	18967180	10638507	1606875	32544	3932
2003	37804451	1099080	15000699	21704672	13279574	1721125	38621	4666
2004	44773511	1171452	18054293	25547766	16111365	1942928	46182	5579
2005	51878466	1302159	20670012	29906295	18652577	2017435	54160	6612
2006	61242011	1285022	24689504	35267485	22538389	2151115	62930	7894
2007	72029498	1495247	28665860	41868391	26428369	2237491	70284	9243
2008	83660227	1548659	32750141	49361427	30240254	2565556	77165	11110
2009	91467431	1558600	34601705	55307126	31772238	2898289	79457	11629
2010	106406742	1686203	40532998	64187541	37021616	3601957	86582	12753
2011	121996914	1800454	46326780	73869680	42089867	4407184	93224	14355
2012	131946870	1854415	47731922	82360533	43383733	4617236	95550	15137
2013	150504031	1961339	53184480	95358212	48209169	5170729	104235	16775
2014	161359536	2008134	56478499	102872903	51217728	5385230	107528	17505
2015	173473724	2065218	57771661	113636845	52329802	5576564	111060	17806
2016	185597316	2160317	58134525	125302474	52701453	5763975	113400	17084
2017	198716679	2204517	59006069	137506093	53407784	5978984	116051	17188
2018	210024435	2291770	61099495	146633170	54874446	6620846	118511	17909
2019	238446940	2471259	65094019	170881662	57142388	8380344	131400	19048
2020	250687492	2862681	67161603	180663209	58405228	9173161	135315	19618
2021	282252120	2997459	77361260	201893401	67765668	10094233	150330	23302
2022	288330580	3124165	77270537	207935878	67816605	9954334	153593	22835
2023	303557263	3177794	77757131	222622338	67288837	11075803	161634	22938

注：1．本表数据按当年价格计算。
2．从1991年起，人均地区生产总值按常住人口计算。
3．人均地区生产总值(美元)按当年年平均汇率换算。
4．2019年，根据第四次全国经济普查结果，对2008—2018年度地区生产总值数据进行了修订。
5．2020年，根据第七次全国人口普查结果，对2011—2019年度人均地区生产总值数据进行了修订。

Notes: I. The data in this table are calculated at current prices.
II. Since 1991, the Per Capita GDP have been calculated by resident population
III. The Per Capita GDP (USD) were calculated at current annual average exchange rate.
IV. The GDP data of 2008-2018 were revised in 2019,according to the data of the Fourth National Economic Census.
V. The Per Capita GDP of 2011-2019 were revised in 2020, according to the data of the Seventh National Population Census.

1-8 主要年份地区生产总值指数（上年=100）

Indices of Gross Domestic Product in Main Years (Preceding Year=100)

年 份 Year	地区生产总值 Gross Domestic Product	第一产业 Primary Industry	第二产业 Secondary Industry	第三产业 Tertiary Industry	地区生产总值中：In Gross Domestic Product		人均地区生产总值 Per Capita GDP
					工 业 Industry	建筑业 Construction	
1978	110.3	100.1	108.5	117.6	108.7	105.0	108.8
1980	115.4	114.6	119.0	110.3	117.4	154.8	113.2
1985	118.3	107.4	124.3	111.7	123.1	135.7	116.3
1986	105.7	100.5	101.3	114.1	101.3	101.3	103.7
1987	115.2	99.0	108.2	128.9	108.6	104.5	113.2
1988	117.8	104.6	126.3	109.0	125.1	137.2	115.6
1989	104.7	100.7	100.6	111.4	101.0	96.9	102.9
1990	111.3	103.7	107.8	116.9	109.6	92.1	109.7
1991	116.3	109.1	127.2	108.0	128.6	118.2	114.6
1992	123.3	120.4	128.1	118.8	128.7	123.3	117.9
1993	126.4	102.1	133.6	122.4	132.1	144.0	120.9
1994	118.8	112.6	123.2	114.5	121.0	137.3	113.6
1995	116.5	104.1	117.1	117.5	118.8	107.0	111.4
1996	112.5	105.3	113.5	112.1	115.7	99.5	107.6
1997	113.5	105.5	113.0	115.0	114.8	99.7	108.5
1998	113.2	104.0	112.7	114.7	113.0	110.2	108.2
1999	113.3	110.4	115.7	110.6	115.4	118.2	108.3
2000	113.4	101.7	111.9	116.3	112.5	106.7	108.4
2001	112.8	102.2	111.0	114.9	111.2	109.5	110.2
2002	113.3	109.8	112.5	114.1	113.9	103.9	113.9
2003	115.2	104.5	121.4	111.3	124.3	101.6	116.6
2004	115.1	105.4	117.2	113.9	118.6	105.7	116.2
2005	113.0	105.6	113.0	113.3	113.8	105.6	114.3
2006	115.0	95.7	116.6	114.7	117.9	104.4	113.2
2007	115.5	102.8	114.2	116.9	115.5	100.6	109.7
2008	112.6	95.2	111.1	114.3	112.0	102.6	106.5
2009	111.7	104.0	109.6	113.3	109.5	111.6	105.2
2010	113.0	103.1	113.0	113.2	112.5	119.0	105.8
2011	111.4	103.0	111.9	111.2	111.8	114.1	104.6
2012	110.4	103.3	108.4	111.8	109.0	102.8	104.6
2013	111.5	102.9	111.2	111.9	111.9	102.3	106.7
2014	108.5	101.8	107.4	109.3	107.8	102.4	104.4
2015	108.3	102.4	106.8	109.3	107.0	104.8	104.0
2016	107.6	100.6	105.6	108.8	106.2	104.0	102.7
2017	106.7	102.2	104.6	107.9	105.2	99.2	102.0
2018	106.0	106.0	105.4	106.4	105.5	104.1	102.5
2019	106.9	104.2	105.4	107.7	104.7	113.2	104.4
2020	102.7	109.8	103.3	102.3	102.6	109.5	100.6
2021	108.1	106.3	108.7	108.0	109.7	102.4	106.7
2022	101.0	102.9	99.0	101.7	99.2	98.2	101.0
2023	104.6	103.5	102.6	105.3	101.6	110.3	104.5

注：1.本表数据按可比价格计算。
2.2019年，根据第四次全国经济普查结果，对2008—2018年度地区生产总值数据进行了修订。
3.2020年，根据第七次全国人口普查结果，对2011—2019年度人均地区生产总值数据进行了修订。

Notes: I.The data in this table are calculated at comparable prices.
II. The GDP data of 2008-2018 were revised in 2019,according to the data of the Fourth National Economic Census.
III.The Per Capita GDP of 2011-2019 were revised in 2020, according to the data of the Seventh National Population Census.

1-9 主要年份地区生产总值构成

Composition of Gross Domestic Product in Main Years

单位：% (%)

年份 Year	地区生产总值 Gross Domestic Product	第一产业 Primary Industry	第二产业 Secondary Industry	第三产业 Tertiary Industry	地区生产总值中：In Gross Domestic Product 工业 Industry
1978	100.00	11.67	58.59	29.74	56.52
1980	100.00	10.85	54.51	34.64	51.32
1985	100.00	9.69	52.92	37.39	46.40
1986	100.00	9.46	50.24	40.30	43.61
1987	100.00	9.05	45.85	45.10	40.01
1988	100.00	9.49	47.55	42.96	40.49
1989	100.00	8.45	45.03	46.52	38.00
1990	100.00	8.05	42.65	49.30	36.95
1991	100.00	7.29	46.53	46.18	40.94
1992	100.00	6.98	47.25	45.77	41.51
1993	100.00	6.39	47.19	46.42	40.98
1994	100.00	6.15	46.24	47.61	39.28
1995	100.00	5.83	45.92	48.25	39.21
1996	100.00	5.52	45.81	48.67	39.38
1997	100.00	5.09	45.42	49.49	39.43
1998	100.00	4.68	43.39	51.93	37.43
1999	100.00	4.32	43.62	52.06	37.43
2000	100.00	3.77	41.11	55.12	35.37
2001	100.00	3.40	39.29	57.31	33.79
2002	100.00	3.20	37.98	58.82	32.99
2003	100.00	2.91	39.68	57.41	35.13
2004	100.00	2.62	40.32	57.06	35.98
2005	100.00	2.51	39.84	57.65	35.95
2006	100.00	2.10	40.31	57.59	36.80
2007	100.00	2.08	39.80	58.12	36.69
2008	100.00	1.85	39.15	59.00	36.15
2009	100.00	1.70	37.83	60.47	34.74
2010	100.00	1.58	38.09	60.33	34.79
2011	100.00	1.48	37.97	60.55	34.50
2012	100.00	1.41	36.17	62.42	32.88
2013	100.00	1.30	35.34	63.36	32.03
2014	100.00	1.24	35.00	63.76	31.74
2015	100.00	1.19	33.30	65.51	30.17
2016	100.00	1.16	31.32	67.52	28.40
2017	100.00	1.11	29.69	69.20	26.88
2018	100.00	1.09	29.09	69.82	26.13
2019	100.00	1.04	27.30	71.66	23.96
2020	100.00	1.14	26.79	72.07	23.30
2021	100.00	1.06	27.41	71.53	24.01
2022	100.00	1.08	26.80	72.12	23.52
2023	100.00	1.05	25.61	73.34	22.17

注：本表数据按当年价格计算。
Note: The data in this table are calculated at current prices.

1−10　地区生产总值

Gross Domestic Product

单位：万元　　　　(10000 yuan)

项　　目	Item	2022	2023	2023年比2022年增长(%) Growth Rate in 2023 over 2022 (%)
地区生产总值	Gross Domestic Product	288330580	303557263	4.6
按产业分	Grouped By Industry			
第一产业	Primary Industry	3124165	3177794	3.5
第二产业	Secondary Industry	77270537	77757131	2.6
第三产业	Tertiary Industry	207935878	222622338	5.3
按行业分	Grouped By Sector			
农、林、牧、渔业	Agriculture, Forestry, Animal Husbandry and Fishery	3486347	3578957	4.2
工　业	Industry	67816605	67288837	1.6
建筑业	Construction	9954334	11075803	10.3
批发和零售业	Wholesale and Retail Trade	39275603	42485927	7.4
交通运输、仓储和邮政业	Transport, Storage and Post	16933798	20299628	12.2
住宿和餐饮业	Hotels and Catering Services	4308137	5159864	10.5
金融业	Financial Intermediation	25398431	27367409	7.5
房地产业	Real Estate	29705825	29676084	-0.7
其他服务业	Other Services	91451502	96624755	4.2
信息传输、软件和信息技术服务业	Information Transmission, Software and Information Technology	20898845		
租赁和商务服务业	Leasing and Business Services	15660605		
科学研究和技术服务业	Scientific Research and Technical Services	10278964		
水利、环境和公共设施管理业	Management of Water Conservancy, Environment and Public Facilities	1499269		
居民服务、修理和其他服务业	Service to Households, Repair and Other Services	4690905		
教　育	Education	15672394		
卫生和社会工作	Health and Social Work	9581472		
文化、体育和娱乐业	Culture, Sports and Entertainment	2553444		
公共管理、社会保障和社会组织	Public Management, Social Security and Social Organizations	10615603		

注：1.本表数据绝对值按当年价格计算，增长速度按可比价格计算。

2.2023年为年快报数据，其他服务业数据无法细分。

Notes: I. The level data in this table are calculated at current prices while the growth rates at comparable prices.

II.The data of 2023 are the annual express data, and other service industry data can not be subdivided.

1-11 各时期地区生产总值和平均每年增长速度

Gross Domestic Product and Annual Average Growth Speed in Different Periods

单位：万元 (10000 yuan)

时期	Period	绝对值 Absolute Figure					
		地区生产总值 Gross Domestic Product	第一产业 Primary Industry	第二产业 Secondary Industry	第三产业 Tertiary Industry	地区生产总值中：In Gross Domestic Product	
						工业 Industry	建筑业 Construction
“六五”时期	6th Five-year Plan Period	4373327	459872	2395362	1518093	2137482	257880
“七五”时期	7th Five-year Plan Period	11603019	1017120	5296091	5289808	4548434	747657
“八五”时期	8th Five-year Plan Period	38873402	2454921	18068655	18349826	15564487	2504168
“九五”时期	9th Five-year Plan Period	97087750	4429788	42300853	50357109	36446074	5854779
“十五”时期	10th Five-year Plan Period	195278862	5576218	77198711	112503933	68339758	8858953
“十一五”时期	11th Five-year Plan Period	414805909	7573731	161240208	245991970	148000866	13454408
“十二五”时期	12th Five-year Plan Period	739281075	9689560	261493342	468098173	237230299	25156943
“十三五”时期	13th Five-year Plan Period	1083472862	11990543	310495711	760986608	276531299	35917310
1950−1978年	1950-1978	5578418	753734	3146791	1677893	2999275	147516
1979−2023年	1979-2023	3459979182	52605170	1111461320	2295912691	992224290	123905444
2001−2023年	2001-2023	3306978672	44129470	1042816901	2220032300	932973331	114511984
2013−2023年	2013-2023	2442950117	27324652	710319280	1705306184	631159107	83174203
2021−2023年	2021-2023	874139964	9299418	232388929	632451616	202871109	31124370

1-11 续表 continued

单位：% (%)

时 期	Period	平均每年增长 Annual Average Growth Speed					
		地区生产总值 Gross Domestic Product	第一产业 Primary Industry	第二产业 Secondary Industry	第三产业 Tertiary Industry	地区生产总值中： In Gross Domestic Product	
						工 业 Industry	建筑业 Construction
"六五"时期	6th Five-year Plan Period	12.7	7.6	13.6	12.5	12.5	27.6
"七五"时期	7th Five-year Plan Period	10.8	1.7	8.4	15.9	8.8	5.3
"八五"时期	8th Five-year Plan Period	20.2	9.5	25.7	16.1	25.8	25.3
"九五"时期	9th Five-year Plan Period	13.2	5.4	13.4	13.7	14.3	6.6
"十五"时期	10th Five-year Plan Period	13.9	5.4	15.0	13.5	16.3	5.2
"十一五"时期	11th Five-year Plan Period	13.6	0.1	12.9	14.5	13.4	7.4
"十二五"时期	12th Five-year Plan Period	10.0	2.7	9.1	10.7	9.5	5.2
"十三五"时期	13th Five-year Plan Period	6.0	4.5	4.9	6.6	4.8	5.9
1950-1978年	1950-1978	9.2	3.8	12.7	9.5	12.7	13.1
1979-2023年	1979-2023	12.0	4.7	12.1	12.7	12.2	11.5
2001-2023年	2001-2023	10.0	3.3	9.4	10.4	9.9	5.6
2013-2023年	2013-2023	6.5	3.8	5.4	7.1	5.5	4.5
2021-2023年	2021-2023	4.5	4.2	3.4	4.9	3.4	3.5

注：1．本表数据绝对值按当年价格计算，增长速度按可比价格计算。

2．2019年，根据第四次全国经济普查结果，对2008—2018年度地区生产总值数据进行了修订，因此对应的数据也进行了调整。

Notes: I. The level data in this table are calculated at current prices while the growth rates at comparable prices.

II. The GDP data of 2008-2018 are revised in 2019, according to the data of the fourth national economic census. Therefore, the corresponding data have also been adjusted.

1-12 三次产业对地区生产总值增长的贡献率

Share of the Contributions of the Three Strata of Industry to the Growth of GDP

单位：% (%)

年 份 Year	地区生产总 值 Gross Domestic Product	第一产业 Primary Industry	第二产业 Secondary Industry	第三产业 Tertiary Industry	地区生产总值中：工 业 Industry In Gross Domestic Product
1990	100.0	1.7	37.1	61.2	41.0
1991	100.0	4.2	71.3	24.5	64.9
1992	100.0	6.2	56.3	37.5	50.4
1993	100.0	0.5	61.6	37.9	51.8
1994	100.0	3.7	63.0	33.3	49.8
1995	100.0	1.3	54.7	44.0	51.5
1996	100.0	2.0	57.4	40.6	57.7
1997	100.0	1.8	51.8	46.4	51.9
1998	100.0	1.2	51.5	47.3	47.3
1999	100.0	2.9	62.8	34.3	55.5
2000	100.0	0.5	48.4	51.1	45.7
2001	100.0	0.7	35.3	64.0	31.1
2002	100.0	2.5	38.1	59.4	36.4
2003	100.0	1.0	56.7	42.3	56.1
2004	100.0	1.1	48.4	50.5	46.7
2005	100.0	1.2	43.4	55.4	41.6
2006	100.0	-0.7	44.1	56.6	42.9
2007	100.0	0.4	37.0	62.6	36.9
2008	100.0	-0.7	35.1	65.6	35.0
2009	100.0	0.5	32.4	67.1	29.8
2010	100.0	0.4	38.6	61.0	34.6
2011	100.0	0.4	39.9	59.7	36.1
2012	100.0	0.4	31.1	68.5	30.4
2013	100.0	0.3	36.5	63.2	35.6
2014	100.0	0.3	32.7	67.0	31.7
2015	100.0	0.3	30.5	69.2	28.9
2016	100.0	0.1	24.6	75.3	24.4
2017	100.0	0.4	22.3	77.3	23.0
2018	100.0	1.1	28.5	70.4	26.7
2019	100.0	0.6	24.8	74.6	19.7
2020	100.0	3.8	38.7	57.5	27.8
2021	100.0	0.9	28.6	70.5	27.8
2022	100.0	3.3	-26.4	123.1	-20.0
2023	100.0	0.9	15.0	84.1	8.0

注：1．本表数据按可比价格计算。
2．三次产业贡献率指各产业增加值增量与GDP增量之比。

Notes: I. The data of this table are calculated at comparable prices.
II. Share of the contributions of the three strata of industry to the growth of GDP refers to the proportion of the increment of the Value-added of each Industry to the increment of GDP.

1-13 三次产业对地区生产总值增长的拉动

Contribution of the Three Strata of Industry to the Growth of GDP

单位：百分点 (percentage points)

年 份 Year	地区生产总值 Gross Domestic Product	第一产业 Primary Industry	第二产业 Secondary Industry	第三产业 Tertiary Industry	地区生产总值中：工业 Industry In Gross Domestic Product
1990	11.3	0.2	4.2	6.9	4.6
1991	16.3	0.7	11.6	4.0	10.6
1992	23.3	1.4	13.1	8.8	11.7
1993	26.4	0.1	16.3	10.0	13.7
1994	18.8	0.7	11.8	6.3	9.4
1995	16.5	0.2	9.0	7.3	8.5
1996	12.5	0.2	7.2	5.1	7.2
1997	13.5	0.2	7.0	6.3	7.0
1998	13.2	0.2	6.8	6.2	6.2
1999	13.3	0.4	8.3	4.6	7.4
2000	13.4	0.1	6.5	6.8	6.1
2001	12.8	0.1	4.5	8.2	4.0
2002	13.3	0.3	5.1	7.9	4.8
2003	15.2	0.2	8.6	6.4	8.5
2004	15.1	0.2	7.3	7.6	7.0
2005	13.0	0.2	5.6	7.2	5.4
2006	15.0	-0.1	6.6	8.5	6.4
2007	15.5	0.1	5.7	9.7	5.7
2008	12.6	-0.1	4.4	8.3	4.4
2009	11.7	0.1	3.8	7.8	3.5
2010	13.0	0.1	5.0	7.9	4.5
2011	11.4	0.1	4.5	6.8	4.1
2012	10.4	0.1	3.2	7.1	3.2
2013	11.5		4.2	7.3	4.1
2014	8.5		2.8	5.7	2.7
2015	8.3		2.6	5.7	2.4
2016	7.6		1.9	5.7	1.9
2017	6.7		1.5	5.2	1.5
2018	6.0	0.1	1.7	4.2	1.6
2019	6.9		1.7	5.2	1.4
2020	2.7	0.1	1.0	1.6	0.8
2021	8.1	0.1	2.3	5.7	2.3
2022	1.0		-0.3	1.3	-0.2
2023	4.6		0.7	3.9	0.4

注：1．本表数据按可比价格计算。

2．三次产业拉动指GDP增长速度与各产业贡献率之乘积。

Notes: I. The data of this table are calculated at comparable prices.

II. The contribution of the three strata of industry to the growth of GDP refers to the growth rate of GDP multiplied by the contribution share of each industry.

1-14　各行业增加值（2022年）

单位:万元

项　　目	Item
地区生产总值	**Gross Domestic Product**
按产业分	**Grouped By Industry**
第一产业	Primary Industry
第二产业	Secondary Industry
第三产业	Tertiary Industry
按行业分	**Grouped By Sector**
农、林、牧、渔业	Agriculture, Forestry, Animal Husbandry and Fishery
工　业	Industry
建筑业	Construction
批发和零售业	Wholesale and Retail Trade
交通运输、仓储和邮政业	Transport, Storage and Post
住宿和餐饮业	Hotels and Catering Services
信息传输、软件和信息技术服务业	Information Transmission, Software and Information Technology
金融业	Financial Intermediation
房地产业	Real Estate
租赁和商务服务业	Leasing and Business Services
科学研究和技术服务业	Scientific Research and Technical Services
水利、环境和公共设施管理业	Management of Water Conservancy, Environment and Public Facilities
居民服务、修理和其他服务业	Service to Households, Repair and Other Services
教　育	Education
卫生和社会工作	Health and Social Work
文化、体育和娱乐业	Culture, Sports and Entertainment
公共管理、社会保障和社会组织	Public Management, Social Security and Social Organizations

Added Value by Sector (2022)

(10000 yuan)

合 计 Total	劳动者报酬 Compensation of Employees	固定资产折旧 Depreciation of Fixed Assets	生产税净额 Net Taxes on Production	营业盈余 Operating Surplus
288330580	**159274907**	**39635738**	**39942558**	**49477377**
3124165	3078377	45788		
77270537	35718577	11172008	15223876	15156076
207935878	120477953	28417942	24718682	34321301
3486347	3440558	45788		
67816605	28749513	10674529	14327276	14065287
9954334	7321022	552735	955573	1125004
39275603	23339441	1942419	7332410	6661333
16933798	10893877	4976324	1745121	-681524
4308137	3774642	275350	223329	34816
20898845	12068574	1766992	1504462	5558817
25398431	5727311	798662	3018633	15853825
29705825	8229549	8475421	8119872	4880983
15660605	11966272	1578110	1379793	736430
10278964	7574867	1369295	775722	559080
1499269	861626	515887	55880	65876
4690905	4223885	189433	148119	129468
15672394	13681567	1700360	106543	183924
9581472	8753103	658555	33564	136250
2553444	1885716	420555	194414	52759
10615603	6783385	3695323	21848	115047

1–15　各行业增加值构成（2022年）

单位:%

项　　目	Item
地区生产总值	**Gross Domestic Product**
按产业分	**Grouped By Industry**
第一产业	Primary Industry
第二产业	Secondary Industry
第三产业	Tertiary Industry
按行业分	**Grouped By Sector**
农、林、牧、渔业	Agriculture, Forestry, Animal Husbandry and Fishery
工　业	Industry
建筑业	Construction
批发和零售业	Wholesale and Retail Trade
交通运输、仓储和邮政业	Transport, Storage and Post
住宿和餐饮业	Hotels and Catering Services
信息传输、软件和信息技术服务业	Information Transmission, Software and Information Technology
金融业	Financial Intermediation
房地产业	Real Estate
租赁和商务服务业	Leasing and Business Services
科学研究和技术服务业	Scientific Research and Technical Services
水利、环境和公共设施管理业	Management of Water Conservancy, Environment and Public Facilities
居民服务、修理和其他服务业	Service to Households, Repair and Other Services
教　育	Education
卫生和社会工作	Health and Social Work
文化、体育和娱乐业	Culture, Sports and Entertainment
公共管理、社会保障和社会组织	Public Management, Social Security and Social Organizations

Composition of Added Value by Sector (2022)

(%)

合 计 Total	劳动者报酬 Compensation of Employees	固定资产折旧 Depreciation of Fixed Assets	生产税净额 Net Taxes on Production	营业盈余 Operating Surplus
100.00	**55.24**	**13.75**	**13.85**	**17.16**
100.00	98.53	1.47		
100.00	46.23	14.46	19.70	19.61
100.00	57.94	13.67	11.89	16.50
100.00	98.69	1.31		
100.00	42.39	15.74	21.13	20.74
100.00	73.55	5.55	9.60	11.30
100.00	59.42	4.95	18.67	16.96
100.00	64.33	29.39	10.31	-4.03
100.00	87.62	6.39	5.18	0.81
100.00	57.75	8.45	7.20	26.60
100.00	22.55	3.14	11.89	62.42
100.00	27.70	28.53	27.33	16.44
100.00	76.41	10.08	8.81	4.70
100.00	73.69	13.32	7.55	5.44
100.00	57.47	34.41	3.73	4.39
100.00	90.04	4.04	3.16	2.76
100.00	87.30	10.85	0.68	1.17
100.00	91.35	6.87	0.35	1.43
100.00	73.85	16.47	7.61	2.07
100.00	63.90	34.81	0.21	1.08

1-16 各区国民经济主要指标（2023年）

项　　目	Item	广州市 Guangzhou
土地面积 (平方公里)	Total Land Area (sq.km)	7434.40
年末户籍人口 (人)	Year-end Population by household registered (person)	10566070
街道办事处 (个)	Street Communities (unit)	143
镇 (个)	Towns (unit)	34
社区居委会 (个)	Community Committees (unit)	1687
村民委员会 (个)	Village Committees (unit)	1145
地区生产总值 (万元)	Gross Domestic Product (10000 yuan)	303557263
第一产业 (万元)	Primary Industry (10000 yuan)	3177794
第二产业 (万元)	Secondary Industry (10000 yuan)	77757131
第三产业 (万元)	Tertiary Industry (10000 yuan)	222622338
地区生产总值中：工业 (万元)	Industry In Gross Domestic Product (10000 yuan)	67288837
人均地区生产总值 (元)	Per Capita GDP (yuan)	161634
年末全社会从业人员 (人)	Total Number of Employed Persons at Year-end (person)	11388000
固定资产投资额(按项目所在地分)(万元)	Investment in Fixed Assets (by Region of Item) (10000 yuan)	86236597
#建筑和安装工程 (万元)	Construction and Erection Engineering (10000 yuan)	41094236
新增固定资产(按项目所在地分) (万元)	Newly-increased Investment in Fixed Assets (by Region of Item) (10000 yuan)	25298165
一般公共预算收入 (万元)	General Budgetary Revenue (10000 yuan)	19450562
一般公共预算支出 (万元)	General Budgetary Expenditure (10000 yuan)	29716481
农林牧渔业总产值 (万元)	Gross Output Value of Agriculture (10000 yuan)	5827931
社会消费品零售总额 (万元)	Total Retail Sales of Consumer Goods (10000 yuan)	110126200
实际使用外商直接投资金额 (万元)	Foreign Direct Capital Actually Utilized (10000 yuan)	4832227
普通中学学校数 (所)	Number of Regular Secondary Schools (unit)	566
普通中学在校学生数 (人)	Number of Students Enrolled in Regular Secondary Schools (person)	643034
小学学校数 (所)	Number of Primary Schools (unit)	1008
小学在校学生数 (人)	Number of Students Enrolled in Primary Schools (person)	1294475
幼儿园数 (所)	Number of Kindergartens (unit)	2246
幼儿园在园人数 (人)	Number of Children Enrolled (person)	598219
各类卫生机构数 (个)	Number of Health Institutions (unit)	6677
#医　院	Hospitals	331
各类卫生机构床位数 (张)	Number of Beds (unit)	117071
#医　院	Hospitals	106785
卫生技术人员 (人)	Medical Technical Personnel (person)	204254
#执业(助理)医师	Licensed (Assistant) Doctors	71850

Main Indicators of National Economic by District (2023)

荔湾区 Liwan	越秀区 Yuexiu	海珠区 Haizhu	天河区 Tianhe	白云区 Baiyun	黄埔区 Huangpu	番禺区 Panyu	花都区 Huadu	南沙区 Nansha	从化区 Conghua	增城区 Zengcheng
59.10	33.80	90.40	96.33	795.79	484.17	529.94	970.04	783.86	1974.50	1616.47
804751	1170140	1109800	1093582	1228903	704353	1205180	905445	563195	663304	1117417
22	18	18	21	20	16	11	4	4	3	6
				4	1	5	6	6	5	7
200	222	267	230	286	135	99	71	37	58	82
				118	28	177	188	128	221	285
12779315	38102440	27201597	65512633	28120111	43151730	28669489	18015132	23235395	4244787	14524634
53211		13952	27705	369604	53387	376665	565917	695438	343379	678536
3552507	1371133	4863702	4705176	5893250	23259380	10508318	6978473	9764866	1334279	5526047
9173597	36731307	22323943	60779752	21857257	19838963	17784506	10470742	12775091	2567129	8320051
3173946	367860	3073743	3664912	3953731	22460033	9149721	6912106	8663528	1190160	4679097
113257	383228	152535	293798	77001	357527	101840	104895	244931	57662	92599
453000	1062371	995269	2230274	1620799	1072413	1286561	772578	723829	361326	809580
5402995	1152691	5359697	7038311	12165538	20003232	8116898	5780230	11031694	2017650	8167661
1744075	631718	2263270	2278134	6144731	9247518	3470473	3447486	5818161	1341691	4706979
647218	654834	1411218	1968228	3485281	5980088	2584157	1393401	3792099	747927	2633714
578939	576440	599733	827748	815183	2081401	1184020	884791	1256277	287034	995189
1184835	1375206	1434394	1801944	1722993	3283819	1910381	1406183	2824973	889335	1759229
82285		28282	112084	721424	96333	640488	1036717	1255184	629625	1225509
7111532	13295740	9983819	21527863	11639873	15524578	13179109	8512965	3324515	1437863	4588343
256592	105798	155658	259423	90662	2130357	210058	32673	1260584	93137	192573
35	32	36	50	72	45	82	82	36	27	69
44929	69199	49478	57260	76413	46488	86537	66884	37312	39609	68925
48	46	86	74	174	69	143	105	64	68	131
74862	81999	98322	126855	184786	97926	184686	153747	71065	70706	149521
125	125	140	219	419	144	361	180	143	118	272
30750	28198	42571	50053	105537	44917	91317	56222	39776	29671	79207
291	398	552	1075	1021	493	649	698	321	410	769
28	34	22	69	67	24	28	17	16	9	17
7608	26947	13044	15283	25688	5016	7373	4930	2246	2525	6411
7369	25039	12178	14875	24558	3964	6548	3815	2076	1922	4441
12801	49823	21804	31703	30993	10359	15727	10780	4547	4728	10989
4817	16014	7625	11645	10383	3418	6199	4095	1657	1766	4231

1-17 广州开发区国民经济主要指标（2022-2023年）

Main Indicators of National Economy of Guangzhou Development Zone(2022-2023)

项　　目	Item	2022	2023
年末社会从业人员（规模以上）　（人）	Year-end Employed Persons (Above Designated Size)　(person)	736320	784956
#工业从业人员	Employed Persons in Industry	315408	305861
地区生产总值　（万元）	Gross Domestic Product　(10000 yuan)	36451254	37620602
第一产业	Primary Industry	38994	40340
第二产业	Secondary Industry	21104213	18262008
第三产业	Tertiary Industry	15308047	19318255
地区生产总值中：	In Gross Domestic Product		
工　业	Industry	20478958	17585178
建筑业	Construction	692808	746148
固定资产投资额　（万元）	Investment in Fixed Assets　(10000 yuan)	16379057	16747240
#基础(公共)设施	Infrastructure	3759080	4502990
工业项目	Industry	5358542	5283971
利润总额　（万元）	Total Profits　(10000 yuan)	8211848	7424343
#工业利润（规模以上）	Industrial Profit	5607822	4398433
地方可支配财力　（万元）	Local Disposable Financial Resources　(10000 yuan)	6568096	6223983
地方财政支出　（万元）	Local Government Financial Expenditure　(10000 yuan)	6077507	5968160
工业总产值　（万元）	Gross Industrial Output Value　(10000 yuan)	65770390	66393688
#港澳台企业产值	Enterprises with Funds from Hong Kong, Macao and Taiwan	9371863	9574613
工业销售产值　（万元）	Output Value of Industrial Products Sold　(10000 yuan)	64993182	65334400
商品销售总额　（万元）	Total Sales of Industrial Products　(10000 yuan)	82557370	84244259
外贸出口总值　（万美元）	Total Exports　(USD 10000)	1778268	1727569
外贸进口总值　（万美元）	Total Imports　(USD 10000)	1924101	1494652
利用外资项目(合同)数　（个）	Number of Projects (Contracts) for Utilization of Foreign Capital　(unit)	316	385
合同利用外资金额　（万美元）	Contracted Value of Foreign Capital to be Utilized　(USD 10000)	905856	235375
外商直接投资实际使用外资金额(万美元)	Total Amount of Foreign Capital Actually Used　(USD 10000)	294563	307380

注：广州开发区包括广州经济技术开发区、广州保税区和广州出口加工区。

Note: The indicators include Guangzhou economic and technological development zone, Guangzhou bonded zone and Guangzhou export manufacturing district.

1-18 广州保税区国民经济主要指标
Main Indicators of National Economy of Guangzhou Bonded Zone

项 目	Item	2022	2023
工业总产值（规模以上）（万元）	Gross Industrial Output Value (Above Designated Size) (10000 yuan)	789468	843893
固定资产投资额 （万元）	Investment in Fixed Assets (10000 yuan)	50663	33303
进出区货物总值 （万美元）	Total Value of Imports and Exports (USD 10000)	2277305	1775381
利润总额 （万元）	Total Profits (10000 yuan)	92877	118649

1-19 广州高新技术产业开发区国民经济主要指标（2022-2023年）
Main Indicators of National Economy of Guangzhou Hi-tech Development Zone (2022-2023)

项 目	Item	2022	2023
营业总收入 （万元）	Revenue (10000 yuan)	150457442	146240246
工业总产值 （万元）	Gross Industrial Output Value (10000 yuan)	82541389	77620593
高新区企业数 （个）	Number of Enterprises in Development Zone (unit)	201080	239465
认定高新技术企业数 （个）	Number of Enterprises Certified (unit)	3964	4205
当年新注册港澳台企业数（个）	Number of Enterprises with Funds from Hong Kong, Macao and Taiwan (unit)	11	109
职工人数 （人）	Number of Staff and Workers (person)	919505	889161
利润总额 （万元）	Total Profits (10000 yuan)	12096939	10417598

1-20 私营企业基本情况（2023年末，按行业分）

Basic Statistics on Private Enterprises (Year-end of 2023, by Sector)

项目	Item	户数（户）Number of Enterprises (unit)
总计	**Total**	**1961497**
农林牧渔业	Agriculture, Forestry, Animal Husbandry and Fishing	7138
采矿业	Mining	93
制造业	Manufacturing	106107
电力、热力、燃气及水生产和供应业	Production and Supply of Electricity, Heat,Gas and Water	1527
建筑业	Construction	82267
批发和零售业	Wholesale and Retail Trade	838219
交通运输、仓储和邮政业	Transport, Storage and Post	36652
住宿和餐饮业	Hotels and Catering Services	34045
信息传输、软件和信息技术服务业	Information Transmission, Software and Information Technology	165835
金融业	Financial Intermediation	3021
房地产业	Real Estate	37500
租赁和商务服务业	Leasing and Business Services	271133
科学研究和技术服务业	Scientific Research and Technical Services	259747
水利、环境和公共设施管理业	Management of Water Conservancy, Environment and Public Facilities	2921
居民服务、修理和其他服务业	Service to Households, Repair and Other Services	24277
教育	Education	2860
卫生和社会工作	Health and Social Service	23587
文化、体育和娱乐业	Culture, Sports and Entertainment	64565
其他	Others	3

注：本表数据由广州市市场监督管理局提供。

Note: Data in this table are provided by Guangzhou Municipal Market Regulatory Administration.

1-21 私营企业基本情况（2023年末，按登记机关分）

Basic Statistics on Private Enterprises (Year-end of 2023, by Registration Authority)

登记机关	Registration Authority	年末户数（户）Number of Enterprises at Year-end (unit)
合　计	**Total**	**1961497**
#荔湾区局	Liwan District Bureau	55671
越秀区局	Yuexiu District Bureau	149048
海珠区局	Haizhu District Bureau	102009
天河区局	Tianhe District Bureau	518080
白云区局	Baiyun District Bureau	308696
黄埔区局	Huangpu District Bureau	171202
番禺区局	Panyu District Bureau	192009
花都区局	Huadu District Bureau	92936
南沙区局	Nansha District Bureau	199775
从化区局	Conghua District Bureau	18061
增城区局	Zengcheng District Bureau	121023

注：本表数据按登记机关分，由广州市市场监督管理局提供。

Note: Data in this table are provided by Guangzhou Municipal Market Regulatory Administration according to the registration authority.

1-22 个体工商户情况

Basic Statistics on Individual Business

年 份 Year	期末户数 （户） Number of Year-end Enterprises (unit)	从业人数 （人） Number of Employees (person)
2000	226016	380941
2001	250672	427923
2002	245505	415817
2003	230229	360809
2004	244756	375349
2005	285557	446874
2006	308655	492191
2007	417392	633234
2008	469128	710642
2009	552031	858694
2010	596854	953510
2011	661026	1031588
2012	675449	1055281
2013	716711	1127338
2014	739923	1169148
2015	799583	1256776
2016	862631	1357477
2017	933528	1480664
2018	1006472	1597471
2019	1050639	1668684
2020	1110745	1761629
2021	1223403	1896903
2022	1253376	1911920
2023	1299434	

注：本表数据由广州市市场监督管理局提供。

Note: Data in this table are provided by Guangzhou Municipal Market Regulatory Administration.

1−23 个体工商户情况（2023年末，按行业分）

Basic Statistics on Individual Business (Year-end of 2023, by Sector)

项 目	Item	户数（户）Number of Enterprises (unit)
总 计	**Total**	**1299434**
#农林牧渔业	Agriculture, Forestry, Animal Husbandry and Fishing	6733
采矿业	Mining	2
制造业	Manufacturing	70783
电力、热力、燃气及水生产和供应业	Production and Supply of Electricity, Heat,Gas and Water	81
建筑业	Construction	8591
批发和零售业	Wholesale and Retail Trade	814370
交通运输、仓储和邮政业	Transport, Storage and Post	14338
住宿和餐饮业	Hotels and Catering Services	208947
信息传输、软件和信息技术服务业	Information Transmission, Software and Information Technology	4298
金融业	Financial Intermediation	32
房地产业	Real Estate	1931
租赁和商务服务业	Leasing and Business Services	53250
科学研究和技术服务业	Scientific Research and Technical Services	5152
水利、环境和公共设施管理业	Management of Water Conservancy, Environment and Public Facilities	94
居民服务、修理和其他服务业	Service to Households, Repair and Other Services	97650
教育	Education	1022
卫生和社会工作	Health and Social Service	1344
文化、体育和娱乐业	Culture, Sports and Entertainment	10815
其他	others	1

注：本表数据由广州市市场监督管理局提供。
Note: Data in this table are provided by Guangzhou Municipal Market Regulatory Administration.

1-24 内资企业基本情况（2023年末）

Basic Statistics on Domestic-Funded Enterprises (Year-end of 2023)

项　　目	Item	企业数（户）Numbers of Enterprises (unit)	#国有企业 Stated-owned Enterprises	#集体企业 Collective-owned Enterprises
总　计	**Total**	**93438**	**528**	**3253**
按行业分	**Grouped by Sector**			
农林牧渔业	Agriculture, Forestry, Animal Husbandry and Fishing	693	9	72
采矿业	Mining	20		1
制造业	Manufacturing	4281	41	534
电力、热力、燃气及水生产和供应业	Production and Supply of Electricity, Heat,Gas and Water	479	12	33
建筑业	Construction	3246	37	129
批发和零售业	Wholesale and Retail Trade	16347	153	1394
交通运输、仓储和邮政业	Transport, Storage and Post	2081	15	107
住宿和餐饮业	Hotels and Catering Services	2485	54	55
信息传输、软件和信息技术服务业	Information Transmission, Software and Information Technology	8594	1	8
金融业	Financial Intermediation	4346	12	
房地产业	Real Estate	5489	43	499
租赁和商务服务业	Leasing and Business Services	20768	86	256
科学研究和技术服务业	Scientific Research and Technical Services	17625	41	64
水利、环境和公共设施管理业	Management of Water Conservancy, Environment and Public Facilities	369	5	15
居民服务、修理和其他服务业	Service to Households, Repair and Other Services	1234	7	62
教育	Education	274		5
卫生和社会工作	Health and Social Service	1139		4
文化、体育和娱乐业	Culture, Sports and Entertainment	3965	12	15
其他	Others	3		

注：1.本表数据由广州市市场监督管理局提供。
2.本表不包括私营企业。

Notes: I. Data in this table are provided by Guangzhou Municipal Market Regulatory Administration.
II. This table excludes private enterprises.

1-24 续表 continued

项　　目	Item	企业数(户) Numbers of Enterprises (unit)	
		#公司 Corporations	#其他企业 Other Enterprises
总　　计	**Total**	**87264**	**2393**
按行业分	**Grouped by Sector**		
农林牧渔业	Agriculture, Forestry, Animal Husbandry and Fishing	607	5
采矿业	Mining	19	
制造业	Manufacturing	3203	503
电力、热力、燃气及水生产和供应业	Production and Supply of Electricity, Heat,Gas and Water	432	2
建筑业	Construction	3026	54
批发和零售业	Wholesale and Retail Trade	13772	1028
交通运输、仓储和邮政业	Transport, Storage and Post	1903	56
住宿和餐饮业	Hotels and Catering Services	2142	234
信息传输、软件和信息技术服务业	Information Transmission, Software and Information Technology	8576	9
金融业	Financial Intermediation	4331	3
房地产业	Real Estate	4904	43
租赁和商务服务业	Leasing and Business Services	20317	109
科学研究和技术服务业	Scientific Research and Technical Services	17460	60
水利、环境和公共设施管理业	Management of Water Conservancy, Environment and Public Facilities	346	3
居民服务、修理和其他服务业	Service to Households, Repair and Other Services	936	229
教育	Education	264	5
卫生和社会工作	Health and Social Service	1132	3
文化、体育和娱乐业	Culture, Sports and Entertainment	3891	47
其他	Others	3	

1-25 全市国有土地使用权出让、划拨情况（2022-2023年）
Total City Lease and Administrative Allocation of the Right to the Use of the State-owned Land (2022-2023)

项　　目	Item	2022	2023
国有土地使用权出让	**Lease of the Right to the Use of the State-owned Land**		
出让小计	Lease Sub-total		
出让地块 (宗)	Number of Plots (piece)	290	356
出让面积 (公顷)	Areas (hectare)	1379	1532
成交价款 (万元)	Value of Transactions (10000 yuan)	16054845	16301139
#公开出让	Lease by Public		
出让地块 (宗)	Number of Plots (piece)	237	289
出让面积 (公顷)	Areas (hectare)	1217	1330
成交价款 (万元)	Value of Transactions (10000 yuan)	15663829	15544788
国有土地使用权划拨	**Allocation of the Right to the Use of the State-owned Land**		
划拨地块 (宗)	Number of Plots (piece)	235	309
划拨面积 (公顷)	Areas (hectare)	1503	3772

注：1．本表数据由广州市规划和自然资源局提供。
2．本表数据已剔除被解除合同数据。
3．本表统计范围为全市口径。

Notes: I. The data in this table are provided by Guangzhou Municipal Planning and Natural Resources Bureau.
II. The data in this table have excluded the part of terminated contracts.
III.The statistical scale of this table is the total city scale.

1-26 全市房地产市场交易情况（2022-2023年）

Transactions in Total Real Estate Market (2022-2023)

项　　目	Item	2022	2023
新建商品房现售	**Newly-constructed Commercial Buildings Sold out**		
成交面积　（万平方米）	Transacted Floor Space　(10000 sq.m)	380.43	394.80
#住　宅	Residential Buildings	187.64	182.77
成交金额　（万元）	Transacted Value　(10000 yuan)	7237971	7875348
#住　宅	Residential Buildings	4020262	4892990
住宅成交套数　（套）	Number of Transacted Flats　(flat)	16520	15215
新建商品房预售	**Newly-constructed Commercial Buildings Sold in Advance**		
成交面积　（万平方米）	Transacted Floor Space　(10000 sq.m)	783.01	734.34
#住　宅	Residential Buildings	684.58	657.57
成交金额　（万元）	Transacted Value　(10000 yuan)	27666815	27303258
#住　宅	Residential Buildings	25080748	25113456
住宅成交套数　（套）	Number of Transacted Flats　(flat)	64811	61300
存量房买卖	**Sales of Buildings in Stock**		
成交面积　（万平方米）	Transacted Floor Space　(10000 sq.m)	716.12	932.13
#住　宅	Residential Buildings	637.06	831.05
成交金额　（万元）	Transacted Value　(10000 yuan)	14925314	18005162
#住　宅	Residential Buildings	13971705	16908853
住宅成交套数　（套）	Number of Transacted Flats　(flat)	66889	86947

注：1．本表数据由广州市住房和城乡建设局提供。
2．新建商品房现售和新建商品房预售为网签数据，存量房买卖为交易登记数据。
3．本表统计口径为全市口径。

Notes: I. The data in this table are provided by Guangzhou Housing and Urban-Rural Construction Committee.
II.The Data of Newly-constructed Commercial Buildings Sold out and Newly-constructed Commercial Buildings Sold in Advance are Net Registered Data.The Data of Buildings in Stock are Transaction Registered Data.
III.The statistical scale of this table is the total city scale.

1-27 劳动力市场情况（2022-2023年）

Statistics on Labor Force Market (2022-2023)

项 目	Item	2022	2023
人力资源服务机构 （家）	Number of Employment Service Institutions Approved by Human Resources	2398	2421
公共人力资源服务机构	Run by Labor Departments	32	32
经营性人力资源服务机构	Run by Non-labor Departments	2366	2389

注：1．本表数据由广州市人力资源和社会保障局提供。

2．从2021年开始，公共人力资源服务机构仅统计到区级。

Notes: I.Data in this table are provided by Guangzhou Human Resources and Social Security Bureau.

II.Since 2021, public human resource service institutions have only counted at district level.

1-28 技术市场交易情况（2022-2023年）

Statistics on Transactions in Technological Market (2022-2023)

项 目	Item	2022		2023	
		合同数(项) Numbers of Contracts (unit)	金额(万元) Value (10000 yuan)	合同数(项) Numbers of Contracts (unit)	金额(万元) Value (10000 yuan)
买方市场	**Buyers' Market**	**21393**	**15836522**	**19064**	**14260212**
机关法人	Official Organ as Juridical Person	4253	618453	1628	762175
事业法人	Institution as Juridical Person	1936	398104	2089	966089
社团法人	Mass Organization as Juridical Person	58	32460	66	5654
企业法人	Corporate as Juridical Person	14897	14715636	15028	11911397
自然人	Natural Person	58	2754	57	15466
其他组织	Others	191	69115	196	599431
卖方市场	**Sellers' Market**	**23389**	**26455437**	**20555**	**25508235**
机关法人	Official Organ as Juridical Person	6	1241	0	0
事业法人	Institution as Juridical Person	11774	559587	8906	515988
社团法人	Mass Organization as Juridical Person	87	3751	136	6257
企业法人	Corporate as Juridical Person	11487	25879890	11495	24876761
自然人	Natural Person	26	3987	14	108604
其他组织	Others	9	6981	4	625

注：1.本表数据由广州市科学技术局提供。

2.2022年开始，对买方类别统计口径较往年进行了调整，以广州市技术吸纳成交情况为统计标准。

Notes: 1.The data in this table are provided by Guangzhou Municipal Science and Technology Bureau.

2.Starting from 2022, there has been an adjustment to the statistical methodology for buyer categories compared to previous years, with the Guangzhou technical absorption transaction as the statistical standard.

主要统计指标解释

【地区生产总值(地区GDP)】指按市场价格计算的一个地区所有常住单位在一定时期内生产活动的最终成果。地区生产总值有三种表现形态，即价值形态、收入形态和产品形态。从价值形态看，它是所有常住单位在一定时期内生产的全部货物和服务价值与同期投入的全部非固定资产货物和服务价值的差额，即所有常住单位的增加值之和；从收入形态看，它是所有常住单位在一定时期内形成的劳动者报酬、生产税净额、固定资产折旧、营业盈余等各项收入之和；从产品形态看，它是所有常住单位在一定时期内最终使用的货物和服务价值与货物和服务净流出价值之和。

【三次产业】三次产业的划分是世界上较为常用的产业结构分类，但各国的划分不尽一致。根据《国民经济行业分类》（GB/T 4754—2017）和《三次产业划分规定》，我国的三次产业划分是：

第一产业是指农、林、牧、渔业（不含农、林、牧、渔专业及辅助性活动）。

第二产业是指采矿业（不含开采专业及辅助性活动），制造业（不含金属制品、机械和设备修理业），电力、热力、燃气及水生产和供应业，建筑业。

第三产业即服务业，是指除第一产业、第二产业以外的其他行业。

【劳动者报酬】指劳动者因从事生产活动所获得的全部报酬。既包括货币形式的报酬，也包括实物形式的报酬。主要包括工资、奖金、津贴和补贴、单位为其员工交纳的社会保险费、补充社会保险费和住房公积金、行政事业单位职工离退休金、单位为其员工提供的雇员股票期权及其他各种形式的报酬和福利等。

【生产税净额】指生产税减生产补贴后的余额。生产税指政府对生产单位从事生产、销售和经营活动以及因从事生产活动使用某些生产要素(如固定资产和土地等)所征收的各种税收、附加费和规费。生产补贴与生产税相反，指政府为影响生产单位生产、销售及定价等生产活动而对其提供的无偿支出，因此视为负生产税，包括农业生产补贴、政策亏损补贴等。

【固定资产折旧】指由于自然退化、正常淘汰或损耗而导致的固定资产价值下降，用以代表固定资产通过生产过程被转移到其产出中的价值。

【营业盈余】指常住单位创造的增加值扣除劳动者报酬、生产税净额和固定资产折旧后的余额。

【支出法国内生产总值】是从最终使用的角度反映一个国家(或地区)一定时期内生产活动最终成果的一种方法，包括最终消费支出、资本形成总额及货物和服务净出口三部分。计算公式为：

支出法国内生产总值=最终消费支出+资本形成总额+货物和服务净出口

【最终消费支出】最终消费支出指常住单位为了直接满足个人或公共消费需求而对货物和服务的支出总额。最终消费支出分为居民消费支出和政府消费支出。

【居民消费支出】指常住居民为了直接满足生活需要购买和使用货物及服务的消费支出。居民消费支出既包括直接以货币形式购买货物和服务，也包括通过实物报酬形式得到的货物和服务以及居民自产自用的货物，还包括虚拟计算的自有住房服务和间接计算的金融中介服务。

【政府消费支出】指政府部门为全社会提供公共服务发生的消费支出，和免费或以没有显著经济意义价格向居民提供货物和服务的净支出。

【资本形成总额】反映常住单位在核算期非金融生产资产的积累情况，包括固定资本形成总额和存货变动两部分。

【固定资本形成总额】指生产者获得减处置的固定资产的价值，加上附着于非生产资产价值上的某些特定支出，如所有权转移费用。固定资产是通过生产活动生产出来的，在生产活动中使用一年以上，单位价值在规定标准以上的资产，不包括自然资产、耐用消费品、小型工器具。固定资本形成总额按购买者价格计算，并在所有权发生变化时记录。目前的核算内容主要包括住宅，其他建筑和构筑物，机器和设备，知识产权产品的获得减处置等。

【存货变动】指常住单位存货实物量变动的市场价值，即期末价值减期初价值的差额，其中不包括核算期内由于价格变动而产生的持有损益。存货的核算范围既包括生产单位购进的原材料、燃料和储备物资等存货，也包括生产单位生产的产成品、在制品和半成品等存货。存货变动可以是正值，也可以是负值，正值表示存货增加，负值表示存货减少。根据资料来源，存货变动按行业计算。

【可比价格】指在不同时期的价值指标对比时，扣除了价格变动的因素，以确切反映物量的变化。按可比价格计算有两种方法：一种是直接用产品产量乘某一年的不变价格计算；另一种是用价格指数换算。

【平均增长速度】表明社会经济现象在一个较长的时期内逐期平均增长变化的程度，它不能根据各个环比增长速度直接求得，但与平均发展速度之间存在着一定的数量关系：平均增长速度＝平均发展速度－1。平均发展速度是一种根据环比发展速度计算的序时平均数，由于各时期对比的基础不同，所以计算平均发展速度不能采用一般的序时平均数的计算方法，计算方法分为水平法和累计法。水平法，又称几何平均法，即将环比发展速度按连乘法用几何平均数公式计算。累计法，也称方程法，根据一段时期内各年发展水平总和与基期水平的关系，列出方程式计算平均发展速度。水平法着重考虑最后一年所达到的发展水平；累计法着重考虑整个时期累计发展水平的总量。

本年鉴内所列的平均增长速度，除固定资产投资用“累计法”计算外，其余均用“水平法”计算。从某年到某年平均增长速度的年份，均不包括基期年在内。如 1979 年平均增长速度是以 1978 年为基期计算的，余类推。

【国有企业】指企业全部资产归国家所有，并按《中华人民共和国企业法人登记管理条例》规定登记注册的非公司制的经济组织。不包括有限责任公司中的国有独资公司。

【集体企业】指企业资产归集体所有，并按《中华人民共和国企业法人登记管理条例》规定登记注册的经济组织。

【股份合作企业】指以合作制为基础，由企业职工共同出资入股，吸收一定比例的社会资产投资组建，实行自主经营，自负盈亏，共同劳动，民主管理，按劳动分配与按股分红相结合的一种集体经济组织。

【联营企业】指两个及两个以上相同或不同所有制性质的企业法人或事业单位法人，按自愿、平等、互利的原则，共同投资组成的经济组织。联营企业包括国有联营企业、集体联营企业、国有与集体联营企业和其他联营企业。

【有限责任公司】指根据《中华人民共和国公司登记管理条例》规定登记注册，由两个以上，五十个以下的股东共同出资，每个股东以其所认缴的出资额对公司承担有限责任，公司以其全部资产对其债务承担责任的经济组织。有限责任公司包括国有独资公司以及其他有限责任公司。

【股份有限公司】指根据《中华人民共和国公司登记管理条例》规定登记注册，其全部注册资本由等额股份构成并通过发行股票筹集资本，股东以其认购的股份对公司承担有限责任，公司以其全部资产对其债务承担责任的经济组织。

【私营企业】指由自然人投资设立或由自然人控股，以雇佣劳动为基础的营利性经济组织。包括按照《公司法》《合伙企业法》《私营企业暂行条例》以及《个人独资企业法》规定登记注册的私营有限责任公司、私营股份有限公司、私营合伙企业、私营独资企业和个人独资企业。

【其他企业】指国有企业、集体企业、股份合作企业、联营企业、有限责任公司、股份有限公司和私营企业之外的其他内资经济组织。

【合资经营企业（港或澳、台资）】指港澳台地区投资者与内地企业依照原《中华人民共和国中外合资经营企业法》及有关法律的规定，依照合作合同的约定进行投资或提供条件设立、分配利润、分担风险和亏损的企业。

【合作经营企业（港或澳、台资）】指港澳台地区投资者与内地企业依照原《中华人民共和国中外合作经营企业法》及有关法律的规定，依照合作合同的约定进行投资或提供条件设立、分配利润和分担风险的企业。

【港澳台商独资经营企业】指依照相关法律的规定，在内地由港澳台地区投资者全额投资设立的企业。

【港澳台商投资股份有限公司】指根据国家有关规定，经商务部（原外经贸部）依法批准设立，其中港、澳、台商的股本占公司注册资本的比例达 25%以上的股份有限公司。凡其中港、澳、台商的股本占公司注册资本的比例小于 25%的，属于内资企业中的股份有限公司。

【其他港澳台商投资企业】指在中国境内参照原《外国企业或个人在中国境内设立合伙企业管理办法》和《外商投资合伙企业登记管理规定》，依法设立的港、澳、台商投资合伙企业。

【中外合资经营企业】指外国企业或外国人与中国内地企业依照原《中华人民共和国中外合资经营企业法》及有关法律的规定，按合同规定的比例投资设立、分享利润和分担风险的企业。

【中外合作经营企业】指外国企业或外国人与中国内地企业依照原《中华人民共和国中外合作经营企业法》及有关法律的规定，依照合作合同的约定进行投资或提供条件设立、分享利润和分担风险的企业。

【外资企业】指依照相关法律的规定，在中国内地由外国投资者全额投资设立的企业。

【外商投资股份有限公司】指根据国家有关规定，经商务部（原外经贸部）依法批准设立，其中外资的股本占公司注册资本的比例达 25%以上的股份有限公司。凡其中外资股本占公司注册资本的比例小于 25%的，属于内资企业中的股份有限公司。

【其他外商投资企业】指在中国境内依照原《外国企业或个人在中国境内设立合伙企业管理办法》和《外商投资合伙企业登记管理规定》，依法设立的外商投资合伙企业。

【法人单位】指同时具备以下条件的单位：（1）依法成立、有自己的名称、组织机构和场所、能够独立承担民事责任；（2）独立拥有和使用（或授权使用）资产或者经费、承担负债、有权与其他单位签订合同；（3）具有包括资产负债表在内的账户，或者能够根据需要编制账户。法人单位包括企业法人、事业单位法人、机关法人、社会团体法人、民办非企业法人和其他法人。

【单产业法人】指仅包含一个产业活动单位的法人单位，该法人单位同时也是一个产业活动单位。

【多产业法人】指由两个及以上产业活动单位组成的法人单位，这些产业活动单位接受法人单位的管理和控制。

【产业活动单位】是法人单位的组成部分。产业活动单位应同时具备下列条件：（1）在一个场所从事一种或主要从事一种社会经济活动；（2）相对独立组织生产活动或经营活动；（3）能够提供收入和支出等相关资料。

Explanatory Notes on Main Statistical Indicators

【Gross Domestic Product (GDP)】 refers to the final results of production activities of all resident units in a region in a certain period of time calculated at market prices. 3. There are three forms of gross regional product, namely value form, income form and product form. From the perspective of value pattern, it is the difference between the value of all goods and services produced by all resident units in a certain period and the value of all goods and services of non-fixed assets invested in the same period, that is, the sum of the added value of all resident units. From the perspective of income form, it is the sum of the income generated by all the permanent resident units in a certain period, such as labor remuneration, net production tax, depreciation of fixed assets, and operating surplus. In terms of product form, it is the sum of the value of goods and services ultimately used by all resident units and the net outflow value of goods and services within a certain period.

【Three Strata of Industry】 The division of the three industries is the commonly used industrial structure classification in the world, but the division of different countries is not consistent. According to the "Classification of National Economic Industries" (GB/T 4754 -- 2017) and "Regulations on the Division of Tertiary Industries", China's tertiary industries are divided as follows:

The primary industry refers to agriculture, forestry, animal husbandry and fishery (excluding agriculture, forestry, animal husbandry and fishery specialties and auxiliary activities).

The secondary industry refers to mining (excluding mining specialty and auxiliary activities), manufacturing (excluding metal products, machinery and equipment repair), production and supply of electricity, heat, gas and water, and construction.

The tertiary industry, that is, the service industry, refers to the industries other than the primary and secondary industries.

【Compensation of Employees】 refers to the total remuneration obtained by a laborer for engaging in productive activities. It includes remuneration in monetary form as well as remuneration in kind form. It mainly includes salary, bonus, allowance and subsidy, social insurance premium paid by the unit for its employees, supplementary social insurance premium and housing accumulation fund, pension for the employees of administrative institutions, employee stock options and other forms of remuneration and welfare provided by the unit for its employees.

【Net Taxes on Production】 refers to the balance of production tax less production subsidy. Production tax refers to all kinds of taxes, surcharges and fees levied by the government on production units engaged in production, sales and business operations and on the use of certain factors of production (such as fixed assets and land, etc.) for production activities. In contrast to production tax, production subsidy refers to the government's free expenditure to production units in order to affect production, sales and pricing of production activities, so it is regarded as negative production tax, including agricultural production subsidies, policy loss subsidies, etc.

【Depreciation of Fixed Assets】 A decline in the value of a fixed asset due to natural degradation, normal obsolescence or depletion, used to represent the value of a fixed asset transferred to its output through the production process.

【Operating Surplus】refers to the balance of the value added created by the resident units after deducting the labourers remuneration, net taxes on production and the depreciation of fixed assets.

【GDP by Expenditure Approach】 refers to the method of measuring the final results of production activities of a country (region) during a given period from the perspective of final uses. It includes final consumption expenditure, gross capital formation and net export of goods and services. The formula for computation is:

GDP by expenditure approach = final consumption expenditure + gross capital formation + net export of goods and services.

【Final Consumption Expenditure】refers to the total expenditure of a resident unit on goods and services to directly meet personal or public consumption needs. Final consumption expenditure is divided into household consumption expenditure and government consumption expenditure.

【Household Consumption Expenditure】 refers to the consumption expenditure of permanent residents to purchase and use goods and services directly to meet their daily needs. Residents' consumption expenditure includes not only goods and services purchased directly in the form of money, goods and services obtained in the form of physical remuneration and goods produced and used by residents themselves, but also self-owned housing services calculated virtually and financial intermediary services calculated indirectly.

【Government Consumption Expenditure】 refers to the consumption expenditure incurred by government departments in providing public services to the whole society, and the net expenditure on providing goods and services to residents free of charge or at a price of no significant economic significance.

【Gross Capital Formation】 reflects the accumulation of non-financial productive assets of the resident unit during the accounting period, including gross fixed capital formation and inventory changes.

【Gross Fixed Capital Formation】 refers to the value of the fixed assets acquired by the producer less disposed of, plus certain expenses attached to the value of the non-productive assets, such as ownership transfer expenses. Fixed assets are assets produced through production activities, used in production activities for more than one year, and whose unit value is above the prescribed standard, excluding natural assets, consumer durables and small industrial appliances. Gross fixed capital formation is calculated at purchasers' prices and recorded when there is a change in ownership. The current accounting mainly includes residential buildings, other buildings and structures, machinery and equipment, acquisition minus disposal of intellectual property products, etc.

【Changes in Inventories】refers to the market value of the change in the physical inventory of resident units, namely, the difference between the ending value and the beginning value, excluding the holding gains and losses arising from the price change during the accounting period. The accounting scope of inventory includes not only the inventories of raw materials, fuels and reserve materials purchased by the production units, but also the inventories of finished products, work-in-process and semi-finished products produced by the production units. Inventory changes can be positive or negative, with a positive value indicating an increase in inventory and a negative value indicating a decrease. Inventory changes are calculated by industry, depending on the source.

【Comparable price】 refers to when the value index is compared in different periods, the factors of price change are deducted to reflect the change of material quantity. There are two methods to calculate the comparable price: one is to calculate the product output directly by the constant price of a certain year, and the other is to convert by the price index.

【Average Annual Growth Rate】shows the average growth rate of social and economic development during a longer period. It can not be directly calculated by chain based growth rate. The relation is:

Average Annual Growth Rate = Average Speed of Development - 1

Average speed of development is the time series average of speed which calculated by chain based. Because the reference bases during the different periods are not same, average speed of development can not be calculated by the general method. Level approach and accumulative approach for calculating average speed of development rate are applied. The "level approach", or the method of calculating the geometric average, is derived by the formula of geometric average of the chain-based speeds of development, or comparing the level of the last year of the interval with that of the beginning year; the other is called the "accumulative approach" or the "algebraic average", "equation" method, which is derived by the summation of the actual figure of each year in the interval divided by the figure in the base year. The level approach focuses on the level of the last year, while the accumulative approach emphasizes the aggregate development in the duration.

The average annual growth rates listed in the yearbook are calculated by the level approach except for the growth rate of investment in fixed assets. The base year is not listed in the duration for which average annual growth rates are computed. For example, the average growth rate in 1979 is calculated on the basis of 1978, and so on.

【The state-owned enterprises】 are economic organizations whose assets are solely owned by the state and whose registrations are made according to "Regulations of the People's Republic of China for Controlling the Registration of Enterprises as legal Persons." Excluding the state-owned solely enterprises of liability limited companies.

【The collective-owned enterprises】 are economic organizations whose assets are owned by the collective and whose registration are made according to"Regulations of the People's Republic of China for Controlling the Registration of Enterprises as Legal Persons."

【Joint stock cooperative enterprises】 are a kind of collective economic organizations based on a cooperative system. In addition to the shares bought by their workers and staff, the enterprises also absorb a certain percentage of social capital. They enjoy staff, the autonomy in operation and take care of their own losses and profits. The shareholding work together, conduct democratic management, and combine distribution according to one's performance with sharing out profits according to shares.

【Joint operation enterprises】 refer to economic organizations set up with joint investment from legal persons of two or more enterprises of different ownerships or institutions according to principle of voluntary participation, equality and mutual benefit. They include state-owned joint operation enterprises, collective joint operation enterprises, state-collective joint operation enterprises and other types of joint operation enterprises.

【Company with limited liability】 is a company registered in accordance with the "Regulations of the People's Republic of China on Administration of Company Registration."Its investment comes from more than 2 and less than 50 shareholders. Each shareholder assumes limited liability for the company according to his subscription to capital stock. The company assumes liabilities for its debts according to all its assets. Such economic organizations include solely state invested companies and other types of companies with limited liability.

【The joint stock company limited】 refers to economic organizations registered in accordance with the"Regulations of the People's Republic of China on Administration of Company Registration."All its registered capital is composed of shares of equal value and its capital is collected through share issuing. The shareholders bear limited liability for the company according to the amount of shares they have bought from the company and the company assumes liabilities for its debts according to all its assets.

【Private enterprise】 refers to profit making economic organizations set up with investment from natural persons or with controlling interest in the hands of natural persons who employ laborers for operation. Such enterprises include private companies with limited liability, private joint stock companies limited, private partnership enterprises and solely individual invested enterprises, which are registered according to the "Company Law","Partnership Enterprises Law","Temporary Regulations of Private Enterprises" and "Individual Proprietorship Enterprise Law".

【Other companies】 refers to other economic organizations exclude the state-owned enterprises, the collective-owned enterprises, joint stock cooperative enterprises, joint operation enterprises, company with limited liability, the joint stock company limited, private enterprise.

【Joint Venture Enterprises(Funds are from Hong Kong, Macao or Taiwan.)】are enterprises established by investors from Hong Kong, Macao and Taiwan with enterprises in the mainland of China in accordance with the former Law of the People’s Republic of China on Sino-foreign Equity Joint Ventures and other relevant laws, where the establishment of the investment and the sharing of profits and risks are stipulated under joint venture contracts.

【Cooperative Enterprises(Funds are from Hong Kong, Macao or Taiwan.)】 established by investors from Hong Kong, Macao and Taiwan with enterprises in the mainland of China in accordance with the former Law of the People’s Republic of China on Sino-foreign Contractual Joint Venture and other relevant laws, where the investment or provision of facilities and the sharing of profits and risks are stipulated under cooperative contracts.

【Solely invested Hong Kong, Macao and Taiwan enterprises】 refer to enterprises set up on the mainland according to the relevant laws and solely invested by investors from Hong Kong, Macao and Taiwan.

【The joint stock company limited funded by investors from Hong Kong, Macao and Taiwan】 refers to any joint stock company limited that is set up according relevant state regulations and is approved by the Ministry of Commerce of PRC (former Ministry of Foreign Economic Relations and Trade). The investment from Hong Kong, Macao and Taiwan investors must account more than 25 percent of the company's total capital. If such investment is less than 25 percent, it shall be classified as a joint stock company limited invested by domestic investors.

【Other Enterprises with Funds From Hong Kong, Macao and Taiwan】 refer to partnership enterprises with investments from Hong Kong, Macao and Taiwan established within the territory of China in accordance with the former Administrative Measures on the Establishment of Partnership Enterprises in China by Foreign Enterprises or Foreign Individuals and Regulations for the Administration of the Registration of Foreign-invested

Partnership Enterprises.

【Joint Venture Enterprises with Foreign Investment】 refer to any enterprise that is jointly set up by foreign enterprises or foreigners with Chinese enterprises in accordance with the former Law of the People's Republic of China on Joint Ventures with Chinese and Foreign Investment. The investors shall put in investment, share profits and risks according to the contract on the joint venture.

【Cooperative Enterprises with Foreign Investment】 refer to any enterprise that is jointly set up by foreign enterprises or foreigners with Chinese enterprises in accordance with the former Law of the People's Republic of China on Contractual Joint Ventures with Chinese and Foreign Investment. The investors shall put in investment, share profits and risks according to the cooperative contract on the joint venture.

【The foreign capital enterprise】 refers to any enterprise that is set up on the Chinese mainland according to the relevant laws and with all its investment coming from foreign investors.

【The foreign-invested joint stock company limited】 refers to any joint stock company limited that is set up according to relevant state regulations and is approved by the Ministry of Foreign Economic Relations and Trade. The foreign investment must account more than 25 percent of the company's total capital .If such investment is less than 25 percent, it shall be classified as a joint stock company limited invested by Chinese investors.

【Other foreign capital enterprises】 refer to partnership enterprises established with the territory of China in accordance with the former Administrative Measures on the Establishment of Partnership Enterprises in China by Foreign Enterprises or Foreign Individuals and Regulations for the Administration of the Registration of Foreign-invested Partnership Enterprises.

【Legal entities】 refers to a unit meet the following conditions at the same time: Established by law, it has its own name, organization and location, ability to independently bear civil liability; Independently owned and use (or authorize the use of) assets or funds, assume liabilities, and entitled to sign contracts with other units; Having accounts including balance sheet, including, or can prepare accounts according to needs. Legal entities including corporate, legal institutions, corporate bodies, corporate social groups, private non-enterprise legal persons and other legal entities.

【Single-industry Legal entities】 refers to a legal entity that contains only one industrial activity unit, which is also an industrial activity unit.

【Multi-industry Legal entities】 refers to a legal person unit composed of two or more industrial activity units, which are subject to the management and control of the legal person unit.

【Industrial units】 is part of Legal entities. Industrial units should also meet the following conditions: engaged in a place or primarily in a social economic activities; a relatively independent production activities or operating activities; the ability to provide income and expenditure and other related information.

人口
POPULATION

第二篇　人 口

简要说明

一、本篇资料由广州市统计局人口和就业统计处整理提供。

二、本篇资料表 2-1 中 2011—2014 年和表 2-2 中 2015—2019 年常住人口数以及表 2-3 中 2010—2019 年常住人口城镇人口比重根据 2020 年第七次全国人口普查结果进行了修正。表 2-7 中的婴儿死亡率和表 2-9 表数据由广州市卫生健康委员会提供，其他资料均由广州市公安局提供。

三、本篇资料中的农业与非农业人口统计，2003 年以前按户口性质分类。2003—2014 年，非农业人口的统计口径根据省公安厅《转发公安部办公厅关于修改人口统计年报表等有关问题的通知》（广公（办）字〔2003〕146 号）调整为：设区市的区和不设区市的市区所辖街道办事处区域内的常住人口和市辖镇、县辖镇所辖居民委员会或镇政府驻地村委会区域内的常住人口按非农业人口统计。表 2-5 中 2003—2014 年的农业人口和非农业人口均按此口径列出。从 2015 年开始，按户籍人口所在区域城乡属性分为城镇人口和乡村人口。

Chapter 2 Population

Brief　Introduction

I. The data in this chapter are sorted out by the Division of Population and Employment Statistics of Guangzhou Statistics Bureau.

II. The permanent population for 2011-2014 of the table 2-1 and 2015-2019 of the table 2-2 and the proportion of urban population in the permanent population for 2010-2019 of table 2-3 has been revised, according to the Seventh National Population Census in 2020. The death rate of infants in table 2-7 and table 2-9 is provided by Guangzhou Municipal Health Commission, the other data on household population are provided by the Public Security Bureau of Guangzhou Municipality.

Ⅲ. The agricultural population and nonagricultural population in this chapter were cataloged by residence registration before 2003. From 2003 to 2014 the statistical coverage of nonagricultural population has been adjusted in accordance with The Notice about Some Items on Changing the Annual Reporting Tables of Population Statistics Transmitted from the Ministry of Public Security stipulated by Guangdong Provincial Bureau of Public Security. The permanent population living in the region of sub-district offices under the jurisdiction of districts, neighborhood committees under the jurisdiction of towns and village committees where town governments seat are cataloged to non-agricultural population. The agricultural population and nonagricultural population from 2003 to 2014 in table 2-5 are cataloged on this coverage. Since 2015, urban population and rural population are divided by the registered region of registered population.

2-1 各区、县级市年末人口数（2005—2014年）

Population at Year-end by District and County-level City (2005-2014)

单位：万人 (10000 person)

地 区	District	2005	2006	2007	2008	2009	2010	2011	2012	2013	2014
户籍人口	**Registered Population**										
全 市	**Total**	**750.53**	**760.72**	**773.48**	**784.17**	**794.62**	**806.14**	**814.58**	**822.30**	**832.31**	**842.42**
荔湾区	Liwan	70.47	70.53	70.48	70.61	70.65	70.93	71.04	71.20	71.56	71.96
越秀区	Yuexiu	115.06	115.15	115.84	116.33	116.69	116.97	117.17	117.21	117.52	117.55
海珠区	Haizhu	87.70	89.05	90.79	92.31	93.73	95.28	96.75	97.74	98.89	99.81
天河区	Tianhe	61.97	64.54	69.00	71.66	74.53	77.06	78.51	79.63	80.95	82.43
白云区	Baiyun	76.07	76.77	77.65	78.99	80.65	83.19	84.66	86.31	88.15	89.83
黄埔区	Huangpu	19.27	19.36	19.55	19.71	19.85	19.97	20.15	20.42	20.64	20.93
番禺区	Panyu	93.08	94.76	97.51	98.92	99.92	100.39	100.86	80.81	82.06	83.57
花都区	Huadu	63.03	63.67	63.93	64.62	65.16	66.19	66.93	67.71	68.73	69.56
南沙区	Nansha	14.26	14.76	14.86	15.05	15.23	15.41	15.68	36.74	37.23	37.74
萝岗区	Luogang	16.37	16.73	17.16	17.63	18.27	18.90	19.57	20.20	20.91	21.58
增城市	Zengcheng	79.43	81.06	81.80	82.66	83.36	83.98	84.58	84.77	85.44	86.46
从化市	Conghua	53.82	54.34	54.91	55.68	56.58	57.87	58.68	59.56	60.23	61.00
常住人口	**Permanent Population**										
全 市	**Total**	**949.68**	**996.66**	**1053.01**	**1115.34**	**1186.97**	**1270.96**	**1346.32**	**1415.53**	**1472.24**	**1529.02**
荔湾区	Liwan	71.08	73.80	77.11	80.74	84.91	89.82	94.29	98.76	101.69	104.72
越秀区	Yuexiu	98.34	100.66	103.69	107.03	110.98	115.73	112.90	111.00	108.26	106.90
海珠区	Haizhu	122.07	127.01	132.99	139.56	147.09	155.92	157.81	160.93	164.35	168.94
天河区	Tianhe	104.56	110.34	117.19	124.74	133.34	143.37	152.26	160.65	170.81	178.41
白云区	Baiyun	155.45	165.46	177.24	190.27	205.16	222.48	246.39	266.30	281.43	295.04
黄埔区	Huangpu	27.52	30.19	33.34	36.89	41.00	45.83	48.42	50.64	52.48	54.39
番禺区	Panyu	142.36	147.26	153.31	159.95	167.61	176.65	194.51	173.00	183.78	194.52
花都区	Huadu	67.93	71.91	76.61	81.79	87.70	94.59	102.35	109.96	116.87	123.60
南沙区	Nansha	17.80	19.03	20.46	22.06	23.89	26.01	28.13	66.49	68.37	70.37
萝岗区	Luogang	19.60	22.10	25.08	28.51	32.57	37.41	39.52	41.33	42.84	44.40
增城市	Zengcheng	75.70	79.88	84.83	90.29	96.51	103.76	109.60	114.91	118.59	123.34
从化市	Conghua	47.27	49.02	51.16	53.51	56.21	59.39	60.14	61.56	62.77	64.39

注：2006—2009年常住人口数根据2010年第六次全国人口普查结果进行了修正。2011—2014年常住人口数据根据2020年第七次全国人口普查结果进行了修正。2015年行政区划调整，数据见表2-2。

Note: The permanent population from 2006 to 2009 are revised according to the Sixth National Population Census. The permanent population from 2011 to 2014 are revised according to the Seventh National Population Census. The district has been adjusted in 2015, data in Form 2-2.

2-2 各区年末人口数（2015—2023年）
Population at Year-end by District (2015-2023)

单位：万人 (10000 person)

地 区	District	2015	2016	2017	2018	2019	2020	2021	2022	2023
户籍人口	**Registered Population**									
全 市	**Total**	**854.19**	**870.49**	**897.87**	**927.69**	**953.72**	**985.11**	**1011.53**	**1034.91**	**1056.61**
荔湾区	Liwan	72.10	72.69	73.59	74.54	75.59	76.90	78.30	79.58	80.48
越秀区	Yuexiu	117.48	117.44	117.82	117.79	117.29	117.33	117.45	117.43	117.01
海珠区	Haizhu	101.05	102.26	104.03	105.59	106.73	108.34	109.52	110.35	110.98
天河区	Tianhe	84.46	86.77	90.28	93.92	96.57	101.05	104.93	107.21	109.36
白云区	Baiyun	91.78	94.36	98.92	103.34	108.02	112.72	116.20	119.44	122.89
黄埔区	Huangpu	43.95	45.75	48.94	52.76	56.22	60.03	63.66	67.16	70.44
番禺区	Panyu	85.57	88.65	93.45	98.94	103.35	108.69	112.82	116.71	120.52
花都区	Huadu	70.68	72.38	74.90	78.24	81.13	83.94	86.36	88.42	90.54
南沙区	Nansha	38.35	39.26	41.54	43.93	46.33	49.18	51.75	54.20	56.32
从化区	Conghua	61.52	61.85	62.63	63.49	64.17	64.98	65.54	65.98	66.33
增城区	Zengcheng	87.25	89.08	91.77	95.15	98.32	101.95	105.00	108.43	111.74
常住人口	**Permanent Population**									
全 市	**Total**	**1594.95**	**1678.38**	**1746.27**	**1798.13**	**1831.21**	**1874.03**	**1881.06**	**1873.41**	**1882.70**
荔湾区	Liwan	109.43	111.14	114.95	117.47	121.54	124.16	112.96	112.37	113.30
越秀区	Yuexiu	105.99	104.54	102.96	102.49	103.34	103.66	104.90	102.85	96.00
海珠区	Haizhu	172.22	176.60	178.99	179.86	180.47	181.98	182.18	179.83	176.83
天河区	Tianhe	185.42	198.42	208.49	215.17	219.07	225.10	223.86	222.17	223.80
白云区	Baiyun	312.65	321.85	342.01	362.00	366.95	375.91	368.91	363.70	366.68
黄埔区	Huangpu	100.73	121.39	121.70	122.76	123.97	126.92	119.79	119.18	122.21
番禺区	Panyu	208.05	225.68	240.30	251.15	257.96	267.26	281.83	280.74	282.29
花都区	Huadu	132.70	142.24	149.07	154.92	159.45	165.09	170.93	170.62	172.87
南沙区	Nansha	72.31	75.55	78.99	80.59	83.06	84.90	90.04	92.94	96.79
从化区	Conghua	65.54	67.22	68.58	69.77	70.69	71.98	72.74	73.97	73.26
增城区	Zengcheng	129.91	133.75	140.23	141.95	144.71	147.07	152.92	155.04	158.67

注：2015—2019年常住人口数根据2020年第七次全国人口普查结果进行了修正。

Note: The permanent population from 2015 to 2019 are revised according to the Seventh National Population Census.

2-3 主要年份各区常住人口城镇人口比重（2010-2023年）

The Proportion of Urban Population in the Permanent Population by District in Main Years (2010-2023)

单位：% (%)

地 区	District	2010	2011	2012	2013	2014	2015	2016	2017	2018	2019	2020	2021	2022	2023
全 市	**Total**	**83.79**	**83.83**	**83.85**	**83.88**	**83.97**	**84.22**	**84.35**	**84.41**	**84.75**	**85.13**	**86.19**	**86.46**	**86.48**	**86.76**
荔湾区	Liwan	96.70	96.81	97.64	98.02	100.00	100.00	100.00	100.00	100.00	100.00	100.00	100.00	100.00	100.00
越秀区	Yuexiu	100.00	100.00	100.00	100.00	100.00	100.00	100.00	100.00	100.00	100.00	100.00	100.00	100.00	100.00
海珠区	Haizhu	100.00	100.00	100.00	100.00	100.00	100.00	100.00	100.00	100.00	100.00	100.00	100.00	100.00	100.00
天河区	Tianhe	99.61	99.72	100.00	100.00	100.00	100.00	100.00	100.00	100.00	100.00	100.00	100.00	100.00	100.00
白云区	Baiyun	78.18	78.52	78.85	78.88	78.91	78.92	79.04	79.10	79.49	80.07	81.37	81.18	81.29	81.41
黄埔区	Huangpu	90.37	90.57	90.77	90.80	90.85	91.34	91.52	91.60	91.88	92.05	92.22	93.98	93.99	94.37
番禺区	Panyu	80.09	80.37	81.80	81.84	81.86	82.33	82.45	82.60	83.68	84.81	89.58	90.53	90.57	90.81
花都区	Huadu	64.54	65.07	65.59	65.62	65.69	67.15	67.26	68.16	68.66	69.16	69.65	70.15	70.22	70.82
南沙区	Nansha	68.83	69.29	69.75	70.21	70.26	71.11	71.55	71.99	72.42	72.85	73.28	73.41	74.14	75.02
从化区	Conghua	38.61	39.31	40.02	40.73	41.14	42.16	42.89	43.61	44.34	45.07	45.80	50.06	50.59	53.89
增城区	Zengcheng	68.47	68.96	69.44	69.66	69.76	70.87	71.01	71.20	72.26	72.71	73.16	73.79	74.06	74.81

注：2010—2019年常住人口城镇人口比重根据2020年第七次全国人口普查结果进行了修正。

Note: The proportion of urban population in the permanent population from 2010 to 2019 are revised according to the Seventh National Population Census.

2-4 主要年份全市年末户籍总户数、总人口数

Total Registered Households and Population at Year-end in Main Years

年 份 Year	总户数 (户) Total Households (household)	总人口 (人) Total Population (person)	男 Male	女 Female	性别比 (女=100) Sex Ratio (Female=100)
1978	1145925	4828961	2454010	2374951	103.33
1980	1162717	5018638	2549801	2468837	103.28
1985	1369661	5449820	2786389	2663431	104.62
1986	1414794	5554073	2844443	2709630	104.98
1987	1462530	5650761	2898250	2752511	105.29
1988	1514705	5769101	2964697	2804404	105.72
1989	1565517	5854265	3009581	2844684	105.80
1990	1641840	5942534	3055107	2887427	105.81
1991	1675951	6022186	3096991	2925195	105.87
1992	1722833	6122016	3151204	2970812	106.07
1993	1825541	6236647	3210324	3026323	106.08
1994	1832571	6370241	3284477	3085764	106.44
1995	1871894	6467115	3334356	3132759	106.44
1996	1905998	6560508	3380751	3179757	106.32
1997	1945905	6664862	3432921	3231941	106.22
1998	2007082	6741400	3469164	3272236	106.02
1999	2044756	6850024	3522913	3327111	105.89
2000	2100434	7006896	3605481	3401415	106.00
2001	2135837	7125979	3670177	3455802	106.20
2002	2162532	7206229	3705036	3501193	105.82
2003	2202851	7251888	3722168	3529720	105.45
2004	2259730	7376720	3779757	3596963	105.08
2005	2302890	7505322	3839680	3665642	104.75
2006	2346536	7607220	3883760	3723460	104.31
2007	2382491	7734787	3942645	3792142	103.97
2008	2425582	7841695	3990328	3851367	103.61
2009	2474396	7946154	4036898	3909256	103.27
2010	2526804	8061370	4089885	3971485	102.98
2011	2595686	8145797	4125784	4020013	102.63
2012	2646091	8222969	4158292	4064677	102.30
2013	2706068	8323096	4201393	4121703	101.93
2014	2765020	8424169	4244403	4179766	101.55
2015	2802675	8541913	4293289	4248624	101.05
2016	2871024	8704901	4366737	4338164	100.66
2017	2950211	8978717	4493885	4484832	100.20
2018	3059851	9276914	4628811	4648103	99.58
2019	3138455	9537157	4749376	4787781	99.20
2020	3221068	9851142	4892561	4958581	98.67
2021	3297224	10115306	5012522	5102784	98.23
2022	3361935	10349074	5115503	5233571	97.74
2023	3421606	10566070	5207783	5358287	97.19

2-5 主要年份全市年末户籍户口户数、户口人口数

Registered Households and Population at Year-end in Main Years

年 份 Year	总户数 (户) Total Households (household)	人口数 (人) Total Population (person)	农业人口(乡村人口) Agricultural Population	非农业人口(城镇人口) Non-agricultural Population
1978	1145925	4815417	2500559	2314858
1980	1162717	5000658	2444826	2555832
1985	1369170	5431487	2475329	2956158
1986	1414007	5532926	2485169	3047757
1987	1461719	5632622	2492576	3140046
1988	1513715	5750293	2484339	3265954
1989	1564202	5837019	2475068	3361951
1990	1641063	5918462	2504602	3413860
1991	1674843	5997893	2514973	3482920
1992	1721098	6095547	2537164	3558383
1993	1784571	6204135	2450263	3753872
1994	1831663	6338332	2465936	3872396
1995	1871173	6433241	2480482	3952759
1996	1905305	6532967	2500263	4032704
1997	1945526	6629339	2520700	4108639
1998	2006279	6704699	2531875	4172824
1999	2042447	6807635	2551340	4256295
2000	2090384	6939568	2578513	4361055
2001	2127840	7058885	2548091	4510794
2002	2162199	7171300	2297622	4873678
2003	2202124	7226882	990540	6236342
2004	2251393	7348972	828510	6520462
2005	2294825	7466206	784226	6681980
2006	2330293	7573939	782154	6791785
2007	2361299	7701900	787611	6914289
2008	2402885	7802474	760735	7041739
2009	2450739	7917646	806140	7111506
2010	2510473	8042445	820905	7221540
2011	2580335	8129427	806652	7322775
2012	2646091	8222969	782640	7440329
2013	2706068	8323096	792254	7530842
2014	2765020	8424169	761300	7662869
2015	2802675	8541913	1731646	6810267
2016	2871024	8704901	1762341	6942560
2017	2950211	8978717	1823858	7154859
2018	3059851	9276914	1875737	7401177
2019	3138455	9537157	1916742	7620415
2020	3221068	9851142	1921567	7929575
2021	3297224	10115306	1940915	8174391
2022	3361935	10349074	1949437	8399637
2023	3421606	10566070	1917162	8648908

注：2003—2014年，农业人口、非农业人口资料口径与以前口径不同，详细情况见第二篇简要说明。2015年开始，户籍人口按所在区域城乡属性分为城镇人口和乡村人口。

Note: 2003-2014 agricultural population and non-agricultural population has been calculated on different coverage. Since 2015, urban population and rural population are divided by the registered region of registered population.

2-6 主要年份全市户籍总人口自然变动情况

Statistics on Natural Changes of Total Registered Population in Main Years

年份 Year	年平均人数（人） Annual Average Population (person)	出生 Birth		死亡 Death		自然增长率（‰） Natural Growth Rate (‰)
		人数（人） Population (person)	出生率（‰） Birth Rate (‰)	人数（人） Population (person)	死亡率（‰） Death Rate (‰)	
1978	4753314	73470	15.46	25283	5.32	10.14
1980	4959822	80604	16.25	27643	5.57	10.68
1985	5402904	89630	16.59	28968	5.36	11.23
1986	5501946	91522	16.63	27839	5.06	11.57
1987	5602417	89106	15.90	28794	5.14	10.76
1988	5709931	86032	15.07	30265	5.30	9.77
1989	5811683	91402	15.73	30910	5.32	10.41
1990	5898400	88289	14.97	32388	5.49	9.48
1991	5982360	78680	13.15	30476	5.09	8.06
1992	6072101	79592	13.11	33588	5.53	7.58
1993	6179332	82515	13.35	34619	5.60	7.75
1994	6303444	78614	12.47	33349	5.29	7.18
1995	6418678	75867	11.82	35735	5.57	6.25
1996	6513812	78339	12.03	37216	5.71	6.32
1997	6612685	75184	11.37	35696	5.40	5.97
1998	6703131	67695	10.10	40981	6.11	3.99
1999	6795712	81485	11.99	39176	5.76	6.23
2000	6928460	71248	10.28	39987	5.77	4.51
2001	7066438	67542	9.56	37641	5.33	4.23
2002	7166104	61929	8.64	39673	5.54	3.10
2003	7229059	57277	7.92	41082	5.68	2.24
2004	7314304	69928	9.56	41961	5.74	3.82
2005	7441021	65840	8.85	41949	5.64	3.21
2006	7556271	67662	8.95	40936	5.42	3.53
2007	7671004	71332	9.30	42548	5.55	3.75
2008	7788241	79130	10.16	44420	5.70	4.46
2009	7893925	76482	9.69	42746	5.42	4.27
2010	8003762	99779	12.47	45571	5.69	6.78
2011	8103584	87024	10.74	44130	5.45	5.29
2012	8184383	101782	12.44	50538	6.17	6.27
2013	8273033	115813	14.00	44966	5.44	8.56
2014	8373633	113926	13.61	46767	5.59	8.02
2015	8483041	150403	17.73	49158	5.79	11.94
2016	8623407	137275	15.92	47145	5.47	10.45
2017	8841809	200958	22.73	60947	6.89	15.84
2018	9127816	170997	18.73	52293	5.73	13.00
2019	9407036	139773	14.86	48317	5.14	9.72
2020	9694150	148572	15.33	61868	6.38	8.95
2021	9983224	117960	11.82	55534	5.56	6.26
2022	10232190	109648	10.72	57414	5.61	5.11
2023	10457572	115804	11.07	76944	7.36	3.71

2-7 各区户籍总人口自然变动状况（2023年）

Statistics on Natural Changes of Total Registered Population by District (2023)

地　区	District	年平均人数（人）Annual Average Population (person)	出　生 Birth		死　亡 Death		
			人　数（人）Population (person)	出生率（‰）Brith Rate (‰)	人　数（人）Population (person)	死亡率（‰）Death Rate (‰)	# 婴　儿 Infant
全　市	**Total**	**10457572**	**115804**	**11.07**	**76944**	**7.36**	**1.63**
荔湾区	Liwan	800282	6403	8.00	9416	11.77	2.07
越秀区	Yuexiu	1172224	7784	6.64	13060	11.14	2.72
海珠区	Haizhu	1106640	8670	7.83	12194	11.02	1.90
天河区	Tianhe	1082834	12403	11.45	5579	5.15	0.76
白云区	Baiyun	1211672	14313	11.81	7949	6.56	1.72
黄埔区	Huangpu	687966	11008	16.00	3180	4.62	0.96
番禺区	Panyu	1186135	14933	12.59	5877	4.95	1.02
花都区	Huadu	894838	10574	11.82	5545	6.20	2.04
南沙区	Nansha	552609	7596	13.75	3415	6.18	1.77
从化区	Conghua	661530	7267	10.99	4354	6.58	2.32
增城区	Zengcheng	1100842	14853	13.49	6375	5.79	1.77

2-8 各区户籍人口迁移状况（2023年）
Migration of Registered Population by District (2023)

地　区	District	迁入人数（人）Number of Immigration (person)	迁入率（‰）Immigration Rate (‰)	迁出人数（人）Number of Emigration (person)	迁出率（‰）Emigration Rate (‰)	净增人数（人）Number of Net Migration (person)	净增率（‰）Net Migration Rate (‰)
全　市	**Total**	**220516**	**21.09**	**42786**	**4.09**	**177730**	**17.00**
荔湾区	Liwan	10502	13.12	1626	2.03	8876	11.09
越秀区	Yuexiu	17564	14.98	4634	3.95	12930	11.03
海珠区	Haizhu	16976	15.34	5084	4.59	11892	10.75
天河区	Tianhe	38975	35.99	11116	10.27	27859	25.72
白云区	Baiyun	28829	23.79	3731	3.08	25098	20.71
黄埔区	Huangpu	19862	28.87	2237	3.25	17625	25.62
番禺区	Panyu	31010	26.14	7726	6.51	23284	19.63
花都区	Huadu	16617	18.57	2150	2.40	14467	16.17
南沙区	Nansha	13212	23.91	1002	1.81	12210	22.10
从化区	Conghua	3625	5.48	1436	2.17	2189	3.31
增城区	Zengcheng	23344	21.21	2044	1.86	21300	19.35

2-9　各区户籍人口计划生育情况（2023年）

Statistics on Family Planning of Registered Population by District (2023)

地　区	District	已婚育龄妇女人数（人） Married Women at Childbearing Age (person)	女性初婚人数（人） Number of Women First Married (person)	政策生育率 (%) Family Planning Rate (%)	一孩占比 (%) The Proportion of One-child (%)	二孩占比 (%) The Proportion of Two-child (%)	三孩占比 (%) The Proportion of Three-child (%)	三孩以上占比 (%) The Proportion of more than three children (%)	出生人口性别比 (%) Sex Ratio of Birth Population (%)
全　市	**Total**	**1837928**	**48021**	**97.41**	**48.21**	**39.95**	**10.48**	**1.36**	**116.97**
荔湾区	Liwan	112322	2950	97.9	55.09	37.44	6.59	0.88	113.22
越秀区	Yuexiu	161994	5213	97.36	58.8	33.62	6.77	0.82	112.62
海珠区	Haizhu	163085	4313	97.67	56.81	35.8	6.8	0.6	114.52
天河区	Tianhe	188976	6080	97.29	52.43	37.71	8.57	1.29	120.71
白云区	Baiyun	230417	5218	97.62	44.37	41.94	12.27	1.42	118.66
黄埔区	Huangpu	140009	3663	98.07	45.29	41.93	11.49	1.29	118.59
番禺区	Panyu	237547	5718	97.44	50.14	41.14	7.98	0.74	115.2
花都区	Huadu	165574	3481	97.85	41.15	43.31	13.72	1.81	119.74
南沙区	Nansha	109928	2851	98.03	48.03	42.95	8.28	0.74	114.13
从化区	Conghua	116362	3340	96	40.83	39.16	16.12	3.89	119.62
增城区	Zengcheng	211714	5194	96.66	44.4	40.25	13.65	1.69	117.11

2-10 各区户籍人口年龄构成（2023年）
The Registered Population Age Composition by District (2023)

地 区	District	人口数（人）Total Population (person)			占总人口比重（%）The Proportion of the Total Population (%)		
		18岁以下 Under 18	18-60岁 Between 18 and 60	60岁以上 Above 60	18岁以下 Under 18	18-60岁 Between 18 and 60	60岁以上 Above 60
总 计	**Total**	**2433876**	**6084510**	**2047684**	**23.03**	**57.59**	**19.38**
荔湾区	Liwan	135365	418860	250526	16.82	52.05	31.13
越秀区	Yuexiu	187294	638917	343929	16.01	54.60	29.39
海珠区	Haizhu	189624	601396	318780	17.09	54.19	28.72
天河区	Tianhe	249607	675716	168259	22.82	61.79	15.39
白云区	Baiyun	305041	712193	211669	24.82	57.95	17.23
黄埔区	Huangpu	200496	412782	91075	28.47	58.60	12.93
番禺区	Panyu	317339	715368	172473	26.33	59.36	14.31
花都区	Huadu	240454	525058	139933	26.56	57.99	15.45
南沙区	Nansha	142378	331008	89809	25.28	58.77	15.95
从化区	Conghua	163780	399643	99881	24.69	60.25	15.06
增城区	Zengcheng	302498	653569	161350	27.07	58.49	14.44

主要统计指标解释

【常住人口】 指实际经常居住在某地区一定时间（指半年以上）的人口。按人口普查和人口变动抽样调查规定，主要包括：1. 除离开本地半年以上（不包括在国外工作或学习的人）的全部常住本地的户籍人口；2. 户口在外地，但在本地居住半年以上者，或离开户口地半年以上而调查时在本地居住的人口；3. 调查时居住在本地，但在任何地方都没有登记常住户口，如手持户口迁移证、出生证、退伍证、解除劳改劳教等尚未办理常住户口的人。

【户籍人口】 指公民依照《中华人民共和国户口登记条例》，已在其经常居住地的公安户籍管理机关登记了常住户口的人。这类人口不管其是否外出，也不管外出时间长短，只要在某地注册有常住户口，则为该地区的户籍人口。户籍人口数一般是通过公安部门的经常性统计月报或年报取得。

【晚婚率】 指在一定时期内（通常为一年）的女性初婚人口中 23 岁以上人数占当年女性初婚人数的比例，一般用百分比表示。计算公式：

$$\text{晚婚率}=\text{本年 23 岁以上女性初婚人数}/\text{本年女性初婚人数}\times 100\%$$

【出生率（又称粗出生率）】 指在一定时期内（通常为一年）一定地区的出生人数与同期平均人数(或期中人数）之比，一般用千分率表示。计算公式：

$$\text{出生率}=\frac{\text{年出生人数}}{\text{年平均人数}}\times 1000‰$$

式中：出生人数是指活产婴儿，即胎儿脱离母体时（不管怀孕月数），有过呼吸或其他生命现象。年平均人数是年初、年底人口数的平均数，也可用年中人口数代替。

【死亡率（又称粗死亡率）】 指在一定时期内（通常为一年）一定地区的死亡人数与同期平均人数（或期中人数）之比，一般用千分率表示。计算公式：

$$\text{死亡率}=\frac{\text{年死亡人数}}{\text{年平均人数}}\times 1000‰$$

【人口自然增长率】 指在一定时期内（通常为一年）人口自然增加数（出生人数减死亡人数）与该时期内平均人数（或期中人数）之比，一般用千分率表示。计算公式：

$$\text{人口自然增长率}=\frac{\text{本年出生人数-本年死亡人数}}{\text{年平均人数}}\times 1000‰$$

$$\text{人口自然增长率}=\text{人口出生率-人口死亡率}$$

Explanatory Notes on Main Statistical Indicators

【The population of permanent residents】 refers to the population who actually and usually lives in a given area for a certain time (above half a year). According to the provisions of the population census and the sampling survey of population, the population of permanent residents mainly includes the following types: 1.All registered population who usually live in one certain place, excluding the person who leave away above half a year, including persons working or studying abroad. 2.The population who has lived in a certain place above half a year and whose household registration at other place, or living at a certain place at the survey moment, and leaving the household registered location for half a year. 3.The population who live at a certain place at the survey moment, but without registered permanent residence certificate everywhere, for example the person who has not gained registered permanent residence certificate, and with registration movement certificate, birth certificate,retirement certificate,or prisoners released certificate.

【The registered population】 According to the household registration ordinance of the People's Republic of China, the registered population refers to the citizens who have registered in the household registration department where the citizens usually live. No matter going out or not, no matter how long dose he go out, as long as the person has gained the permanent residence registration, the person is the region's registered population. Registered population data is generally gained from the regular statistical monthly or annual report of republic security department.

【Late Marriage Rate】 refers to the proportion of women who are over 23 years old in the number of first marriage women in a certain period (usually one year), which is generally expressed as a percentage. Calculation formula:

Late Marriage Rate = Number of first marriage of women over 23 years of age / number of first marriage of women in this year × 100%

【Birth Rate (or Crude Birth Rate)】 means the ratio bet-ween the number of births in a certain period (usually a year)and the average population in the same period (or mid-year figure). It is usually calculated in terms of permillage and its calculating formula is:

$$\text{Birth Rate} = \frac{\text{Number of Births}}{\text{Average Number of Population}} \times 1000‰$$

Number of Births refers to live births,when babies have sho-wed any vital phenomena regardless of the length of pregnancy.

Average Number of Population is the average of the number of population at the beginning of the year and,at the end of the year and sometimes is substituted for with mid-year population.

【Death Rate(or Crude Death Rate)】 refers to the ratio of number of deaths to the average population (or mid-year popula-tion)during a certain period of time (usually a year),which is often presented as perminvar. Its calculating formula is:

$$\text{Death Rate} = \frac{\text{Number of Deaths}}{\text{Average Number of Population}} \times 1000‰$$

【Natural Growth Rate of Population】 refers to the ratio of natural increase in population (number of births minus number of deaths) in a certain period of time (usually a year) to the average population (or mid-year population) of the same period,which is often presented as perminvar. The following formula are applied:

$$\text{Number of Growth of Population} = \frac{\text{Number of Births- Number of Deaths}}{\text{Average Number of Population}} \times 1000‰$$

Natural Growth Rate of Population = Birth Rate-Death Rate

从业人员和工资

EMPLOYMENT AND WAGES

第三篇　从业人员和工资

简要说明

一、本篇资料反映广州市社会从业人员总量及构成、城镇单位就业与工资等基本情况。

二、本篇资料由广州市统计局人口和就业统计处整理提供。

三、本篇资料中的城镇非私营单位在岗职工及工资统计范围只包括城镇国有、集体及其他经济类型单位，不包括乡镇企业、私营单位和个体工商户。

四、1998 年，劳动统计年报中对全部调查单位改按企业登记注册类型分组，使统计口径发生变化，即国有单位中不再包括国有联营和有限责任公司中的国有独资公司；城镇集体单位中不再包括集体联营和股份合作企业；其他单位则包括国有联营和有限责任公司中的国有独资公司，集体联营和股份合作企业。

Chapter 3 Employment and Wages

Brief　Introduction

I. The data in this chapter show the basic conditions of social composition of employees, employment and wages in urban units of Guangzhou.

II. The data in this chapter are prepared and provided by the Division of Population and Employment Statistics of Guangzhou Statistical Bureau.

Ⅲ. The statistical coverage of staff and worker urban units and wages in this chapter only includes the state-owned units, the collective -owned units and other economic ownership in urban areas, not including township enterprises, private institutions and individual businesses.

Ⅳ. Since 1998, the statistical coverage of the annual reports of labor statistics has been adjusted, in which all the survey units are grouped by registration ownership of the enterprises, i.e. the state-owned units excludes the exclusively state-invested companies in state-owned joint ownership units and limited liability companies, the urban collective units excludes the collective-owned joint ownership units and share-holding cooperative operation and the other units include the exclusively state-invested companies in state-owned joint ownership units and limited liability companies, the collective-owned jointed owner-ship units and share-holding cooperative operation.

3-1 社会就业情况主要指标

Main Indicators of Social Employment Situation

项　　目	Item	2023	2023年比2022年增长(%) Growth Rate in 2023 over 2022(%)
全社会从业人员 （人）	Total Number of Employed Persons at Year-end (person)	11388000	1.7
第一产业	Primary Industry	446400	-4.7
第二产业	Secondary Industry	2570900	0.6
第三产业	Tertiary Industry	8370700	2.4
城镇非私营单位从业人员 （人）	Number of Employed Persons in Urban Units at Year-end (person)	4111933	-3.2
私营、个体和其他从业人员 （人）	Employed Persons in Private Enterprises and Self-employed Individuals at Year-end (person)	7276067	4.7
城镇非私营单位从业人员工资总额（万元）	Total Wages of Employed Persons in Urban Units (10000 yuan)	63649910	0.6
城镇非私营单位从业人员年平均工资（元）	Average Wage of Employed Persons in Urban Units (yuan)	154475	4.4
城镇非私营单位在岗职工年平均工资（元）	Average Wage of Fully Employed Staff and Workers in Urban Units (yuan)	158318	3.9
"四上"企业从业人员 （人）	Employed Persons by Enterprises above the Designated Size (person)	4825711	2.8
"四上"企业从业人员工资总额 （万元）	Total Wages of Employed Persons by Enterprises above the Designated Size (10000 yuan)	56892192	5.0
"四上"企业从业人员年平均工资 （元）	Average Wage of Employed Persons by Enterprises above the Designated Size (yuan)	117927	3.3
"四上"企业在岗职工年平均工资 （元）	Average Wage of Fully Employed Staff and Workers by Enterprises above the Designated Size (yuan)	120291	3.0

注：1.私营、个体和其他从业人员指全社会从业人员中扣除城镇非私营单位从业人员外的部分。

2."四上"企业包括规模以上工业、有资质的建筑业、限额以上批发和零售业、限额以上住宿和餐饮业、有开发经营活动的全部房地产开发经营业、规模以上服务业法人单位。

Notes: 1. Employed persons in private enterprises and self-employed individuals are refer to employed persons other than employed persons in urban units.

2. Enterprises above designated size include industries above designated size,qualified construction industry, enterprises above designated size in Wholesale and retail trade, enterprises above designated size of hotels and catering services, real estate development and management businesses with development and management activities, and service enterprise above designated size.

3-2 主要年份全社会从业人员人数

Number of Employed Persons in Main Years

单位：人 (person)

年 份 Year	合 计 Total	城镇非私营单位从业人员 Employed Persons in Urban Units	私营、个体和其他从业人员 Employed Persons in Private Enterprises, Self-employed Individuals and others
1978	2668989	1473615	1195374
1980	2750467	1565533	1184934
1985	3134739	1756497	1378242
1990	3411513	1893944	1517569
1995	4077775	2082361	1995414
2000	4962579	1755512	3207067
2001	5029338	1686900	3342438
2002	5070216	1755779	3314437
2003	5210706	1880184	3330522
2004	5407087	1943955	3463132
2005	5744550	1997579	3746971
2006	5994973	2071574	3923399
2007	6236312	2236902	3999410
2008	6529045	2255380	4273665
2009	6791495	2351538	4439957
2010	7329300	2463713	4865587
2011	7644800	3102356	4542444
2012	7945700	3268488	4677212
2013	8251000	3245858	5005142
2014	8749600	3263983	5485617
2015	9279100	3203134	6075966
2016	9800400	3252340	6548060
2017	10371700	3291696	7080004
2018	11023600	3486454	7537146
2019	11258900	4002180	7256720
2020	11580100	4193638	7386462
2021	11634400	4269383	7365017
2022	11198200	4249041	6949159
2023	11388000	4111933	7276067

注：1.2000年以前，城镇非私营单位从业人员统计口径为城镇单位职工口径。
2.2010—2020年数据根据第七次全国人口普查结果作了相应调整。

Notes: I.The statistical scale of employed persons in urban units is the statistical scale of staff and workers before 2000.
II.The data from year 2010 to 2020 are revised according to the Seventh National Population Census.

3-3 主要年份三次产业从业人员及构成

Employed Persons and Composition by Three strata of Industry in Main Years

年 份 Year	从业人员 (人) Employed Persons (person)				构成 (%) Composition (%)		
		第一产业 Primary Industry	第二产业 Secondary Industry	第三产业 Tertiary Industry	第一产业 Primary Industry	第二产业 Secondary Industry	第三产业 Tertiary Industry
1978	2668989	1165987	857527	645475	43.69	32.13	24.18
1980	2750467	1106432	922756	721279	40.23	33.55	26.22
1985	3134739	979869	1180526	974344	31.26	37.66	31.08
1990	3411513	963548	1241813	1206152	28.24	36.4	35.36
1995	4077775	924969	1583686	1569120	22.68	38.84	38.48
2000	4962579	956596	1982905	2023078	19.27	39.96	40.77
2001	5029338	969793	1960309	2099236	19.28	38.98	41.74
2002	5070216	949624	1953095	2167497	18.73	38.52	42.75
2003	5210706	958819	2001677	2250210	18.4	38.42	43.18
2004	5407087	901318	2046552	2459217	16.67	37.85	45.48
2005	5744550	869141	2222177	2653232	15.13	38.68	46.19
2006	5994973	831303	2335315	2828355	13.87	38.95	47.18
2007	6236312	774596	2477232	2984484	12.42	39.72	47.86
2008	6529045	730174	2625645	3173226	11.18	40.22	48.6
2009	6791495	733557	2733281	3324657	10.8	40.25	48.95
2010	7329300	609800	2818100	3901400	8.32	38.45	53.23
2011	7644800	725500	2616200	4303100	9.49	34.22	56.29
2012	7945700	654400	2702800	4588500	8.24	34.02	57.75
2013	8251000	654800	2506000	5090200	7.94	30.37	61.69
2014	8749600	636100	2654700	5458800	7.27	30.34	62.39
2015	9279100	637200	2635700	6006200	6.87	28.4	64.73
2016	9800400	630900	2676800	6492700	6.44	27.31	66.25
2017	10371700	630000	2573100	7168600	6.07	24.81	69.12
2018	11023600	612600	2636100	7774900	5.56	23.91	70.53
2019	11258900	631700	2558100	8069100	5.61	22.72	71.67
2020	11580100	593000	2597700	8389400	5.12	22.43	72.45
2021	11634400	582200	2637800	8414400	5.01	22.67	72.32
2022	11198200	468449	2556621	8173130	4.18	22.83	72.99
2023	11388000	446400	2570900	8370700	3.92	22.58	73.5

注：2010—2020年数据根据第七次全国人口普查结果作了相应调整。

Note: The data from year 2010 to 2020 are revised according to the seventh National Population Census.

3-4 各区全社会从业人员（2023年末）

Number of Employed Persons by District (Year-end of 2023)

地　区	District	从业人员（人）Employed Persons (person)	构成（%）Composition (%)
全　市	**Total**	**11388000**	**100.00**
荔湾区	Liwan	453000	3.98
越秀区	Yuexiu	1062371	9.33
海珠区	Haizhu	995269	8.74
天河区	Tianhe	2230274	19.58
白云区	Baiyun	1620799	14.23
黄埔区	Huangpu	1072413	9.42
番禺区	Panyu	1286561	11.30
花都区	Huadu	772578	6.78
南沙区	Nansha	723829	6.36
从化区	Conghua	361326	3.17
增城区	Zengcheng	809580	7.11

3-5 “四上”企业从业人员及构成（2023年末）

Employed Persons and Composition by Enterprises above the Designated Size (Year-end of 2023)

项　　目	Item	从业人员（人）Employed Persons (person)	构成（%）Composition (%)
合　计	**Total**	**4825711**	**100.00**
按行业分	**Grouped By Sector**		
采矿业	Mining	318	0.01
制造业	Manufacturing	1170347	24.25
电力、热力、燃气及水生产和供应业	Production and Supply of Electricity, Heat,Gas and Water	32252	0.67
建筑业	Construction	391973	8.12
批发和零售业	Wholesale and Retail Trade	541314	11.22
交通运输、仓储和邮政业	Transport, Storage and Post	356016	7.38
住宿和餐饮业	Hotels and Catering Services	258582	5.36
信息传输、软件和信息技术服务业	Information Transmission, Software and Information Technology	369703	7.66
房地产业	Real Estate	359178	7.44
租赁和商务服务业	Leasing and Business Services	874940	18.13
科学研究和技术服务业	Scientific Research and Technical Services	213864	4.43
水利、环境和公共设施管理业	Management of Water Conservancy, Environment and Public Facilities	39312	0.81
居民服务、修理和其他服务业	Service to Households, Repair and Other Services	88295	1.83
教　育	Education	30474	0.63
卫生和社会工作	Health and Social Work	62220	1.29
文化、体育和娱乐业	Culture, Sports and Entertainment	36923	0.77

注：“四上”企业包括规模以上工业、有资质的建筑业、限额以上批发和零售业、限额以上住宿和餐饮业、有开发经营活动的全部房地产开发经营业、规模以上服务业法人单位。

Note: Enterprises above designated size include industries above designated size, qualified construction industry, enterprises above designated size in Wholesale and retail trade, enterprises above designated size of hotels and catering services, real estate development and management businesses with development and management activities, and service enterprise above designated size.

3-6 “四上”企业从业人员（2023年末，按人员类型分）

Employed Persons by Enterprises above the Designated Size (Year-end of 2023，by Personnel Type)

单位：人 (person)

项　　目	Item	在岗职工 Fully Employed Staff and Workers	劳务派遣人员 Dispatch Personnel	其他从业人员 Other Types Employed Persons
合　　计	**Total**	**4272962**	**308446**	**244303**
按行业分	**Grouped By Sector**			
采矿业	Mining	303	15	
制造业	Manufacturing	1071663	88840	9844
电力、热力、燃气及水生产和供应业	Production and Supply of Electricity, Heat,Gas and Water	31213	989	50
建筑业	Construction	246249	62549	83175
批发和零售业	Wholesale and Retail Trade	511488	20801	9025
交通运输、仓储和邮政业	Transport, Storage and Post	329045	24417	2554
住宿和餐饮业	Hotels and Catering Services	202166	19586	36830
信息传输、软件和信息技术服务业	Information Transmission, Software and Information Technology	352656	6896	10151
房地产业	Real Estate	322522	30600	6056
租赁和商务服务业	Leasing and Business Services	774767	31360	68813
科学研究和技术服务业	Scientific Research and Technical Services	202071	7513	4280
水利、环境和公共设施管理业	Management of Water Conservancy, Environment and Public Facilities	34482	4779	51
居民服务、修理和其他服务业	Service to Households, Repair and Other Services	77884	7669	2742
教　　育	Education	28196	322	1956
卫生和社会工作	Health and Social Work	54141	1501	6578
文化、体育和娱乐业	Culture, Sports and Entertainment	34116	609	2198

注：“四上”企业包括规模以上工业、有资质的建筑业、限额以上批发和零售业、限额以上住宿和餐饮业、有开发经营活动的全部房地产开发经营业、规模以上服务业法人单位。

Note: Enterprises above designated size include industries above designated size, qualified construction industry, enterprises above designated size in Wholesale and retail trade,enterprises above designated size of hotels and catering services,real estate development and management businesses with development and management activities,and service enterprise above designated size.

3−7 "四上" 企业女性从业人员（2023年末）

Female Staff and Workers above the Designated Size (Year-end of 2023)

项　　目	Item	人数（人）Number of Female Staff and Workers	女性从业人员比重（%）Proportion of Female Staff and Workers
合　　计	**Total**	**1908012**	**39.54**
按行业分	**Grouped By Sector**		
采矿业	Mining	46	14.47
制造业	Manufacturing	438137	37.44
电力、热力、燃气及水生产和供应业	Production and Supply of Electricity, Heat,Gas and Water	6731	20.87
建筑业	Construction	67012	17.10
批发和零售业	Wholesale and Retail Trade	281968	52.09
交通运输、仓储和邮政业	Transport, Storage and Post	103019	28.94
住宿和餐饮业	Hotels and Catering Services	138921	53.72
信息传输、软件和信息技术服务业	Information Transmission, Software and Information Technology	142723	38.60
房地产业	Real Estate	149348	41.58
租赁和商务服务业	Leasing and Business Services	354348	40.50
科学研究和技术服务业	Scientific Research and Technical Services	72930	34.10
水利、环境和公共设施管理业	Management of Water Conservancy, Environment and Public Facilities	16965	43.15
居民服务、修理和其他服务业	Service to Households, Repair and Other Services	55454	62.81
教　育	Education	19736	64.76
卫生和社会工作	Health and Social Work	43131	69.32
文化、体育和娱乐业	Culture, Sports and Entertainment	17543	47.51

注："四上"企业包括规模以上工业、有资质的建筑业、限额以上批发和零售业、限额以上住宿和餐饮业、有开发经营活动的全部房地产开发经营业、规模以上服务业法人单位。

Note: Enterprises above designated size include industries above designated size, qualified construction industry, enterprises above designated size in Wholesale and retail trade,enterprises above designated size of hotels and catering services,real estate development and management businesses with development and management activities, and service enterprise above designated size.

3-8 全市城镇单位从业人员人数（2023年末）

项　　目	Item	单位数（个）Number of Units (unit)
合　计	**Total**	**193086**
按国民经济行业分	**Grouped by Economic Sector**	
农、林、牧、渔业	Agriculture, Forestry, Animal Husbandry and Fishery	176
采矿业	Mining	7
制造业	Manufacturing	23754
电力、热力、燃气及水生产和供应业	Production and Supply of Electricity, Heat,Gas and Water	267
建筑业	Construction	8904
批发和零售业	Wholesale and Retail Trade	60502
交通运输、仓储和邮政业	Transport, Storage and Post	7389
住宿和餐饮业	Hotels and Catering Services	7880
信息传输、软件和信息技术服务业	Information Transmission, Software and Information Technology	16819
金融业	Financial Intermediation	978
房地产业	Real Estate	13987
租赁和商务服务业	Leasing and Business Services	20149
科学研究和技术服务业	Scientific Research and Technical Services	13532
水利、环境和公共设施管理业	Management of Water Conservancy, Environment and Public Facilities	1077
居民服务、修理和其他服务业	Service to Households, Repair and Other Services	5431
教　育	Education	4884
卫生和社会工作	Health and Social Work	2015
文化、体育和娱乐业	Culture, Sports and Entertainment	3672
公共管理、社会保障和社会组织	Public Management, Social Security and Social Organizations	1661

注：城镇单位包括城镇非私营单位和私营单位。

Number of Fully Employed Staff and Workers in Urban Units

(Year-end of 2023)

从业人员年末人数（人） Number of Employed Persons in Urban Units at Year-end (person)	其中：女性 Number of Female Staff and Workers in Urban Units	在岗职工 Number of Fully Employed Staff and Workers in Urban Units	劳务派遣人员 Number of Dispatch Personnel in Urban Units	其他从业人员 Number of Other Types Employed Persons
6968481	**2995083**	**6246272**	**366736**	**355473**
3899	1417	3648	119	132
69	14	58	11	
1195427	475128	1111909	73926	9591
54931	11282	53742	1008	181
428977	80800	305137	56444	67396
830324	426583	799356	20305	10663
440817	129104	410253	26167	4396
285209	152327	224470	23619	37119
512073	195323	490650	8736	12687
183233	105893	104580	4641	74012
445859	192992	393639	35805	16416
1079443	443118	959806	47462	72175
360173	130501	341015	11147	8011
78162	31649	70265	6929	968
130781	77174	119532	7962	3287
336740	217603	303400	17572	15768
288976	203969	262590	12996	13390
72294	34954	63574	1455	7265
241096	85252	228647	10433	2016

Note: Urban Units include Urban Non-private Units and Private Units.

3-9 城镇非私营单位从业人员及构成（2023年末）
Employed Persons and Composition in Urban Non-private Units (Year-end of 2023)

项　　目	Item	从业人员（人）Employed Persons (person)	构 成（%）Composition (%)
合　　计	**Total**	**4111933**	**100.00**
按行业分	**Grouped By Sector**		
农、林、牧、渔业	Agriculture, Forestry, Animal Husbandry and Fishery	1975	0.05
采矿业	Mining	57	0.00
制造业	Manufacturing	691728	16.82
电力、热力、燃气及水生产和供应业	Production and Supply of Electricity, Heat,Gas and Water	53291	1.30
建筑业	Construction	196705	4.78
批发和零售业	Wholesale and Retail Trade	306513	7.45
交通运输、仓储和邮政业	Transport, Storage and Post	285659	6.95
住宿和餐饮业	Hotels and Catering Services	168123	4.09
信息传输、软件和信息技术服务业	Information Transmission, Software and Information Technology	288886	7.03
金融业	Financial Intermediation	172655	4.20
房地产业	Real Estate	308327	7.50
租赁和商务服务业	Leasing and Business Services	517063	12.58
科学研究和技术服务业	Scientific Research and Technical Services	195490	4.75
水利、环境和公共设施管理业	Management of Water Conservancy, Environment and Public Facilities	62692	1.52
居民服务、修理和其他服务业	Service to Households, Repair and Other Services	35639	0.87
教　育	Education	301947	7.34
卫生和社会工作	Health and Social Work	245914	5.98
文化、体育和娱乐业	Culture, Sports and Entertainment	38172	0.93
公共管理、社会保障和社会组织	Public Management, Social Security and Social Organizations	241096	5.86

3-10 主要年份城镇非私营单位从业人员数及工资

Number and Wages of Employed Non-private Persons in Urban Units in Main Years

年 份 Year	城镇非私营单位从业人员年末人数(人) Number of Employed Persons in Urban Units at Year-end (person)	城镇非私营单位从业人员工资总额(万元) Total Wages of Employed Persons in Urban Units (10000 yuan)	城镇非私营单位从业人员年平均工资(元) Average Wage of Employed Persons in Urban Units (yuan)
2000	1755512	3489371	19714
2005	1997579	6772629	34171
2006	2071574	7532573	36566
2007	2236902	8961040	40280
2008	2255380	10251127	45368
2009	2351538	11439796	49054
2010	2463713	13354746	54091
2011	3102356	17486373	56618
2012	3268488	20305943	62598
2013	3245858	21724541	68594
2014	3263983	23881767	73131
2015	3203134	25674928	79534
2016	3252340	28537980	88136
2017	3291696	31983933	97522
2018	3486454	38035167	109879
2019	4002180	47497456	119453
2020	4193638	54201656	130110
2021	4269383	59887030	139802
2022	4249041	63252465	147947
2023	4111933	63649910	154475

注：本表数据2011年以前为城镇单位从业人员数和工资总额，2011年起为城镇非私营单位从业人员数和工资总额。

Note: The name of Number and Wages of Employed Persons in Urban Units is adjusted to Total Wages of Staff and Workers in Urban non-private Units since 2011.

3-11 主要年份城镇非私营单位在岗职工工资总额及指数

Total Wages of Fully Employed Staff and Workers in Urban Non-private Units and Related Indices in Main Years

年 份 Year	在岗职工工资总额(万元) Total Wages of Fully Employed Staff and Workers in Urban Units (10000 yuan)	国有单位 State-owned Units	集体单位 Urban Collective-owned Units	其他单位 Units of Other Types of Ownership	#外商及港澳台投资单位 Enterprises with Funds from Foreign Countries,Hong Kong,Macao and Taiwan	在岗职工年平均工资(元) Average Wage of Fully Employed Staff and Workers in Urban Units (yuan)
1978	101809	76913	24896			714
1980	142243	108015	34228			941
1985	278892	208829	65660	4403	3127	1621
1990	656434	487524	121441	47469	41198	3504
1991	783043	565974	148783	68286	61119	4022
1992	971335	690135	183771	97429	89978	4792
1993	1316773	941475	226929	148369	106957	6342
1994	1815428	1277944	308933	228551	183030	8623
1995	2146245	1481375	344494	320376	263343	10317
1996	2395597	1672483	348629	374485	313623	11813
1997	2615842	1798987	338388	478467	404483	13118
1998(原口径) 1998 (Original Standards)	2831440	1900631	344677	586132	454061	14318
1998(新口径) 1998 (New Standards)	2831440	1758088	322399	750953	454061	14318
1999	3085768	1917375	296558	871835	507875	16202
2000	3480880	2188085	289750	1003045	586413	19091
2001	3878065	2401471	216967	1259627	691639	22141
2002	4534911	2817578	229015	1488318	838420	25583
2003	5335484	3185006	243455	1907023	1097924	28237
2004	5983255	3529828	240966	2212461	1251256	31025
2005	6653196	3837476	233643	2582077	1464470	33853
2006	7389676	3967484	238729	3183463	1718714	36321
2007	8770687	4448123	254851	4067713	2228358	40187
2008	10053742	4970189	261939	4821614	2655221	45365
2009	11180296	5345813	276463	5558020	2889870	49215
2010	13044801	6053212	284742	6706846	3565786	54495
2011	17008733	7040246	274165	9694322	5332522	57473
2012	19695115	7944452	356403	11394260	5950277	63752
2013	21107782	5536325	408310	15163147	6568426	69692
2014	23049712	6233018	414591	16402103	6773266	74245
2015	24874876	6690706	361441	17822729	7250138	81171
2016	27703134	7457706	357722	19887706	7595025	89096
2017	31032760	8704188	327055	22001517	7945622	98612
2018	37005944	10292371	320460	26393113	8741982	111839
2019	45864824	13706998	453982	31703845	10337458	123498
2020	52083780	17202177	467576	34414027	11135556	135138
2021	57954413	18135362	462617	39356434		144288
2022	61517484					152324
2023	61590957					158318

注：1.本表数据2011年以前为城镇单位职工工资总额，2011年起为城镇非私营单位在岗职工工资总额。
2.城镇非私营单位职工含劳务派遣人员。

Notes: I. The name of Total Wages of Fully Employed Staff and Workers in Urban Units is adjusted to Total Wages of Staff and Workers in Urban Units since 2011.

II. Fully employed staff and workers in urban units contain labor dispatching personnel .

3-11 续表 continued

指数(上年=100) Indices (preceding year=100)

年 份 Year	在岗职工工资总额 Total Wages of Fully Employed Staff and Workers in Urban Units	国有单位 State-owned Units	集体单位 Urban Collective-owned Units	其他单位 Units of Other Types of Ownership	# 外商及港澳台投资单位 Enterprises with Funds from Foreign Countries,Hong Kong,Macao and Taiwan	在岗职工年平均工资 Average Wage of Fully Employed Staff and Workers in Urban Units
1978	116.2	121.3	102.8			105.0
1980	139.7	140.4	137.5			114.8
1985	123.2	122.0	124.3	190.7	236.4	121.2
1990	107.7	106.1	105.4	137.1	152.4	107.1
1991	119.3	116.1	122.5	143.9	148.4	114.8
1992	124.1	121.9	123.5	142.7	147.2	119.1
1993	135.6	136.4	123.5	152.3	118.9	132.4
1994	137.9	135.7	136.1	154.0	171.1	136.0
1995	118.2	115.9	111.5	140.2	143.9	119.7
1996	111.6	112.9	101.2	116.9	119.1	114.5
1997	109.2	107.6	97.1	127.8	129.0	111.1
1998	108.2	105.7	101.9	122.5	112.3	109.2
1999	109.0	109.1	92.0	116.1	111.9	113.2
2000	112.8	114.1	97.7	115.1	115.5	117.8
2001	111.4	109.8	74.9	125.6	117.9	116.0
2002	116.9	117.3	105.6	118.2	121.2	115.6
2003	117.7	113.0	106.3	128.1	131.0	110.4
2004	112.1	110.8	99.0	116.0	114.0	109.9
2005	111.2	108.7	97.0	116.7	117.0	109.1
2006	111.1	103.4	102.2	123.3	117.4	107.3
2007	118.7	112.1	106.8	127.8	129.7	110.6
2008	114.6	111.7	102.8	118.5	119.2	112.9
2009	111.2	107.6	105.5	115.3	108.8	108.5
2010	116.7	113.2	103.0	120.7	123.4	110.7
2011	130.4	116.3	96.3	144.5	149.6	111.6
2012	115.8	112.8	130.0	117.5	111.6	110.9
2013	107.2	69.7	114.6	133.1	110.4	109.3
2014	109.2	112.6	101.5	108.2	103.1	106.5
2015	107.9	107.3	87.2	108.7	107.0	109.3
2016	111.4	111.5	99.0	111.6	104.8	109.8
2017	112.0	116.7	91.4	110.6	104.6	110.7
2018	119.2	118.2	98.0	120.0	110.0	113.4
2019	123.9	133.2	141.7	120.1	118.3	110.4
2020	113.6	125.5	103.0	108.5	107.7	109.4
2021	111.3	105.4	98.9	114.4		106.8
2022	106.1					105.6
2023	100.1					103.9

注：2011年城镇非私营单位在岗职工年平均工资指数按可比口径计算。
Note: The data of 2011 are calculated at comparable coverage.

3-12 全市城镇非私营单位在岗职工人数与工资（2023年）

项　　目	Item
合　计	**Total**
按国民经济行业分	**Grouped by Economic Sector**
农、林、牧、渔业	Agriculture, Forestry, Animal Husbandry and Fishery
采矿业	Mining
制造业	Manufacturing
电力、热力、燃气及水生产和供应业	Production and Supply of Electricity, Heat,Gas and Water
建筑业	Construction
批发和零售业	Wholesale and Retail Trade
交通运输、仓储和邮政业	Transport, Storage and Post
住宿和餐饮业	Hotels and Catering Services
信息传输、软件和信息技术服务业	Information Transmission, Software and Information Technology
金融业	Financial Intermediation
房地产业	Real Estate
租赁和商务服务业	Leasing and Business Services
科学研究和技术服务业	Scientific Research and Technical Services
水利、环境和公共设施管理业	Management of Water Conservancy, Environment and Public Facilities
居民服务、修理和其他服务业	Service to Households, Repair and Other Services
教　育	Education
卫生和社会工作	Health and Social Work
文化、体育和娱乐业	Culture, Sports and Entertainment
公共管理、社会保障和社会组织	Public Management, Social Security and Social Organizations

Number and Wages of Fully Employed Staff and Workers in Urban Non-private Units (2023)

单位数 (个) Number of Units (unit)	在岗职工年末人数 (人) Number of Fully Employed Staff and Workers in Urban Units at Year-end (person)	在岗职工年平均人数 (人) Average Number of Fully Employed Staff and Workers in Urban Units (person)	在岗职工工资总额 (万元) Total Wages of Fully Employed Staff and Workers in Urban Units (10000 yuan)	在岗职工年平均工资 (元) Average Wages of Fully Employed Staff and Workers in Urban Units (yuan)
31881	**3875226**	**3890335**	**61590957**	**158318**
46	1847	1728	16469	95322
1	57	58	640	110612
3689	686074	699499	9196375	131471
169	53120	52843	1181843	223653
661	172711	171766	2476758	144194
6260	299363	305350	3921492	128426
821	282697	287259	4404702	153335
1190	134654	133326	880148	66015
1774	280181	283534	6485047	228722
720	104268	104322	3321624	318402
3895	304150	308680	3058520	99084
3570	472072	459541	5121343	111445
2082	190347	192699	3796966	197041
354	61797	63130	588584	93234
517	34452	34760	270260	77750
2794	287475	283283	5865708	207062
973	237672	236129	5664468	239889
702	33207	33971	621611	182981
1661	239080	238457	4718398	197872

3-13 城镇非私营单位从业人员女性年末人数（2023年）

Number of Female Staff and Workers at Year-end in Urban Non-private Units (2023)

项目	Item	年末人数（人）Number of Staff and Workers at Year-end (person)	女性从业人员比重（%）Proportion of Female Staff and Workers (%)
按行业分	**Total**	**1794355**	**43.64**
农、林、牧、渔业	Agriculture, Forestry, Animal Husbandry and Fishery	957	48.46
采矿业	Mining	3	5.26
制造业	Manufacturing	259586	37.53
电力、热力、燃气及水生产和供应业	Production and Supply of Electricity, Heat,Gas and Water	10901	20.46
建筑业	Construction	35835	18.22
批发和零售业	Wholesale and Retail Trade	157645	51.43
交通运输、仓储和邮政业	Transport, Storage and Post	83732	29.31
住宿和餐饮业	Hotels and Catering Services	92232	54.86
信息传输、软件和信息技术服务业	Information Transmission, Software and Information Technology	113619	39.33
金融业	Financial Intermediation	100633	58.29
房地产业	Real Estate	123815	40.16
租赁和商务服务业	Leasing and Business Services	228110	44.12
科学研究和技术服务业	Scientific Research and Technical Services	68232	34.90
水利、环境和公共设施管理业	Management of Water Conservancy, Environment and Public Facilities	24825	39.60
居民服务、修理和其他服务业	Service to Households, Repair and Other Services	23073	64.74
教育	Education	193872	64.21
卫生和社会工作	Health and Social Service	173056	70.37
文化、体育和娱乐业	Culture, Sports and Entertainment	18978	49.72
公共管理、社会保障和社会组织	Public Management, Social Security and Social Organizations	85252	35.36

主要统计指标解释

【从业人员】指在各级国家机关、党政机关、社会团体及企业、事业单位中工作，取得工资或其他形式的劳动报酬的全部人员。包括：在岗职工、聘用的离退休人员以及在单位中工作的港澳台及外籍人员、兼职人员、借用的外单位人员和第二职业者。不包括本单位的不在岗职工。

【在岗职工】指在本单位工作且与本单位签订劳动合同，并由单位支付各项工资和社会保险、住房公积金的人员，以及上述人员中由于学习、病伤、产假等原因暂未工作仍由单位支付工资的人员。在岗职工还包括：

(1)应订立劳动合同而未订立劳动合同人员；

(2)处于试用期人员；

(3)编制外招用的人员，如临时人员；

(4)派往外单位工作，但工资仍由本单位发放的人员(如挂职锻炼、外派工作等情况)。

【劳务派遣人员】根据《中华人民共和国劳动合同法》规定，指与劳务派遣单位签订劳动合同；并被劳务派遣单位派遣到实际用工单位工作；且劳务派遣单位与实际用工单位签订《劳务派遣协议》的人员。无论用工单位是否直接支付劳动报酬，劳务派遣人员均由实际用工单位填报，而劳务派遣单位（派出单位）不填报这些人员。

【工资总额】指本单位在报告期内(季度或年度)直接支付给本单位全部就业人员的劳动报酬总额。包括计时工资、计件工资、奖金、津贴和补贴、加班加点工资、特殊情况下支付的工资，是在岗职工工资总额、劳务派遣人员工资总额和其他就业人员工资总额之和。

工资总额是税前工资，包括单位从个人工资中直接为其代扣或代缴的房费、水费、电费、住房公积金和社会保险基金个人缴纳部分等。

工资总额不论是计入成本的还是不计入成本的，不论是以货币形式支付的还是以实物形式支付的，均应列入工资总额的计算范围。

【在岗职工平均工资】指企业、事业、机关单位的在岗职工在一定时期内平均每人所得的工资额。它表明一定时期在岗职工工资收入的高低程度，是反映在岗职工工资水平的主要指标。计算公式为：

在岗职工平均工资=报告期实际支付的全部在岗职工工资总额/报告期全部在岗职工平均人数。

Explanatory Notes on Main Statistical Indicators

【Practitioners】 refers to all personnel who work in state organs, party and government organs, social organizations, enterprises and institutions at all levels and obtain wages or other forms of labor remuneration. Including: on-the-job employees, employed retirees, Hong Kong, Macao, Taiwan and foreign personnel working in the unit, part-time personnel, borrowed personnel from other units and secondary professionals. It does not include the off duty employees of the unit.

【Staff and workers】 refers to the personnel who work in the unit and sign labor contracts with the unit, and the unit pays various salaries, social insurance and housing fund, as well as those who have not worked for the time being due to study, illness, injury, maternity leave and other reasons but are still paid by the unit. On duty employees also include:

(1) Personnel who should have concluded a labor contract but did not;

(2) Personnel in probation period;

(3) Personnel recruited outside the establishment, such as temporary personnel;

(4) Personnel who are assigned to work in other units but whose wages are still paid by the unit (such as temporary exercise, assignment, etc.).

【Dispatch Personnel】 refers to personnel signed labor contracts with the labor dispatch unit,and by the labor dispatch unit sent to the actual labor units, and the labor dispatch unit and the actual labor units signed "labor dispatch agreement" ,according to the "Labor contract law provisions of the people's Republic of China". No matter whether the direct labor units to pay labor remuneration, labor dispatch personnel are filled by the actual labor units.

【Total Wages】 refers to the unit paid directly to the total remuneration of the staff during the reporting period (quarterly or annual). Including hourly wages, piece-rate wages, bonuses, allowances and subsidies, overtime pay overtime wages, special circumstances wages.

Total wages is pre-tax wages, including the unit from individual pay directly for its withholding or paying rent, personal income tax, water, electricity, housing provident fund and the social insurance fund individual pay part etc.

Wages regardless of whether it is included in the cost was not included in the cost, whether in monetary form of payment or payment in kind, should be included in the scope of calculation of total wages.

【Average Wage of Fully Employed Staff and Workers】 refer to the average amount of wages per employee of enterprises, institutions and government organs in a given period, which reflects the general level of wage income of fully employed staff and workers during a certain period of time and is calculated as follows:

Average Wage of Fully Employed Staff and Workers =Total Wages of Fully Employed Staff and Workers at the Report Period/Average Number of Fully Employed Staff and Workers at the Report Period.

第四篇 CHAPTER 4

固定资产投资

INVESTMENT IN FIXED ASSETS

第四篇　固定资产投资

简要说明

一、本篇资料反映广州市固定资产投资的基本情况。

二、本篇资料由广州市统计局固定资产投资统计处整理提供。

三、固定资产投资统计的资料来源主要为全面统计报表。按照现行的固定资产投资统计报表制度，从2011年起固定资产投资项目统计起报点由计划总投资50万元及以上提高到500万元及以上，固定资产投资不再称全社会固定资产投资。固定资产投资按经济类型分为：国有经济、集体经济、联营经济、股份制经济、私营经济、港澳台投资经济、外商投资经济、其他经济和个体经济。

从2012年起，民间投资包含内容有所调整，民间投资是指工商登记注册类型为：集体、股份合作、私营独资、私营合伙、私营有限责任公司、个体户、个人合伙等纯民间主体的固定资产投资及混合经济成分中由集体、私营、个体控股的投资主体单位的全部固定资产投资。

2019-2021年，新增固定资产及资金指标不包含5000万以下项目。

从2020年起，建设改造项目不再统计房屋施工面积和房屋竣工面积，房屋施工面积和房屋竣工面积指标只包含房地产开发投资项目。

从2023年起，本年实际到位资金来源中其他资金包含了债券。

Chapter 4 Investment in Fixed Assets

Brief Introduction

I. The data in this chapter show the basic conditions of the total investment in fixed assets of Guangzhou .

II. The data in this chapter are prepared and provided by the Division of Investment and Construction Statistics of Guangzhou Municipal Bureau of Statistics.

Ⅲ.The data sources for the statistics of investment in fixed assets mainly come from the complete statistical report forms. According to the present regulations in the reporting scheme on the statistics of the investment in fixed assets, the statistics report point of the fixed assets investment projects has been increased from a planned total investment of 500,000 yuan and above to 5,000,000 yuan and above since 2011. The investment in fixed assets is no longer called the whole society investment in fixed assets. The investment in fixed assets is classified by the following types of ownership: state-owned economy, collective-owned economy, joint-owned economy, share-holding economy, private economy, economy funded by the enterprises from Hong Kong, Macao and Taiwan, foreign funded economy, individual investment and the economy of other types of ownership.

The content of non-state-owned investment has been adjusted since 2012, and non-state-owned investment refers to the industrial and commercial registration type: collective, cooperative, private, private partnership, private limited liability company, the self-employed, private partnership of pure folk subject of investment in fixed assets and mixed by the collective, private, individual holdings investment main body unit of economic composition the total investment in fixed assets.

From 2019 to 2021, new fixed assets and capital indicators did not include projects below 50 million.

Since 2020, construction and renovation projects will no longer count the construction area and completed area of houses, and the indicators of housing construction area and completed area of houses only include real estate development investment projects.

Since 2023, other funds in the current year's actual funding sources include bonds.

4-1 固定资产投资主要经济指标
Main Indicators of Total Investment in Fixed Assets

单位：万元 (10000 yuan)

项目	Item	2023	2023年比2022年增长(%) Growth Rate in 2023 over 2022 (%)
固定资产投资额	**Total Investment in Fixed Assets**	**86236597**	**3.6**
按投资类别分	Grouped by Type of Investment		
#房地产开发	Real Estate Development	31344035	-8.7
按登记注册类型分	Grouped by Registration Status		
内资企业	Domestic Funded Enterprises	78015267	6.0
国有企业	State-owned Enterprises	21891422	25.5
集体企业	Collective-owned Enterprises	1730500	-22.8
股份合作企业	Cooperative Enterprises	87001	6.2
联营企业	Joint Ownership Enterprises	23304	
国有联营企业	State Joint Ownership Enterprises		
集体联营企业	Collective Joint Ownership Enterprises	348	
国有与集体联营企业	Joint State-collective Enterprises	8000	
其他联营企业	Other Joint Ownership Enterprises	14956	
有限责任公司	Limited Liability Corporations	39369653	8.1
国有独资公司	State Sole Funded Corporations	10427560	17.5
其他有限责任公司	Other Limited Liability Corporations	28942093	5.1
股份有限公司	Share-holding Corporations Ltd.	3168033	-6.5
私营企业	Private Enterprises	11174237	-16.8
其他企业	Other Enterprises	571117	-5.1
港、澳、台商投资企业	Enterprises with Funds from Hong Kong, Macao and Taiwan	3927236	1.0
#与港、澳、台商合资经营企业	Joint-venture Enterprises	933977	32.6
与港、澳、台商合作经营企业	Cooperative Enterprises	438735	-21.2
港、澳、台商独资经营企业	Enterprises with Sole Funds	2399828	-5.2
港、澳、台商投资股份有限公司	Share-holding Corporations Ltd.	117626	124.3

注：1．机关、事业、社会团体及其他依法成立的单位固定资产投资登记注册类型参照企业登记注册类型划分。
2．从2011年起，固定资产投资项目统计起报点由计划总投资50万元及以上提高到500万元及以上，增速按可比口径计算。
3．从2012年起，"国家预算内资金"改称为"国家预算资金"，"国家预算资金"和"自筹资金"有所调整。

Notes: I. The registration status of agencies, institutions, social organizations and other units established according to law is divided referring to the registration status of enterprises.

II. Since 2011, the cut-off point of investment in fixed assets is changed from a minimum of 50000 yuan to a minimum of 5000000 yuan. The growth rates in this table are calculated at comparable prices.

III. Since 2012，state budget funds has been renamed, and the coverage of state budget and self-raising funds have been changed.

4-1 续表 continued

单位：万元 (10000 yuan)

项　目	Item	2023	2023年比2022年增长(%) Growth Rate in 2023 over 2022 (%)
外商投资企业	Foreign Funded Enterprises	4264714	-24.9
#中外合资经营企业	Joint-venture Enterprises	2263236	-12.7
中外合作经营企业	Cooperative Enterprises	223130	-16.9
外资企业	Enterprises with Sole Foreign Funds	1640494	-37.9
外商投资股份有限公司	Share-holding Corporations Ltd.	69056	-55.4
个体经营	Self-employed Individual	29380	-15.9
按构成分	Grouped by Use of Funds		
建安工程	Construction and installation project	41094236	9.8
设备工器具购置	Purchases of Equipment and Instruments	8673790	6.1
其他费用	Others	36468571	-3.0
房屋建筑面积(房地产)　（平方米）	**Floor Space of Buildings　(sq.m)**		
施工面积	Floor Space under Construction	127393694	-1.6
#住　宅	Residential Buildings	73778246	-2.5
竣工面积	Floor Space Completed	9083640	-32.8
#住　宅	Residential Buildings	4750069	-44.2
本年新增固定资产	**New Fixed Assets in This Year**	**25298165**	**15.8**
本年实际到位资金合计	**Total Actually Funds Provided This Year**	**129841511**	**1.8**
上年末结余资金	Surplus Fund from Year-end of Preceding Year	31852389	-13.6
本年实际到位资金小计	Subtotal Actually Funds Provided This Year	97989122	8.1
国家预算资金	State Budget	13133112	14.4
国内贷款	Domestic Loans	20673651	1.9
利用外资	Foreign Investment	245592	174.5
自筹资金	Self-raising Funds	41625242	11.4
定金及预收款	Deposit and Advance Payment	13863739	0.6
个人按揭贷款	Personal Mortgage Loan	6413314	19.1
其他资金	Others	2034472	6.2

注：1.国家制度修订，2019—2021年，5000万元以下项目表取消新增固定资产及资金指标统计。增长速度为可比口径，下同。
2.制度调整，2020年后，房屋施工面积和房屋竣工面积只包含房地产开发投资项目。
3.制度调整，2023年后，债券调整为其他资金来来源其中项。

Notes: I.Due to the revision of the national system, the statistics of new fixed assets and capital indicators were canceled from 2019 to 2021 in the project table under 50 million yuan. The growth rate is of comparable caliber, the same below.
II.Due to the adjustment of the institution, the construction area and completed area of houses since 2020 only included real estate development and investment projects.
III. Due to institutional adjustment, bonds has been adjusted to other sources of funds since 2023.

4-2 主要年份按经济类型分固定资产投资额

Total Investment in Fixed Assets in Main Years by Type of Ownership

单位：万元　　(10000 yuan)

年份 Year	合计 Total	国有经济 State-owned Units	集体经济 Collective-owned Units	联营经济 Joint Ownership Economic Units	股份经济 Share Holding Economic Units	私营经济 Private Economic Units	外商及港澳台经济 Economic Units with Funds from Foreign Regions,Hong Kong, Macao and Taiwan Investors	个体经济 Individual Investment	其他经济 Others
1978	72641	68584	1755					2302	
1980	99565	89823	2934					6808	
1985	436197	346000	44788					45409	
1986	524813	434240	42264					48309	
1987	584140	468967	64131					51042	
1988	902161	703117	105514					93530	
1989	933326	780946	84009					68371	
1990	905937	761738	73172					71027	
1991	1037424	850310	99147					87967	
1992	1881379	1520508	230316					130555	
1993	3733976	1885582	676520	15912	72334		842469	235289	5870
1994	5257053	2701653	835384	20679	132421		1234395	332521	
1995	6182515	3324871	724898	62755	280004	2157	1464489	323341	
1996	6389360	3172138	662454	69611	213638	5617	1947862	318040	
1997	6565767	3543369	556536	30949	369066	66960	1720070	278817	
1998	7588283	3803451	685243	35596	444474	123884	2210943	284692	
1999	8782586	4514598	784507	23172	764251	286732	2129471	276896	2959
2000	9236676	4830889	619778	2579	1326102	534456	1514900	362775	45197
2001	9782093	4475639	368690	5930	1330108	1007708	2311811	271523	10684
2002	10092421	3529709	492329	6974	1986469	1304823	2502251	242306	27560
2003	11751668	4469885	452236	21451	2353980	1391787	2814567	222822	24940
2004	13489283	5371055	308617	37673	2298098	2135297	3183159	135454	19930
2005	15191582	5612243	295243	46941	3326313	1872079	3881748	130649	26366
2006	16963824	6070411	309514	17087	3876752	1904587	4646403	76068	63002
2007	18633437	6802190	440692	41760	4168899	2385743	4655795	117806	20552
2008	21055373	7972112	566318	56254	3881865	3260658	5225525	81042	11599
2009	26598516	12724805	698449	80059	4517995	3444249	5018306	105352	9301
2010	32635731	15528450	711201	54940	6832917	3253895	6055481	194805	4042
2011	34122005	12858860	807709	29504	9432487	4461680	6475334	37846	18585
2012	37583868	12330573	1941043	1836	10077974	4749672	8272350	54193	156227
2013	44545508	11979522	3333867	80244	13579487	6547526	8862572	152535	9755
2014	48895026	13918358	3453080	16779	15251803	7345376	8854921	1653	53056
2015	54059522	13013007	2793087	33652	19220207	9502398	9419157	15229	62785
2016	57035860	13109710	1433043		22249191	8457260	11141497	2644	642515
2017	59198316	13559790	831905	636	25209923	8625918	10154609	2778	812757
2018	59384003	15439768	466026	147	24091060	7823441	11285343	1530	276688
2019	69202087	21020325	494284	2598	27975130	10162745	9107321	5581	434103
2020	76110959	24440236	1146636	1300	28855657	12878820	8481456	10664	296190
2021	85027452	27256054	2741735		33335155	14194604	7225956	19114	254834
2022	83212834	26324557	2324254		30929300	13426532	9571606	34917	601668
2023	86236597	32318982	1817849	22956	32110126	11174237	8191950	29380	571117

4-3 主要年份按经济类型分固定资产投资额指数（上年=100）

Indices of Total Investment in Fixed Assets in Main Years by Type of Ownership (preceding year =100)

年份 Year	合 计 Total	国有经济 State-owned Units	集体经济 Collective-owned Units	联营经济 Joint Ownership Economic Units	股份经济 Share Holding Economic Units	私营经济 Private Economic Units	外商及港澳台经济 Economic Units with Funds from Foreign Regions,Hong Kong, Macao and Taiwan Investors	个体经济 Individual Investment	其他经济 Others
1978	99.2	95.9	103.1						
1980	134.0	130.4	182.4					179.5	
1985	145.8	141.0	231.5					131.4	
1986	120.3	125.5	94.4					106.4	
1987	111.3	108.0	151.7					105.7	
1988	154.4	149.9	164.5					183.2	
1989	103.5	111.1	79.6					73.1	
1990	97.1	97.5	87.1					103.9	
1991	114.5	111.6	135.5					123.9	
1992	181.4	178.8	232.3					148.4	
1993	198.5	124.0	203.4					180.2	
1994	140.8	143.3	140.2	130.0	183.1		146.5	141.3	
1995	117.6	123.1	78.1	303.5	211.5		118.6	97.2	
1996	103.4	95.4	88.2	110.9	76.3	260.4	133.0	98.4	
1997	102.8	111.7	84.0	44.5	172.8	1192.1	88.3	87.7	
1998	115.6	107.3	123.1	115.0	120.4	185.0	128.5	102.1	
1999	115.7	118.7	114.5	65.1	172.0	231.5	96.3	97.3	
2000	105.2	107.0	79.0	11.1	173.5	186.4	71.1	131.0	1527.4
2001	105.9	92.7	59.5	229.9	100.3	188.6	152.6	74.9	23.6
2002	103.2	78.9	133.5	117.6	149.4	129.5	108.2	89.2	258.0
2003	116.4	126.6	91.9	307.6	118.5	106.7	112.5	92.0	90.5
2004	114.8	120.2	68.2	175.6	97.6	153.4	113.1	60.8	79.9
2005	112.6	104.5	95.7	124.6	144.7	87.7	122.0	96.5	132.3
2006	111.7	108.2	104.8	36.4	116.6	101.7	119.7	58.2	239.0
2007	109.8	112.1	142.4	244.4	107.5	125.3	100.2	154.9	32.6
2008	113.0	117.2	128.5	134.7	93.1	136.7	112.2	68.8	56.4
2009	122.3	150.4	123.3	142.3	113.6	105.6	96.0	130.0	80.2
2010	122.7	122.0	101.8	68.6	151.2	94.5	120.7	184.9	43.5
2011	110.0	89.4	161.1	53.7	138.5	139.1	107.6	84.3	690.6
2012	110.2	95.9	240.3	6.2	106.8	106.5	127.8	143.2	840.6
2013	118.5	97.2	171.8	4370.6	134.7	137.9	107.1	281.5	6.2
2014	114.5	123.7	109.9	22.3	115.7	117.5	102.2	1.2	579.3
2015	110.6	93.5	80.9	200.6	126.0	129.4	106.4	921.3	118.3
2016	108.0	100.7	51.3		115.8	89.0	118.3	17.4	1023.4
2017	105.7	103.4	58.1		113.3	102.0	91.1	105.1	126.5
2018	108.2	129.5	58.7	23.1	98.2	93.5	133.7	55.1	34.1
2019	116.5	136.1	106.1	1767.3	116.1	129.9	80.7	364.8	156.9
2020	110.0	116.3	232.0	50.0	103.1	126.7	93.1	191.1	68.2
2021	111.7	111.5	239.1		115.5	110.2	85.2	179.2	86.0
2022	97.9	96.6	84.8		92.8	94.6	132.5	182.7	236.1
2023	103.6	122.8	78.2		103.8	83.2	85.6	84.1	94.9

4-4 主要年份按投资类别分固定资产投资额

Total Investment in Fixed Assets in Main Years by Type of Investment

单位：万元 (10000 yuan)

年 份 Year	合 计 Total	建设改造投资 Construction and Innovation	房地产开发 Real Estate Development
1978	72641	72641	
1980	99565	99565	
1985	436197	389725	46472
1986	524813	472248	52565
1987	584140	514109	70031
1988	902161	762070	140091
1989	933326	780967	152359
1990	905937	788518	117419
1991	1037424	881075	156349
1992	1881379	1483959	397420
1993	3733976	2481589	1252387
1994	5257053	3362533	1894520
1995	6182515	4091379	2091136
1996	6389360	4097720	2291640
1997	6565767	4191544	2374223
1998	7588283	4894594	2693689
1999	8782586	5823559	2959027
2000	9236676	5680860	3555816
2001	9782093	5911886	3870207
2002	10092421	5828523	4263898
2003	11751668	7556862	4194806
2004	13489283	8718968	4770315
2005	15191582	10110736	5080846
2006	16963824	11395931	5567893
2007	18633437	11595406	7038031
2008	21055373	13421349	7634024
2009	26598516	18425067	8173449
2010	32635731	22799149	9836582
2011	34122005	21068400	13053605
2012	37583868	23879357	13704511
2013	44545508	28821219	15724289
2014	48895026	30733497	18161529
2015	54059522	32683631	21375891
2016	57035860	31627311	25408549
2017	59198316	32169381	27028935
2018	59384003	32364680	27019323
2019	69202087	38179514	31022573
2020	76110959	43171494	32939465
2021	85027452	48763054	36264398
2022	83212834	48893842	34318992
2023	86236597	54892562	31344035

4-5 主要年份按投资类别分固定资产投资额指数（上年=100）

Indices of Total Investment in Fixed Assets in Main Years by Type of Investment (preceding year =100)

年 份 Year	合 计 Total	建设改造投资 Construction and Innovation	房地产开发 Real Estate Development
1978	99.2	99.2	
1980	134.0	134.0	
1985	145.8	152.0	108.3
1986	120.3	121.2	113.1
1987	111.3	108.9	133.2
1988	154.4	148.2	200.0
1989	103.5	102.5	108.8
1990	97.1	101.0	77.1
1991	114.5	111.7	133.2
1992	181.4	168.4	254.2
1993	198.5	167.2	315.1
1994	140.8	135.5	151.3
1995	117.6	121.7	110.4
1996	103.4	100.2	109.6
1997	102.8	102.3	103.6
1998	115.6	116.8	113.5
1999	115.7	119.0	109.9
2000	105.2	97.5	120.2
2001	105.9	104.1	108.8
2002	103.2	98.6	110.2
2003	116.4	129.7	98.4
2004	114.8	115.4	113.7
2005	112.6	116.0	106.5
2006	111.7	112.7	109.6
2007	109.8	101.8	126.4
2008	113.0	115.7	108.5
2009	122.3	137.3	107.1
2010	122.7	123.7	120.4
2011	110.0	99.4	132.7
2012	110.2	113.3	105.0
2013	118.5	120.7	114.7
2014	114.5	113.9	115.5
2015	110.6	106.3	117.7
2016	108.0	96.8	118.9
2017	105.7	105.1	106.4
2018	108.2	116.2	持平
2019	116.5	118.0	114.8
2020	110.0	113.1	106.2
2021	111.7	113.0	110.1
2022	97.9	100.3	94.6
2023	103.6	112.3	91.3

4-6 各时期按投资类别分固定资产投资额

Total Investment in Fixed Assets in Different Periods by Type of Investment

单位：万元 (10000 yuan)

时 期	Period	合 计 Total	建设改造投资 Construction and Innovation	房地产开发 Real Estate Development
“六五”时期	6th Five-year Plan Period	1310742	1221368	89374
“七五”时期	7th Five-year Plan Period	3850377	3317912	532465
“八五”时期	8th Five-year Plan Period	18092347	12300535	5791812
“九五”时期	9th Five-year Plan Period	38562672	24688277	13874395
“十五”时期	10th Five-year Plan Period	60307047	38126975	22180072
“十一五”时期	11th Five-year Plan Period	115886881	77636902	38249979
“十二五”时期	12th Five-year Plan Period	219205929	137186104	82019825
“十三五”时期	13th Five-year Plan Period	320931225	177512380	143418845
1979−2023年	1979-2023	1032797955	624713764	408084192
2001−2023年	2001-2023	970807965	583011819	387796146
2013−2023年	2013-2023	722908164	422300185	300607979
2021−2023年	2021-2023	254476883	152549458	101927425

4-7 各时期按投资类别分固定资产投资额平均每年增长速度

Average Growth Rate of Investment in Fixed Assets in Different Periods by Type of Investment

单位：% (%)

时期	Period	合计 Total	建设改造投资 Construction and Innovation	房地产开发 Real Estate Development
“六五”时期	6th Five-year Plan Period	34.2	31.6	
“七五”时期	7th Five-year Plan Period	19.6	18.3	29.1
“八五”时期	8th Five-year Plan Period	50.4	40.7	89.2
“九五”时期	9th Five-year Plan Period	7.5	6.3	9.6
“十五”时期	10th Five-year Plan Period	9.0	10.0	7.5
“十一五”时期	11th Five-year Plan Period	14.4	14.7	14.0
“十二五”时期	12th Five-year Plan Period	12.7	10.5	16.8
“十三五”时期	13th Five-year Plan Period	9.6	9.5	9.1
1979–2023年	1979-2023	17.5	16.7	
2001–2023年	2001-2023	11.1	11.9	9.9
2013–2023年	2013-2023	9.4	10.3	7.8
2021–2023年	2021-2023	4.2	8.3	-1.7

4-8 主要年份按三次产业分固定资产投资额

Total Investment in Fixed Assets and its Composition in Main Years by the Three Strata of Industries

年份 Year	合计 (万元) Total (10000 yuan)	第一产业 Primary Industry	第二产业 Secondary Industry	第三产业 Tertiary Industry	比重 (%) Composition (%)	第一产业 Primary Industry	第二产业 Secondary Industry	第三产业 Tertiary Industry
1978	72641	4317	32100	36224	100.00	5.94	44.19	49.87
1980	99565	4953	39722	54890	100.00	4.97	39.90	55.13
1985	436197	13672	143702	278823	100.00	3.13	32.94	63.93
1990	905937	14268	346872	544797	100.00	1.57	38.29	60.14
1995	6182515	42433	1698901	4441181	100.00	0.69	27.48	71.83
2000	9236676	66584	1411261	7758831	100.00	0.72	15.28	84.00
2001	9782093	17789	1419209	8345095	100.00	0.18	14.51	85.31
2002	10092421	24625	1913745	8154051	100.00	0.24	18.96	80.80
2003	11751668	14657	2265387	9471624	100.00	0.12	19.28	80.60
2004	13489283	30084	2863780	10595419	100.00	0.22	21.23	78.55
2005	15191582	9816	4379347	10802419	100.00	0.06	28.83	71.11
2006	16963824	17999	4632303	12313522	100.00	0.11	27.30	72.59
2007	18633437	11541	4015821	14606075	100.00	0.06	21.55	78.39
2008	21055373	16269	4510845	16528259	100.00	0.08	21.42	78.50
2009	26598516	34894	5454577	21109045	100.00	0.13	20.51	79.36
2010	32635731	34280	6262773	26338678	100.00	0.10	19.19	80.71
2011	34122005	39223	5529978	28552804	100.00	0.11	16.21	83.68
2012	37583868	71881	5998727	31513260	100.00	0.19	15.96	83.85
2013	44545508	107320	7169083	37269105	100.00	0.24	16.09	83.67
2014	48895026	151898	7174196	41568932	100.00	0.31	14.67	85.02
2015	54059522	337727	7795480	45926315	100.00	0.62	14.42	84.96
2016	57035860	211577	7320025	49504258	100.00	0.37	12.83	86.80
2017	59198316	105089	7515079	51578148	100.00	0.18	12.69	87.13
2018	59384003	7998	9615139	49760866	100.00	0.01	16.19	83.80
2019	69202087	31996	10450955	58719136	100.00	0.05	15.10	84.85
2020	76110959	139897	10341208	65629854	100.00	0.18	13.59	86.23
2021	85027452	196905	11014537	73816010	100.00	0.23	12.95	86.82
2022	83212834	154141	12496960	70561733	100.00	0.19	15.01	84.80
2023	86236597	155257	15111258	70970082	100.00	0.18	17.52	82.30

4-9 主要年份按构成分固定资产投资额

Total Investment in Fixed Assets in Main Years by Use of Funds

单位：万元　　　　(10000 yuan)

年 份 Year	合 计 Total	建安工程 Construction and installation project	建筑工程 Construction Project	安装工程 Installation Project	设备工器具购置 Purchases of Equipment and Instruments	其他费用 Others
1995	6182515	3380428	3066640	313788	1474613	1327474
1996	6389360	3645509	3225327	420182	1501358	1242493
1997	6565767	3761130	3230953	530177	1475112	1329525
1998	7588283	4238753	3805530	433223	1465162	1884368
1999	8782586	4983134	4443801	539333	1520186	2279266
2000	9236676	5351968	4862795	489173	1284866	2599842
2001	9782093	5744072	4943427	800645	1792544	2245477
2002	10092421	6045582	5043136	1002446	1735461	2311378
2003	11751668	6596074	5926676	669398	1907214	3248380
2004	13489283	7996258	7167180	829078	2328974	3164051
2005	15191582	9087325	7899596	1187729	2749875	3354382
2006	16963824	9724062	8375238	1348824	3657839	3581923
2007	18633437	10891409	9571281	1320128	3299746	4442282
2008	21055373	12807649	11296603	1511046	3227977	5019747
2009	26598516	16750826	15003807	1747019	3798896	6048794
2010	32635731	21513034	18964747	2548287	4866404	6256293
2011	34122005	20887886	18138348	2749538	6193268	7040851
2012	37583868	24731081	21468095	3262986	6003316	6849471
2013	44545508	29692453	25879973	3812480	6995873	7857182
2014	48895026	31495401	27760295	3735106	7380551	10019074
2015	54059522	34965551	30635972	4329579	8300480	10793491
2016	57035860	32761129	28524666	4236463	9297170	14977561
2017	59198316	31970283	28275166	3695117	8947522	18280511
2018	59384003	27259894			9088439	23035670
2019	69202087	32024085			9049938	28128064
2020	76110959	36564476			7559789	31986694
2021	85027452	39915289	37398370	2516919	7573587	37538576
2022	83212834	37421683	35287675	2134008	8177565	37613586
2023	86236597	41094236	38428075	2666161	8673790	36468571

注：2018年至2020年，500万—5000万固定资产投资项目情况表取消建筑工程和安装工程分组，合并为建安工程。

Note: Since 2018,5-50 million fixed assets investment project table canceled the construction and installation project group,merged into construction and installation project.

4-10 主要年份房屋建设情况

Building Construction Situation in Main Years

年份、时期 Year and Period	房屋施工面积（万平方米） Floor Space under Construction (10000 sq.m)	#住宅 Residential Buildings	房屋竣工面积（万平方米） Floor Space Completed (10000 sq.m)	#住宅 Residential Buildings
1978	429.55	173.09	184.97	84.82
1980	610.94	334.12	269.07	163.33
1985	1448.87	820.45	796.96	531.33
1990	1681.89	970.81	879.68	537.36
1995	4958.58	2840.92	1847.86	1212.84
2000	6152.47	3789.88	2404.81	1539.43
2001	6612.84	3916.82	2138.40	1304.28
2002	6376.80	3809.32	2129.56	1392.66
2003	6540.20	3643.26	2243.10	1317.25
2004	7263.32	3817.60	2308.23	1045.58
2005	7165.93	3836.53	2405.30	1091.48
2006	6895.68	3751.36	1677.24	918.05
2007	8113.99	4049.79	2243.77	1001.43
2008	8272.29	3986.32	1849.70	865.15
2009	8690.90	3740.54	2208.57	965.85
2010	10114.91	4279.53	2388.95	950.10
2011	11555.51	5083.07	2804.28	938.38
2012	12381.69	5152.06	2957.66	940.44
2013	13959.31	5753.99	3683.50	897.97
2014	13995.56	6410.68	3699.66	1266.35
2015	13129.83	6461.25	2712.01	1031.79
2016	11563.90	6228.81	1642.25	832.98
2017	12044.84	6427.97	1496.38	832.80
2018	14841.71	7166.30	1601.19	871.70
2019	16594.23	7381.27	3089.81	1649.46
2020	11878.29	6924.32	1389.79	923.91
2021	12750.78	7416.82	1093.13	656.77
2022	12946.25	7569.42	1351.74	851.84
2023	12739.37	7377.82	908.36	475.01

注：因制度调整，从2020年起房屋施工面积和房屋竣工面积只包含房地产开发投资项目。

Note: Due to the adjustment of the institution, the construction area and completed area of houses since 2020 only include real estate development and investment projects.

4−11 固定资产投资额（2023年）

Total Investment in Fixed Assets (2023)

单位：万元 (10000 yuan)

项　　目	Item	合 计 Total	#建设改造 Construction and Transformation
总　　计	**total**	**86236597**	**54892562**
按登记注册类型分	**Grouped by Registration Status**		
内资企业	Domestic Funded Enterprises	78015267	50569079
国有企业	State-owned Enterprises	21891422	18313095
集体企业	Collective-owned Enterprises	1730500	1644304
股份合作企业	Cooperative Enterprises	87001	87001
联营企业	Joint Ownership Enterprises	23304	12030
国有联营企业	State Joint Ownership Enterprises		
集体联营企业	Collective Joint Ownership Enterprises	348	348
国有与集体联营企业	Joint State-collective Enterprises	8000	8000
其他联营企业	Other Joint Ownership Enterprises	14956	3682
有限责任公司	Limited Liability Corporations	39369653	21574438
国有独资公司	State Sole Funded Corporations	10427560	8176085
其他有限责任公司	Other Limited Liability Corporations	28942093	13398353
股份有限公司	Share-holding Corporations Ltd.	3168033	2956476
私营企业	Private Enterprises	11174237	5410618
其他企业	Other Enterprises	571117	571117
港、澳、台商投资企业	Enterprises with Funds from Hong Kong, Macao and Taiwan	3927236	1708180
#与港、澳、台商合资经营企业	Joint-venture Enterprises	933977	399493
与港、澳、台商合作经营企业	Cooperative Enterprises	438735	245235
港、澳、台商独资经营企业	Enterprises with Sole Funds	2399828	923054
港、澳、台商投资股份有限公司	Share-holding Corporations Ltd.	117626	117626
外商投资企业	Foreign Funded Enterprises	4264714	2585923
#中外合资经营企业	Joint-venture Enterprises	2263236	1559607
中外合作经营企业	Cooperative Enterprises	223130	173639
外资企业	Enterprises with Sole Foreign Funds	1640494	727348
外商投资股份有限公司	Share-holding Corporations Ltd.	69056	69056
个体经营	Self-employed Individual	29380	29380

4-11 续表 continued

单位：万元 (10000 yuan)

项 目	Item	合 计 Total	#建设改造 Construction and Transformation
按建设性质分	**Grouped by Type of Construction**		
#新 建	New Construction	72704949	41360914
扩 建	Expansion	4621249	4621249
改建和技术改造	Renovation and Technical Transformation	6110519	6110519
单纯购置	Simple Purchase	2492740	2492740
按构成分	**Grouped by Composition**		
建安工程	Construction and Installation Project	41094236	30071345
设备工器具购置	Equipment and Appliance Purchase	8673790	8566680
其他费用	Other Expenses	36468571	16254537
按行业分	**Grouped by Sector**		
农、林、牧、渔业	Agriculture, Forestry, Animal Husbandry and Fishery Industry	169819	169819
采矿业	Mining	100930	100930
制造业	Manufacturing	12093396	12093396
电力、热力、燃气及水生产和供应业	Production and Supply of Electricity, Heat,Gas and Water	2860117	2860117
建筑业	Construction	86468	86468
批发和零售业	Wholesale and Retail Trade	460911	460911
交通运输、仓储和邮政业	Transport, Storage and Post	12432381	12432381
住宿和餐饮业	Hotels and Catering Services	116013	116013
信息传输、软件和信息技术服务业	Information Transmission, Software and Information Technology	1853646	1853646
金融业	Financial Intermediation	502132	502132
房地产业	Real Estate	37167754	5823719
租赁和商务服务业	Leasing and Business Services	4796784	4796784
科学研究和技术服务业	Scientific Research and Technical Services	799483	799483
水利、环境和公共设施管理业	Management of Water Conservancy, Environment and Public Facilities	8301086	8301086
居民服务、修理和其他服务业	Service to Households, Repair and Other Services	39950	39950
教 育	Education	2164842	2164842
卫生和社会工作	Health and Social Service	1457345	1457345
文化、体育和娱乐业	Culture, Sports and Entertainment	560003	560003
公共管理、社会保障和社会组织	Public Management, Social Security and Social Organizations	273537	273537
国际组织	Internationale Organizations		

4-12 各区固定资产投资主要指标
(2023年，按项目所在地分)

项目	Item	全市 Total	荔湾区 Liwan	越秀区 Yuexiu
固定资产投资额 （万元）	**Total Investment in Fixed Assets (10000 yuan)**	**86236597**	**5402995**	**1152691**
按登记注册类型分	**Grouped by Registration Status**			
#国有经济投资	State-owned Investment	32318982	1989236	879559
民间投资	Investment by Non-state-owned Units	26983288	987086	66492
港澳台商经济投资	Investment from Hong Kong, Macao and Taiwan	3927236	498977	33193
外商经济投资	Foreign Investment	4264714	100869	1117
按构成分	**Grouped by Use of Funds**			
#建筑安装工程合计	Construction and Installation Project	41094236	1744075	631718
新增固定资产 （万元）	Newly Increased Fixed Assets (10000 yuan)	25298165	647218	654834

注：国有经济投资包括国有企业、国有联营企业、国有独资公司的投资额。民间投资是指工商登记注册类型为：集体、股份合作、私营独资、私营合伙、私营有限责任公司、个体户、个人合伙等纯民间主体的固定资产投资及混合经济成分中由集体、私营、个体控股的投资主体单位的全部固定资产投资(下同)。

Main Indicators of Investment in Fixed Assets by District
(2023, by Region of Item)

海珠区 Haizhu	天河区 Tianhe	白云区 Baiyun	黄埔区 Huangpu	番禺区 Panyu	花都区 Huadu	南沙区 Nansha	从化区 Conghua	增城区 Zengcheng
5359697	**7038311**	**12165538**	**20003232**	**8116898**	**5780230**	**11031694**	**2017650**	**8167661**
2194006	1084149	5461572	8705477	1786088	2240408	5043504	599819	2335164
1618612	3800090	2249942	6334095	4222852	1543956	2144308	878993	3136862
201529	350431	145868	420991	948997	411916	398975	136532	379827
517321	47910	909238	986777	166944	222354	610830	48738	652616
2263270	2278134	6144731	9247518	3470473	3447486	5818161	1341691	4706979
1411218	1968228	3485281	5980088	2584157	1393401	3792099	747927	2633714

Note: The state-owned investment refers to the investment from state-ownered enterprises, state joint ownership enterprises and sole state-funded corporations. The investment by non-state-owned units refers to the total investment excluding the investment from state-owned enterprises, state joint ownership enterprises, sole state-funded corporations, enterprises with funds from foreign regions,Hong Kong, Macao and Taiwan. The investment by private enterprises refers to private holding investment and individual investment of the investment from collective-owned enterprises, other cooperative enterprises, other limited liability corporations,private enterprises, other domestic funded enterprises and share holding corporations. The same as in the following tables.

4-13 民间固定资产投资情况（2023年）

Investment in Fixed Assets by Private Units (2023)

单位：万元 (10000 yuan)

指标名称	Item	2023	2023年比2022年增长(%) Growth Rate in 2023 over 2022 (%)
合　计	**Total**	**26983288**	**-18.8**
按投资类别分	**Grouped by Type of Investment**		
建设改造	Construction and Transformation	13725436	1.6
房地产开发	Real Estate Development	13257852	-32.8
按主要领域分	**Grouped by Main Sector**		
其中：基础设施	Infrastructure investment	647528	-2.2
工业投资	Industrial investment	7152497	20.6
其中：工业技术改造	Industry technical renovation	2508435	42.4
按构成分	**Grouped by Use of Funds**		
建安工程	Construction and Installation Project	11494975	-14.1
设备工器具购置	Purchases of Equipment and Instruments	2386637	1.9
其他费用	Others	13101676	-25.2
按三次产业分	**Grouped By Industry**		
第一产业	Primary Industry	37086	-32.7
第二产业	Secondary Industry	7167674	20.4
第三产业	Tertiary Industry	19778528	-27.4
按国民经济行业分	**Grouped by Sector**		
农、林、牧、渔业	Agriculture, Forestry, Animal Husbandry and Fishery Industry	42653	-33.9
采矿业	Mining	100930	6701.2
制造业	Manufacturing	6946691	19.9
电力、热力、燃气及水生产和供应业	Production and Supply of Electricity, Heat,Gas and Water	104876	-20.5
建筑业	Construction	22098	-23.6
批发和零售业	Wholesale and Retail Trade	361987	191.2
交通运输、仓储和邮政业	Transport, Storage and Post	358225	-27.0
住宿餐饮业	Hotels and Catering Services	84981	-36.9
信息传输、软件和信息技术服务业	Information Transmission, Software and Information Technology	544160	79.2
金融业	Financial Intermediation	50801	-59.1
房地产业	Real Estate	15797644	-32.5
租赁和商务服务业	Leasing and Business Services	1428775	11.0
科学研究和技术服务业	Scientific Research and Technical Services	388397	-32.7
水利、环境和公共设施管理业	Management of Water Conservancy, Environment and Public Facilities	87969	-12.3
居民服务、修理和其他服务业	Service to Households, Repair and Other Services	34489	-49.9
教育	Education	374464	-15.9
卫生和社会工作	Health and Social Service	201152	73.8
文化、体育和娱乐业	Culture, Sports and Entertainment	34714	-12.7
公共管理、社会保障和社会组织	Public Management, Social Security and Social Organizations	18282	236.3
国际组织	International Organizations		

4-14 工业及工业技术改造固定资产投资情况（2023年）

Investment in Fixed Assets in Industrial and Technological Renovation (2023)

单位：万元　　　　(10000 yuan)

项　目	Item	工业投资 Industrial Investment	#工业技术改造 Industrial Technological Transformation
合　计	**Total**	**15054443**	**5413842**
其中：汽车制造业	Automobile Manufacturing	1739797	1044948
其中：汽车零配件	Auto Parts Manufacturing	976158	330514
电子产品制造业	Electronic Appliance Manufacturing	5135034	1491454
石油化工制造业	Petrochemical Manufacturing	784403	433478
其中：高技术制造业	High-tech Manufacturing Industry	5942701	1776470
医药制造业	Pharmaceutical Manufacturing Industry	905542	245574
航空航天及设备制造业	Aerospace and Equipment Manufacturing Industry	95232	26908
电子及通信设备制造	Manufacturing Industry of Electronic and Communication Equipment	4418456	1264633
计算机及办公设备制造业	Computer and Office Equipment Manufacturing Industry	323709	148046
医疗设备及仪器仪表制造业	Manufacturing Industry of Medical Equipment and Instruments	199670	91309
信息化学品制造	Information Chemicals Manufacturing Industry	92	
按工业行业分	**By industry**		
非金属矿采选业	Mining and Dressing of Nonmetal Ores	100930	3182
农副食品加工业	Processing of Food from Agricultural Products	316991	95984
食品制造业	Manufacture of Foods	257355	111443
酒、饮料和精制茶制造业	Manufacture of Wine, Beverages and Refined Tea	66981	28752
烟草制品业	Manufacture of Tobacco	12381	8606
纺织业	Manufacture of Textile	46482	21944
纺织服装、服饰业	Manufacture of Textile Wearing Apparel, Clothing	121821	61898
皮革、毛皮、羽毛及其制品和制鞋业	Manufacture of Leather, Fur, Feather and Related Products, Footwear	43690	12511
木材加工和木、竹、藤、棕、草制品业	Processing of Timber, Manufacture of Wood, Bamboo, Rattan, Palm and Straw Products	5320	
家具制造业	Manufacture of Furniture	52861	39206
造纸和纸制品业	Manufacture of Paper and Paper Products	57842	26439
印刷和记录媒介复制业	Printing, Reproduction of Recording Media	44153	25405
文教、工美、体育和娱乐用品制造业	Manufacture of Culture and Education, Arts and Crafts, Sports and Entertainment Supplies	92799	48630
石油煤炭及其他燃料加工业	Processing of Petroleum, Coking, Processing of Nuclear Fuel	108372	102810
化学原料和化学制品制造业	Manufacture of Raw Chemical Materials and Chemical Products	676123	330668
医药制造业	Manufacture of Medicines	905542	245574
化学纤维制造业	Manufacture of Chemical Fibers	2881	
橡胶和塑料制品业	Manufacture of Rubber	225585	171232
非金属矿物制品业	Manufacture of Non-metallic Mineral Products	230875	48731
黑色金属冶炼和压延加工业	Smelting and Pressing of Ferrous Metals	13075	12958
有色金属冶炼和压延加工业	Smelting and Pressing of Non-Ferrous Metals	123619	34479
金属制品业	Manufacture of Metal Products	70390	47284
通用设备制造业	Manufacture of General Purpose Machinery	549692	128695
专用设备制造业	Manufacture of Special Purpose Machinery	777945	177412
汽车制造业	Manufacture of Automobile	1739797	1044948
铁路、船舶、航空航天和其他运输设备制造业	Manufacture of Railway, Ship, Aerospace and Other Transportation Equipment	189434	83236
电气机械和器材制造业	Manufacture of Electrical Machinery and Equipment	1113243	211152
计算机、通信和其他电子设备制造业	Manufacture of Computers, Communication Equipment and Other Electronic Equipment	4004577	1383342
仪器仪表制造业	Manufacture of Instruments and Meters	39560	31985
其他制造业	Other Manufactures	142154	20903
废弃资源综合利用业	Comprehensive Utilization of Waste	32203	10034
金属制品、机械和设备修理业	Manufacture of Metal Products, Machinery and Equipment Maintenance	29653	23567
电力、热力生产和供应业	Production and Supply of Electric Power and Heat Power	1655096	457822
燃气生产和供应业	Production and Supply of Gas	197811	54448
水的生产和供应业	Production and Supply of Water	1007210	308562

4-15 住宅投资建设情况（2023年）

Housing Investment and Construction (2023)

项　　目	Item	固定资产投资额（万元） Investment in Fixed Assets (10000 yuan)	房屋施工面积（平方米） Floor Space under Construction (sq.m)	房屋竣工面积（平方米） Floor Space Completed (sq.m)
总　计	**Total**	**22679981**	**73778246**	**4750069**
按登记注册类型分	**Grouped by Registration Status**			
内资企业	Domestic Funded Enterprises	20364755	65015420	3759959
国有企业	State-owned Enterprises	2787354	5197908	379110
集体企业	Collective-owned Enterprises	143017	126967	18942
股份合作企业	Cooperative Enterprises			
联营企业	Joint Ownership Enterprises	9854	48409	
有限责任公司	Limited Liability Corporations	13175651	44195606	2578450
股份有限公司	Share-holding Corporations Ltd.	137819	252556	
私营企业	Private Enterprises	4068150	15193974	783457
其他企业	Other Enterprises	42910		
港、澳、台商投资企业	Enterprises with Funds from Hong Kong, Macao and Taiwan	1416970	5917949	430851
外商投资企业	Foreign Funded Enterprises	898256	2844877	559259
个体经营	Self-employed Individual			
按投资类别分	**By investment category**			
#房地产开发	Real estate development	22351710	73778246	4750069

注：制度调整，从2020年起房屋施工面积和房屋竣工面积只包含房地产开发投资项目。

Note: Due to the adjustment of the institution, the construction area and completed area of houses since 2020 only include real estate development and investment projects.

4-16 主要年份基础设施投资额

Total Investment of Infrastructure in Main Years

单位：万元 (10000 yuan)

年 份 Year	基础设施投资额合计 Total Investment in Infrastructure	电力、热力、燃气及水生产和供应业 Production and Supply of Electricity, Heat, Gas and Water	交通运输、仓储和邮政业 Transport, Storage and Post	信息传输、软件和信息技术服务业 Information Transmission, Software and Information Technology	水利、环境和公共设施管理业 Management of Water Conservancy, Environment and Public Facilities
2006	5486487	1027261	2584536	323481	1551209
2007	5396237	823335	2395913	231485	1945504
2008	6058585	721278	2993037	310452	2033818
2009	10205364	1921535	3755212	1018626	3509991
2010	13322053	2300961	4498051	898385	5624656
2011	9977291	891065	4274037	1864116	2948073
2012	10650125	1241487	4568369	1229343	3610926
2013	11371899	1016015	5935429	1037231	3383224
2014	12466576	1227907	6707111	1251867	3279691
2015	13390770	1105701	6316844	1816401	4151824
2016	15164507	1603562	7922729	1110701	4527515
2017	16842963	1573871	8832349	1060190	5376553
2018	17619987	1665621	9140573	1002888	5810905
2019	21934686	2936260	10609024	1218183	7171219
2020	22975636	3057672	9768938	1138032	9010994
2021	22302422	2905661	10514729	1304854	7577178
2022	21966381	2554360	11044293	1164156	7203572
2023	24653894	2860117	12090875	1401816	8301086

注：基础设施投资是指为社会生产和生活提供基础性、大众性服务的工程和设施。因此表中的交通运输、仓储和邮政业不包括通用仓储、低温仓储、危险品仓储和谷物、棉花等农产品仓储业；信息传输、软件和信息技术服务业不包括软件和信息技术服务业。与其他表的国民经济行业分类略有不同。

Note: Infrastructure investment refers to projects and facilities that provide basic and popular services for social production and life.Therefore the transportation, storage and postal services in the tables do not include general storage, low temperature storage, dangerous goods storage and storage of agricultural products such as grain and cotton; information transmission,software and information technology services do not include software and information technology services. The industry classification of national economy is slightly different from other tables.

4-17　基础设施固定资产投资情况（2023年）

Infrastructure Fixed Assets Investment (2023)

单位：万元　　　　（10000 yuan）

项　　目	Item	2023	2023年比2022年增长(%) Growth Rate in 2023 over 2022 (%)
合　计	**Total**	**24653894**	**12.2**
按行业分	**By Sector**		
电力、热力生产和供应业	Production and Supply of Electric Power and Heat Power	1655096	-10.8
燃气生产和供应业	Production and Supply of Gas	197811	26.6
水的生产和供应业	Production and Supply of Water	1007210	85.5
铁路运输业	Railway Transportation Industry	2664465	23.0
道路运输业	Road Transportation Industry	6760773	4.1
水上运输业	Water Transportation Industry	409558	-12.6
航空运输业	Aviation Transportation Industry	2216035	19.6
管道运输业	Pipeline Transportation Industry		
多式联运和运输代理业	Multimodal Transport and Transport Agent Industry	14991	-72.3
装卸搬运	Handling and handling	11878	314.0
邮政业	Post Industry	13175	410.3
电信、广播电视和卫星传输服务	Telecommunications, Radio and Television, Satellite Transmission Services	1043955	4.0
互联网和相关服务	Internet and Related Services	357861	123.5
水利管理业	Management of Water Conservancy	617002	-22.0
生态保护和环境治理业	Ecology Protection and Environment Control	92826	-4.3
公共设施管理业	Management of Public Facilities	7591258	20.2

4-18 新增固定资产（2023年）

Total Newly Increased Fixed Assets (2023)

单位：万元 (10000 yuan)

项目	Item	合计 Total	#建设改造 Construction and Transformation
总计	**Total**	**25298165**	**16958059**
按登记注册类型分	**Grouped by Registration Status**		
内资企业	Domestic Funded Enterprises	22435885	15738547
国有企业	State-owned Enterprises	5502674	4853384
集体企业	Collective-owned Enterprises	197442	163558
股份合作企业	Cooperative Enterprises	1162	1162
联营企业	Joint Ownership Enterprises		
国有联营企业	State Joint Ownership Enterprises		
集体联营企业	Collective Joint Ownership Enterprises		
国有与集体联营企业	Joint State-collective Enterprises		
其他联营企业	Other Joint Ownership Enterprise		
有限责任公司	Limited Liability Corporations	13375151	8386124
国有独资公司	State Sole Funded Corporations	6297377	5187066
其他有限责任公司	Other Limited Liability Corporations	7077774	3199058
股份有限公司	Share Holding Corporations Ltd.	875639	875639
私营企业	Private Enterprises	2408373	1383236
其他企业	Other Enterprises	75444	75444
港、澳、台商投资企业	Enterprises with Funds from Hong Kong, Macao and Taiwan	1494464	307627
#与港、澳、台商合资经营企业	Joint-venture Enterprises	345724	61780
与港、澳、台商合作经营企业	Cooperative Enterprises	28627	1595
港、澳、台商独资经营企业	Enterprises with Sole Funds	1102296	226435
港、澳、台商投资股份有限公司	Share-holding Corporations Ltd.	17817	17817
外商投资企业	Foreign Funded Enterprises	1349965	894034
#中外合资经营企业	Joint-venture Enterprises	438096	387982
中外合作经营企业	Cooperative Enterprises	141578	11744
外资企业	Enterprises with Sole Foreign Funds	732018	456035
外商投资股份有限公司	Share-holding Corporations Ltd.	28363	28363
个体经营	Self-employed Individual	17851	17851

4−18 续表 continued

单位：万元 (10000 yuan)

项目	Item	合计 Total	#建设改造 Construction and Transformation
按建设性质分	**Grouped by Type of Construction**		
#新 建	New Construction	20454674	12114568
扩 建	Expansion	981561	981561
改建和技术改造	Reconstruction	2707076	2707076
单纯购置	Purchase	1124110	1124110
按行业分	**Grouped by Economic Sector**		
农、林、牧、渔业	Agriculture, Forestry, Animal Husbandry and Fishery	22846	22846
采矿业	Mining	3182	3182
制造业	Manufacturing	3892244	3892244
电力、热力、燃气及水生产和供应业	Production and Supply of Electricity, Heat,Gas and Water	1791473	1791473
建筑业	Construction	58755	58755
批发和零售业	Wholesale and Retail Trade	34093	34093
交通运输、仓储和邮政业	Transport, Storage and Post	5233590	5233590
住宿和餐饮业	Hotels and Catering Services	34660	34660
信息传输、软件和信息技术服务业	Information Transmission, Software and Information Technology	843739	843739
金融业	Financial Intermediation	62785	62785
房地产业	Real Estate	8880628	540522
租赁和商务服务业	Leasing and Business Services	757385	757385
科学研究和技术服务业	Scientific Research and Technical Services	323039	323039
水利、环境和公共设施管理业	Management of Water Conservancy, Environment and Public Facilities	2123378	2123378
居民服务、修理和其他服务业	Service to Households, Repair and Other Services	1936	1936
教 育	Education	550988	550988
卫生和社会工作	Health and Social Service	474228	474228
文化、体育和娱乐业	Culture, Sports and Entertainment	122535	122535
公共管理、社会保障和社会组织	Public Management, Social Security and Social Organizations	86681	86681
国际组织	International Organization		

4-19 固定资产投资资金来源(2023年)

The Funds Sources of Fixed Assets Investment (2023)

单位：万元 (10000 yuan)

项　目	Item	合计 Total	#建设改造 Construction and Transformation
本年实际到位资金合计	Total Actually Funds Provided This Year	129841511	56248777
上年末结余资金	Surplus Fund from Year-end of Preceding Year	31852389	5647624
本年实际到位资金小计	Subtotal Actually Funds Provided This Year	97989122	50601153
国家预算资金	State Budget	13133112	13133112
国内贷款	Domestic Loans	20673651	13394251
利用外资	Foreign Investment	245592	240592
自筹资金	Self-raising Funds	41625242	22279780
定金及预收款	Deposit and Advance Payment	13863739	
个人按揭贷款	Personal Mortgage Loan	6413314	
其他资金	Others	2034472	1553418
本年各项应付款合计	Total Payment This Year	11125887	1319798
#工程款	Payment Against Projects	4787909	384552

4-20 房地产开发与经营（2023年，按法人单位办公所在地分）

项 目	Item	全 市 Total	荔湾区 Liwan	越秀区 Yuexiu
企业个数 （个）	Number of Enterprises (unit)	1441	68	77
本年完成投资 （万元）	Total Investment Completed This Year (10000 yuan)	31344035	3565821	252974
#住 宅	Residential Buildings	22351710	2451536	203129
办公楼	Office Buildings	2272553	264376	7651
商业营业用房	Houses for Business Use	1949202	332463	12355
房屋施工面积 （平方米）	Floor Space of Buildings under Construction (sq.m)	127393694	7306668	1707159
#住 宅	Residential Buildings	73778246	4224952	807853
办公楼	Office Buildings	14831030	199750	96659
商业营业用房	Houses for Business Use	10624533	1170664	171214
#新开工面积	Floor Space of Newly Started Buildings	11271551	1158007	151036
#住 宅	Residential Buildings	6092788	694505	39787
办公楼	Office Buildings	1409438	52280	36062
商业营业用房	Houses for Business Use	1263336	208173	17312
房屋竣工面积 （平方米）	Floor Space of Buildings Completed (sq.m)	9083640		11174
#住 宅	Residential Buildings	4750069		6228
办公楼	Office Buildings	1542485		
商业营业用房	Houses for Business Use	761287		
商品房销售面积 （平方米）	Floor Space of Buildings Actually Sold This Year (sq.m)	14067523	685607	89478
现房销售面积	Floor Space of Existing Buildings with Contracts Signed	3286651	80585	51575
#住 宅	Residential Buildings	1762153	30044	22856
办公楼	Office Buildings	247420	587	12034
商业营业用房	Houses for Business Use	470609	26509	10396
期房销售面积	Floor Space of Forward Delivery Buildings This Year	10780872	605022	37903
#住 宅	Residential Buildings	8913149	576798	4639
办公楼	Office Buildings	580855	22428	17575
商业营业用房	Houses for Business Use	685297	4778	7724
商品房销售合同金额(万元)	Contracted Value of Buildings Actually Sold This Year(10000 yuan)	40818616	3537401	282838
现房销售合同金额	Contracted Value of Existing Buildings with Contracts Signed	5507308	225363	191673
#住 宅	Residential Buildings	3664997	153146	106697
办公楼	Office Buildings	539064	2177	37733
商业营业用房	Houses for Business Use	681595	32565	23595
期房销售合同金额	Contracted Value of Forward Delivery Buildings	35311308	3312038	91165
#住 宅	Residential Buildings	30965168	3223418	49124
办公楼	Office Buildings	1476989	60613	31060
商业营业用房	Houses for Business Use	2304873	25591	7971

注：因五经普数据未核定，全年快报数无年末从业人数指标。

Real Estate Development and Management
(2023, by the Locations of the Offices of Corporate Units)

海珠区 Haizhu	天河区 Tianhe	白云区 Baiyun	黄埔区 Huangpu	番禺区 Panyu	花都区 Huadu	南沙区 Nansha	从化区 Conghua	增城区 Zengcheng
137	171	108	139	176	118	151	69	227
2788674	3414678	3588706	5202654	4561747	1242881	3476052	287365	2962483
1786628	2056259	2692906	3831237	3370653	957139	2400389	244365	2357469
403591	176635	333871	387298	332812	39505	263766	10137	52911
277785	294287	158072	268433	167664	65434	211078	16007	145624
6993995	9666783	11173499	21440790	14578109	9848411	16452614	4380049	23845617
2682198	4061452	6643455	13446639	7919942	5925405	9254311	3227631	15584408
1926887	2380638	1082018	2780964	2010007	490147	2508919	241065	1113976
1018156	1097719	513638	1157262	1619045	765407	1435895	284861	1390672
727207	1122839	1004843	2747642	1619563	517907	1168407	536338	517762
299657	693665	524691	1509220	712321	246268	729686	453150	189838
156606	8609	163816	546653	216846	26227	83783	20170	98386
54143	196130	117458	179879	338555	36220	89703	11396	14367
369013	760037	792955	1468531	591053	598463	3200755	69460	1222199
329815	144920	493997	933177	400296	414733	1262216	57747	706940
	224455	133270	161597	99483		783903		139777
345	190088	35527	41950	1151	8044	461369	2714	20099
895057	1242304	948579	3613663	1479199	990559	1764397	416121	1942559
123295	149606	162408	688913	333135	376319	763507	83591	473717
16803	66517	116378	309581	158635	212898	442596	53493	332352
	9353	7200	56785	65102	14876	60710		20773
58348	24163	4738	58602	57146	17466	167111	4159	41971
771762	1092698	786171	2924750	1146064	614240	1000890	332530	1468842
476804	760415	735647	2273395	1027593	583476	967084	299771	1207527
18453	115181	14399	191233	80668	5515	14496	12383	88524
253112	175643	27423	27478	11356	17970	15494	4656	139663
4194298	7475095	3877155	7664869	5240907	1761861	3352114	492163	2939915
253236	437563	624299	788960	748943	494295	1013199	93133	636644
99056	283319	532507	371988	505176	395871	614788	72380	530069
	24153	21193	160208	128821	20509	109427		34843
101236	73438	15280	71076	76364	12711	231643	5671	38016
3941062	7037532	3252856	6875909	4491964	1267566	2338915	399030	2303271
3403279	5036309	3104706	6077255	4257363	1203486	2267025	366241	1976962
110705	554777	35278	407087	173168	8843	19849	10842	64767
350057	1401884	99751	40220	35681	48713	50202	7463	237340

Note: Because the data of the Fifth national economic census is not verified, the index of the number of employees at the end of the year is deleted.

4-21 房地产开发与经营（2023年，按项目所在地分）

项目	Item	全市 Total	荔湾区 Liwan	越秀区 Yuexiu
本年完成投资（万元）	Total Investment Completed This Year (10000 yuan)	31344035	3574645	230867
#住宅	Residential Buildings	22351710	2460360	186932
办公楼	Office Buildings	2272553	264376	7651
商业营业用房	Houses for Business Use	1949202	332463	14805
房屋施工面积（平方米）	Floor Space of Buildings under Construction (sq.m)	127393694	7591279	658882
#住宅	Residential Buildings	73778246	4345815	202710
办公楼	Office Buildings	14831030	243934	118347
商业营业用房	Houses for Business Use	10624533	1210258	155708
#新开工面积	Floor Space of Newly Started Buildings	11271551	1158007	120815
#住宅	Residential Buildings	6092788	694505	17918
办公楼	Office Buildings	1409438	52280	36062
商业营业用房	Houses for Business Use	1263336	208173	17269
房屋竣工面积（平方米）	Floor Space of Buildings Completed (sq.m)	9083640	88837	
#住宅	Residential Buildings	4750069		
办公楼	Office Buildings	1542485	44184	
商业营业用房	Houses for Business Use	761287	30578	
商品房销售面积（平方米）	Floor Space of Buildings Actually Sold This Year (sq.m)	14067523	688427	71587
现房销售面积	Floor Space of Existing Buildings with Contracts Signed	3286651	83405	33922
#住宅	Residential Buildings	1762153	32466	9214
办公楼	Office Buildings	247420	587	11376
商业营业用房	Houses for Business Use	470609	26644	10261
期房销售面积	Floor Space of Forward Delivery Buildings This Year	10780872	605022	37665
#住宅	Residential Buildings	8913149	576798	4401
办公楼	Office Buildings	580855	22428	17575
商业营业用房	Houses for Business Use	685297	4778	7724
商品房销售合同金额(万元)	Contracted Value of Buildings Actually Sold This Year(10000 yuan)	40818616	3552057	225337
现房销售合同金额	Contracted Value of Existing Buildings with Contracts Signed	5507308	240019	134493
#住宅	Residential Buildings	3664997	166366	60373
办公楼	Office Buildings	539064	2177	36341
商业营业用房	Houses for Business Use	681595	33307	22853
期房销售合同金额	Contracted Value of Forward Delivery Buildings	35311308	3312038	90844
#住宅	Residential Buildings	30965168	3223418	48803
办公楼	Office Buildings	1476989	60613	31060
商业营业用房	Houses for Business Use	2304873	25591	7971

Real Estate Development and Management (2023, by Region of Item)

海珠区 Haizhu	天河区 Tianhe	白云区 Baiyun	黄埔区 Huangpu	番禺区 Panyu	花都区 Huadu	南沙区 Nansha	从化区 Conghua	增城区 Zengcheng
2910611	3370615	3206657	5215122	4699620	1247802	3638248	287365	2962483
1874558	2009802	2350481	3842901	3502004	964308	2558530	244365	2357469
403591	176635	333871	387298	332812	39505	263766	10137	52911
276272	296420	156658	268601	168088	63186	211078	16007	145624
6939437	9106411	10485462	21440790	15707901	10720766	16517100	4380049	23845617
2593550	3640111	6239030	13446639	8561256	6668274	9268822	3227631	15584408
1972003	2400071	958097	2780964	2010007	483647	2508919	241065	1113976
1029011	1088472	473936	1157262	1634495	763963	1435895	284861	1390672
820189	1052038	1012883	2747642	1619563	517907	1168407	536338	517762
314914	632764	592204	1509220	712321	246268	729686	453150	189838
192142	8609	128280	546653	216846	26227	83783	20170	98386
73173	196130	98471	179879	338555	36220	89703	11396	14367
377905	662308	792955	1468531	591053	609637	3200755	69460	1222199
335318	139417	493997	933177	400296	420961	1262216	57747	706940
	180271	133270	161597	99483		783903		139777
345	159510	35527	41950	1151	8044	461369	2714	20099
921163	1206259	827905	3641167	1540496	1003606	1808233	416121	1942559
125029	113561	166595	716417	342896	384011	763507	83591	473717
17737	30933	118878	336721	168396	219367	442596	53493	332352
	10011	7200	56785	65102	14876	60710		20773
58348	24163	4738	58602	57146	17466	167111	4159	41971
796134	1092698	661310	2924750	1197600	619595	1044726	332530	1468842
501176	760415	610786	2273395	1079129	588831	1010920	299771	1207527
18453	115181	14399	191233	80668	5515	14496	12383	88524
253112	175643	27423	27478	11356	17970	15494	4656	139663
4489314	7337022	3335623	7778458	5455571	1774035	3439121	492163	2939915
251081	299490	662282	902549	772362	502056	1013199	93133	636644
94340	145177	564776	484823	528595	403310	614788	72380	530069
	25545	21193	160208	128821	20509	109427		34843
101236	73438	15280	71076	76364	12711	231643	5671	38016
4238233	7037532	2673341	6875909	4683209	1271979	2425922	399030	2303271
3700450	5036309	2525191	6077255	4448608	1207899	2354032	366241	1976962
110705	554777	35278	407087	173168	8843	19849	10842	64767
350057	1401884	99751	40220	35681	48713	50202	7463	237340

4-22 房地产开发投资额和新增固定资产（2023年）

单位：万元

项目	Item	企业数（个）Number of Enterprises (unit)
全　市	**Total**	**1441**
按企业登记注册类型分	**Grouped by Registration Status**	
内资企业	Domestic Funded Enterprises	1184
国有企业	State-owned Enterprises	63
集体企业	Collective-owned Enterprises	13
股份合作企业	Cooperative Enterprises	1
联营企业	Joint Ownership Enterprises	3
#国有联营企业	State Joint Ownership Enterprises	
集体联营企业	Collective Joint Ownership Enterprises	
国有与集体联营企业	Joint State-collective Enterprises	
有限责任公司	Limited Liability Corporations	653
#国有独资公司	State Sole Funded Corporations	78
股份有限公司	Share-holding Corporations Ltd.	10
私营企业	Private Enterprises	441
其他企业	Other Enterprises	
港、澳、台商投资企业	Enterprises with Funds from Hong Kong, Macao and Taiwan	167
#与港、澳、台商合资经营企业	Joint-venture Enterprises	28
与港、澳、台商合作经营企业	Cooperative Enterprises	42
港、澳、台商独资经营企业	Enterprises with Sole Funds	95
港、澳、台商投资股份有限公司	Share-holding Corporations Ltd.	
外商投资企业	Foreign Funded Enterprises	90
#中外合资经营企业	Joint-venture Enterprises	36
中外合作经营企业	Cooperative Enterprises	11
外资企业	Enterprises with Sole Foreign Funds	39
外商投资股份有限公司	Share-holding Corporations Ltd.	
按资质分	**Grouped by Grade**	
一级资质	Grade One	14
二级资质	Grade Two	206
三级资质	Grade Three	320
四级以下(含四级)	Grade Four and below	901
按隶属关系分	**Grouped by Jurisdiction of Management**	
中央	Central Investment	43
地方	Local Investment	217
其他	Other Investment	1181

Investment and Newly Increased Fixed Assets in Real Estate Development (2023)

(10000 yuan)

投资额合计 Total Investment	住 宅 Residential Buildings	办公楼 Office Buildings	商业营业用房 Houses for Business Use	其他用房 Other Buildings	新增固定资产 Newly Increased Fixed Assets
31344035	**22351710**	**2272553**	**1949202**	**4770570**	**8340106**
27446188	20036651	1771868	1611254	4026415	6697338
3578327	2774025	164713	147468	492121	649290
86196	85357		123	716	33884
11274	9854		1420		
17795215	13008718	1263224	993661	2529612	4989027
2251475	1391644	353673	285275	220883	1110311
211557	137275	36893	1315	36074	
5763619	4021422	307038	467267	967892	1025137
2219056	1416803	282702	200283	319268	1186837
534484	371850	20226	128388	14020	283944
193500	149581		2632	41287	27032
1476774	895372	248973	68569	263860	875861
1678791	898256	217983	137665	424887	455931
703629	437547	18221	24746	223115	50114
49491	27940	2819	9808	8924	129834
913146	422235	196724	102233	191954	275983
456671	285505	46496	13315	111355	272045
9354866	7074722	485924	620223	1173997	1661618
1256745	877945	103179	96287	179334	585469
20275753	14113538	1636954	1219377	3305884	5820974
1925569	1329011	129300	196657	270601	567302
6759505	4666781	531076	499057	1062591	1326740
22658961	16355918	1612177	1253488	3437378	6446064

4-23 房地产开发房屋面积（2023年）

单位:平方米

项 目	Item
全 市	**Total**
按企业登记注册类型分	**Grouped by Registration Status**
内资企业	Domestic Funded Enterprises
国有企业	State-owned Enterprises
集体企业	Collective-owned Enterprises
股份合作企业	Cooperative Enterprises
联营企业	Joint Ownership Enterprises
#国有联营企业	State Joint Ownership Enterprises
集体联营企业	Collective Joint Ownership Enterprises
国有与集体联营企业	Joint State-collective Enterprises
有限责任公司	Limited Liability Corporations
#国有独资公司	State Sole Funded Corporations
股份有限公司	Share-holding Corporations Ltd.
私营企业	Private Enterprises
其他企业	Other Enterprises
港、澳、台商投资企业	Enterprises with Funds from Hong Kong, Macao and Taiwan
#与港、澳、台商合资经营企业	Joint-venture Enterprises
与港、澳、台商合作经营企业	Cooperative Enterprises
港、澳、台商独资经营企业	Enterprises with Sole Funds
港、澳、台商投资股份有限公司	Share-holding Corporations Ltd.
外商投资企业	Foreign Funded Enterprises
#中外合资经营企业	Joint-venture Enterprises
中外合作经营企业	Cooperative Enterprises
外资企业	Enterprises with Sole Foreign Funds
外商投资股份有限公司	Share-holding Corporations Ltd.
按资质分	**Grouped by Grade**
一级资质	Grade One
二级资质	Grade Two
三级资质	Grade Three
四级以下(含四级)	Grade Four and below
按隶属关系分	**Grouped by Jurisdiction of Management**
中央	Central Investment
地方	Local Investment
其他	Other Investment

Floor Space of Buildings in Real Estate Development (2023)

(sq.m)

施工面积 Floor Space of Buildings under Construction	#住宅 Residential Buildings	竣工面积 Floor Space of Buildings Completed	#住宅 Residential Buildings	商品房销售面积 Floor Space of Buildings Actually Sold	#住宅 Residential Buildings
127393694	**73778246**	**9083640**	**4750069**	**14067523**	**10675302**
110971826	65015420	6776020	3759959	12405850	9564223
9009231	5197908	446918	379110	885646	740790
456971	126967	25296	18942	26996	20940
3600					
205537	48409			14493	14493
74631510	44195606	4996585	2578450	8270731	6245494
7530842	4322578	794834	514727	739255	655123
683306	252556			121545	75703
25981671	15193974	1307221	783457	3086439	2466803
10626648	5917949	1345540	430851	871074	607980
1656063	841047	187826	91664	127543	105386
1988489	1415730	19972	15300	207791	149392
6896426	3661172	1137742	323887	534455	353202
5795220	2844877	962080	559259	790599	503099
1763466	645902	125955	60312	455356	352137
971063	533474	311306	258331	55287	50923
2915945	1618583	524819	240616	259045	82690
1522374	733456	238433		225658	134844
33320679	19055474	2189162	930752	3012231	2382271
15051540	8839286	682663	305102	1614670	1267093
77499101	45150030	5973382	3514215	9214964	6891094
4829838	3021731	613163	496606	456823	417964
21662573	11136118	955116	562859	2103510	1426320
100901283	59620397	7515361	3690604	11507190	8831018

4–24 房地产开发资金来源（2023年）

单位：万元

项　　　目	Item
全　市	**Total**
按企业登记注册类型分	**Grouped by Registration Status**
内资企业	Domestic Funded Enterprises
国有企业	State-owned Enterprises
集体企业	Collective-owned Enterprises
股份合作企业	Cooperative Enterprises
联营企业	Joint Ownership Enterprises
#国有联营企业	State Joint Ownership Enterprises
集体联营企业	Collective Joint Ownership Enterprises
国有与集体联营企业	Joint State-collective Enterprises
有限责任公司	Limited Liability Corporations
#国有独资公司	State Sole Funded Corporations
股份有限公司	Share-holding Corporations Ltd.
私营企业	Private Enterprises
其他企业	Other Enterprises
港、澳、台商投资企业	Enterprises with Funds from Hong Kong, Macao and Taiwan
#与港、澳、台商合资经营企业	Joint-venture Enterprises
与港、澳、台商合作经营企业	Cooperative Enterprises
港、澳、台商独资经营企业	Enterprises with Sole Funds
港、澳、台商投资股份有限公司	Share-holding Corporations Ltd.
外商投资企业	Foreign Funded Enterprises
#中外合资经营企业	Joint-venture Enterprises
中外合作经营企业	Cooperative Enterprises
外资企业	Enterprises with Sole Foreign Funds
外商投资股份有限公司	Share-holding Corporations Ltd.
按资质分	**Grouped by Grade**
一级资质	Grade One
二级资质	Grade Two
三级资质	Grade Three
四级以下(含四级)	Grade Four and below
按隶属关系分	**Grouped by Jurisdiction of Management**
中央	Central Investment
地方	Local Investment
其他	Other Investment

注：本表资金来源为本年发生额。

Real Estate Development by Source of Funds (2023)

(10000 yuan)

合　计 Total	国内贷款 Domestic Loans	利用外资 Foreign Investment	自筹资金 Self-raising Funds	定金及预收款 Deposit and Advance Payment	个人按揭贷款 Personal Mortgage Loan	其他资金 Others
47387969	**7279400**	**5000**	**19345462**	**13863739**	**6413314**	**481054**
41670283	6540729		18134516	11450706	5197441	346891
5898939	1100203		2329893	1335290	1108737	24816
109570			87959	16313	5298	
20443				12944	7499	
25593513	3756769		11526186	7021712	3055587	233259
3037743	622179		1709690	470429	198165	37280
549794	70000		261710	168355	48916	813
9498024	1613757		3928768	2896092	971404	88003
3285777	312109	5000	837235	1598076	438823	94534
1276084	22105		447625	629861	172788	3705
432855	19752		2649	317243	92910	301
1561641	270252	5000	386961	650972	173125	75331
2431909	426562		373711	814957	777050	39629
1405459	396703		19508	288957	672346	27945
157996			56612	73850	27534	
831919	29859		297314	424410	69950	10386
589240			486968	58830	38845	4597
13536537	2428634	5000	5345956	3370672	2242895	143380
3517370	473646		391207	2053420	564196	34901
29744822	4377120		13121331	8380817	3567378	298176
3777988	473212		1942884	1045828	308827	7237
9997401	1869416		4888262	1687193	1435705	116825
33612580	4936772	5000	12514316	11130718	4668782	356992

Note: The source of funds in this table refers to the amount in current year.

主要统计指标解释

【固定资产投资额】是以货币形式表现的在一定时期内全社会建造和购置固定资产的工作量以及与此有关费用的总称。该指标是反映固定资产投资规模、结构和发展速度的综合性指标，又是观察工程进度和考核投资效果的重要依据。

【房地产开发投资】指各种登记注册类型为房地产开发法人单位统一开发的各类房屋建筑物，配套的服务设施，土地开发工程和土地购置的投资；不包括单纯的土地开发和交易活动。

【房屋施工面积】指房地产开发企业本年施工的全部房屋建筑面积。包括本年新开工的房屋建筑面积、上年跨入本年继续施工的房屋建筑面积、上年停缓建在本年恢复施工的房屋建筑面积、本年竣工的房屋建筑面积以及本年施工后又停缓建的房屋建筑面积。多层建筑应填各层建筑面积之和。

【房屋竣工面积】指房地产开发企业本年按照设计要求已全部完工，达到住人和使用条件，经验收鉴定合格或达到竣工验收标准，可正式移交使用的各栋房屋建筑面积的总和。

Explanatory Notes on Main Statistical Indicators

【Total Investment in Fixed Assets】 is a general term for the amount of work done by the whole society to construct and purchase fixed assets and the related expenses in a certain period, which is expressed in the form of money. This index is a comprehensive index reflecting the scale, structure and development speed of fixed assets investment, and also an important basis for observing the project progress and assessing the investment effect.

【Investment in Real Estate Development】 refers to all kinds of houses and buildings, supporting service facilities, land development projects and land purchase investments that are uniformly developed by various registered real estate development legal entities; Excluding pure land development and trading activities.

【Floor Space under Construction】 refers to the total housing construction area of the real estate development enterprise this year. It includes the floor area of houses newly started in this year, the floor area of houses continued to be constructed in the previous year, the floor area of houses suspended and suspended in this year, the floor area of houses completed in this year, and the floor area of houses suspended and suspended in this year after construction. Multi-storey buildings should be filled with the sum of the building area of each floor.

【Floor Space of Buildings Completed】 refers to the total built-up area of all buildings that have been completed in accordance with the design requirements, met the conditions of occupancy and use, passed the appraisal by experience or reached the completion acceptance standard, and can be formally transferred for use by the real estate development enterprise.

第五篇 CHAPTER 5

能源和环境

ENERGY AND ENVIRONMENT

第五篇　能源和环境

简要说明

一、本篇资料反映广州市能源和环境综合情况。

（一）能源部分主要包括：能源生产、消费基本情况，能源消费弹性系数，规模以上工业企业能源加工转换效率和分行业主要能源消费量，全市和各区用电量等。

1. 能源统计资料取自广州市能源生产、销售与库存，工业企业能源购进、消费与库存及能源加工转换与回收利用表等。

2. 统计口径与计算说明：

⑴ 5-1 表至 5-4 表及 5-7 表至 5-9 表的统计口径均为全社会口径；5-5 表和 5-6 表的统计口径均为年主营业务收入 2000 万元及以上工业企业法人单位。

⑵ 计算能源消费指标涉及的地区生产总值、工业增加值均采用可比口径。

⑶ 5-2 表和 5-3 表的能源消费总量及分行业能源消费量中的电力按等价值计算；5-5 表能源加工转换效率表中的电力按当量值计算，即每千瓦时折 0.1229 千克标准煤。

3. 本篇的 5-2 表、5-7 表至 5-9 表电力数据来自广东电网有限责任公司广州供电局。

（二）环境保护部分主要包括水环境、大气环境、固体废物、生态环境、自然灾害、城市环境、农村环境等。环境资料由市规划和自然资源局、生态环境局、住房和城乡建设局、水务局、农业农村局、应急管理局、林业和园林局等单位提供。

二、本篇资料由广州市统计局能源统计处整理提供。

三、截至本书出版时第五次全国经济普查结果尚未发布，表 5-2 至 5-4 相关指标 2023 年数据暂缺。

Chapter 5 Energy and Environment

Brief　Introduction

I. This paper reflects the comprehensive situation of energy and environment in Guangzhou.

1.The energy part mainly includes: the energy production, the consumption basic situation, elasticity ratio of energy consumption the scale above industrial enterprise energy processing conversion efficiency and the industrial enterprise by profession main energy consumption, the whole city electricity consumption and so on.

1.1 Energy statistics from Guangzhou energy production, sales and inventory, industrial enterprises energy purchase, consumption and inventory, and energy processing conversion and recycling tables.

1.2 Statistical caliber and calculation description:

1.2.1 The statistical caliber of table 5-1 to table 5-4 and table 5-7 to table 5-9 are all the whole social caliber, and the statistical caliber of table 5-5 to table 5-6 are all 20 million yuan of annual main business income and corporate unit of industrial enterprise above.

1.2.2 Calculation of energy consumption indicators related to the regional gross domestic product, industrial value added using comparable caliber.

1.2.3 The total energy consumption in table 5-2 and table 5-3 and the energy consumption in each industry are calculated by equal value, and the power in the table of conversion efficiency of energy processing in table 5-5 is calculated at an equal value, that is, 0.1229 kg of standard coal per kilowatt-hour.

1.3 The table 5-2, table 5-7 to table 5-9 are from Guangzhou Power Supply Bureau of Guangdong Power Grid Co., Ltd.

2. The environmental protection part mainly includes water environment, atmosphere environment, solid waste, ecological environment, natural disaster, urban environment, rural environment and so on. The environmental information is provided by Guangzhou Planning and Natural Resources Bureau, Municipal Ecological Environmental Bureau, Housing and Urban-Rural Development Bureau, Water Authority, Agriculture and Rural Affairs Bureau, Emergency Management Bureau, Forestry and Landscaping Bureau and so on.

II. The data in this chapter is collected and provided by Guangzhou Bureau of Statistics Energy Statistics Department.

III.As of the publication of this book, the results of the fifth national economic census have not been released, and the data of the relevant indicators of table 5-2 to 5-4 in 2023 are temporarily unavailable.

5-1 能源生产量（2022-2023年）
Energy Production (2022-2023)

项　　目	Item	2022	2023
原油加工量　(万吨)	Crude Oil Processing (10000 tons)	1138.29	1103.90
汽　油　(万吨)	Gasoline (10000 tons)	266.81	245.86
煤　油　(万吨)	Kerosine (10000 tons)	128.04	173.28
柴　油　(万吨)	Diesel Oil (10000 tons)	325.42	311.06
燃料油　(万吨)	Fuel Oil (10000 tons)	59.58	32.01
液化石油气　(万吨)	Liquefied Petroleum (10000 tons)	50.62	46.11
发电量　(万千瓦·时)	Electricity Production (10000 kWh)	3982169	4593568
#火力发电量	Thermal Power Generation	3600851	4114001
#燃煤发电量	Fossil Fired Power Generation	1970906	2010049
燃油发电量	Oil Power Generation	84505	83658
余热余压发电量	Waste Heat and Pressure Power Generation	5958	11277
燃气发电量	Gas Power Generation	1161299	1583511
垃圾焚烧发电量	Waste Incineration Power Generation	354671	409263
生物质发电量	Biomass Power Generation	23512	16244
水力发电量	Hydroelectric Generation	221343	251235
#抽水蓄能发电量	Pumped Storage Power Generation	176738	220111
太阳能发电量	Solar Power Generation	159975	228332
热力　(百万千焦)	Heating Power (MkJ)	34483551	51964610
#生物质能供热	Biomass Heating	4163791	4857131
化石燃料供热	Fossil Fuel Heating	29804706	41408112
电热锅炉供热	Electric heating boiler heating		6639
余热余压供热	Excess Heat and Pressure Heating	515054	5692728

注：本表能源生产量为全社会口径。
Note: The energy production data in this table is of full coverage.

5-2 主要年份能源消耗基本情况

Energy Consumption in Main Years

年份 Year	能源消费总量 (万吨标准煤) Total Energy Consumption (10000 tons SCE)	万元地区生产总值能耗下降率(%) Desent rate of Energy Consumption per Unit of GDP (%)	万元地区生产总值电耗下降率(%) Desent rate of Electricity Consumption per Unit of GDP (%)	工业增加值能耗下降率(%) Desent rate of Energy Consumption of Industrial Value-added (%)	工业增加值电耗下降率(%) Desent rate of Electricity Consumption of Industrial Value-added (%)
2006	4122.58	4.62	4.05	9.68	4.11
2007	4395.38	4.44	2.29	5.46	6.28
2008	4577.54	4.56	7.98	8.34	9.70
2009	4673.27	4.01	6.96	8.81	8.73
2010	4775.60	4.60	2.53	11.09	-0.28
2011	5013.40	4.91	4.74	9.98	7.48
2012	5163.45	4.94	4.59	12.13	7.12
2013	5333.57	5.14	8.21	13.24	8.74
2014	5496.46	3.52	0.77	8.46	2.15
2015	5688.89	4.52	6.13	3.53	4.66
2016	5852.60	4.96	2.36	6.56	0.42
2017	5961.97	4.81	1.32	5.78	0.34
2018	6129.55	3.24	2.27	5.62	5.10
2019	6294.20	3.86	-0.50	4.49	0.88
2020	6191.49	4.23	3.49	1.43	7.27
2021	6575.64	1.80	-3.88	6.65	1.87
2022	6439.27	3.10	1.10	2.93	4.42

5-3 能源消费总量（2021−2022年）

Total Consumption of Energy (2021-2022)

单位：万吨标准煤 (10000 tons of SCE)

项　目	Item	2021		2022	
		数　量 Consumption Volume	构　成(%) Composition (%)	数　量 Consumption Volume	构　成(%) Composition (%)
合　计	**Total**	**6575.64**	**100.00**	**6439.27**	**100.00**
生产消费	Production Consumption	5384.46	81.88	5237.38	81.33
第一产业	Primary Industry	40.03	0.61	41.99	0.65
第二产业	Secondary Industry	2596.09	39.48	2549.60	39.59
第三产业	Tertiary Industry	2748.34	41.79	2645.79	41.09
生产消费中：	In Production Consumption:				
工　业	Industry	2424.77	36.88	2377.24	36.92
生活消费	Residential Consumption	1191.18	18.12	1201.89	18.67

5-4 能源消费弹性系数

Elasticity Ratio of Energy Consumption

年份 Year	能源消费比上年增长(%) Energy Consumption increase over last year (%)	电力消费比上年增长(%) Power Consumption increase over last year (%)	地区生产总值比上年增长(%) Gross Domestic Product increase over last year (%)	能源消费弹性系数 Elasticity Ratio of Energy Consumption	电力消费弹性系数 Elasticity Ratio of Power Consumption
2015	3.5	1.8	8.3	0.42	0.22
2016	2.9	5.7	7.6	0.38	0.75
2017	1.9	5.6	6.7	0.28	0.84
2018	2.8	3.8	6.0	0.47	0.63
2019	2.7	7.3	6.9	0.39	1.06
2020	-1.6	-0.9	2.7		
2021	6.2	12.3	8.1	0.77	1.52
2022	-2.1	-0.1	1.0		

5-5 主要年份规模以上工业企业能源加工转换效率

Efficiency of Energy Conversion by Industrial Enterprises above the Designated Size in Main Years

单位：% (%)

年份 Year	火力发电 Thermal Power Generation	供 热 Heating	炼 油 Petroleum Refining
2006	33.73	86.88	97.05
2007	35.06	83.02	96.75
2008	36.35	71.74	96.27
2009	37.19	74.25	99.34
2010	37.85	73.67	99.36
2011	37.99	71.86	99.03
2012	38.53	77.47	99.01
2013	38.64	76.20	99.42
2014	39.21	79.95	97.42
2015	39.15	80.67	97.85
2016	40.33	87.03	97.51
2017	40.94	87.46	97.81
2018	40.24	85.55	98.16
2019	39.59	85.59	99.02
2020	40.92	86.37	98.16
2021	42.44	86.53	97.53
2022	41.13	87.19	97.00
2023	42.15	86.44	94.74

5-6 规模以上工业企业分行业主要能源消费量（2023年）

行　　业	Sector
工　业	**Industry**
按轻重工业分	**Grouped by Light & Heavy Industries**
轻工业	Light Industry
重工业	Heavy Industry
按工业行业分	**Grouped by Sector**
采矿业	Mining
制造业	Manufacturing
农副食品加工业	Processing of Food from Agricultural Products
食品制造业	Manufacture of Foods
酒、饮料和精制茶制造业	Manufacture of wine,Beverages and Refined Tea
烟草制品业	Manufacture of Tobacco
纺织业	Manufacture of Textile
纺织服装、服饰业	Manufacture of Textile Wearing Apparel,Clothing
皮革、毛皮、羽毛及其制品和制鞋业	Manufacture of Leather,Fur,Feather and Related Products and Footwear
木材加工和木、竹、藤、棕、草制品业	Processing of Timber,Manufacture of Wood, Bamboo, Rattan, Plam and Straw Products
家具制造业	Manufacture of Furniture
造纸和纸制品业	Manufacture of Paper and Paper Products
印刷和记录媒介复制业	Printing, Reproduction of Recording Media
文教、工美、体育和娱乐用品制造业	Manufacture of Culture and Education, Arts and Crafts, Sports and Entertainment Supplies
石油、煤炭及其他燃料加工业	Petroleum, Coal and Other Fuel Processing
化学原料和化学制品制造业	Manufacture of Raw Chemical Materials and Chemical Products

Consumption of Main Energy by Industrial Sector above the Designated Size (2023)

煤 炭 (吨) Coal (ton)	燃料油 (吨) Fuel Oil (ton)	汽 油 (吨) Gasoline (ton)	柴 油 (吨) Diesel Oil (ton)	天然气 (万立方米) Natural Gas (10000 cu.m)	液化天然气 (吨) Liquefied Natural Gas (ton)	热 力 (百万千焦) Heating (million kJ)	电 力 (万千瓦·时) Electricity (10000 kWh)
11655495	**4142**	**27609**	**95690**	**320415**	**470182**	**34126346**	**4245184**
252635	143	5462	14123	23315	4018	15378531	838723
11402860	3999	22147	81567	297100	466164	18747815	3406461
		3	4627				6135
1063972	4142	25546	82465	63617	17678	33381693	2653871
18		249	1578	4465	276	3033435	50925
		591	2720	3605	1276	1102910	69488
		121	183	1460	121	1819129	49256
		16	1	628			7557
231517		299	369	2216	327	5019579	59854
		499	190	439	323	82248	15394
		365	351			9564	15481
		37	303	177	401	44142	7351
6531		184	264	120		6033	23835
		185	1535	1207	1146	1978314	67688
		172	292	230			29408
		127	613	270		80745	19246
271681	1774	13063	6159	1061	487	9567705	136672
80321	215	1250	4527	2312	251	5618897	185348

5-6 续表

行　　业	Sector
医药制造业	Manufacture of Medicines
化学纤维制造业	Manufacture of Chemical Fibers
橡胶和塑料制品业	Manufacture of Rubber
非金属矿物制品业	Manufacture of Non-metallic Mineral Products
黑色金属冶炼和压延加工业	Smelting and Pressing of Ferrous Metals
有色金属冶炼和压延加工业	Smelting and Pressing of Non-Ferrous Metals
金属制品业	Manufacture of Metal Products
通用设备制造业	Manufacture of General Purpose Machinery
专用设备制造业	Manufacture of Special Purpose Machinery
汽车制造业	Manufacture of Automobile
铁路、船舶、航空航天和其他运输设备制造业	Manufacture of Railway, Ship, Aerospace and Other Transportation Equipment
电气机械和器材制造业	Manufacture of Electrical Machinery and Equipment
计算机、通信和其他电子设备制造业	Manufacture of Computers, Communications and Other Electronic Equipment
仪器仪表制造业	Manufacture of Instrument
其他制造业	Other Manufacturing
废弃资源综合利用业	Comprehensive Utilization of Waste Resources
金属制品、机械和设备修理业	Metal Products, Machinery and Equipment Repair
电力、热力、燃气及水生产和供应业	Production and Supply of Electricity,Heat,Gas and Water
电力、热力生产和供应业	Production and Supply of Electric Power and Heat Power
燃气生产和供应业	Production and Supply of Gas
水的生产和供应业	Production and Supply of Water

注：本表电力消费量包含法人单位自产自用电量。

continued

煤 炭 (吨) Coal (ton)	燃料油 (吨) Fuel Oil (ton)	汽 油 (吨) Gasoline (ton)	柴 油 (吨) Diesel Oil (ton)	天然气 (万立方米) Natural Gas (10000 cu.m)	液化天然气 (吨) Liquefied Natural Gas (ton)	热 力 (百万千焦) Heating (million kJ)	电 力 (万千瓦·时) Electricity (10000 kWh)
	6	212	617	3190		1599733	73585
			13	278		13010	7094
		1061	1996	2389	2033	1271760	202744
473900	992	418	44191	6489	367	339790	123119
		16	1109	7861		71561	153678
		73	730	4829	1436		23298
		592	1877	3230	3194	47907	75071
4		1193	1316	1158	542	24440	60668
		882	426	206	4		49382
	39	908	1220	9980	12	513162	329646
	1113	415	3499	423	398		23972
		960	1975	1506	34	43414	120004
		1338	887	3755	4877	1091014	632606
		146	25	16			16767
		53	199	8	157		4259
		19	2067	75	16		12176
	3	102	1233	34		3201	8299
10591523		2060	8598	256798	452504	744653	1585178
10591523		35	8350	256730	452504	744653	1389315
		222	103	1			5793
		1803	145	67			190070

Note: The electricity consumption in the table includes electricity generated and used by enterprise itself.

5-7 主要年份全市用电量

Total Electricity Supply in Main Years

单位：万千瓦·时 (10000 kWh)

年 份 Year	用电总量 Consumption	各行业用电 Total Electricity Consumption of Industry	#工业 Industry	生活用电 Power Consumed by Urbanites
1978	229680		183814	
1979	273124		217438	
1980	302175		228544	
1981	314537		229280	
1982	335533		237124	
1983	376334		261924	
1984	375693		247131	
1985	403864		251572	
1986	425740		266993	
1987	528671	468372	353019	60299
1988	570888	497403	367882	73485
1989	588073	510252	381924	77821
1990	651907	551870	402427	100037
1991	850413	729858	557693	120555
1992	988361	844301	641685	144060
1993	1194668	1013769	765423	180899
1994	1340090	1123076	824998	217014
1995	1491687	1239195	900550	252492
1996	1607619	1321780	948271	285839
1997	1700635	1399021	987404	301614
1998	1893271	1546097	1066325	347174
1999	2056799	1684648	1155344	372151
2000	2363174	1945091	1351669	418083

5-7 续表 continued

单位：万千瓦·时 (10000 kWh)

年份 Year	用电总量 Consumption	各行业用电 Total Electricity Consumption of Industry	#工业 Industry	生活用电 Power Consumed by Urbanites
2001	2540201	2072950	1428461	467251
2002	2849015	2373574	1607851	475441
2003	3349712	2804357	1943780	545355
2004	3846375	3228990	2239481	617385
2005	4256677	3537004	2531916	719673
2006	4694234	3898916	2740256	795318
2007	5271258	4372014	3063610	899244
2008	5459185	4472140	3098761	987045
2009	5670810	4559439	3098871	1111371
2010	6258983	5075414	3497243	1183569
2011	6635544	5349058	3614532	1286486
2012	6941253	5519444	3589545	1421809
2013	7106910	5692959	3656433	1413951
2014	7658542	6052408	3860372	1606134
2015	7793233	6179721	3937448	1613512
2016	8235701	6533151	4164565	1702550
2017	9024753	7137209	4344911	1887544
2018	9369013	7407839	4368114	1961174
2019	10055838	7987146	4537710	2068692
2020	9967249	7763662	4318717	2203587
2021	11197329	8730272	4625580	2467057
2022	11187607	8682952	4465738	2504655
2023	12051252	9417366	4683333	2633886

注：1.本表数据由广东电网有限责任公司广州供电局提供，用电量包括法人单位自发自用电量。

2.1987年起行业用电分类调整，之前无各行业用电和生活用电分类。

3.2018年开始广东电网有限责任公司广州供电局统计全市用电量包含抽水蓄能用电量。2017年同口径调整，原口径用电总量为8695865万千瓦·时。

Notes: I. The data in this table is provided by Guangzhou Power Supply Bureau of Guangdong Power Grid Co., Ltd and the data includes Spontaneous electricity consumption of legal entity.

II. Since 1987, the classification of electricity consumption in different industries has been adjusted. Before that, there was no classification of electricity consumption in different industries and in daily life.

III. Total Electricity Consumption includes the electricity consumption of pumped storage since 2018. The data of 2017 has been adjusted according to this new coverage. The original data is 8695865(10000kWh).

5-8 全市分行业用电量（2022-2023年）

Electricity Consumption by Industrial Sector (2022-2023)

单位：万千瓦·时 (10000 kWh)

项　　目	Item	2022	2023
用电总量	**Total Consumption of Electricity**	**11187607**	**12051252**
各行业用电	**Total Electricity Consumption of Industry**	**8682952**	**9417366**
按产业分	**Grouped By Industry**		
第一产业	Primary Industry	71216	78375
第二产业	Secondary Industry	4598784	4804720
第三产业	Tertiary Industry	4012952	4534271
按行业分	**Grouped By Sector**		
农、林、牧、渔业	Agriculture, Forestry, Animal Husbandry and Fishery	83447	91167
工　业	Industry	4465738	4683333
按工业行业分	By Sector		
采矿业	Mining	6929	8697
制造业	Manufacturing	3558241	3708976
农副食品加工业	Processing of Food from Agricultural Products	43305	43569
食品制造业	Manufacture of Foods	81425	92788
酒、饮料和精制茶制造业	Manufacture of wine,Beverages and Refined Tea	49046	53600
烟草制品业	Manufacture of Tobacco	8831	9157
纺织业	Manufacture of Textile	109912	116181
纺织服装、服饰业	Manufacture of Textile Wearing Apparel,Clothing	85780	96826
皮革、毛皮、羽毛及其制品和制鞋业	Manufacture of Leather,Fur,Feather and Related Products and Footwear	152457	158042
木材加工和木、竹、藤、棕、草制品业	Processing of Timber,Manufacture of Wood, Bamboo, Rattan, Plam and Straw Products	46484	45513

5-8 续表1 continued

单位:万千瓦·时 (10000 kWh)

项目	Item	2022	2023
家具制造业	Manufacture of Furniture	19787	22807
造纸和纸制品业	Manufacture of Paper and Paper Products	81456	81475
印刷和记录媒介复制业	Printing, Reproduction of Recording Media	20904	20130
文教、工美、体育和娱乐用品制造业	Manufacture of Culture and Education ,Arts and Crafts, Sports and Entertainment Supplies	122852	126634
石油、煤炭及其他燃料加工业	Petroleum ,Coal and Other Fuel Processing	146137	136568
化学原料和化学制品制造业	Manufacture of Raw Chemical Materials and Chemical Products	199066	202842
医药制造业	Manufacture of Medicines	86919	98000
化学纤维制造业	Manufacture of Chemical Fibers	7654	6292
橡胶和塑料制品业	Manufacture of Rubber	192911	200713
非金属矿物制品业	Manufacture of Non-metallic Mineral Products	106187	95426
黑色金属冶炼和压延加工业	Smelting and Pressing of Ferrous Metals	147019	152609
有色金属冶炼和压延加工业	Smelting and Pressing of Non-Ferrous Metals	11901	12898
金属制品业	Manufacture of Metal Products	190672	200741
通用设备制造业	Manufacture of General Purpose Machinery	184314	187504
专用设备制造业	Manufacture of Special Purpose Machinery	22512	26998
汽车制造业	Manufacture of Automobile	347569	347986
铁路、船舶、航空航天和其他运输设备制造业	Manufacture of Railway, Ship, Aerospace and Other Transportation Equipment	60952	71541
电气机械和器材制造业	Manufacture of Electrical Machinery and Equipment	92995	99465
计算机、通信和其他电子设备制造业	Manufacture of Computers, Communications and Other Electronic Equipment	613361	649825

5-8 续表2 continued

单位:万千瓦·时 (10000 kWh)

项目	Item	2022	2023
仪器仪表制造业	Manufacture of Instrument	3144	3107
其他制造业	Other Manufacturing	247694	273958
废弃资源综合利用业	Comprehensive Utilization of Waste Resources	12863	14336
金属制品、机械和设备修理业	Metal Products, Machinery and Equipment Repair	62132	61445
电力、热力、燃气及水生产和供应业	Production and Supply of Electricity,Heat,Gas and Water	900568	965660
电力、热力生产和供应业	Production and Supply of Electric Power and Heat Power	794350	870933
燃气生产和供应业	Production and Supply of Gas	2016	1976
水的生产和供应业	Production and Supply of Water	104202	92751
建筑业	Construction	195178	182833
批发和零售业	Wholesale and Retail Trade	561593	678996
交通运输、仓储和邮政业	Transport, Storage and Post	453638	502050
住宿和餐饮业	Hotels and Catering Services	201020	228879
信息传输、软件和信息技术服务业	Information Transmission, Software and Information Technology	342553	380942
金融业	Financial Intermediation	33561	36477
房地产业	Real Estate	203318	219613
租赁和商务服务业	Leasing and Business Services	1136512	1301213
公共服务及管理组织	Public Service and Management Organization	1006394	1111863
生活用电	**Electricity Consumption by Urban and Rural Households**	**2504655**	**2633886**
城镇居民	Urban Residents	1564597	1640865
乡村居民	Rural Residents	940058	993021

5-9 各区用电量（2015-2023年）

Electricity Consumption by District (2015-2023)

单位：万千瓦·时 (10000 kWh)

区	District	2015	2016	2017	2018	2019	2020	2021	2022	2023
全市合计	**Total**	**7793233**	**8235701**	**9024753**	**9369013**	**10055838**	**9967249**	**11197329**	**11187607**	**12051252**
荔湾区	Liwan	350260	358539	364363	358078	388623	382558	413435	422721	452616
越秀区	Yuexiu	497694	509103	509859	507371	524171	493423	528430	508054	534994
海珠区	Haizhu	619901	646893	675832	706620	750418	737018	740432	709646	774225
天河区	Tianhe	784675	836602	872335	903317	969725	942819	1059682	1055429	1111326
白云区	Baiyun	1106442	1160380	1239028	1318579	1431163	1380687	1541561	1518996	1660654
黄埔区	Huangpu	1250345	1343732	1465099	1553893	1717457	1773969	1986224	2031069	2090343
番禺区	Panyu	896855	958989	1023332	1074566	1149548	1149448	1392525	1400358	1512900
花都区	Huadu	727365	752943	799846	819630	866778	855252	967706	961500	1063159
南沙区	Nansha	661311	693620	731167	769713	817212	847463	954735	985078	1068636
从化区	Conghua	201468	224644	235423	250110	261590	272975	323210	338039	367122
增城区	Zengcheng	620243	664212	694485	674347	729256	791896	966051	984144	1074329

注：分区用电量不包含抽水蓄能用电量，同时由于市区两级线损量统计方法差异，全市合计数不等于分区数相加。

Note: The electricity consumption by district excludes the electricity consumed by pumped storage ,and the sum of all districts is not equal to the total due to the different statistical method.

5-10 环境保护基本情况（2022-2023年）

Fundamental State of Environment Protection (2022-2023)

项　　目	Item	2022	2023
水环境	**Water Environment**		
降水量 (毫米)	Precipitation (mm)	1921.30	1750.90
水资源总量 (亿立方米)	Total Amount of Water Resource (100 million cu.m)	79.02	69.20
人均水资源量 (立方米/人)	Per Capita Water Resources (cu.m/person)	421.80	367.60
用水总量 (亿立方米)	Water Use (100 million cu.m)	62.42	60.93
#农业用水	Agriculture	10.10	9.22
工业用水	Industry	23.93	23.30
生活用水	Consumption	23.96	23.56
生态环境补水	Ecological Protection	4.42	4.84
废水排放总量 (万吨)	Total Waste Water Discharged (10000 tons)	161682	163611
#工业废水排放量	Industrial Waste Water Discharged	13303	13447
城镇生活污水排放量	Urban Living Waste Discharged	140942	142829
大气环境	**Atmospheric Environment**		
二氧化硫平均浓度 (微克/立方米)	Average Concentration of Sulfur Dioxide (micrograms/m³)	6	6
二氧化氮平均浓度 (微克/立方米)	Average Concentration of Nitrogen Dioxide (micrograms/m³)	29	29
可吸入颗粒物平均浓度 (微克/立方米)	Average Concentration of Inhalable Particles (micrograms/m³)	39	41
PM2.5平均浓度(微克/立方米)	Mean Concentration of PM2.5 (micrograms/m³)	22	23
降水pH值	The pH Value of the Precipitation	6.02	5.90
酸雨频率 (%)	Frequency of Acid Rain (%)	2.8	3.8
环境空气质量达标天数 (天)	Up to Standard Days of the Environment Air Quality (day)	306	330
环境空气质量达标率 (%)	Up to Standard Rate of Air Environmental Quality (%)	83.8	90.4
工业废气排放总量 (亿立方米)	Volume of Industrial Waste Gas Emission (100 million cu.m)	6256.83	6765.54
二氧化硫排放量 (万吨)	Volume of Sulphur Dioxide Emission (10000 tons)	0.25	0.27
#工业二氧化硫排放量	Industry	0.19	0.22
氮氧化物排放量 (万吨)	Volume of Nitrogen Dioxide Emission (10000 tons)	8.38	7.70
#工业氮氧化物排放量	Industry	1.09	1.13
颗粒物排放量 (万吨)	Volume of Particulate Matter Emission (10000 tons)	0.66	0.62
#工业源颗粒物排放量	Volume of Industrial Particulate Matter	0.43	0.41
固体废物	**Solid Wastes**		
一般工业固体废物产生量 (万吨)	Volume of General Industrial Solid Wastes Produced (10000 tons)	693.22	781.16
一般工业固体废物综合利用量 (万吨)	Volume of Comprehensive Utilization of General Industrial Solid Wastes (10000 tons)	661.21	761.63
一般工业固体废物综合利用率 (%)	Comprehensive Utilization Rate of General Industrial Solid Wastes (%)	95.23	97.31
危险废物产生量 (万吨)	Volume of Hazardous Wastes Produced (10000 tons)	65.23	70.82

5-10 续表 continued

项 目	Item	2022	2023
生态环境	**Ecological Environment**		
人均耕地面积 (亩/人)	Per Capita Area of Cultivated land (mu/person)	0.04	
累计水土流失治理面积 (千公顷)	Accumulated Area of Soil Erosion Control (1000 hectares)	24.94	26.56
自然保护区数 (个)	Number of Natural Reserves (unit)	6	6
自然保护区面积 (万公顷)	Area of Natural Reserves (1000 hectares)	0.97	0.97
自然灾害	**Natural Disasters**		
地质灾害次数 (次)	Geological Disasters (unit)	14	28
地质灾害直接经济损失 (万元)	Direct Economic Losses (unit)	103.20	87.70
森林火灾次数 (次)	Forest Fires (unit)	7	3
城市环境	**City Environment**		
城市建设用地面积 (平方公里)	Urban Construction Area (sq.km)	1996.69	
城市供水总量 (亿立方米)	Urban Water Supply (10000 cu.m)	26.51	26.17
#生活用水量	Consumption	17.64	17.82
污水处理厂集中处理率 (%)	Centralized Treatment Rate of Sewage Treatment Plant (%)	98.9	98.9
道路交通噪声昼间平均等效声级 (分贝)	Average Diurnal Equivalent Sound Level of Road Traffic Noise (decibels)	68.8	69.4
农村环境	**Rural Environment**		
农村自来水普及率 (%)	Rural Water Supply Popularizing Rate (%)	100.00	100.00
农村卫生户厕普及率 (%)	Rural Sanitary Latrine per Unit Popularizing Rate (%)	100.00	100.00

注：1.本表2023年数据均为快报数。

2.2023年国家统一部署的国土变更调查未完成，人均耕地面积和城市建设用地面积数据暂缺。

Notes：I. The data of this table for 2023 are all quick reports.

II.The per capita arable land area and urban construction land area in 2023 are temporarily missing because the national land survey has not been completed.

主要统计指标解释

【能源消费总量】是指一定地域内，国民经济各行业和居民家庭在一定时期内消费的各种能源的总和。包括：原煤、原油、天然气、水能、核能、风能、太阳能、地热能、生物质能等一次能源；一次能源通过加工转换产生的洗煤、焦炭、煤气、电力、热力、成品油等二次能源和同时产生的其他产品；其他化石能源、可再生能源和新能源。其中水能、风能、太阳能、地热能、生物质能等可再生能源，是指人们通过一定技术手段获得的，并作为商品能源使用的部分。在核算过程中，一次能源、二次能源消费不能重复计算。能源消费总量分为终端能源消费量、能源加工转换损失量和能源损失量三部分。

（1）终端能源消费量：指一定时期内，全国（地区）生产和生活消费的各种能源在扣除了用于加工转换二次能源消费量和损失量以后的数量

（2）能源加工转换损失量：指一定时期内，全国（地区）投入加工转换的各种能源数量之和与产出各种能源产品之和的差额。该指标是观察能源在加工转换过程中损失量变化的指标。

（3）能源损失量：指在一定时期内，能源在输送、分配、储存过程中发生的损失和由客观原因造成的各种损失量，不包括各种气体能源放空、放散量。

【能源消费弹性系数】是研究能源消费增长速度与国民经济增长速度之间比例关系的指标。计算公式：

$$\text{能源消费弹性系数}=\frac{\text{能源消费量增长速度}}{\text{国民经济增长速度}}$$

【电力消费弹性系数】是研究电力消费增长速度与国民经济增长速度之间比例关系的指标。计算公式：

$$\text{电力消费弹性系数}=\frac{\text{电力消费量增长速度}}{\text{国民经济增长速度}}$$

【能源加工转换效率】指一定时期内能源经过加工、转换后，产出的各种能源产品的数量与同期内投入加工转换的各种能源数量的比率。它是观察能源加工转换装置和生产工艺先进与落后、管理水平高低等的重要指标。计算公式：

$$\text{能源加工转换效率}=\frac{\text{能源加工转换产出量}}{\text{能源加工转换投入量}}\times 100\%$$

【废水排放总量】指工业废水排放量、城镇生活污水排放量和集中式治理设施污水排放量之和。

【工业废水排放量】指报告期内经过企业厂区所有排放口排到企业外部的工业废水量。包括生产废水、外排的直接冷却水、超标排放的矿井地下水和与工业废水混排的厂区生活污水，不包括外排的间接冷却水（清污不分流的间接冷却水应计算在废水排放量内）。

【一般工业固体废物】指未被列入《国家危险废物名录》或者根据国家规定的危险废物鉴别标准（GB5085）、固体废物浸出毒性浸出方法（GB5086)及固体废物浸出毒性测定方法（GB/T 15555）鉴定方法判定不具有危险特性的工业固体废物。

【一般工业固体废物综合利用量】报告期内企业通过回收、加工、循环、交换等方式，从一般工业固体废物中提取或者使其转化为可以利用的资源、能源和其他原材料的固体废物量（包括当年利用的往年工业固体废物累计贮存量）。如用作农业肥料、生产建筑材料、筑路等。

Explanatory Notes on Main Statistical Indicators

【Total Energy Consumption】 refers to the sum of all kinds of energy consumed by various sectors of the national economy and households in a certain region within a certain period. It includes the primary kinds of energy such as coal, crude oil, natural gas, hydro-power, nuclear power, wind power, solar power, geothermal power and bio-energy; the secondary kinds of energy and their products which are transformed from the primary energy such as washed coal, coke, coal gas, electricity, heating, and petroleum products; and other kinds of fossil energy, renewable energy and new energy. The renewable energy, including hydro-power, wind power, solar power, geothermal power and bio-energy, refers to the part attained with some given technical means and used for commercial purposes. Total energy consumption can be divided into three parts: end-use energy consumption; loss during the process of energy conversion; and energy loss.

(1) End-use Energy Consumption: It refers to the total energy consumption by the production sectors and the households in the country (region) in a given period of time. It does not include the consumption during the conversion of primary energy into secondary energy and the loss in the process of energy conversion.

(2) Loss During the Process of Energy Conversion: It refers to the total input of various kinds of energy for conversion, minus the total output of various kinds of energy in the country in a given period of time. It is an indicator to show the loss that occurs during the process of energy conversion.

(3) Energy Loss: It refers to the total of the loss of energy during the course of energy transport, distribution and storage and the loss caused by any objective reason in a given period of time. The loss of various kinds of gas due to gas discharges and stocktaking is not included.

【Elasticity Ratio of Energy Consumption】 an indicator of the relationship between the growth rate of energy consumption and the growth rate of the national economy. The formula is:

$$\text{Elasticity Ration of Energy Consumption} = \frac{\text{Growth Rate of Energy Consumption}}{\text{Growth Rate of National Economy}}$$

【Elasticity Ratio of Electricity Consumption】 an indicator of the relationship between the growth rate of electricity consumption and the growth rate of the national economy. The formula is:

$$\text{Elasticity Ration of Electricity Consumption} = \frac{\text{Growth Rate of Electricity Consumption}}{\text{Growth Rate of National Economy}}$$

【Efficiency of Energy Processing and Conversion】 refers to the ratio of the total output of energy products of various kinds after processing and conversion to the total input of energy of various kinds for processing and conversion in the same reference period. It is an important indicator of the current conditions of energy processing and conversion equipment, production technique and management. The formula is:

$$\text{Efficiency of Energy Processing \& Conversion} = \frac{\text{Output of Energy after Processing \& Conversion}}{\text{Input of Energy after Processing \& Conversion}} \times 100\%$$

【Total Volume of Waste Water Discharged】 includes the total volume of industrial wastewater emissions, urban sewage and centralized sewage treatment facilities emissions.

【Volume of Industrial Waste Water Discharged】refers to the volume of industrial waste water discharged, through all outlets to the outside of industrial enterprises in the reference period, including waste water produced, direct cooling water, underground water from mines that does not meet the standard of discharge, and the domestic sewage mixed up with industrial waste water when discharged, but excluding discharged indirect cooling water (the indirect cooling water that clear water and turbid water is not divided should be included in total volume of waste water discharged).

【General Industrial Solid Wastes】 refers not included in the "National List of Hazardous Waste"or in accordance with state hazardous waste identification standard(GB5085), solid waste leaching toxicity method(GB5086)and solid waste leaching toxicity determination method(GB/T 15555) identification of characteristics is determined not to be hazardous industrial solid waste.

【Volume of General Industrial Solid Wastes Utilized in a Comprehensive Way】 The amount of solid waste extracted from general industrial solid waste or converted into usable resources, energy and other raw materials by enterprises through recovery, processing, circulation and exchange during the reporting period (including the accumulated storage amount of industrial solid waste used in previous years). Such as agricultural fertilizer, production of building materials, road construction and so on.

第六篇 CHAPTER 6

财政和金融

GOVERNMENT FINANCE AND BANKING

第六篇　财政和金融

简要说明

一、本篇资料的主要内容

本篇反映广州市财政、金融方面的基本情况。包括以下五个部分：1. 财政收支情况；2. 金融机构的存贷款情况；3. 资本市场的业务情况；4. 保险业务情况；5. 外资金融机构及代表处一览表等。

二、本篇各部分的资料来源

1．财政收支资料根据广州市财政局财政总决算报表等统计报表的有关项目加工整理；

2．金融机构存贷款资料由中国人民银行广东省分行提供；

3．保险业务、外资金融机构及代表处资料由国家金融监督管理总局广东监管局提供；

4．资本市场资料由中国证券监督管理委员会广东监管局提供。

三、本篇资料由广州市统计局国民经济核算处负责整理。

Chapter 6 Government Finance and Banking

Brief　Introduction

I.The main contents of this chapter reflect the basic financial and financial situation of Guangzhou. Including the following five parts: Financial revenue and expenditure; The deposit and loan situation of financial institutions; Capital market operations; Insurance business; List of foreign financial institutions and representative offices.

Ⅱ. Data sources of each part of this chapter

1. The data of financial revenue and expenditure is processed according to the statistical statements of Guangzhou Municipal Bureau of Finance General accounts of Finance and other statistical statements;

2. The data on deposits and loans of financial institutions is provided by the Guangdong Branch of the People's Bank of China;

3. The information of insurance business, foreign financial institutions and representative offices is provided by the Guangdong Supervision Bureau of the State Financial Supervision and Administration;

4. The capital market information is provided by Guangdong Supervision Bureau of China Securities Regulatory Commission.

Ⅲ.The data of this chapter are collated by the Department of National accounts of Guangzhou Bureau of Statistics.

6-1 财政和金融业主要经济指标

Main Indicators of Government Finance and Financial Industry

项　　目	Item	2022	2023	2023年比2022年增长(%) Growth Rate in 2023 over 2022 (%)
地方财政收入　(万元)	Revenue of Local Government　(10000 yuan)			
一般公共预算收入	General Budgetary Revenue	18550953	19450562	4.8
#增值税	Value-added Tax	2979637	4514147	51.5
企业所得税	Corporate Income Tax	2177609	1908770	-12.3
个人所得税	Individual Income Tax	1027994	989989	-3.7
政府性基金收入	Governmental Funds Revenue	16312407	16218959	-0.6
地方财政支出　(万元)	Expenditure of Local Government　(10000 yuan)			
一般公共预算支出	General Budgetary Expenditure	30224506	29716481	-1.7
#一般公共服务支出	General Public Expenditure	3010108	2835074	-5.8
教育支出	Operating Expenses for Education	6269391	6433879	2.6
科学技术支出	Operating Expenses for Science and Technology	1982136	1949553	-1.6
卫生健康支出	Operating Expenses for Medical and Health	3577504	3646972	1.9
政府性基金支出	Governmental Fund Expenditure	20957856	19533087	-6.8
金融机构本外币各项存款余额　(亿元)	Balance of Savings Deposit in Standard and Foreign Currencies in Financial Institutions　(100 million yuan)	80495.07	86638.33	7.6
#人民币	RMB	78640.85	84902.47	8.0
#住户存款余额	Deposits of Households	26479.87	29714.95	12.2
金融机构本外币各项贷款余额　(亿元)	Balance of Loan in Standard and Foreign Currencies in Financial Institutions　(100 million yuan)	68918.60	76674.23	10.5
#人民币	RMB	67883.23	75698.16	10.7
国内财产保险公司业务	Domestic Property Insurance Companies			
保险金额　(亿元)	Amount Insured　(100 million yuan)	3157906	6884414	118.0
原保险保费收入　(万元)	Premium of Primary Insurance　(10000 yuan)	4335301	4431526	2.2
赔款支出　(万元)	Indemnity Expenditure　(10000 yuan)	2503330	2839660	13.4
国内人身保险公司业务	Domestic Life Insurance Companies			
原保险保费收入　(万元)	Premium of Primary Insurance　(10000 yuan)	11113565	12986995	16.9
期满给付　(万元)	Mature Payment　(10000 yuan)	1082379	1416854	30.9
死伤医疗给付　(万元)	Payment for Death, Injury and Medical Treatment　(10000 yuan)	404651	461406	14.0

6-2 主要年份地方财政收支

Local Government Revenue and Expenditure in Main Years

单位:亿元 (100 million yuan)

年 份 year	#一般公共预算收入 General Budgetary Revenue	#一般公共预算支出 General Budgetary Expenditure
1978	13.65	3.87
1979	13.12	4.16
1980	15.43	4.35
1985	28.85	10.75
1986	31.15	15.23
1987	34.18	15.13
1988	39.71	19.95
1989	46.51	24.66
1990	36.94	24.31
1991	48.49	30.71
1992	51.35	32.25
1993	77.37	53.82
1994	62.87	73.74
1995	97.08	111.24
1996	85.24	121.91
1997	97.72	138.99
1998	132.19	175.11
1999	176.15	222.37
2000	200.55	240.72
2001	246.19	292.63
2002	245.87	326.67
2003	274.77	370.09
2004	302.87	408.34
2005	371.26	438.41
2006	427.08	506.79
2007	523.79	623.69
2008	621.84	713.35
2009	702.65	789.92
2010	872.65	977.32
2011	979.48	1181.25
2012	1102.40	1343.65
2013	1141.80	1386.13
2014	1243.10	1436.22
2015	1349.47	1727.72
2016	1393.64	1943.75
2017	1536.74	2186.01
2018	1634.22	2506.18
2019	1699.04	2865.33
2020	1722.79	2952.65
2021	1884.26	3021.18
2022	1855.10	3022.45
2023	1945.06	2971.65

6-3 地方财政收入（2022-2023年）

Revenue of Local Government (2022-2023)

单位:万元　　(10000 yuan)

项　　目	Item	2022	2023
地方财政收入	Total Revenue of Local Government		
一般公共预算收入	General Budgetary Revenue	18550953	19450562
#增值税	Value-added Tax	2979637	4514147
企业所得税	Corporate Income Tax	2177609	1908770
个人所得税	Individual Income Tax	1027994	989989
城市维护建设税	City Maintenance and Construction Tax	1374515	1394436
房产税	House Property Tax	1239316	1335732
印花税	Stamp Tax	574911	610427
城镇土地使用税	Urban Land Use Tax	126500	141664
车船税	Tax on Vehicles and Boat Operation	170511	182688
契　税	Deed Tax	1541752	1466384
国有资本经营收入	Operation Income of State-owned Assets	25092	350796
行政事业性收费收入	Charge of Administrative and Institutional Units	372829	426092
罚没收入	Penalty Receipts	1826017	578302
专项收入	Special Revenue	2173990	2057559
其他收入	Others	981490	1474205
政府性基金收入	Revenue from Government-controlled Funds	16312407	16218959
附：一般公共预算补助收入	Revenue from General Public Budget Subsidies	6343868	6861424
#消费税和增值税税收返还收入	Consumption Tax and Value-added	406982	406982
所得税基数返还收入	Tax Base Return	407199	405399

6-4 地方财政支出（2022−2023年）
Expenditure of Local Government (2022-2023)

单位:万元 (10000 yuan)

项　　目	Item	2022	2023
地方财政支出	Total Expenditure of Local Government		
一般公共预算支出	General Budgetary Expenditure	30224506	29716481
#一般公共服务支出	Expenditure for General Public Services	3010108	2835074
国防支出	Expenditure for National Defense	27344	36177
公共安全支出	Expenditure for Public Security	2303325	2307055
教育支出	Expenditure for Education	6269391	6433879
科学技术支出	Expenditure for Science and Technology	1982136	1949553
文化旅游体育与传媒支出	Expenditure for Culture, Tourism, Sports and Media	543585	519002
社会保障和就业支出	Expenditure for Social Safety Net and Employment Effort	3804851	3470982
卫生健康支出	Expenditure for Medical and Health	3577504	3646972
城乡社区支出	Expenditure for Urban and Rural Community Affairs	2479708	2461075
农林水支出	Expenditure for Agriculture, Forestry and Water Conservancy	838054	940350
交通运输支出	Expenditure for Transportation	782246	462104
资源勘探信息等支出	Expenditure for Affairs of Exploration, Power and Information	854420	1031350
商业服务业等支出	Expenditure for Affairs of Commerce and Services	249672	379043
金融支出	Expenditure for Affairs of Financial Supervision	307812	170656
援助其他地区支出	Expenditure for Post-earthquake Recovery and Reconstruction	29968	47915
住房保障支出	Expenditure for Affairs of Housing Security	1393417	1622186
其他支出	Other Expenditures	68108	9382
政府性基金支出	Expenditure for Government-controlled Funds	20957856	19533087
附：一般公共预算上解支出	Expenditure for Higher Level from the General Public Budget	1082735	1013051

6-5 主要年份金融机构(含外资)存贷款余额

Deposits and Loans in All Financial Institutions (Including Foreign Capital) in Main Years

单位：亿元 (100 million yuan)

年 份 year	金融机构本外币存款余额 Deposits in Renminbi and Foreign Currencies in All Financial Institutions	#人民币存款余额 Deposits in Renminbi Currencies in Financial Institutions	金融机构本外币贷款余额 Loans Institutions in Renminbi and Foreign Currencies in Financial Institutions	#人民币贷款余额 Loans in Renminbi Currencies in Financial Institutions
1978		25.56		26.04
1979		31.02		26.97
1980		43.73		40.25
1981		49.19		47.04
1982		56.22		53.50
1983		64.31		59.11
1984		87.91		93.60
1985		100.72		105.19
1986		141.49		142.95
1987		203.74		211.58
1988		260.54		265.08
1989		325.47		359.28
1990		440.47		420.38
1991		601.91		491.13
1992		871.44		651.21
1993		1085.96		835.60
1994		1439.01		984.48
1995		2001.96		1312.15
1996		2712.98		1605.22
1997		3497.65		2166.01
1998		4103.45		2502.12
1999		4823.87		3435.71
2000		5545.19		3895.49
2001		6228.04		4336.50
2002		7498.35		5257.21
2003		8676.72		6127.27
2004		9613.57		6535.39
2005		11085.30		6908.03
2006		12731.23		7931.78
2007	14783.46	14309.71	9661.38	8737.05
2008	16929.47	16421.05	11079.55	10304.73
2009	20944.19	20401.72	13851.83	12598.16
2010	23953.96	23384.50	16284.31	14987.73
2011	26460.80	25791.70	17732.88	16333.43
2012	30186.57	29006.99	19936.52	18023.02
2013	33838.20	32850.57	22016.18	20172.97
2014	35469.29	34170.66	24231.71	22688.33
2015	42843.67	41574.49	27296.16	26136.95
2016	47530.20	45937.34	29669.82	28885.54
2017	51369.03	49332.53	34137.05	33312.73
2018	54788.09	52647.47	40749.32	39764.44
2019	59131.20	56701.75	47103.31	46155.78
2020	67798.81	65615.47	54387.64	53535.39
2021	74988.86	72848.92	61399.61	60238.74
2022	80495.07	78640.85	68918.60	67883.23
2023	86638.33	84902.47	76674.23	75698.16

6-6 中外资金融机构本外币存贷款年末余额（2022—2023年）
Deposits and Loans in RMB and Foreign Currencies of All Financial Institutions at Year-end (2022-2023)

单位：亿元 (100 million yuan)

项　目	Item	2022	2023
各项存款余额	**Total Deposits**	**80495.07**	**86638.33**
一、境内存款	Domestic Deposits	79042.38	85351.45
（一）住户存款	Deposits of Households	26878.13	30117.66
（二）非金融企业存款	Deposits of Non-financial Enterprises	25916.90	27184.51
（三）机关团体存款	Deposits of Government Departments & Organizations	12105.56	12378.26
（四）财政性存款	Fiscal Deposits	1003.19	824.30
（五）非银行业金融机构存款	Deposits of Non-banking Financial Institutions	13138.60	14846.72
二、境外存款	Overseas Deposits	1452.69	1286.88
各项贷款余额	**Total Loans**	**68918.60**	**76674.23**
一、境内贷款	Domestic Loans	67959.95	75755.72
（一）住户贷款	Loans to Households	24322.44	26084.00
（二）企(事)业单位贷款	Loans to Non-financial Enterprises and Government Departments & Organizations	43393.72	49427.43
1.短期贷款	Short-term loans	8231.37	9060.30
2.中长期贷款	Medium & Long-term Loans	30472.13	34608.77
3.票据融资	Paper Financing	4391.16	5459.42
4.融资租赁	Financial Leasing	251.14	262.75
5.各项垫款	Total Advances	47.93	36.18
（三）非银行业金融机构贷款	Loans to Non-banking Financial Institutions	243.79	244.29
二、境外贷款	Overseas Loans	958.65	918.52

6-7 中外资金融机构外币存贷款年末余额（2022-2023年）

Deposits and Loans in Foreign Currencies of All Financial Institutions at Year-end (2022-2023)

单位:亿美元 (100 million USD)

项　　目	Item	2022	2023
各项存款余额	**Total Deposits**	**266.23**	**245.08**
一、境内存款	Domestic Deposits	188.08	187.65
(一) 住户存款	Deposits of Households	57.18	56.86
(二) 非金融企业存款	Deposits of Non-financial Enterprises	125.13	114.68
(三) 机关团体存款	Deposits of Government Departments & Organizations	0.68	0.62
(四) 财政性存款	Fiscal Deposits		
(五) 非银行业金融机构存款	Deposits of Non-banking Financial Institutions	5.08	15.49
二、境外存款	Overseas Deposits	78.15	57.43
各项贷款余额	**Total Loans**	**148.66**	**137.81**
一、境内贷款	Domestic Loans	62.76	70.22
(一) 住户贷款	Loans to Households	0.42	0.53
(二) 企(事)业单位贷款	Loans to Non-financial Enterprises and Government Departments & Organizations	62.34	69.70
1.短期贷款	Short-term loans	46.23	45.98
2.中长期贷款	Medium & Long-term Loans	16.11	23.12
3.票据融资	Paper Financing		
4.融资租赁	Financial Leasing		
5.各项垫款	Total Advances	…	0.60
(三) 非银行业金融机构贷款	Loans to Non-banking Financial Institutions		
二、境外贷款	Overseas Loans	85.90	67.59

6-8 中外资金融机构存贷款年末余额（折人民币，2008-2023年）

Deposits and Loans of All Financial Institutions at Year-end (converted into RMB, at the end of year from 2008 to 2023)

单位：亿元 (100 million yuan)

项 目	Item	2008	2009	2010	2011	2012	2013	2014	2015
存款余额（折人民币）	Saving Deposits Balance (as RMB)	16929.47	20944.19	23953.96	26460.80	30186.57	33838.20	35469.29	42843.67
中资金融机构	Chinese Financial Institutions								
人民币	RMB	16219.23	20081.46	22775.50	25048.61	28270.68	31884.74	33215.35	40732.02
外汇 （亿美元）	Foreign Exchange (USD 100 million)	63.11	63.67	68.09	86.82	166.36	143.82	193.55	175.25
外资金融机构	Foreign-funded Financial Institutions								
人民币	RMB	201.82	320.26	609.00	743.08	736.31	965.83	955.31	844.97
外汇 （亿美元）	Foreign Exchange (USD 100 million)	11.27	15.77	17.90	19.38	21.31	18.17	18.68	20.20
贷款余额（折人民币）	Loans Balance (as RMB)	11079.55	13851.83	16284.31	17732.88	19936.52	22016.18	24231.71	27296.16
中资金融机构	Chinese Financial Institutions								
人民币	RMB	10042.19	12316.01	14597.74	15904.65	17554.90	19652.37	22154.37	25540.40
外汇 （亿美元）	Foreign Exchange (USD 100 million)	88.10	153.88	160.92	187.33	271.91	260.66	214.50	156.47
外资金融机构	Foreign-funded Financial Institutions								
人民币	RMB	262.54	282.15	389.99	428.79	468.12	520.60	533.95	622.85
外汇 （亿美元）	Foreign Exchange (USD 100 million)	26.15	29.72	34.86	34.78	32.52	41.66	37.73	22.75

6-8 续表 continued

单位：亿元 (100 million yuan)

项 目	Item	2016	2017	2018	2019	2020	2021	2022	2023
存款余额(折人民币)	Saving Deposits Balance (as RMB)	47530.20	51369.03	54788.09	59131.20	67798.81	74988.86	80495.07	86638.33
中资金融机构	Chinese Financial Institutions								
人民币	RMB	44978.42	48290.54	51336.03	55275.71	64152.56	71463.08	77119.84	83412.49
外汇 （亿美元）	Foreign Exchange(USD 100 million)	206.65	285.24	286.24	318.92	301.62	301.75	235.08	214.85
外资金融机构	Foreign-funded Financial Institutions								
人民币	RMB	963.91	1044.08	1319.81	1442.32	1479.66	1397.48	1527.69	1513.86
外汇 （亿美元）	Foreign Exchange(USD 100 million)	22.97	26.43	25.66	29.33	33.00	33.89	31.16	30.23
贷款余额(折人民币)	Loans Balance (as RMB)	29669.82	34137.05	40749.32	47103.31	54387.64	61399.61	68918.60	76674.23
中资金融机构	Chinese Financial Institutions								
人民币	RMB	28283.46	32571.07	38871.63	45122.08	52429.68	58991.30	66682.86	74602.88
外汇 （亿美元）	Foreign Exchange(USD 100 million)	96.85	104.99	120.66	111.37	107.10	155.73	127.57	125.96
外资金融机构	Foreign-funded Financial Institutions								
人民币	RMB	651.60	787.53	959.68	1085.73	1164.77	1301.59	1298.11	1187.98
外汇 （亿美元）	Foreign Exchange(USD 100 million)	16.26	21.27	22.98	24.79	24.01	27.27	22.28	13.47

6-9 中外资金融机构人民币信贷资金平衡表（2022-2023年）
Credit Funds Balance Sheet of Financial Institutions (2022-2023)

单位：亿元 (100 million yuan)

项　　目	Item	2022	2023
资金来源项目	**Sources of Funds**		
合　计	Total	88436.33	96933.23
一、各项存款	Total Deposits	78640.85	84902.47
(一) 境内存款	Domestic Deposits	77732.49	84022.38
1.住户存款	Deposits of Households	26479.87	29714.95
2.非金融企业存款	Deposits of Non-financial Enterprises	25045.45	26372.24
3.机关团体存款	Deposits of Government Departments & Organizations	12100.79	12373.87
4.财政性存款	Fiscal Deposits	1003.19	824.30
5.非银行业金融机构存款	Deposits of Non-banking Financial Institutions	13103.19	14737.02
(二) 境外存款	Overseas Deposits	908.37	880.10
二、金融债券	Financial Bonds	1305.46	1477.51
三、卖出回购资产	Repo	41.74	23.00
四、借款及非银行业金融机构拆入	Borrowings & Placements from Non-depository Financial Institutions	51.10	3.22
五、联行往来(净)	Inter-bank Transaction		
六、应付及暂收款	Payable and Suspense Credit	1630.79	1820.65
七、各项准备	All Reserves	1857.66	2075.53
八、所有者权益	Creditors' Equity	4694.36	5013.43
九、其　他	Others	214.37	1617.42
资金运用项目	**Uses of Funds**		
合　计	Total	88436.33	96933.23
一、各项贷款	Total Loans	67883.23	75698.16
(一) 境内贷款	Domestic Loans	67522.84	75258.34
1.住户贷款	Loans to Households	24319.50	26080.28
2.企(事)业单位贷款	Loans to Non-financial Enterprises and Government Departments & Organizations	42959.55	48933.77
3.非银行业金融机构贷款	Loans to Non-banking Financial Institutions	243.79	244.29
(二) 境外贷款	Overseas Loans	360.39	439.82
二、债券投资	Portfolio Investments	11086.71	13142.29
三、股权及其他投资	Shares and Other Investments	4205.38	3631.67
四、买入返售资产	Reverse Repo	1274.08	1563.75
五、存放非银行业金融机构款项	Due From Non-depository Financial Institutions	88.23	100.51
六、联行往来(净)	Inter-bank Transaction	2757.38	1545.50
七、金银占款	Purchase of Gold & Silver		
八、中央银行外汇占款	Foreign Exchange		
九、应收及预付款	Receivables and Prepayments	783.95	880.09
十、投资性房地产	Investment Real Estate	15.70	17.44
十一、固定资产	Fixed Asset	341.67	353.83

6-10 中资金融机构人民币各项存贷款年末余额

Deposits and Loans in RMB of Chinese Financial Institutions at Year-end

单位：亿元 (100 million yuan)

项　　目	Item	2022	2023
各项存款余额	**Total Deposits**	**77119.84**	**83412.49**
一、境内存款	Domestic Deposits	76267.92	82581.58
(一) 住户存款	Deposits of Households	26401.54	29611.69
(二) 非金融企业存款	Deposits of Non-financial Enterprises	23962.88	25371.57
(三) 机关团体存款	Deposits of Government Departments & Organizations	11940.59	12185.57
(四) 财政性存款	Fiscal Deposits	1003.19	824.30
(五) 非银行业金融机构存款	Deposits of Non-banking Financial Institutions	12959.72	14588.45
二、境外存款	Overseas Deposits	851.91	830.91
各项贷款余额	**Total Loans**	**66682.86**	**74602.88**
一、境内贷款	Domestic Loans	66338.06	74170.98
(一) 住户贷款	Loans to Households	24181.33	25962.97
(二) 企(事)业单位贷款	Loans to Non-financial Enterprises and Government Departments & Organizations	41920.74	47977.72
1.短期贷款	Short-term loans	7424.83	8261.37
2.中长期贷款	Medium & Long-term Loans	29882.88	33969.28
3.票据融资	Paper Financing	4314.28	5452.92
4.融资租赁	Financial Leases	251.14	262.75
5.各项垫款	Total Advances	47.62	31.40
(三) 非银行业金融机构贷款	Loans to Non-banking Financial Institutions	235.99	230.29
二、境外贷款	Overseas Loans	344.80	431.90

6-11 上市公司及新三板概况

Listed Companies and NEEQ-listed Companies

单位:家 (unit)

年份 Year	境内上市公司数量 Numbers of Domestic Listed Companies	主板上市公司 Main Board-Listed Companies	中小企业板上市公司 SME-Listed Companies	创业板上市公司 GEM-Listed Companies	科创板上市公司 TIB-Listed Companies	北交所上市公司 BSE-Listed Companies	新三板公司 NEEQ-listed Companies
2011	53	26	20	7			
2012	61	27	24	10			
2013	60	26	24	10			
2014	62	26	26	10			35
2015	68	27	26	15			138
2016	78	31	28	19			347
2017	97	39	34	24			429
2018	98	39	33	26			393
2019	107	41	34	30	2		322
2020	117	42	38	31	6		298
2021	131	81		34	12	4	239
2022	145	83		41	15	6	229
2023	154	84		45	18	7	226

注：2019年起，境内上市公司新增科创板上市公司；2021年4月，深圳证券交易所合并主板和中小企业板；2021年11月，北京证券交易所开市。

Note: Since 2019, domestic listed companies have added listed companies on the science and Technology innovation board; In April 2021, the Shenzhen Stock Exchange merged the main board and the SME board; In November 2021, the Beijing Stock Exchange opened.

6-12 证券市场股票筹资概况

Equity Financing of Securities Market

单位:亿元 (100 million yuan)

年 份 Year	股票筹资额 Equity Financing	IPO筹资 IPO financing	股票再筹资 Equity Re-financing
2011	213.59	40.18	173.41
2012	244.55	50.58	193.97
2013	57.30	…	57.30
2014	42.92	6.93	35.99
2015	616.40	24.48	591.92
2016	676.72	43.01	633.71
2017	508.72	137.45	371.27
2018	182.43	2.96	179.47
2019	70.15	67.43	2.72
2020	256.78	62.99	193.79
2021	263.02	103.21	159.81
2022	271.77	118.69	153.08
2023	334.33	106.85	227.48

6-13 证券市场交易额概况

Turnover of Securities Market

单位：亿元 (100 million yuan)

年 份 Year	证券市场交易额 Turnover of Securities Market	#股票交易 Turnover of Stock Trading
2011	38170.94	31393.64
2012	31558.13	21898.72
2013	48320.55	30858.05
2014	74196.95	49514.63
2015	217238.20	171139.46
2016	141833.54	81611.10
2017	153625.46	71038.98
2018	131665.66	53231.50
2019	150687.72	76241.97
2020	206219.62	118238.58
2021	269290.02	147485.62
2022	289049.66	130788.00
2023	282773.00	117056.63

6-14 主要年份原保险保费收入和赔款及给付支出

Premium of Primary Insurance and Claim and Payment in Main Years

年 份 Year	原保险保费收入 (万元) Premium of Primary Insurance (10000 yuan)	赔款及给付支出 (万元) Claim and Payment (10000 yuan)	赔付率 (%) Indemnity and Payment Ratio (%)
1980	197		
1985	5043	1153	22.86
1986	8654	3117	36.02
1987	14855	3784	25.47
1988	17985	4052	22.53
1989	28017	7742	27.63
1990	46963	45207	96.26
1991	58771	19762	33.63
1992	94839	32846	34.63
1993	204267	89930	44.03
1994	244017	96299	39.46
1995	313528	113052	36.06
1996	411021	168637	41.03
1997	579787	200828	34.64
1998	559618	195177	34.88
1999	555424	201673	36.31
2000	574506	133011	23.15
2001	810415	180525	22.28
2002	998741	230440	23.07
2003	1172755	242972	20.72
2004	1329411	278910	20.98
2005	1586302	312074	19.67
2006	1754637	399586	22.77
2007	2275036	542852	23.86
2008	3106047	675962	21.76
2009	3273766	785375	23.98
2010	4204166	880790	20.95
2011	3972972	1083773	27.28
2012	4208014	1258986	29.92
2013	4748884	1482555	31.22
2014	6018083	1710441	28.42
2015	7100726	2259963	31.83
2016	11661901	2458547	21.08
2017	11272520	2697222	23.93
2018	11628614	3219983	27.69
2019	14248337	3624694	25.44
2020	14956164	4548648	30.41
2021	14633624	6136908	41.94
2022	15448866	4681912	30.31
2023	17418521	5589148	32.09

注：1.本表数据2008年前来源于广东省保险行业协会。

2.自2011年起，保险行业数据按照执行“企业会计准则解释第2号”的新口径统计(下同)。

Notes: I. The data before 2008 in this table were provided by the Guangdong Association of Insurance Industry.

II. Since 2011 figures of insurance industry are calculated according to new standards (The same as in the following tables).

6-15 保险公司主要业务指标（2023年）

Major Business Indicators of Insurance Companies (2023)

单位：万元 (10000 yuan)

指 标	Indicators	保险金额（亿元）Amount Insured (100 million yuan)	原保险保费收入 Premium of Primary Insurance	赔款及给付支出 Claim and Payment
总 计	**Total**	**7498028**	**17418521**	**5589148**
财产保险公司	Property Insurance Companies	6884414	4431526	2839660
人身保险公司	Personal Insurance Companies	613614	12986995	2749488

6-16 财产保险公司主要指标（2022-2023年）

Main Indicators of Property Insurance Companies (2022-2023)

单位:万元 (10000 yuan)

项 目	Item	2022		2023	
		原保险保费收入 Premium of Primary Insurance	赔款支出 Claim and Payment	原保险保费收入 Premium of Primary Insurance	赔款支出 Claim and Payment
合 计	**Total**	**4335301**	**2503330**	**4431526**	**2839660**
企业财产保险	Enterprise Property Insurance	296303	115111	309269	124527
家庭财产保险	Family Property Insurance	45579	3923	67339	23214
#投资型家财险	Investment Family Property Insurance	110	4	182	22
机动车辆保险	Motor Vehicle Insurance	1881648	1189026	2049307	1340059
工程保险	Engineering Insurance	100252	41428	114051	41402
责任保险	Liability Insurance	513779	169274	566776	241658
信用保险	Export Credit Insurance	224792	47968	94705	29488
保证保险	Guarantee Insurance	209443	344363	41422	295283
#机动车辆消费贷款保证保险	Vehicle Loan Guarantee Insurance	3	-24		14
个人贷款抵押房屋保证保险	Personal Loan Mortgage Housing Guarantee Insurance	-219	1	-39	
船舶保险	Ship Insurance	38743	15356	33688	16856
货物运输保险	Freight Transport Insurance	81832	29862	89430	33817
特殊风险保险	Special Risk Insurance	60794	19820	42076	36488
农业保险	Agricultural Insurance	92246	46917	123652	101923
健康险	Health Insurance	401850	225248	435011	214873
意外伤害保险	Accident Injury Insurance	191391	99438	179540	105909
其他险	Other Insurance	196648	155597	285259	234165

6-17 人身保险公司主要指标（2022-2023年）

Main Indicators of Personal Insurance Companies (2022-2023)

单位：万元 (10000 yuan)

项　　目	Item	2022	2023
原保险保费收入	**Premium of Primary Insurance**	**11113565**	**12986995**
按险种分	Classify by Insurance Code		
寿　险	Life Insurance	8300170	9926255
个人业务	Individual Insurance	8274708	9898214
新单保费	Initial Premiums	3140663	3949063
续期保费	Renewable Premiums	5134045	5949151
团体业务	Group Insurance	25462	28042
新单保费	Initial Premiums	18289	21349
续期保费	Renewable Premiums	7173	6692
意外伤害险	Personal Accidental Death and Injury Insurance	221947	191741
一年期以内业务	Within One-year Product	28455	27606
一年期业务	One-year Product	95877	81820
一年以上业务	Over One-year Product	97614	82314
健康险	Health Insurance	2591448	2868999
一年期以内及一年期业务	Within One Year and One-Year Product	483149	504001
个人业务	Individual Insurance	206290	217608
团体业务	Group Insurance	276858	286393
一年期以上业务	Over One-year Period Product	2108300	2364998
个人业务	Individual Insurance	2075301	2317830
团体业务	Group Insurance	32999	47167
按新型产品分	Classify by New Insurance Products		
寿险保费收入合计	Total Life Insurance Premiums	8300170	9926255
普通寿险	Ordinary Life Insurance	6139196	7775394
新单保费	Initial Premiums	2252013	2900899
续期保费	Renewable Premiums	3887183	4874496
分红寿险	Participating Insurance	2135778	2122638
新单保费	Initial Premiums	900710	1060569
续期保费	Renewable Premiums	1235068	1062069
投资联结保险	Unit-linked Insurance	5944	6096
万能寿险	Universal Life Insurance	19252	22127

6-17 续表 continued

单位:万元 (10000 yuan)

项　　目	Item	2022	2023
赔付支出	**Claims Paid**	**2178582**	**2749488**
赔款支出	**Compensation Expenses**	**366843**	**367188**
意外伤害险	Personal Accidental And Injury Insurance	53093	47498
一年期以内业务	Within One-year Product	19761	10525
一年期业务	One-year	33332	36973
一年期以内及一年期健康险	Within One Year and One-Year Health Insurance	313750	319690
个人业务	Individual Insurance	84401	87261
团体业务	Group Insurance	229349	232429
死伤医疗给付合计	**Total Casualty Medical Payments**	**404651**	**461406**
寿　险	Life Insurance	91743	121562
个人业务	Individual Insurance	78407	105718
团体业务	Group Insurance	13336	15844
一年期以上健康险	Over One-year Period Health Insurance	312909	339845
个人业务	Individual Insurance	304623	327233
团体业务	Group Insurance	8286	12612
满期给付合计	**Total Mature Payment**	**1082379**	**1416854**
寿　险	Life Insurance	848291	1400729
个人业务	Individual Insurance	815943	1362886
团体业务	Group Insurance	32348	37843
一年期以上健康险	Over One-year Period Health Insurance	234088	16125
个人业务	Individual Insurance	234054	16125
团体业务	Group Insurance	34	
年金给付合计	**Total Pension Payments**	**324709**	**504040**
个人业务	Individual Insurance	308851	482873
团体业务	Group Insurance	15858	21167
退保金	**Cash Surrender Value**	**1335683**	**1340381**
寿　险	Life Insurance	1257594	1250237
个人业务	Individual Insurance	1255821	1248590
团体业务	Group Insurance	1774	1647
一年期以上健康险	Over One-year Period Health Insurance	78089	90143

6–18 主要外资金融机构及代表处一览表
List of Main Foreign Financial Institutions and Representative Offices

机构(代表处)名称及所属国家(地区)	Name of Institutions (Representative Offices)	批准日期 Date of Approval
美国银行有限公司广州分行(美国)	Bank of America, National Association, Guangzhou Branch (USA)	1993.01
加拿大丰业银行有限公司广州分行(加拿大)	The Bank of Nova Scotia Guangzhou Branch (Canada)	1994.08
韩国产业银行广州分行(韩国)	The Korea Development Bank Guangzhou Branch(Republic of Korea)	2005.05
东亚银行(中国)有限公司广州分行(中国香港)	The Bank of East Asia (China) Limited Guangzhou Branch (Hong Kong, China)	2007.03
花旗银行(中国)有限公司广州分行(美国)	Citibank (China) Co., Ltd. Guangzhou Branch (USA)	2007.03
汇丰银行(中国)有限公司广州分行(中国香港)	HSBC Bank(China)Company Limited Guangzhou Branch (Hong Kong, China)	2007.03
渣打银行(中国)有限公司广州分行(中国香港)	Standard Chartered Bank (China) Limited Guangzhou Branch (Hong Kong, China)	2007.03
恒生银行(中国)有限公司广州分行(中国香港)	Hang Seng Bank (China) Limited Guangzhou Branch (Hong Kong, China)	2007.05
星展银行(中国)有限公司广州分行(新加坡)	DBS Bank (China) Limited Guangzhou Branch (Singapore)	2007.05
南洋商业银行(中国)有限公司广州分行(中国香港)	Nanyang Commercial Bank (China) ,Limited Guangzhou Branch (Hong Kong, China)	2007.12
大华银行(中国)有限公司广州分行(新加坡)	United Overseas Bank (China) Limited Guangzhou Branch (Singapore)	2007.12
德意志银行(中国)有限公司广州分行(德国)	Deutsche Bank (China) Co.,Ltd.Guangzhou Branch (Germany)	2007.12
三菱日联银行(中国)有限公司广州分行(日本)	MUFG Bank(China), Ltd. Guangzhou Branch (Japan)	2008.02
法国巴黎银行(中国)有限公司广州分行(法国)	BNP Paribas (China) Limited Guangzhou Branch (France)	2008.04
法国兴业银行(中国)有限公司广州分行(法国)	Societe Generale (China) Limited Guangzhou Branch (France)	2008.08
瑞穗银行(中国)有限公司广州分行(日本)	Mizuho Bank (China), Ltd. Guangzhou Branch (Japan)	2008.08
华商银行广州分行(中国香港)	Chinese Mercantile Bank Guangzhou Branch (Hong Kong, China)	2008.11
三井住友银行(中国)有限公司广州分行(日本)	Sumitomo Mitsui Banking Corporation (China) Limited Guangzhou Branch (Japan)	2009.04
摩根大通银行(中国)有限公司广州分行(美国)	JPMorgan Chase Bank (China) Company Limited Guangzhou Branch (USA)	2009.03
东方汇理银行(中国)有限公司广州分行(法国)	Credit Agricole Corporate and Investment Bank (China) Limited Guangzhou Branch (France)	2009.06

注：部分机构转制，批准日期修订为转制日期。

Note: Some institutions were converted, and the approval date was revised to the conversion date.

6–18 续表 continued

机构(代表处)名称及所属国家(地区)	Name of Institutions (Representative Offices)	批准日期 Date of Approval
蒙特利尔银行(中国)有限公司广州分行(加拿大)	Bank of Montreal (China) Co. Ltd. Guangzhou Branch (Canada)	2010.07
澳大利亚和新西兰银行(中国)有限公司广州分行(澳大利亚)	Australia and New Zealand Bank (China) Company Limited Guangzhou Branch (Australia)	2010.09
大新银行(中国)有限公司广州分行(中国香港)	Dah Sing Bank (China) Limited Guangzhou Branch (Hong Kong, China)	2011.04
韩亚银行(中国)有限公司广州分行(韩国)	KEB Hana Bank (China) Company Limited Guangzhou Branch (Republic of Korea)	2012.07
国民银行(中国)有限公司广州分行(韩国)	Kookmin Bank(China) Limited Guangzhou Branch (Republic of Korea)	2012.09
中国信托商业银行股份有限公司广州分行(中国台湾)	CTBC Bank Co. Ltd., Guangzhou Branch (Taiwan, China)	2015.07
台湾银行股份有限公司广州分行(中国台湾)	Bank of Taiwan Co., Ltd. Guangzhou Branch (Taiwan, China)	2015.08
招商永隆银行有限公司广州分行(中国香港)	CMB Wing Lung Bank Limited Guangzhou Branch (Hong Kong, China)	2015.09
创兴银行有限公司广州分行(中国香港)	Chong Hing Bank Limited Guangzhou Branch (Hong Kong, China)	2016.05
华侨银行有限公司广州分行(中国香港)	Ocbc Bank Limited Guangzhou Branch (Hong Kong, China)	2023.09
澳门国际银行股份有限公司广州分行(中国澳门)	Luso International Banking Limited Guangzhou Branch (Macao, China)	2017.03
永丰银行(中国)有限公司广州分行(中国台湾)	Bank SinoPac(China)Ltd.,Guangzhou Branch(Taiwan, China)	2017.07
玉山银行(中国)有限公司广州分行(中国台湾)	E.SUN Bank (China) Company，Ltd. Guangzhou Branch (Taiwan, China)	2018.09
富邦华一银行有限公司广州分行(中国台湾)	Fubon Bank (China) Co. , Ltd. Guangzhou Branch(Taiwan, China)	2019.04
大丰银行股份有限公司广州分行(中国澳门)	Tai Fung Bank Limited Guangzhou Branch(Macao, China)	2021.11
美国华美银行股份有限公司广州代表处(美国)	East West Bank Guangzhou Representative Office (USA)	1996.01
葡萄牙商业银行股份有限公司广州代表处(葡萄牙)	Banco Comercial Portugues, S.A. Guangzhou Representative Office (Portugal)	1997.03
瑞士信贷银行股份有限公司广州代表处(瑞士)	Credit Suisse Guangzhou Representative Office (Swiss)	2005.01
埃及银行广州代表处(埃及)	Banque Misr Guangzhou Representative Office(Egypt)	2016.07
孟加拉东方银行广州代表处(孟加拉)	Eastern Bank Limited Guangzhou Representative Office(Bangladesh)	2018.09
澳门华人银行股份有限公司广州代表处(中国澳门)	The Macau Chinese Bank Limited Guangzhou Representative Office (Macao, China)	2019.06

6-19　外资保险公司及代表处一览表

List of Foreign Insurance Companies and Representative Offices

机构(代表处)名称及所属国家(地区)	Name of Institutions (Representative Offices)	批准日期 Date of Approval
美亚财产保险有限公司广东分公司(美国)	AIG Insurance Company China Limited Guangdong Branch (USA)	1995.09
友邦保险有限公司广东分公司(中国香港)	AIA Company Limited Guangdong Provincial Branch(Hong Kong, China)	1995.10
澳大利亚昆士兰保险集团股份有限公司广州代表处(澳大利亚)	Queensland Insurance Group Limited Guangzhou Representative Office (Australia)	1997.10
中意人寿保险有限公司广东省分公司(意大利)	Generali China Life Insurance Co., Ltd., Guangdong Branch (Italy)	2005.11
中宏人寿保险有限公司广东分公司(中国香港)	Zhongmacro Life Insurance Company Limited Guangdong Branch (Hong Kong, China)	2002.10
京东安联财产保险(中国)有限公司(德国)	Allianz Jingdong General Insurance Company (Germany)	2010.01
工银安盛人寿保险有限公司广东分公司(法国)	ICBC-AXA Assurance Co., Ltd., Guangdong Branch (France)	2003.08
日本爱和谊日生同和保险公司广州代表处(日本)	Aioi Nissay Dowa Insurance Co.,Ltd. Guangzhou Representative Office (Japan)	2004.06
安联人寿保险有限公司广东分公司(德国)	Allianz Life Insurance Co., Ltd. Guangdong Branch (Germany)	2004.12
中英人寿保险有限公司广东分公司(英国)	Aviva-Cofco Life Insurance Co., Ltd., Guangdong Branch (UK)	2005.08
中美联泰大都会人寿保险有限公司广东分公司(美国)	Sino-US United MetLife Insurance Co., Ltd., Guangdong Branch (USA)	2006.02
安盛天平财产保险股份有限公司广东分公司(法国)	Tian Ping Auto Insurance Co., Ltd., Guangdong Branch (France)	2006.08
平安健康保险股份有限公司广东分公司(南非)	Ping An Health Insurance Company Of China,Ltd. Guangdong Branch (South Africa)	2007.09
瑞泰人寿保险有限公司广东分公司(南非)	Oldmutual-guodian life insurance company limited guangdong branch (South Africa)	2008.01
同方全球人寿保险有限公司广东分公司(荷兰)	AEGON THTF Life Insurance Co.,Ltd. Guangdong Branch(Holland)	2008.02
中信保诚人寿保险有限公司广东省分公司(英国)	CITIC-Prudential Life Insurance Company Limited GuangDong Branch(UK)	2008.05
三井住友海上火灾保险(中国)有限公司广东分公司(日本)	Mitsui Sumitomo Insurance (China) Company, Ltd, Guangdong Branch (Japan)	2008.08
陆家嘴国泰人寿保险有限责任公司广东分公司(中国台湾)	Cathay Lujiazui Life Insurance Co., Ltd, Guangdong Branch (Taiwan, China)	2008.09
日本财产保险(中国)有限公司广东分公司(日本)	Sompo Japan Insurance (China) Company, Ltd, Guangdong Branch (Japan)	2009.02
恒安标准人寿保险有限公司广东分公司(英国)	Heng An Standard Life Insurance Co., Ltd., Guangdong Branch (UK)	2009.05

注：批准日期以保险许可证上的日期为准。

Note: The date of approval is subject to the date on the insurance permit.

6-19 续表 continued

机构(代表处)名称及所属国家(地区)	Name of Institutions (Representative Offices)	批准日期 Date of Approval
东京海上日动火灾保险(中国)有限公司广东分公司(日本)	The Tokio Marine & Nichido Fire Insurance Company (China) Limited Guangdong Branch(Japan)	2010.06
国泰财产保险有限责任公司广东分公司(中国台湾)	Cathay Insurance Co., Ltd., Guangdong Branch (Taiwan,China)	2010.10
招商信诺人寿保险有限公司广东分公司(美国)	CIGNA & CMC Life Insurance Co., Ltd., Guangdong Branch (USA)	2010.12
华泰人寿保险股份有限公司广东分公司(美国)	Huatai Life Insurance Co.,Ltd..Guangdong Branch (USA)	2011.05
华泰财产保险有限公司广东省分公司(美国)	Huatai Property insurance Co., Ltd. Guangdong Branch (USA)	2011.04
利宝保险有限公司广东分公司(美国)	Liberty Insurance Company Limited Guangdong Branch (USA)	2011.11
中意财产保险有限公司广东分公司(意大利)	Generali China Insurance Co., Ltd., Guangdong Branch (Italy)	2012.07
中银三星人寿保险有限公司广东分公司(韩国)	BOC SAMSUNG Life Insurance Company Limited Guangdong Branch (Korea)	2013.06
交银人寿保险有限公司广东省分公司(日本)	Bank of Communications Life Insurance Co., Ltd. Guangdong Branch (Japan)	2014.05
凯本财产保险(中国)有限公司(韩国)	KBFG insurance company Ltd,Guangdong Branch (Korea)	2014.05
京东安联财产保险有限公司广东分公司(德国)	Allianz China General Insurance Company Ltd. Guangdong Branch (Germany)	2015.10
汇丰人寿保险有限公司广东分公司(中国香港)	HSBC Life Insurance Company Limited Guangdong Branch (Hong Kong,China)	2015.10
史带财产保险股份有限公司广东分公司(美国)	Starr Property & Casualty Insurance (China) Company Limited, Guangdong Branch(USA)	2016.01
安达保险有限公司广东分公司(美国)	Chubb Insurance Company Limited Guangdong Branch(USA)	2016.07
北大方正人寿保险有限公司广东分公司(日本)	Founder Life Insurance Co., Ltd. Guangdong Branch(Japan)	2016.12
苏黎世财产保险(中国)有限公司广东分公司(瑞士)	Zurich General Insurance Company(China)Ltd Guangdong Branch (Switzerland)	2016.12
现代财产保险(中国)有限公司广东分公司(韩国)	Hyundai Insurance(China)Co.,Ltd.Guangdong Branch(Korea)	2021.01
鼎诚人寿保险有限责任公司广东分公司(中国台湾)	Dingcheng Life Insurance Co., Ltd. Guangdong Branch (Taiwan, China)	2022.07

主要统计指标解释

【一般公共预算收入】指国家财政参与社会产品分配所取得的收入，是实现国家职能的财力保证。主要包括：（1）各项税收：包括国内增值税、国内消费税、进口货物增值税、进口消费品消费税、出口货物退增值税、出口消费品退消费税、企业所得税、个人所得税、资源税、城市维护建设税、房产税、印花税、城镇土地使用税、土地增值税、车船税、船舶吨税、车辆购置税、关税、耕地占用税、契税、烟叶税、环境保护税等。（2）非税收入：包括专项收入、行政事业性收费收入、罚没收入、国有资本经营收入、国有资源（资产）有偿使用收入和其他收入等。

【一般公共预算支出】指国家财政将筹集起来的资金进行分配使用，以满足经济建设和各项事业的需要。主要包括：一般公共服务、外交、国防、公共安全、教育、科学技术、文化旅游体育与传媒、社会保障和就业、卫生健康、节能环保、城乡社区、农林水、交通运输、资源勘探工业信息等、商业服务业等、金融、援助其他地区、自然资源海洋气象等、住房保障、粮油物资储备、灾害防治及应急管理、债务付息、债务发行费用等方面的支出。

【各项存款】金融机构资金来源的主要项目，包括住户存款、非金融企业存款、机关团体存款、财政性存款、非银行业金融机构存款和境外存款。

【各项贷款】金融机构资金运用的主要项目，包括住户贷款、企（事）业单位贷款、非银行业金融机构贷款和境外贷款。

【保险公司】在中国境内的、经过保险监督管理部门批准设立，并依法登记注册的各类商业保险公司。

【保险金额】指保险人承担赔偿或者给付保险金责任的最高限额。

【保费】指投保人为取得保险人在约定范围内所承担赔偿责任而支付给保险人的费用。

【赔款】指保险人根据保险合同的规定，向被保险人支付的赔偿保险责任损失的金额。

【给付】包括死伤医疗给付和期满给付。死伤医疗给付是指保险人根据人寿保险及长期健康保险合同的规定，因被保险人在保险期内发生保险责任范围内的保险事故支付给被保险人（或受益人）的金额。期满给付是指被保险人生存期满，保险人按人寿保险合同规定支付给被保险人的期满保险金额。

Explanatory Notes on Main Statistical Indicators

【General Public Budget Revenue】 refers to the revenue obtained by the state's financial participation in the distribution of social products, which is the financial guarantee for the realization of national functions. It mainly includes: (1) Taxes: Including domestic value added tax, excise, imports value-added tax and consumption tax of consumer goods import and export of goods export VAT and consumer goods to return a consumption tax, enterprise income tax, individual income tax, resource tax, urban maintenance and construction tax, property tax, stamp tax, urban land use tax, land value-added tax, car, shipping tonnage dues, vehicle purchase tax, tariff, cultivated land usage tax, Deed tax, tobacco leaf tax, environmental protection tax, etc. (2) Non-tax income: including special income, administrative institutional fee income, confiscation income, state-owned capital operation income, paid use of state-owned resources (assets) income and other income.

【General Public Budget Expenditure】refers to the allocation and use of funds raised by the state finance to meet the needs of economic construction and various undertakings. It mainly includes: General public services, diplomacy, national defense, public security, education, science and technology, sports and cultural tourism media, social security and employment, health, energy conservation, environmental protection, urban and rural community, the following industrial, transportation, resources exploration information, such as business services, finance, assistance to other areas, such as natural resources, housing, such as Marine meteorological materials reserves of grain and oil, disaster prevention Treatment and emergency management, debt payment, debt issuance expenses and other expenses.

【Deposit】 The main sources of funds of financial institutions include household deposits, non-financial enterprise deposits, institutional deposits, fiscal deposits, deposits of non-banking financial institutions and overseas deposits.

【Loan】 The main projects used by financial institutions include household loans, Loans to enterprises (services), loans to non-banking financial institutions and overseas loans.

【Insurance Companies】 refer to commercial insurance companies of various forms registered by law and established in China with the approval of insurance regulatory agencies.

【Amount Insured】 refers to the maximum that the insurant will get for the claim of the case insured.

【Premium】 is the fee paid by the insurant to the insurer to obtain the obligation of compensation from the insurance within the agreed terms.

【Settled Claim】 is the compensation paid by the insurer to the insurant in accordance with the insurance contract.

【Payment】 includes payment for death, injury or medical treatment and payment at maturity. Payment for death, injury or medical treatment refers to the money paid to the insurant (or the beneficiary) in accordance with the life or health insurance contract when the insurant encounters accidents within the insured period covered in the contract. Payment at maturity refers to the payment to the insurant in accordance with the life insurance contract at the end of the insured period.

第七篇 CHAPTER 7

价格指数

PRICE INDICES

第七篇　价格指数

简要说明

一、本篇资料反映生产、消费等环节的价格变动情况。

二、本篇资料由国家统计局广州调查队提供。

三、居民消费价格指数采用抽样调查方法编制，按照大中小兼顾以及地区分布合理的原则，抽选价格调查点，根据当地商品销售量大小及居民消费结构等情况选定代表规格品，定时定点采集价格编制而成。

四、工业生产者出厂价格指数和工业生产者购进价格指数均采用重点调查与典型调查相结合的调查方法，采用主观选择和随机抽样的方法选择调查企业。

五、新建商品住宅销售价格统计的采集渠道为部门统计，数据取自市住房和城乡建设局的房地产交易管理平台网签成交情况；二手住宅销售价格调查为非全面调查，采用重点调查与典型调查相结合的方法，数据来源于房地产经纪机构。

Chapter 7 Price Indices

Brief　Introduction

I. The data on the price indices in this chapter show the changing trend and the changing rates in production and consumption.

II. The data in this chapter are prepared and provided by Guangzhou Survey Team of National Bureau of Statistics.

Ⅲ. The data for the calculation of the consumer price index is collected with the stratified sampling method. Areas distributed in different economic regions in the districts and counties of Guangzhou are selected as the sample areas and the commodities with more consumption and the representative commodities and service item are selected as the samples. Regular surveys are conducted to collect the data on the market prices. The data on the population are estimated on the basis of the sample.

IV. The data for the calculation of the industrial producer price indices and industrial producers purchasing price indices are collected by key unit's survey and typical unit's survey under subjective choice and random sample.

V. The data for sales prices of newly built residential buildings are department statistics, which are collected from the internet signed transaction situation on the Real Estate Transaction Management Platform of the Guangzhou Municipal Housing and Urban-Rural Development Bureau.The data for sales prices of second-hand residential buildings are collected from non-all round investigation by key unit's survey and typical unit's survey through real estate brokerage agencies.

7-1 主要年份城市居民消费价格指数

Urban Residents Consumer Price Indices in Main Years

年 份 Year	以上年价格为100 (preceding year=100)	以1978年价格为100 (1978=100)	以1952年价格为100 (1952=100)
1978	100.3		134.1
1979	104.0	104.0	172.7
1980	107.2	112.9	240.5
1985	121.5	168.1	370.8
1986	103.9	177.4	398.1
1987	113.7	212.2	465.6
1988	127.7	274.0	599.8
1989	121.6	339.6	729.3
1990	97.3	322.2	709.6
1991	103.0	329.2	711.9
1992	111.7	374.6	795.2
1993	125.0	472.4	1020.5
1994	120.0	575.4	1224.6
1995	113.5	653.1	1389.9
1996	108.2	706.7	1503.9
1997	102.2	722.2	1537.0
1998	97.7	705.6	1501.6
1999	98.5	695.0	1479.1
2000	102.8	714.5	1520.5
2001	98.9	706.6	1503.8
2002	97.6	689.6	1467.7
2003	100.1	690.3	1469.2
2004	101.7	702.0	1494.2
2005	101.5	712.5	1516.6
2006	102.3	728.9	1551.5
2007	103.4	753.7	1604.2
2008	105.9	798.2	1698.8
2009	97.5	778.2	1656.3
2010	103.2	803.1	1709.3
2011	105.5	847.3	1803.3
2012	103.0	872.7	1857.4
2013	102.6	895.4	1905.7
2014	102.3	916.0	1949.5
2015	101.7	931.6	1982.6
2016	102.7	956.8	2036.1
2017	102.3	978.8	2082.9
2018	102.4	1002.3	2132.9
2019	103.0	1032.4	2196.9
2020	102.6	1059.2	2254.0
2021	101.1	1070.9	2278.8
2022	102.4	1096.6	2333.5
2023	101.0	1107.6	2356.8

7-2 城市居民消费价格分类指数（上年=100）（2022-2023年）

Urban Residents Consumer Price Indices by Category (Preceding Year=100) (2022-2023)

项　　目	Item	2022	2023
居民消费价格总指数	**Consumer Price Index**	**102.4**	**101.0**
消费品价格指数	Consumer Goods Price Index	103.3	100.8
服务价格指数	Service Price Index	101.2	101.2
一、食品烟酒	I. Food，Tobacoo and Liquor	103.3	102.0
#食　品	Food	103.2	100.9
#粮　食	Grain	105.4	98.1
食用油	Cooking Oil	106.4	102.6
#鲜　菜	Fresh Vegetables	103.1	97.8
畜肉类	Meat Products	91.7	95.5
禽肉类	Poultry Products	100.9	102.3
水产品	Aquatic Products	105.1	101.6
蛋　类	Eggs	101.7	102.1
烟　酒	Tobacoo and Liquors	102.7	101.5
二、衣　着	II. Clothing	101.6	102.2
三、居　住	III.Residence	100.8	99.6
四、生活用品及服务	IV. Household Articles and Services	100.5	99.6
#家用器具	Household Appliances	100.7	99.2
五、交通和通信	V. Transportation and Communication	105.7	98.5
六、教育文化和娱乐	VI.Education, Culture and Recreation	102.8	104.2
七、医疗保健	VII. Health Care	100.4	100.5
#医疗服务	Health Care Services	100.0	99.7
八、其他用品和服务	VIII.Other Articles and Services	100.7	103.4

7-3 主要食品平均价格（2022-2023年）

Average Price of Major Food (2022-2023)

单位:元/千克 (yuan/kg)

商品名称	Item	规格描述	Standard and Rate	2022	2023
粳 米	Rice	散装一级	Northeast Rice	5.82	6.04
籼 米	High Quality Rice	散装一级	Glutinous Rice	8.10	8.12
黄 豆	Soybean	一级	First Rate	9.41	9.78
绿 豆	Mung Bean	一级	First Rate	14.71	14.08
花生油	Peanut Oil	瓶装纯净	Pure First Rate	30.17	29.05
大白菜	Cabbage	一级绍菜	First Rate nappa cabbage	6.25	5.88
西兰花	Broccoli	一级	First Rate	12.35	12.08
青 瓜	Green Cucumber	一级	First Rate	9.04	8.75
冬 瓜	Wax gourd	一级青皮冬瓜	First Rate	5.24	4.52
西红柿	Tomato	一级番茄	First Rate	11.12	10.32
萝 卜	Radish	一级白萝卜	First Rate	4.96	4.39
空心菜	Water spinach	一级	First Rate	9.74	9.38
菜 心	Chinese flowering cabbage	一级	First Rate	11.55	11.56
豇 豆	Cowpea	一级白豆角	First Rate asparagus bean	14.39	14.55
生 菜	Lettuce	一级	First Rate	8.86	8.39
节 瓜	Zucchini	一级	First Rate	9.54	9.75
西洋菜	Watercress	一级	First Rate	11.15	10.82
猪 肉	Pork	后腿肉	Fresh High Quality Pork	40.72	34.54
牛 肉	Beef	牛腿肉	Net Beef	124.02	116.25
鸡	Chicken	白条鸡(杂交开刀)	Pulled Chicken	45.67	43.54
鸡 蛋	Eggs	新鲜红壳	Fresh Brown Eggs	13.27	13.20
带 鱼	Hairtail	冰鲜中等原条	Middling Iced Whole Hairtail	64.45	59.35
大头鱼	Variegated Carp	一级	First Rate	19.05	25.61
活鲫鱼	Crucian	一级	First Rate	35.32	33.03
活草鱼	Grass Carp	一级	First Rate	25.39	24.24
苹 果	Apple	红富士一级	First Rate of Red Fuji	15.36	15.82
雪 梨	Pear	一级	First Rate	11.70	12.89
香 蕉	Banana	黄熟一级	Ripe First Rate	6.90	6.64
葡 萄	Grape	加州红提	American Red Grape	30.12	34.27
西 瓜	Watermelon	黑美人一级	Ordinary First Rate	5.06	5.66

7-4 主要年份工业生产者价格指数（上年=100）
Price Indices for Industrial Products in Main Years (Preceding Year=100)

年份 Year	工业生产者出厂价格指数 Producer Price Index for Industrial Products	工业生产者购进价格指数 Purchasing Price Index for Industrial Products
1994	126.0	121.1
1995	112.3	118.7
1996	101.4	104.5
1997	100.2	96.9
1998	95.2	91.1
1999	98.3	99.7
2000	103.2	113.6
2001	98.6	99.5
2002	96.8	96.5
2003	99.6	105.7
2004	102.1	111.7
2005	101.7	107.9
2006	101.2	104.9
2007	101.4	104.7
2008	103.7	109.4
2009	96.5	91.8
2010	102.4	110.9
2011	103.1	109.1
2012	99.7	98.4
2013	98.0	98.2
2014	98.2	98.0
2015	96.8	93.7
2016	98.8	98.5
2017	102.3	108.8
2018	101.0	104.6
2019	99.0	98.6
2020	99.4	95.2
2021	104.1	111.3
2022	102.6	111.2
2023	97.6	95.7

7-5 工业生产者出厂价格指数（上年＝100）（2022-2023年）

Producer Price Indices for Industrial Products (Preceding Year=100) (2022-2023)

项　　目	Item	2022	2023
工业生产者出厂价格指数	**Producer Price Index for Industrial Products**	**102.6**	**97.6**
轻工业	Light Industry	100.3	99.8
以农产品为原材料	Using Farm Produce as Raw Materials	102.3	99.5
以非农产品为原材料	Using Nonfarm Produce as Raw Materials	98.7	100.0
重工业	Heavy Industry	103.4	96.9
采掘工业	Mining and Quarrying Industry		
原料工业	Raw Materials Industry	115.7	96.2
加工工业	Manufacturing Industry	100.1	97.1
生产资料	Means of Production	103.6	96.6
采掘工业	Mining and Quarrying Industry		
原料工业	Raw Materials Industry	115.9	96.3
加工工业	Processing Industry	99.3	96.7
生活资料	Consumer Goods	101.0	99.1
食品类	Food	102.4	99.8
衣着类	Clothing	101.0	100.2
一般日用品类	Articles for Daily Use	100.9	101.2
耐用消费品类	Durable Consumer Goods	100.6	98.2

7-6 按工业行业分工业生产者出厂价格指数（2022-2023年）

Producer Price Indices for Industrial Products by Sector (2022-2023)

(上年=100) (preceding year=100)

行业	Sector	2022	2023
总指数	Producer Price Indices for Industrial Products	102.6	97.6
农副食品加工业	Processing of Food from Agricultural Products	109.6	100.2
食品制造业	Manufacture of Foods	103.7	100.2
酒、饮料及精制茶制造业	Manufacture of Liquor,Beverages and Refined Tea	99.7	99.7
烟草制品业	Manufacture of Tobacco	100.7	100.2
纺织业	Manufacture of Textile	101.5	101.2
纺织服装、服饰业	Manufacture of Textile,Wearing Apparel and Accessories	103.9	99.8
皮革、毛皮、羽毛及其制品和制鞋业	Manufacture of Leather,Fur,Feather and Related Products and Footware	95.1	101.0
木材加工和木、竹、藤、棕、草制品业	Processing of Timber,Manufacture of Wood,Bamboo,Rattan,Palm and Straw Products	102.1	100.6
家具制造业	Manufacture of Furniture	100.2	99.7
造纸和纸制品业	Manufacture of Paper and Paper Products	105.9	93.0
印刷和记录媒介复制业	Printing and Reproduction of Recording Media	99.4	104.1
文教、工美、体育和娱乐用品制造业	Manufacture of Articles for Culture,Education,Arts and Crafts,Sport and Entertainment Activities	101.6	101.2
石油、煤炭及其他燃料加工业	Processing of Petroleum,Coking and Processing of Nuclear Fuel	129.8	94.7
化学原料和化学制品制造业	Manufacture of Raw Chemical Materials and Chemical Products	103.9	96.9
医药制造业	Manufacture of Medicines	97.5	97.9
化学纤维制造业	Manufacture of Chemical Fibres	104.6	94.7
橡胶和塑料制品业	Manufacture of Rubber and Plastics Products	100.5	97.2
非金属矿物制品业	Manufacture of Non-metallic Mineral Products	96.5	92.4
黑色金属冶炼和压延加工业	Smelting and Pressing of Ferrous Metals	93.8	88.8
有色金属冶炼和压延加工业	Smelting and Pressing of Non-ferrous Metals	100.9	98.4
金属制品业	Manufacture of Metal Products	100.3	96.4
通用设备制造业	Manufacture of General Purpose Machinery	99.2	99.4
专用设备制造业	Manufacture of Special Purpose Machinery	99.8	100.5
汽车制造业	Manufacture of Automobiles	99.8	97.2
铁路、船舶、航空航天和其他运输设备制造业	Manufacture of Railway,Ship,Aerospace and Other Transport Equipments	104.1	99.2
电气机械和器材制造业	Manufacture of Electrical Machinery and Apparatus	103.7	100.1
计算机、通信和其他电子设备制造业	Manufacture of Computers,Communication and Other Electronic Equipments	98.3	96.9
仪器仪表制造业	Manufacture of Measuring Instruments and Machinery	98.8	103.0
其他制造业	Other Manufacture	117.7	95.0
废弃资源综合利用业	Utilization of Waste Resources	101.5	89.3
金属制品、机械和设备修理业	Repair Service of Metal Products,Machinery and Equipment	101.7	101.3
电力、热力生产和供应业	Production and Supply of Electric Power and Heat Power	107.1	102.8
燃气生产和供应业	Production and Supply of Gas	133.8	81.9
水的生产和供应业	Production and Supply of Water	101.7	100.0

7-7 工业生产者购进价格指数（上年＝100）（2022-2023年）

Purchasing Price Index for Industrial Producers (Preceding Year=100) (2022-2023)

项　　目	Item	2022	2023
工业生产者购进价格指数	**Purchasing Price Index for Industrial Producers**	**111.2**	**95.7**
燃料、动力类	Fuels and Power	138.8	93.9
黑色金属材料类	Ferrous Metals	98.4	92.7
#钢　材	Steel	99.0	93.3
其　他	Others	87.7	81.2
有色金属材料和电线类	Nonferrous Metals and Wires	107.3	94.4
化工原料类	Raw Chemical Materials	103.1	94.8
木材及纸浆类	Timber and Paper Pulp	105.3	100.3
建筑材料及非金属类	Building Materials and Nonmetal Minerals	92.8	96.2
其他工业原料及半成品类	Raw Materials and Semi-finished Products of Other Industries	100.4	97.0
农副产品类	Agricultural Products	108.7	96.5
纺织原料类	Textile Raw Materials	106.0	100.3

7-8 各月住宅销售价格指数（2023年，上年同月=100）

Sales Price Indices of Residence Buildings (2023, Preceding Year=100)

项　　目	Item	1月	2月	3月	4月	5月	6月
新建住宅销售价格指数	**Newly Built Residential Buildings**						
新建商品住宅	Newly Built Commodity Residential Buildings	99.7	99.4	99.8	99.9	99.6	99.2
90平方米及以下	90 square meters and below	99.3	99.2	99.7	100.0	100.3	99.8
90−144平方米	90 - 144 square meters	99.7	99.3	99.7	99.9	99.6	99.3
144平方米以上	144 square meters and above	100.4	100.0	100.2	99.9	98.5	98.3
二手住宅销售价格指数	**Second-hand Residential Buildings**	**99.5**	**99.3**	**99.2**	**99.0**	**98.6**	**97.8**
90平方米及以下	90 square meters and below	99.1	99.2	99.1	99.3	99.2	98.9
90−144平方米	90 - 144 square meters	99.7	99.3	99.2	98.8	98.2	97.1
144平方米以上	144 square meters and above	100.0	99.6	99.4	99.0	98.4	97.0

7-8 续表 continued

项 目	Item	7月	8月	9月	10月	11月	12月
新建住宅销售价格指数	**Newly Built Residential Buildings**						
新建商品住宅	Newly Built Commodity Residential Buildings	98.7	98.6	98.3	98.0	97.6	97.0
90平方米及以下	90 square meters and below	99.1	98.9	98.9	98.0	97.4	97.0
90–144平方米	90 - 144 square meters	98.9	99.0	98.5	98.2	97.9	97.2
144平方米以上	144 square meters and above	97.4	96.9	97.0	96.9	96.5	96.3
二手住宅销售价格指数	**Second-hand Residential Buildings**	**96.8**	**96.3**	**96.2**	**96.1**	**95.7**	**94.8**
90平方米及以下	90 square meters and below	97.8	96.9	96.6	96.1	96.2	94.9
90–144平方米	90 - 144 square meters	96.0	96.1	96.0	96.3	95.0	94.6
144平方米以上	144 square meters and above	96.1	95.5	95.4	95.5	95.8	94.9

注：2018年后，国家统计局不再公布新建住宅销售价格指数。
Note: After 2018, the National Bureau of Statistics did not publish the sales price index of newly built residential buildings.

7-9 2023年全国36大中城市居民消费价格指数(上年=100)

地 区	Region	居民消费价格总指数 CPI	一、食品烟酒 I.Food Alcohol and Tobacco	粮 食 Grain	鲜 菜 Fresh Vegetables	畜 肉 Livestock Meat	水产品 Aquatic Products	蛋 Egg
北京市	Beijing	100.4	100.1	99.6	93.1	93.5	100.6	99.8
天津市	Tianjing	100.4	100.5	100.1	96.9	93.3	102.5	99.7
石家庄市	Shijiazhuang	100.7	100.5	102.7	94.4	92.0	96.1	99.3
太原市	Taiyuan	99.7	99.5	101.0	92.3	95.8	97.9	100.7
呼和浩特市	Hohhot	100.5	99.8	101.6	96.8	94.3	102.5	99.3
沈阳市	Shenyang	100.3	99.8	100.2	91.6	93.1	98.3	99.3
大连市	Dalian	100.4	101.1	101.3	95.2	95.3	102.7	99.9
长春市	Changchun	99.8	99.0	98.5	90.2	89.7	101.4	96.1
哈尔滨市	Harbin	100.7	100.0	101.0	92.9	93.4	102.8	99.0
上海市	Shanghai	100.3	98.8	98.5	94.0	91.6	96.2	93.7
南京市	Nanjing	100.6	101.1	100.7	103.0	94.8	101.3	102.7
杭州市	Hangzhou	100.2	100.0	102.4	98.2	94.8	98.6	103.7
宁波市	Ningbo	100.4	100.9	101.8	96.8	92.7	101.6	99.7
合肥市	Hefei	100.0	100.3	102.0	92.8	91.9	98.2	99.6
福州市	Fuzhou	100.2	101.2	101.6	99.6	95.0	102.4	101.0
厦门市	Xiamen	100.2	100.5	100.9	98.4	94.7	100.2	100.8
南昌市	Nanchang	100.6	100.1	102.4	97.6	90.6	95.7	103.3
济南市	Jinan	100.6	101.0	101.9	97.8	95.3	99.9	102.7
青岛市	Qingdao	100.5	100.5	102.1	98.3	94.7	102.8	99.5
郑州市	Zhengzhou	99.4	99.6	102.2	95.8	90.7	100.1	92.2
武汉市	Wuhan	100.4	100.0	100.4	95.6	91.3	96.9	105.4
长沙市	Changsha	100.4	99.8	100.7	97.8	92.5	95.6	101.6
广州市	Guangzhou	101.0	102.0	98.1	97.8	95.5	101.6	102.1
深圳市	Shenzhen	100.8	101.9	103.3	100.0	95.0	101.8	103.2
南宁市	Nanning	99.7	99.5	99.8	94.6	93.7	99.8	101.1
海口市	Haikou	100.3	102.1	100.9	102.8	95.5	107.1	107.7
重庆市	Chongqing	99.7	98.6	101.1	94.0	90.0	95.8	96.7
成都市	Chengdu	100.2	99.9	100.4	97.4	91.1	98.1	100.0
贵阳市	Guiyang	100.1	99.8	101.2	101.7	92.7	98.8	103.6
昆明市	Kunming	100.8	101.2	101.3	100.5	95.2	98.6	101.2
拉萨市	Lhasa	100.3	100.1	99.7	94.3	96.8	98.9	126.7
西安市	Xian	100.0	99.9	100.5	95.9	91.9	93.8	97.1
兰州市	Lanzhou	100.6	100.4	104.5	94.5	92.1	95.2	100.3
西宁市	Xining	100.3	99.1	101.8	92.4	89.8	94.7	98.8
银川市	Yinchuan	100.6	100.5	100.0	97.4	93.8	98.4	105.6
乌鲁木齐市	Urumchi	100.2	100.9	103.1	99.7	92.1	95.2	98.5
平均指数	Average	100.4	100.3	100.6	96.3	93.0	99.5	99.6

Consumer Price Indices of 36 Large and Medium-sized Cities in 2023
(Preceding Year =100)

鲜果 Fresh Fruits	二、衣着 II.Clothing	三、居住 III.Residence	四、生活用品及服务 IV.Daily Necessities and Services	五、交通和通信 V.Transportation and Communication	六、教育文化和娱乐 VI.Education, Culture and Entertainment	七、医疗保健 VII.Medical Care	八、其他用品和服务 VIII.Other Supplies and Services
104.0	100.6	100.3	100.3	98.3	102.8	100.2	104.2
104.3	101.0	100.5	100.0	97.2	103.1	100.4	103.6
104.1	103.0	100.9	100.8	97.8	101.4	101.1	103.7
101.5	100.1	99.6	100.8	98.4	99.3	101.1	102.1
102.6	102.7	100.2	101.5	97.3	102.1	102.4	104.8
104.7	100.8	101.2	100.9	98.6	100.8	100.2	102.6
107.7	100.7	100.2	100.7	98.4	100.4	100.0	103.9
103.5	101.0	100.0	100.7	97.6	101.3	100.4	104.1
106.5	104.1	99.8	100.4	98.6	102.4	102.4	102.7
97.5	102.0	100.2	100.4	99.1	103.6	100.2	104.8
101.6	101.9	100.1	100.6	97.5	102.1	101.6	105.0
102.1	102.0	99.5	100.4	97.7	103.1	101.5	103.0
104.7	101.4	99.8	100.0	97.6	102.6	100.8	103.9
104.9	101.8	99.9	99.8	96.8	101.5	100.2	103.0
105.8	101.7	100.0	100.3	96.5	100.8	100.4	103.6
107.0	99.0	100.5	99.6	96.7	102.7	100.9	102.9
108.3	102.7	100.7	100.0	97.8	102.7	100.7	105.1
100.0	101.4	100.0	100.3	98.2	102.3	100.8	103.9
103.6	100.7	100.6	100.0	97.9	103.0	100.3	104.4
106.1	99.8	98.7	100.1	97.3	100.7	100.3	103.3
103.2	101.1	100.6	100.5	98.0	102.4	100.6	103.4
104.2	101.1	101.1	100.2	98.3	102.3	100.3	103.0
105.2	102.2	99.6	99.6	98.5	104.2	100.5	103.4
107.8	103.9	100.1	100.1	97.3	102.9	100.3	102.0
100.3	103.1	99.3	99.3	96.1	102.0	101.0	103.1
104.3	99.5	98.3	101.3	98.3	101.7	98.7	102.1
101.4	101.0	100.2	99.8	98.8	101.3	100.2	102.4
102.0	99.2	100.2	100.6	98.3	102.7	100.5	104.0
104.1	105.3	100.3	100.1	97.7	99.8	100.0	102.8
105.5	100.9	100.2	101.0	98.5	103.7	100.7	103.0
101.1	99.5	100.6	100.3	99.5	101.1	101.9	103.8
106.2	100.4	100.8	99.4	96.9	100.8	100.7	104.4
107.5	100.6	99.3	100.2	100.3	102.7	102.0	104.0
103.7	100.2	100.2	100.1	99.7	103.0	102.0	103.1
107.6	101.0	100.5	100.2	99.1	101.8	100.8	105.3
112.3	104.2	99.0	98.6	97.6	101.1	100.4	105.2
103.6	101.4	100.2	100.2	98.0	102.5	100.6	103.6

7−10　2023年广东省21地市居民消费价格指数（上年=100）

地　区	Region	居民消费价格总指数 CPI	一、食品烟酒 I.Food Alcohol and Tobacco	粮　食 Grain	鲜　菜 Fresh Vegetables	畜　肉 Livestock Meat	水产品 Aquatic Products	蛋 Egg
广东省	Guangdong	100.4	101.4	100.3	99.6	94.7	101.4	103.0
广州市	Guangzhou	101.0	102.0	98.1	97.8	95.5	101.6	102.1
韶关市	Shaoguan	99.7	100.1	100.6	104.5	90.2	100.9	102.3
深圳市	Shenzhen	100.8	101.9	103.3	100.0	95.0	101.8	103.2
珠海市	Zhuhai	100.5	100.9	97.5	96.0	91.5	104.4	100.9
汕头市	Shantou	101.0	101.7	100.3	101.5	96.1	100.7	100.8
佛山市	Foshan	100.1	101.5	100.2	100.4	96.1	101.5	106.1
江门市	Jiangmen	100.2	100.1	100.0	101.8	92.0	100.0	96.8
湛江市	Zhanjiang	100.1	101.1	99.3	100.3	97.0	98.7	102.7
茂名市	Maoming	100.3	100.8	100.4	100.5	93.0	102.6	102.6
肇庆市	Zhaoqing	100.5	101.5	99.8	101.5	93.3	99.1	101.6
惠州市	Huizhou	100.2	100.9	100.9	102.2	91.5	102.5	104.7
梅州市	Meizhou	100.0	100.6	96.5	102.0	92.1	103.0	103.1
汕尾市	Shanwei	100.2	100.7	96.8	100.5	98.2	97.8	100.6
河源市	Heyuan ,	99.8	100.9	96.1	98.5	93.8	104.6	101.0
阳江市	Yangjiang	99.2	99.7	99.1	99.9	94.4	97.5	103.3
清远市	Qingyuan	99.9	100.6	97.2	94.8	94.5	102.4	104.1
东莞市	Dongguan	99.9	100.0	100.8	95.2	98.1	96.5	105.7
中山市	Zhongshan	100.4	101.3	100.8	99.5	94.2	103.2	101.6
潮州市	Chaozhou	100.1	100.5	99.9	100.8	95.2	103.5	100.8
揭阳市	Jieyang	99.8	100.7	100.9	100.8	94.7	102.1	100.0
云浮市	Yunfu	99.8	100.6	97.4	103.0	94.7	101.5	99.5

Consumer Price Indices of 21 Cities in Guangdong Province in 2023 (Preceding Year =100)

鲜 果 Fresh Fruits	二、衣着 II.Clothing	三、居住 III.Residence	四、生活用品及服务 IV.Daily Necessities and Services	五、交通和通信 V.Transportation and Communication	六、教育文化和娱乐 VI.Education, Culture and Entertainment	七、医疗保健 VII.Medical Care	八、其他用品和服务 VIII.Other Supplies and Services
105.7	101.8	99.5	99.9	97.7	102.7	100.4	102.3
105.2	102.2	99.6	99.6	98.5	104.2	100.5	103.4
102.1	101.2	99.0	99.7	97.6	101.2	100.6	101.8
107.8	103.9	100.1	100.1	97.3	102.9	100.3	102.0
102.8	99.5	101.0	99.5	96.6	104.0	100.7	102.2
106.8	102.7	99.5	99.0	98.8	102.1	101.6	103.1
108.9	101.1	99.7	99.7	98.1	99.5	99.9	102.5
101.0	99.8	99.5	102.2	98.2	103.0	102.0	101.0
103.2	98.1	99.2	99.7	97.6	101.5	100.8	101.8
101.4	99.6	99.3	100.7	97.0	104.7	100.0	101.2
116.2	105.6	97.4	100.2	98.0	104.8	100.4	103.1
108.9	98.8	99.9	99.3	97.6	103.3	100.2	102.8
100.1	102.4	98.6	99.3	97.7	101.7	101.0	102.1
105.0	99.8	99.2	98.9	97.7	101.6	101.8	102.1
106.4	97.6	98.0	98.1	98.1	100.1	103.0	101.9
104.1	96.4	99.1	99.0	97.8	100.5	100.2	100.4
107.9	99.4	100.0	99.7	97.5	100.8	100.2	101.8
100.0	99.3	99.8	101.0	97.7	101.4	101.1	101.7
106.7	100.2	99.7	101.0	97.1	103.1	100.8	102.0
105.7	99.4	99.6	99.1	97.8	102.6	99.8	100.9
100.2	98.0	97.9	100.0	98.5	101.7	100.3	100.4
107.7	96.2	99.3	98.7	97.6	101.9	100.1	102.3

主要统计指标解释

【居民消费价格指数】是反映一定时期内居民所消费商品及服务项目价格水平的变动趋势和程度的相对数。

【工业生产者购进价格指数】是反映作为中间投入的原材料、燃料、动力购进价格总水平的变动趋势和变动幅度的相对数。

【工业生产者出厂价格指数】是反映一定时期内全部工业产品第一次出售时的出厂价格总水平的变动趋势和变动幅度的相对数。

【住宅销售价格指数】是反映住宅销售价格总水平变动趋势和程度的相对数。包括新建商品住宅销售价格指数和二手住宅销售价格指数。

Explanatory Notes on Main Statistical Indicators

【Consumer Price Index】 is a relative number that reflects the trend and degree of changes in the price level of goods and services consumed by residents in a certain period.

【Purchasing Price Index for Industrial Producers】 is a relative number reflecting the trend and range of the general level of purchasing prices of raw materials, fuels and power as intermediate inputs.

【Producer Price Index for Industrial Producers】 is a relative number that reflects the trend and range of change of the general level of producer price of all industrial products when they are sold for the first time in a certain period.

【Sales Price Index of Residence Buildings】 is a relative number reflecting the trend and degree of the general level of housing sales prices, including new commercial housing sales price index and second-hand housing sales price index.

第八篇 CHAPTER 8

人民生活
PEOPLE'S LIVELIHOOD

第八篇 人民生活

简要说明

一、本篇资料反映广州城乡居民生活状况，包括家庭基本情况、居民收支、消费水平、住房及主要消费品消费量和拥有量等基本情况，数据来源于《住户收支与生活状况调查》（以下简称住户调查）。国家统计局采用分层、多阶段、与人口规模大小成比例（PPS）和随机等距抽样相结合的方法，在全国范围内随机抽选一定数量的居民家庭作为调查户。

二、本篇资料由国家统计局广州调查队提供。

三、根据国家统计局广东调查总队要求，2014年起，住户调查收支数据绝对值以新口径公布使用。新口径是指不论户口性质和户口登记地、不论以家庭形式居住还是集体形式居住、不论居住在城市、农村还是城乡结合部，只要是常住地为广州的住户均纳入调查范围；旧口径是指以城市区域有固定居所的常住户籍居民家庭为调查范围。

四、由于新旧调查方案在调查范围和对象、城乡划分标准、样本抽选方法、计算和汇总方式、指标名称和口径等方面变化较大，新旧口径指标数据不可以直接对比使用。其中，新口径“消费支出”比旧口径“消费性支出”增加了自有住房虚拟租金折算。

Chapter 8 People's Livelihood

Brief Introduction

I. The data in this chapter show the basic conditions of the people's livelihood in the urban and rural areas of Guangzhou Municipality, including basic conditions of families, income and expenditure of the residents, level of consumption, housing condition, consumption possession of the major Consumer goods, etc. The data comes from the Household Income and Expenditure and Living Conditions Survey (hereinafter referred to as the Household Survey). The National Bureau of Statistics adopted the method of stratification, multi-stage, proportional to population size (PPS) and random equidistant sampling to randomly select a certain number of residential households nationwide as the survey households.

II. The data in this chapter are prepared and provided by Guangzhou Survey Team of National Bureau of Statistics.

III. According to the requirements of the Guangdong Survey Team of the National Bureau of Statistics, since 2014, the absolute value of household survey revenue and expenditure data has been published and used in a new caliber. No matter what kind of the household register is or register place is, whether living as a family or collective form in urban, rural or rural-urban continuum, as long as it is for local residents in Guangzhou, is classified into the new statistical standard. The old statistical standard covers the families which have permanent household register and resident in urban areas.

IV. Due to the great changes in the survey scope and object, urban-rural division standard, sample selection method, calculation and summary method, index name and caliber, the old and new caliber index data cannot be directly compared and used. Among them, the new caliber of "consumption expenditure" than the old caliber of "consumption expenditure" increased the virtual rental of owner-occupied housing translation.

8-1 城镇居民人均可支配收入和消费支出情况（2022–2023年）

Per Capita Annual Disposable Income and Expenditure for Consumption of Urban Residents (2022-2023)

单位：元 (yuan)

项　目	Item	2022	2023
可支配收入	**Disposable Income**	**76849.41**	**80500.86**
工资性收入	Income from Wages and Salaries	50474.69	52784.41
经营净收入	Net Business Income	4457.27	4591.77
财产净收入	Net Income from Property	15093.22	16237.02
转移净收入	Net Income from Transfers	6824.23	6887.66
可支配收入构成 (%)	**Composition of Disposable Income** (%)	**100.0**	**100.0**
工资性收入	Income of Wages and Salaries	65.7	65.6
经营净收入	Net Business Income	5.8	5.7
财产净收入	Net Income from Properties	19.6	20.2
转移净收入	Net Income from Transfers	8.9	8.6
消费支出	**Total Living Expenditures for Consumption**	**46825.24**	**49480.27**
食品烟酒	Food,Tobacco and Liquor	14998.12	15427.96
衣着	Clothing	1873.01	1826.81
居住	Residence	11837.42	12795.60
生活用品及服务	Articles for Daily Use and Services	2720.55	2721.96
交通通信	Transportation and Communication	6049.82	6382.95
教育文化娱乐	Education, Cultural and Recreation	5562.84	6056.38
医疗保健	Health Care and Medical Services	2266.34	2582.87
其他用品和服务	Miscellaneous Articles for Use and Services	1517.14	1685.74
消费支出构成 (%)	**Composition of Consumption Expenditure** (%)	**100.0**	**100.0**
食品烟酒	Food,Tobacco and Liquor	32.0	31.2
衣着	Clothing	4.0	3.7
居住	Living	25.3	25.9
生活用品及服务	Daily Necessities and Services	5.8	5.5
交通通信	Transportation and Telecommunication	12.9	12.9
教育文化娱乐	Education,Culture and Entertainment	11.9	12.2
医疗保健	Health Service	4.9	5.2
其他用品和服务	Other Necessities and Services	3.2	3.4

8-2 城镇居民家庭平均每百户年末耐用消费品拥有量（2022-2023年）
Ownership of Major Durable Consumer Goods per 100 Urban Households at Year-end (2022-2023)

项　　目		Item		2022	2023
家用汽车	(辆)	Automobile	(unit)	58	58
摩托车	(辆)	Motorcycle	(unit)	12	11
助力车	(辆)	Moped	(unit)	49	52
洗衣机	(台)	Washing Machine	(set)	103	101
电冰箱(柜)	(台)	Refrigerator	(set)	106	102
微波炉	(台)	Microwave Oven	(set)	56	53
彩色电视机	(台)	Color TV Set	(set)	116	105
空调	(台)	Air Conditioner	(set)	273	261
热水器	(台)	Water Heater	(unit)	112	105
洗碗机	(台)	Dish-washing Machine	(unit)	10	7
排油烟机	(台)	Vacuum Cleaner	(unit)	94	90
固定电话	(部)	Telephone	(set)	19	15
移动电话	(台)	Mobile Telephone	(set)	279	261
计算机	(台)	Computer	(set)	120	114
照相机	(架)	Camera	(set)	33	29
乐器	(台)	Musical Instruments	(set)	14	15
健身器材	(台)	Health Equipment	(set)	18	15

8-3 城镇居民家庭基本情况（2022-2023年）
Basic Conditions of Urban Households (2022-2023)

单位：人　　(person)

项　　目	Item	2022	2023
一、调查户数(户)	Number of Households Surveyed (household)	1200	1200
二、家庭人口数	Number of Family Members	3851	3400
平均每户人口数	Average Household Size	3.21	2.83
1.就业者人数	Number of Employed Persons	2132	1745
平均每户就业人数	Average Number of Employed Persons per Household	1.78	1.45
平均每一就业者负担人数	Number of Dependents per Employee	1.81	1.95
2.离退休人数	Number of Retired Veterans and Persons	689	541

注：受2022年大样本轮换影响，2023年调查样本情况对比上年有较大变动。
Note: Due to the influence of large sample rotation in 2022, the survey sample situation in 2023 has a great change compared with the previous year.

8-4 主要年份城镇居民人均可支配收入、恩格尔系数

Per Capita Annual Disposable Income, Engel's Coefficient in Main Years

年 份 Year	人均可支配收入 Disposable Income		恩格尔系数 (%) Engel's Coefficient of Urban Households (%)
	绝对数（元） Value (yuan)	指　数（上年=100） Index (preceding year=100)	
1980	606.12		70.4
1985	1099.77	125.2	62.5
1986	1299.64	118.2	61.3
1987	1500.99	115.5	60.7
1988	1857.30	123.7	61.8
1989	2492.63	134.2	60.4
1990	2748.95	110.3	60.6
1991	3124.07	113.6	58.9
1992	3966.76	127.0	56.1
1993	5260.00	132.6	51.5
1994	7571.00	143.9	50.1
1995	9038.16	119.4	50.2
1996	9905.31	109.6	50.4
1997	10444.60	105.4	49.1
1998	11255.70	107.8	44.7
1999	12018.52	106.8	44.0
2000	13966.53	116.2	42.6
2001	14694.00	105.2	40.0
2002	13380.47	104.9	41.0
2003	15002.59	112.1	38.9
2004	16884.16	112.5	38.3
2005	18287.24	108.3	37.3
2006	19850.66	108.5	37.0
2007	22469.22	113.2	32.8
2008	25316.72	112.7	33.7
2009	27609.59	109.1	33.2
2010	30658.49	111.0	33.3
2011	34438.08	112.3	34.0
2012	38053.52	111.4	34.0
2013	42049.14	110.5	33.9
2014(旧口径)(Old Standard)	45791.51	108.9	33.6
2014(新口径)(New Standard)	42954.60	108.9	32.9
2015	46734.60	108.8	32.8
2016	50940.70	109.0	32.8
2017	55400.49	108.8	32.1
2018	59982.10	108.3	32.1
2019	65052.10	108.5	32.0
2020	68304.10	105.0	32.4
2021	74416.17	108.9	31.7
2022	76849.41	103.3	32.0
2023	80500.86	104.8	31.2

8-5 城镇居民家庭年末居住情况（2023年）
Housing Conditions of Urban Households at Year-end (2023)

项　　目	Item	调查户 (户) Households Surveyed (household)
按居住空间样式分	**Grouped by Design of Residential Buildings**	**1200**
单栋楼房	Separate Residential Buildings	219
单栋平房	Separate Residential Terraces	12
四居室及以上单元房	Four-room and Above Apartments	60
三居室单元房	Three-room Apartments	414
二居室单元房	Two-room Apartments	331
一居室单元房	One-room Apartments	157
筒子楼或连片平房	Tube-shaped Apartments or Bungalows	
其他	Others	7
按主要建筑材料分	**Grouped by Main Building Materials**	**1200**
钢筋混凝土	Reinforced Concrete	1147
砖混材料	Brick and Reinforced Concrete	52
砖瓦砖木	Brick-tile and Brick-wood	
竹草土坯	Bamboo Grass and Adobe	
其他	Others	1
按房屋来源分	**Grouped by Source of Buildings**	**1200**
租赁公房	Public Apartments for Lease	61
租赁私房	Private Apartments for Lease	209
自建住房	Self-built	248
购买商品房	Purchase Commercial Residential Apartment	467
购买房改住房	Purchase Housing-reformation Apartment	82
购买保障性住房	Purchase Indemnificatory Apartment	14
拆迁安置房	Settlement Apartment for House Removal	55
继承或获赠住房	Inherited or Gifted	17
免费借用房	Borrow for Free	31
雇主提供免费住房	Employer-provided for Free	8
其他来源	Others	8
按主要炊用能源状况分	**Grouped by Fuel for Cooking**	**1200**
柴草	Firewood	
煤炭	Coal	
罐装液化石油气	Tanked LPG	333
管道液化石油气	Pipeline LPG Gas	30
管道煤气	Pipeline Gas	51
管道天然气	Pipeline Natural Gas	618
电	Electricity	144
燃料用油	Oil for Fuel	
沼气	Methane	
其他	Others	
无炊用行为	Without Cooking Behavior	24

注：受2022年大样本轮换影响，2023年调查样本有关情况对比上年有较大变动。
Note: Affected by the rotation of large samples in 2022, the relevant situation of the survey sample in 2023 has changed greatly compared with the previous year.

8-6 各区城镇居民人均可支配收入情况（2019-2023年）

The Per Capita Annual Disposable Income of Urban Residents by District (2019-2023)

单位：元 (yuan)

地　区	District	2019	2020	2021	2022	2023
全市	**Total**	**65052**	**68304**	**74416**	**76849**	**80501**
荔湾	Liwan	68468	71344	74554	78133	83094
越秀	Yuexiu	71786	75663	82397	84621	90376
海珠	Haizhu	67128	69948	76523	78130	84419
天河	Tianhe	74859	79435	89206	93613	94717
白云	Baiyun	66302	69087	75547	77511	81805
黄埔	Huangpu	66253	70494	79474	83607	86784
番禺	Panyu	61987	65025	70292	72541	76705
花都	Huadu	56224	59147	64352	66283	67774
南沙	Nansha	54173	57911	61559	64268	67288
从化	Conghua	43070	45224	49339	51116	53160
增城	Zengcheng	50708	53497	58419	61164	64559

8-7 农村居民人均可支配收入和消费支出情况（2022-2023年）

Per Capita Annual Disposable Income and Expenditure for Consumption of Rural Residents (2022-2023)

单位：元 (yuan)

项　目	Item	2022	2023
可支配收入	**Disposable Income**	**36292.31**	**38606.72**
工资性收入	Income from Wages and Salaries	26639.55	28286.73
经营净收入	Net Business Income	4125.70	4445.84
财产净收入	Net Income from Property	3579.30	3908.26
转移净收入	Net Income from Transfers	1947.76	1965.89
可支配收入构成 (%)	**Composition of Disposable Income (%)**	**100.0**	**100.0**
工资性收入	Income of Wages and Salaries	73.4	73.3
经营净收入	Net Business Income	11.4	11.5
财产净收入	Net Income from Properties	9.8	10.1
转移净收入	Net Income from Transfers	5.4	5.1
消费支出	**Total Living Expenditures for Consumption**	**26229.70**	**27960.86**
食品烟酒	Food,Tobacco and Liquor	9993.16	10540.92
衣着	Clothing	936.07	951.27
居住	Residence	5849.57	6339.19
生活用品及服务	Articles for Daily Use and Services	1399.54	1438.24
交通通信	Transportation and Communication	3792.15	4059.18
教育文化娱乐	Education, Cultural and Recreation	2466.42	2714.42
医疗保健	Health Care and Medical Services	1371.42	1480.87
其他用品和服务	Miscellaneous Articles for Use and Services	421.37	436.77
消费支出构成 (%)	**Composition of Consumption Expenditure (%)**	**100.0**	**100.0**
食品烟酒	Food,Tobacco and Liquor	38.1	37.7
衣着	Clothing	3.6	3.4
居住	Living	22.3	22.7
生活用品及服务	Daily Necessities and Services	5.3	5.1
交通通信	Transportation and Telecommunication	14.5	14.5
教育文化娱乐	Education,Culture and Entertainment	9.4	9.7
医疗保健	Health Service	5.2	5.3
其他用品和服务	Other Necessities and Services	1.6	1.6

8-8 农村居民家庭平均每百户年末耐用消费品拥有量（2022-2023年）

Ownership of Major Durable Consumer Goods per 100 Rural Households at Year-end (2022-2023)

项　目		Item		2022	2023
家用汽车	(辆)	Automobile	(unit)	60	66
摩托车	(辆)	Motorcycle	(unit)	95	86
助力车	(辆)	Moped	(unit)	63	74
洗衣机	(台)	Washing Machine	(set)	114	113
电冰箱(柜)	(台)	Refrigerator	(set)	113	111
微波炉	(台)	Microwave Oven	(set)	40	38
彩色电视机	(台)	Color TV Set	(set)	136	128
空调	(台)	Air Conditioner	(set)	245	248
热水器	(台)	Water Heater	(unit)	116	118
洗碗机	(台)	Dish-washing Machine	(unit)	7	7
排油烟机	(台)	Vacuum Cleaner	(unit)	84	80
固定电话	(部)	Telephone	(set)	16	11
移动电话	(台)	Mobile Telephone	(set)	322	305
计算机	(台)	Computer	(set)	80	77
照相机	(架)	Camera	(set)	16	11
乐器	(台)	Musical Instruments	(set)	6	5
健身器材	(台)	Health Equipment	(set)	12	12

8-9 农村居民家庭基本情况（2022-2023年）

Basic Conditions of Rural Households (2022-2023)

项　目		Item		2022	2023
调查户数	(户)	Number of Households Surveyed	(household)	450	380
调查户人口	(人)	Number of Residents in Households Surveyed	(person)	1709	1433
平均每户人口	(人)	Average Number of Residents per Household	(person)	3.80	3.77
#整半劳动力	(人)	Average Number of Full/Semi Labor Force per Household	(person)	2.81	2.58
从业人员数	(人)	Number of Employees	(person)	2.44	2.06
平均每个从业人员负担人口数	(人)	Average Number of Residents per Employee	(person)	1.56	1.83

注：因大样本轮换，2023年调查样本数量有所变动。

Note: Affected by the rotation of large samples, the sample size of the 2023 survey has changed.

8-10 主要年份农村居民人均可支配收入、恩格尔系数
Per Capita Annual Disposable Income, Engel's Coefficient in Main Years

年 份 Year	人均可支配收入 Disposable Income		恩格尔系数 (%) Engel's Coefficient of Urban Households (%)
	绝对数（元） Value (yuan)	指 数（上年=100） Index (preceding year=100)	
1978	249.80		67.1
1979	250.95	100.5	65.1
1980	322.66	128.6	54.7
1985	732.70	106.5	55.5
1986	857.17	117.0	51.8
1987	1074.92	125.4	52.7
1988	1324.48	123.2	50.1
1989	1524.80	115.1	50.1
1990	1538.93	100.9	49.1
1991	1735.57	112.8	51.6
1992	2152.28	124.0	54.9
1993	2661.34	123.7	48.7
1994	3670.24	137.9	49.6
1995	4482.51	122.1	46.3
1996	5164.67	115.2	45.0
1997	5545.91	107.4	47.4
1998	5628.95	101.5	42.6
1999	5833.92	103.6	48.5
2000	6085.97	104.3	38.2
2001	6445.72	105.9	43.8
2002旧口径 (Old caliber)	6856.62	106.4	43.3
2002新口径 (New caliber)	5831.34		
2003	6129.95	105.1	43.9
2004	6625.16	108.1	43.8
2005	7080.19	106.9	43.2
2006	7788.27	110.0	42.6
2007	8612.84	110.6	42.8
2008	9828.12	114.1	42.3
2009	11066.69	112.6	44.0
2010	12675.55	114.5	45.9
2011	14817.72	116.9	44.7
2012	16788.48	113.3	44.5
2013	18887.04	112.5	44.2
2014	17662.80	110.3	42.9
2015	19323.10	109.4	39.4
2016	21448.60	111.0	39.5
2017	23483.88	109.5	38.8
2018	26020.10	110.8	38.3
2019	28867.90	110.9	38.2
2020	31266.30	108.3	38.9
2021	34533.26	110.5	38.0
2022	36292.31	105.1	38.1
2023	38606.72	106.4	37.7

注：1.自2014年起广州实施城乡一体化分市县住户调查制度，农村家庭居民收入数据以新口径公布，“人均可支配收入”指标代替“人均纯收入”指标，不再公布“人均纯收入”数据。本表收入指标2014年以前数据为“人均纯收入”数据，2014年指数按可支配收入同口径计算。

2.2015年起“消费支出”和“恩格尔系数”为新口径数据，本表2014年以前该两项指标数据为旧口径。

Notes: I.Guangzhou started an integrated household income and expenditure survey in 2014 and the income of rural households is published with new statistical standard.The "Per Capita Net Income" is no longer used and the "Per Capita Disposable Income" takes the place of it. In this table, the "Per Capita Net Income" is preserved before 2014. The index in 2014 is calculated in the same standard of disposable income.

II.Since 2015, "Consumer expenditure" and "Engel's coefficient" are calculated by the new statistical standard, and the data in and before 2014 in this table is using the old calculation standard.

8-11　各区农村居民人均可支配收入情况（2019-2023年）

The Per Capita Annual Disposable Income of Rural Residents by District (2019-2023)

单位：元　　(yuan)

地　区	District	2019	2020	2021	2022	2023
全市	**Total**	**28868**	**31266**	**34533**	**36292**	**38607**
荔湾	Liwan					
越秀	Yuexiu					
海珠	Haizhu					
天河	Tianhe					
白云	Baiyun	29116	31474	34791	36356	39120
黄埔	Huangpu	39120	42054			
番禺	Panyu	39412	42526	46421	48696	51569
花都	Huadu	27753	30057	33141	34731	36537
南沙	Nansha	34197	36933	39818	42168	44824
从化	Conghua	21967	23857	26381	27779	29613
增城	Zengcheng	26372	28613	31740	33835	36474

注：荔湾、越秀、海珠、天河因城镇化率高，无相关数据。黄埔城镇化率已经接近100%，自2021年起不再发布农村居民收入数据。

Note：Liwan, Yuexiu, Haizhu and Tianhe have no relevant data due to the high urbanization rate. The urbanization rate of Huangpu District has approached nearly 100%. Since 2021, income data of rural residents has no longer been released。

主要统计指标解释

【可支配收入】指调查户在调查期内获得的、可用于最终消费支出和储蓄的总和，即调查户可以用来自由支配的收入，既包括现金收入，也包括实物收入。按照收入的来源，可支配收入包含四项，分别为：工资性收入、经营净收入、财产净收入和转移净收入。

【工资性收入】指就业人员通过各种途径得到的全部劳动报酬和各种福利，包括受雇于单位或个人、从事各种自由职业、兼职和零星劳动得到的全部劳动报酬和福利。

【经营净收入】指住户或住户成员从事生产经营活动所获得的净收入，是全部经营收入中扣除经营费用、生产性固定资产折旧和生产税之后得到的净收入。计算公式为：

经营净收入=经营收入-经营费用-生产性固定资产折旧-生产税

【财产净收入】指住户或住户成员将其所拥有的金融资产、住房等非金融资产和自然资源交由其他机构单位、住户或个人支配而获得的回报并扣除相关的费用之后得到的净收入。财产净收入包括利息净收入、红利收入、储蓄性保险净收益、转让承包土地经营权租金净收入、出租房屋净收入、出租其他资产净收入和自有住房折算净租金等。财产净收入不包括转让资产所有权的溢价所得，这应该计入“非收入所得”。计算公式为：

财产净收入=财产性收入-财产性支出

【转移净收入】指国家、单位、社会团体对住户的各种经常性转移支付和住户之间的经常性收入转移，在扣除调查户对国家、单位、住户或个人的经常性或义务性转移支付之后得到的净收入。包括国家、单位、社会团体对住户转移的养老金或退休金、社会救济和补助、政策性生活补贴、救灾款、经常性捐赠和赔偿、政策性生产补贴以及报销医疗费等，住户之间的赡养收入、住户非常住成员寄回带回的收入等，在扣除缴纳的税款、各项社会保障支出、赡养支出、经常性捐赠和赔偿支出以及其他经常转移支出等的净收入。计算公式为：

转移净收入=转移性收入-转移性支出

【消费支出】指住户用于满足家庭日常生活消费需要的全部支出，包括用于消费品的支出和用于服务性消费的支出。根据用途不同，消费支出可划分为食品烟酒、衣着、居住、生活用品及服务、交通通信、教育文化娱乐、医疗保健、其他用品及服务八大类。根据来源不同，消费支出可划分为现金消费支出、实物消费支出（含自产自用、来自单位和雇主、来自政府和其他社会组织）。

【农民家庭整半劳动力】指农村常住居民家庭成员中有劳动能力并经常参加实际劳动的人员。它是生产的基本要素指标之一，是发展生产增加农民家庭收入的重要源泉。按规定，农村男 18 周岁至 50 周岁、女 18 周岁至 45 周岁为整劳动力，男 16 周岁至 17 周岁、51 周岁至 60 周岁，女 16 周岁至 17 周岁、46 周岁至 55 周岁为半劳动力。农民家庭整半劳动力，既包括在上述规定劳动年龄内和在劳动年龄以外有劳动能力并经常参加实际劳动的男女整半劳动力，也包括农民家庭常住人员中属于职工的劳动力。但不包括年龄内已丧失劳动能力的人员。

Explanatory Notes on Main Statistical Indicators

【Disposable Income】 refers to the total amount obtained by the survey households during the survey period that can be used for final consumption expenditure and savings, that is, the income that the survey households can use for discretionary use, including both cash income and in-kind income. According to the source of income, disposable income includes four items: wage income, operating net income, property net income and transfer net income.

【Income from Wages and Salaries】 refers to the labor remuneration and benefits obtained by the employments through various means, including all the labor remuneration and benefits in the employ of enterprises or individual, self-employed and part-time jobs.

【Net Business Income】 refers to the net income obtained by households or household members after deducting relevant expenses from the returns obtained when they turn over their financial assets, housing and other non-financial assets and natural resources to other institutions, households or individuals. Net property income includes net interest income, dividend income, net savings insurance income, net rental income from the transfer of contracted land management rights, net rental income from rental housing, net rental income from other assets, and net rental of self-owned housing. Net property income excludes premium income from transferring ownership of assets, which should be counted as "non-income income". Calculation:

Net business income = operating income – operating costs – productive fixed assets depreciation – production taxes

【Net Income from Property】 refers to the net income obtained by households or household members after deducting relevant expenses from the returns obtained when they turn over their financial assets, housing and other non-financial assets and natural resources to other institutions, households or individuals. Net property income includes net interest income, dividend income, net savings insurance income, net rental income from the transfer of contracted land management rights, net rental income from rental housing, net rental income from other assets, and net rental of self-owned housing. Net property income excludes premium income from transferring ownership of assets, which should be counted as "non-income income". The calculation formula is:

Net income from property = Income from property – Expenditure of property

【Net Income from Transfers】 refers to all kinds of regular transfer payments made by the state, units and social organizations to households and regular income transfers between households, and the net income obtained after deducting the regular or compulsory transfer payments made by the investigated households to the state, units, households or individuals. Including the pension or pension transferred to households by the state, units and social organizations, social relief and subsidies, policy-based living subsidies, disaster relief funds, regular donations and compensation, policy-based production subsidies and medical expenses reimbursement, support income between households, income sent back by non-resident members of households, etc. Net income after deducting taxes paid, social security payments, maintenance payments, recurrent donations and compensation payments, and other recurrent transfers. The calculation formula is:

Net income from transfers = Income from transfers – Expenditure on transfers

【Expenditure for Consumption】 refers to the total expenditure of the household to meet the daily consumption needs of the family, including the expenditure on consumer goods and the expenditure on service consumption. According to different uses, consumption expenditure can be divided into food, tobacco, alcohol, clothing, housing, daily articles and services, transportation and communications, education, culture and entertainment, medical care, other articles and services eight categories. According to different sources, consumption expenditure can be divided into cash consumption expenditure, physical consumption expenditure (including self-produced and self-used, from the unit and employer, from the government and other social organizations).

【Peasant family half labor force】 refers to the rural permanent resident family members who have the ability to work and often participate in actual labor. It is one of the basic factors of production and an important source for developing production and increasing the income of peasant families. According to the regulations, rural men 18 to 50 years old, women 18 to 45 years old for the whole labor force, men 16 to 17 years old, 51 to 60 years old, women 16 to 17 years old, 46 to 55 years old for the half labor force. The part-time labor force of peasant families includes both men and women who are capable of working and regularly participate in practical labor within and beyond the working age specified above, and also includes the labor force of workers among the permanent residents of peasant families. However, it does not include persons who have lost the ability to work within their age.

第九篇 CHAPTER 9

城市建设
CITY CONSTRUCTION

第九篇　城市建设

简要说明

一、本篇资料反映广州市城市建设和公用事业的规模、速度、效益及综合水平等基本情况。

二、本篇资料由广州市统计局固定资产投资统计处根据广州市住房和城乡建设局等提供资料整理提供。

三、本篇资料依据住房和城乡建设部制定的《城市（县城）建设统计报表制度》编制。各行业统计数据在广州市住房和城乡建设局提供上报住建部平台数据的基础上，由广州市交通运输局、广州市水务局、广州市城市管理和综合执法局以及广州市林业和园林局等单位进行核对、补充。

Chapter 9 City Construction

Brief Introduction

I.The data in this chapter show the basic conditions of scale, speed, mileage and comprehensive level of the city construction and utilities in Guangzhou.

II. The data in this chapter are compiled by the Division of Investment and Construction Statistics of Guangzhou Municipal Bureau of Statistics according to the data provided by Guangzhou Municipal Housing and Urban-Rural Development Bureau.

III. The data in this chapter are collected and tabulated in accordance with the statistical survey scheme of Construction of cities and Counties stipulated by Ministry of Housing and Urban-Rural Development. The statistical data of various industries are verified and supplemented by Guangzhou Municipal Transportation Bureau, Guangzhou Water Authority, Guangzhou Municipal City Administration and Law Enforcement Bureau and Guangzhou Municipal Forestry and Landscaping Bureau on the basis of the platform data provided by Guangzhou Municipal Housing and Urban-Rural Development Bureau to the National Ministry of Housing and Urban-Rural Development.

9-1 城市市政设施（2022-2023年）

Public Facilities in Urban Districts (2022-2023)

项　　目	Item	2022	2023
道路长度　（公里）	Length of Roads　(1000 m)	14976.00	15017.19
#快速路	Expressways	215.17	219.16
主干路	Main Roads	1395.86	1425.11
道路面积　（万平方米）	Area of Roads　(10000 sq.m)	22411.16	22508.08
#人行道	Pavement	2419.77	2432.41
人均城市道路面积　（平方米）	Per Capita Area of Roads　(sq.m)	11.96	11.96
桥梁座数　（座）	Number of Bridges　(unit)	2206	2234
#立交桥	Crossroads	240	244
道路照明灯盏数　（千盏）	Number of Street Lights　(1000 units)	875.86	970.18
排水管道长度　（公里）	Length of Sewer Pipelines　(1000 m)	43249	47159
污水排放量　（万立方米）	Sewage Discharge Quantity　(10000 cubic metres)	257831	261836
污水处理厂　（座）	Sewage Treatment Plant　(unit)	62	62
污水处理厂处理能力　（万立方米/日）	Sewage Treatment Capacity　(10000 cubic metres/day)	800	814
污水处理厂处理量　（万立方米）	Quantity of Sewage Treatment　(10000 cubic metres)	256186	258976
污水处理率　（%）	Sewage Treatment Rate　(%)	98.9	98.9
#污水处理厂集中处理率　（%）	Concentrated Sewage Treatment Rate　(%)	98.9	98.9

注：1. 本表数据为全市(11区)口径。

2. 本表数据由广州市住房和城乡建设局依据报住建部平台数据提供，并经广州市交通运输局、广州市水务局复核补充，具体数据由相关单位负责解释。

Notes: I. The coverage in this table includes 11 districts.

II. The data in this table are provided by Guangzhou Municipal Housing and Urban-Rural Development Bureau according to Ministry of Housing platform data, and are reviewed and supplemented by Guangzhou Municipal Transport Bureau and Guangzhou Water Authority. The responsibility to interpret the data shall be remained with the related sectors.

9-2 城市供水（2022-2023年）

Water Supply in Urban Districts (2022-2023)

项　　目		Item		2022	2023
综合生产能力	（万立方米/日）	Overall Production Capacity	(10000 cu.m/day)	848.27	850.27
供水管道长度	（公里）	Length of Water Supply Pipelines	(1000 m)	42669.07	44057.99
供水总量	（万立方米）	Total Volume of Water Supply	(10000 cu.m)	265139.72	261670.95
#售水量		Sales Volume of Tap Water		219325.72	220170.05
生产运营用水		For Production Use		42933.76	41953.28
公共服务用水		For Public Services		52809.22	57059.88
居民家庭用水		For Household Use		115895.01	114760.46
其他用水		Others		7687.73	6396.42
用水户数	（户）	Number of Households with Access to Tap Water	(unit)	4363338	4684665
#家庭用户		Number of Families with Access to Tap Water		4016401	4267856
用水人口	（万人）	Number of Residents with Access to Tap Water	(10000 persons)	1873.41	1882.70
人均日生活用水量	（升）	Per Capita Daily Consumption of Tap Water for Residential Use	(liter)	257.96	259.34
用水普及率	(%)	Coverage Rate of Urban Population with Access to Tap Water	(%)	100.00	100.00

注：1.本表数据为全市(11区)口径。
2.本表资料不包括企业自建设施供水。
3.本表数据由广州市住房和城乡建设局依据报住建部平台数据提供，并经广州市水务局复核补充。
4.用水人口为全市用水人口数扣除山区用水人口数。

Notes: I. The coverage in this table includes 11 districts.
II. The data in this table exclude the water supply by self-built facilities of corporations.
III.The data in this table are provided by Guangzhou Municipal Housing and Urban-Rural Development Bureau according to Ministry of Housing platform data, and are reviewed and supplemented by Guangzhou Water Authority.
IV. The water consumption population shall be the water consumption population of the whole city minus the water consumption population in mountainous areas.

9-3 城市燃气供应（2022-2023年）

Gas Supply in Urban Districts (2022-2023)

项　　目	Item	2022	2023
液化石油气	**Liquefied Petroleum Gas**		
储气能力　(吨)	Storage Capacity (ton)	5417.95	5976.40
供气管道长度　(公里)	Length of Gas Supply Pipelines (1000 m)	1.83	1.83
供气总量　(吨)	Total Supply of Gas (ton)	592649.05	579436.19
销售气量	Sales Volume of Gas	592565.53	579377.60
#居民家庭	Households	320567.79	269151.63
用气户数　(户)	Number of Households (unit)	1650440	1564885
#家庭用户	Families	1501802	1383726
用气人口　(万人)	Number of Residents with Access to Gas (10000 persons)	399.47	424.80
天然气	**Natural Gas**		
储气能力　(万立方米)	Storage Capacity (10000 cu.m)	415.70	18241.88
供气管道长度　(公里)	Length of Gas Supply Pipelines (1000 m)	6077.41	6445.02
供气总量　(万立方米)	Total Supply of Gas (10000 cu.m)	181566.40	182344.58
#销售气量	Sales Volume of Gas	181177.70	180181.53
#居民家庭	Households	49777.37	48397.95
用气户数　(户)	Number of Households (unit)	3074351	3280759
#家庭用户	Families	3050342	3254952
用气人口　(万人)	Number of Residents with Access to Gas (10000 persons)	933.40	999.27
燃气普及率　(%)	Coverage Rate of Urban Population with Access to Gas (%)	96.65	98.29

注：1.本表数据为全市(11区)口径。
2.本表数据由广州市住房和城乡建设局依据报住建部平台数据提供，并由广州市城市管理和综合执法局复核补充。
3.2021年起，液化石油气“居民家庭户数”“用气人口”统计方式发生变化。
4.天然气“储气能力”同比骤长的原因，主要是广州LNG应急调峰气源站项目2019年9月开工，2023年整体完工并于同年8月开始运行。
5.由于省主管部门进一步细化要求，2021年起，天然气“储气能力”“供气管道长度”“供气总量”“销售气量”指标统计口径均有变化。

Notes: I. The coverage in this table includes 11 districts.
II. The data in this table are provided by Guangzhou Municipal Housing and Urban-Rural Development Bureau according to Ministry of Housing platform data, and are reviewed and supplemented by Guangzhou Urban Management and Comprehensive Law Enforcement Bureau.
III. Since 2021, the statistical methods of "number of residential households" and "population using gas" of liquefied petroleum gas have changed.
IV. The reason for the sudden increase in natural gas storage capacity compared with the previous year is mainly that the Guangzhou LNG emergency peak regulating gas source station project started in September 2019, was completed in 2023 and began operation in August of the same year.
V.Due to the further refinement of the requirements of the provincial authorities, since 2021, the statistical caliber of the indicators of "gas storage capacity", "gas supply pipeline length", "total gas supply" and "sales volume" of natural gas has changed.

9-4 城市市政公用设施建设固定资产投资额（2022-2023年）

Investment in Fixed Assets in Public Facilities in Urban Districts (2022-2023)

单位:万元 (10000 yuan)

项目	Item	2022	2023
本年完成投资	Investment Completed in Current Year	7780640	6351661
供水	Water Supply	397539	458559
燃气	Gas Supply	184259	202861
轨道交通	Rail Traffic	3694752	3217761
道路桥梁	Roads and Bridges	1807011	1479730
排水	Drainage	682133	742826
园林绿化	Parks and Green Areas	24902	43329
市容环境卫生	Environmental sanitation	319499	11480
其他	Others	670545	195115

注：1.本表数据为全市(11区)口径。

2.本表数据由广州市住房和城乡建设局依据报住建部平台数据提供，并由广州市水务局、广州市交通运输局、广州市林业和园林局、广州市城市管理和综合执法局复核补充，具体数据由相关单位负责解释。

3.“其他”一项主要指地下综合管廊等设施。

Notes: I. The coverage in this table includes 11 districts.

II.The data in this table are provided by Guangzhou Municipal Housing and Urban-Rural Development Bureau according to Ministry of Housing platform data, and are reviewed and supplemented by Guangzhou Water Authority, Guangzhou Municipal Transportation Bureau, Guangzhou Municipal Forestry and Landscaping Bureau, and Guangzhou Municipal City Administration and Law Enforcement Bureau. The responsi-bility to interpret the data shall be remained with the related sectors.

III. The "others" refers mainly to the underground utility corridor and other facilities.

9−5 城市园林绿化（2022−2023年）

Parks, Gardens and Green Areas in Urban Districts (2022-2023)

项　　目	Item	2022	2023
绿化覆盖面积　（公顷）	Coverage Area of Afforestation (hectare)	158649	159586
#建成区	Developed Areas	61023	61080
建成区绿化覆盖率　(%)	Green Coverage Rate in Developed Areas (%)	44.20	43.77
绿地面积　（公顷）	Area of Green Areas (hectare)	149169	150104
#建成区	Developed Areas	53016	54126
建成区绿地率　(%)	Rate of Green Areas in Developed Areas (%)	38.40	38.79
公园绿地面积　（公顷）	Area of Gardens (hectare)	32413	30850
人均公园绿地面积（平方米）	Per Capita Garden (sq.m)	17.23	17.25
公园个数　（个）	Number of Parks (unit)	530	588
公园面积　（公顷）	Area of Parks (hectare)	76678	76694
建成区面积　（平方公里）	Developed Areas (sq.km)	1380.62	1395.37

注：1.本表数据为全市(11区)口径。
2.本表数据由广州市住房和城乡建设局依据报住建部平台数据提供，并由广州市林业和园林局复核补充。
3.根据《广州市公园条例》规定，2021年起公园个数、面积指标的统计口径有调整，与往年不可比。
4.建成区面积数据由广州市规划和自然资源局提供并复核。

Notes: I. The coverage in this table includes 11 districts.
II. The data in this table are provided by Guangzhou Municipal Housing and Urban-Rural Development Bureau according to Ministry of Housing platform data, and are reviewed and supplemented by Guangzhou Municipal Forestry and Landscaping Bureau.
III. According to the Regulations of Guangzhou Municipal Park, the statistical caliber of the number and area of parks from 2021 has been adjusted and cannot be compared with previous years.
IV. The built-up area data are provided and reviewed by Guangzhou Municipal Bureau of Planning and Natural Resources.

9-6 城市市容环境卫生（2022-2023年）

City Appearance and Environmental Sanitation (2022-2023)

项　　目	Item	2022	2023
道路清扫保洁面积　（万平方米）	Area of Roads under Cleaning Program (10000 sq.m)	21556	22254
#机械化	By Mechanization	14629	21227
城镇生活垃圾清运量　（万吨）	Volume of Living Garbage Disposal (10000 tons)	604.89	611.01
城镇生活垃圾处理量　（万吨）	Garbage Treatment (10000 tons)	604.89	611.01
城镇生活垃圾无害化处理厂(场)数(座)	Number of Garbage Harmless Disposal Factories (unit)	24	24
城镇生活垃圾无害化处理量　（万吨）	Volume of Garbage Harmless Disposal (10000 tons)	604.89	611.01
城镇生活垃圾无害化处理率　(%)	Rate of Garbage Harmless Disposal (%)	100.00	100.00
公共厕所　（座）	Number of Public Lavatories (unit)	1816	1770
市容环卫专用车辆设备总数　（辆）	Number of Special Vehicles for Environmental Sanitation (unit)	6958	6973

注：1.本表数据为全市(11区)口径。

2.本表数据由广州市住房和城乡建设局依据报住建部平台数据提供，并由广州市城市管理和综合执法局复核补充。

Notes: I. The coverage in this table includes 11 districts.

II. The data in this table are provided by Guangzhou Municipal Housing and Urban-Rural Development Bureau according to Ministry of Housing platform data, and are reviewed and supplemented by Guangzhou Urban Management and Comprehensive Law Enforcement Bureau.

主要统计指标解释

【道路长度】指供各种车辆（无轨）和行人通行的工程设施的道路长度和与道路相通的桥梁、隧道的长度，按车行道中心线计算。按使用特点分为城市道路、公路、厂矿道路、林区道路及乡村道路等。

【城市道路】指城市中供车辆、行人通行的，有交通功能的各种铺装道路和土路，分快速路、主干路、次干路和支路及以下四个等级，道路长度一般使用报告期期末数据。

【快速路】城市道路中双向行车道、设有中央分隔带，具有四条以上的车道，进出口全部或部分采用立体交叉控制有平顺的线形与一般道路分开，使汽车能以较高的速度安全畅通地行驶，为城市中大量、长距离和快速交通服务。

【主干路】在城市道路网中起骨架作用的道路，是连接城市各主要分区的交通干道，是城市内部的主要大动脉。

【道路面积】指道路面积和与道路相通的广场、桥梁、隧道的面积。

【桥梁】指为跨越天然或人工障碍物而修建的构筑物。包括跨河桥、立交桥、人行天桥以及人行地下通道等。按使用年限分为永久性桥和半永久性桥。

【立交桥】指由桥梁或匝道所构成的实现供机动车行驶的道路之间立体交叉的交通体系。一般情况下立交桥系包含多个桥梁和匝道；位于立交桥系内的桥梁均为属于立交桥系的桥梁。

【排水管道长度】 指所有排水总管、干管、支管、检查井及连接井进出口等长度之和。

【污水处理厂】指对进入城镇污水收集系统的污水进行净化处理的污水处理厂。包括城镇污水处理厂、工业废水集中处理厂和其他污水处理设施，不包括渗水井、化粪池（含改良化粪池）和污水处理装置。

【污水处理能力】指全市污水处理厂（或处理装置）的日处理污水能力。

【污水处理量】指污水处理厂（或污水处理装置）实际处理的污水量。包括物理处理量、生物处理量和化学处理量。

【污水处理率】指报告期内通过污水处理厂处理的城乡生活污水、工业废水量占污水排放量的比重，是反映地区污水处理能力的约束性指标。

【供水综合生产能力】指按供水设施取水、净化、送水、出厂输水干管等环节设计能力计算的综合生产能力。包括在原设计能力的基础上，经挖、革、改增加的生产能力。计算时，以四个环节中最薄弱的环节为主确定能力。

【供水管道长度】指从送水泵至用户水表之间所有管道的长度。不包括新安装尚未使用、水厂内以及用户建筑物内的管道。

【供水总量】指报告期供水企业（单位）供出的全部水量，包括有效供水量和漏损水量。有效供水量指水厂将水供出厂外后，各类用户实际使用到的水量，包括售水量和免费供水量。漏损水量指在供水过程中由于管道及附属设施破损而造成的漏水量、失窃水量以及水表失灵少计算的水量。

【售水量】指报告期供水企业(单位)收费供应的水量，售水量包括外地售水量和本地售水量。外地售水量指销往本区域外的售水量。统计时，仅对本地售水量进行分类统计。包括居民生活用水，行政事业用水、工业用水、经营服务用水、特种行业用水（以水为主要原料制造业、特种服务用水）、其他用水等，不包括销往本区域外的售水量。计算公式：

售水总量＝生产运营用水+公共服务用水+居民家庭用水+消防及其他用水。

【生产运营用水】指在城市范围内生产、运营的农、林、牧、渔业、工业、建筑业、交通运输业等单位在生产、运营过程中的用水。

【公共服务用水】指为城市社会公共生活服务的用水。包括行政事业单位、部队营区和公共设施服务、社会服务业、批发零售贸易业、旅馆饮食业以及社会服务业等单位的用水。

【居民家庭用水】指城市范围内所有居民家庭的日常生活用水。包括城市居民、农民家庭、公共供水站用水。

【用水普及率】指报告期末城区用水人口数与城市人口总数的比率。计算公式：

$$用水普及率=\frac{城区用水人口（含暂住人口）}{城区人口+城区暂住人口}\times100\%$$

【天然气供气总量】 指报告期燃气企业（单位）向用户供应的天然气数量，包括销售量和损失量。

【绿化覆盖面积】指城市中乔木、灌木、草坪等所有植被的垂直投影面积包括公园绿地、防护绿地、广场用地、附属绿地、其他绿地的绿化种植覆盖面积，不含各类绿地中的水域面积以及没有被植被覆盖的面积（硬化道路、无屋顶绿化的建筑物等）。乔木树冠下重叠的灌木和草本植物不能重复计算。

【绿地面积】指报告期末作为园林和绿化的各类绿地面积。包括公园绿地、防护绿地的面积。

【建成区绿化覆盖率】城市中各类绿地的绿色植物覆盖总面积占建城区面积的百分比，是衡量一个城市绿化现状和生态环境效益的重要指标。计算公式：

城市绿化覆盖率（%）=（城市内全部绿化种植垂直投影面积城市总用地面积占比）x100%

以上公式不包含乔木下的灌木投影面积、草坪面积。

【公园】是指供公众游览、观赏、休憩、开展科学文化及锻炼身体等活动，有较完善的设施和良好的绿化环境，具有改善城市生态、防火避难等综合作用的公共场地。包括综合公园、社区公园、专类公园、带状公园和街旁绿地等。

【公园绿地面积】指城市中向公众开放的、以游憩为主要功能，有一定的游憩设施和服务设施，同时兼有健全生态、美化景观、防灾减灾等综合作用的绿化用地面积的总和。包括：综合公园、社区公园、专类公园和街旁绿地。其中综合公园、专类公园和带状公园等面积之和为公园面积。

【人均公园绿地面积】是指城镇公园绿地面积的人均占有量（人均指标按照年末常住人口计算）。是评价城市园林绿化水平、反映宜居环境品质的约束性指标。

【建成区面积】是指城市行政区内实际已成片开发建设、市政公用设施和公共设施基本具备的区域。对核心城市，它包括集中连片的部分以及分散的若干个已经成片建设起来，市政公用设施和公共设施基本具备的区域；对一城多镇来说，它包括由几个连片开发建设起来的，市政公用设施和公共设施基本具备的地区组成。因此建成区范围，一般是指建成区外轮廓线所能包括的地区，也就是这个城市实际用地所达到的范围。

【道路清扫保洁面积】指报告期末对城市道路和公共场所（主要包括城市行车道、人行道、车行隧道、人行过街地下通道、道路附属绿地、地铁站、高架路、人行过街天桥、立交桥、广场、停车场及其他设施等）进行清扫保洁的面积。一天清扫保洁多次的，按清扫保洁面积最大的一次计算。

【生活垃圾清运量】指在生活垃圾产量中能够被清运至垃圾消纳场所或转运场所的量，生活垃圾清运量受生活垃圾产生量、垃圾回收比率、清运率等影响。不包括在源头便进入回收系统的废弃物。

【生活垃圾无害化处理量】指报告期内简易处理场和各种垃圾无害化处理场（厂）处理垃圾的总量。垃圾简易处理量指垃圾简易填埋场所处理的垃圾总量。垃圾无害化处理量指垃圾无害化处理场（厂）所处理的垃圾总量。

【城镇生活垃圾无害化处理率】 指报告期生活垃圾无害化处理量与生活垃圾产生量比率。在统计上，由于生活垃圾产生量不易取得，可用清运量代替。计算公式为：

$$生活垃圾无害化处理率=\frac{生活垃圾无害化处理量}{生活垃圾产生量}\times 100\%$$

【市容环卫专用车辆设备】指用于环境卫生作业、监察的专用车辆和设备，包括用于道路清扫、冲洗、洒水、除雪、垃圾粪便清运、市容监察以及与其配套使用的车辆和设备。

Explanatory Notes on Main Statistical Indicators

【Length of Roads】 refers to the length of the road used for the passage of various vehicles (trackless) and pedestrian engineering facilities and the length of the bridge and tunnel connected with the road, which is calculated according to the center line of the vehicle lane. According to the characteristics of urban road, road, factory road, forest road and rural road.

【Urban Road】 refers to all kinds of paved roads and dirt roads with traffic functions for vehicles and pedestrians in the city, which can be divided into four levels: express road, main road, secondary road and branch road and below. The length of road generally uses the data at the end of the reporting period.

【Expressway】 In the city road, two-way lane, with a central partition belt, with more than four lanes, all or part of the import and export of three-dimensional crossover control with smooth line shape and the general road separated, so that cars can run at a high speed safe and smooth, for large number of urban, long-distance and rapid traffic service.

【Trunk Road】 The road that plays the role of skeleton in the urban road network is the traffic trunk that connects the main districts of the city and the main artery inside the city.

【Road Area】 refers to the road area and the area of the square, bridge and tunnel connected with the road.

【Bridge】 A structure built to cross a natural or man-made obstacle. Including river bridges, overpasses, pedestrian bridges and pedestrian underpasses, etc. According to the service life is divided into permanent bridge and semi-permanent bridge.

【Overpass】 A traffic system consisting of Bridges or ramps that provides three-dimensional intersections between roads for motor vehicles. In general, the overpass system contains multiple bridges and ramps; All the bridges located in the overpass system belong to the overpass system.

【Drainage Pipe Length】 refers to the sum of the inlet and outlet lengths of all drainage mains, trunk pipes, branch pipes, inspection Wells and connecting Wells.

【Sewage Treatment Plant】 refers to a sewage treatment plant for purifying the sewage that enters the sewage collection system of a town. Includes urban sewage treatment plants, industrial wastewater centralized treatment plants and other sewage treatment facilities, excluding soakaway wells, septic tanks (including improved septic tanks) and sewage treatment plants.

【Sewage Treatment Capacity】 refers to the daily sewage treatment capacity of the municipal sewage treatment plant (or treatment plant).

【Sewage Treatment Amount】 refers to the amount of sewage actually treated by a sewage treatment plant (or sewage treatment plant). Including physical processing capacity, biological processing capacity and chemical processing capacity.

【Sewage Treatment Rate】 refers to the proportion of treated urban and rural domestic sewage and industrial wastewater through the sewage treatment plant during the reporting period, which is a binding index reflecting the regional sewage treatment capacity.

【Comprehensive Production Capacity of Water Supply】 It refers to the comprehensive production capacity calculated according to the designed capacity of water supply facilities in the links of water intake, purification, water delivery, and ex-factory water delivery pipes. Including on the basis of the original design capacity, through digging, leather, reform to increase the production capacity. In the calculation, the weakest link in the four links is used to determine the ability.

【Length of Water Supply Pipe】 refers to the length of all pipes between the water supply pump and the customer's water meter. Excludes newly installed pipes not yet in use, in water plants and in customer buildings.

【Total Water Supply】 refers to all the water supplied by water supply enterprises (units) during the reporting period, including effective water supply and leakage water. Effective water supply refers to the amount of water actually used by various types of users, including water sold and water supplied free of charge, after the water works have supplied the water outside the factory. Water leakage refers to the water leakage, stolen water and water meter failure in the process of water supply due to the damage of pipes and ancillary facilities.

【Water Sold】 refers to the amount of water supplied by water supply enterprises (units) in charge during the reporting period, including water sold abroad and local water sold. Water sold outside the region refers to water sold outside the region. During the statistics, only the water sold locally is classified. It includes water for domestic use, water for administrative undertakings, water for industrial purposes, water for business operations and services, water for special industries (water as the main raw material for manufacturing and water for special services), and other water, excluding water sold outside the region. Calculation formula:

Total water sold = water used for production and operation + water used for public services + water used for residential homes + water used for fire fighting and other purposes.

【Water for Production and Operation】 refers to the water used in the process of production and operation by agricultural, forestry, animal husbandry, fishery, industrial, construction, transportation and other units that produce and operate within the city limits.

【Public Service Water】 refers to the water used for urban social public life. Including administrative institutions, military barracks and public facilities services, social services, wholesale and retail trade, hotels catering and social services and other units of water.

【Residential Household Water】 refers to the daily living water of all residential households within the city limits. Including urban residents, farmers' families, public water stations.

【**Water Penetration Rate**】 refers to the ratio of urban water users to the total urban population at the end of the reporting period. Calculation formula:

$$\text{Water penetration rate}=\frac{\text{the Population of urban water users}}{\text{the Total urban population}}\times 100\%$$

【**Total Natural Gas Supply**】 refers to the amount of natural gas supplied by gas enterprises (units) to users during the reporting period, including sales and losses.

【**Green Coverage Area**】 refers to the vertical projection area of all vegetation such as trees, shrubs and lawns in the city, including the greening and planting coverage area of park green space, protective green space, square land, attached green space and other green space, excluding the water area in various green Spaces and the area not covered by vegetation (hardened roads, buildings without green roofs, etc.). Shrubs and herbs that overlap under the canopy of trees cannot be double counted.

【**Green Space Area**】 refers to the land with natural vegetation and artificial vegetation as the main forms in the urban administrative area.

【**Green Coverage Rate of Built-up Area**】 The percentage of the total area covered by green plants of various types of green Spaces in the built-up area is an important indicator to measure the current situation of urban greening and ecological and environmental benefits. Calculation formula:

Urban green coverage rate (%) = (proportion of urban total land area of vertical projection area of all green planting in the city) x100%

The above formula does not include shrub projection area and lawn area under trees.

【**Park**】 refers to a public place for the public to visit, enjoy, rest, carry out scientific and cultural activities, exercise and other activities, with perfect facilities and good green environment, with the comprehensive effect of improving urban ecology, fire protection and refuge. Including comprehensive park, community park, special park, belt park and street green space.

【**Park Green Area**】 refers to the total area of green land open to the public in the city, with recreation as the main function, with certain recreation facilities and service facilities, and with comprehensive functions of sound ecology, landscaping, disaster prevention and reduction. Including: comprehensive park, community park, special park and street side green space. The total area of comprehensive park, special park and belt park is the park area.

【**Per Capita Park Green Space Area**】 refers to the per capita occupancy of urban park green space area(Per capita indicator is calculated by year-end resident population). It is a binding index to evaluate the level of urban landscaping and reflect the quality of livable environment.

【**Built-up Area**】 refers to the area in an urban administrative region that has actually been developed and constructed in pieces, with municipal public facilities and public facilities basically in place. For the core city, it includes the centralized and contiguous parts as well as a number of scattered areas that have been built in pieces, and the municipal public facilities and public facilities are basically available; For a city with more than one town, it consists of several areas developed and built together with municipal public facilities and basic public facilities. Therefore, the scope of built-up area generally refers to the area that can be included by the contour line outside the built-up area, that is, the range achieved by the actual land use of the city.

【The Road Sweeping Cleaning Area】 refers to the final of urban roads and public places (mainly including city driveway, pavement, auto tunnel, underground tunnels and overpasses, road affiliated green space, subway stations, highways, Bridges, overpasses and overpasses, square, parking and other facilities, etc.) for cleaning the cleaning area. If cleaning is carried out many times a day, the maximum cleaning area shall be calculated.

【Household Garbage Clearance Volume】 refers to the amount of household garbage that can be cleared and transported to the waste disposal site or transfer site. The household garbage clearance volume is affected by the amount of household garbage production, garbage recovery ratio, and clearance rate. Excludes waste that enters the recovery system at source.

【Harmless Disposal Volume of Household Garbage】 refers to the total amount of garbage treated by simple disposal plants and various harmless disposal plants (plants) during the reporting period. Simple waste disposal capacity refers to the total amount of waste disposed of in simple landfill sites. Harmless garbage disposal capacity refers to the total amount of garbage handled by harmless garbage disposal plants.

【Urban Harmless Disposal Rate of Household Garbage】 refers to the ratio of harmless treatment amount of domestic garbage to the production amount of domestic garbage during the reporting period. Statistically, because the amount of domestic waste is not easy to obtain, it can be replaced by clearing volume. Calculation formula:

$$\text{Harmless disposal rate of household garbage} = \frac{\text{Harmless disposal volume of household garbage}}{\text{Volume of household garbage}} \times 100\%$$

【Special Vehicle and Equipment for City Appearance and Sanitation】 refers to the special vehicles and equipment used for environmental sanitation operations and supervision, including the vehicles and equipment used for road cleaning, washing, water sprinkling, snow removal, garbage and feces removal, city appearance supervision and their supporting use.

第十篇 CHAPTER 10

农 业
AGRICULTURE

第十篇　农业

简要说明

一、本篇资料反映广州市农业生产和农村社会经济的基本情况。

二、本篇资料由广州市统计局农村统计处和国家统计局广州调查队农业农村调查处整理提供。

三、本篇资料主要来源于广州市农村统计报表制度。农村统计报表制度的统计范围包括各区、镇街（涉农）、村居（涉农）基本情况以及各种经济类型的全部农林牧渔生产单位和农户进行的农业生产经营情况。

Chapter 10 Agriculture

Brief　Introduction

I. The data in this chapter show the basic conditions of agricultural production and rural economy in Guangzhou.

II. The data in this chapter are prepared and provided by the Division of Rural Statistics of Guangzhou Municipal Bureau of Statistics and National Bureau of Statistics Guangzhou Investigation Team Agricultural investigation Office.

III. The data in this chapter mainly come from the statistical reporting summary on rural area of Guangzhou. The statistical coverage of the statistical reporting summary includes the basic information of all districts, towns and streets (agriculture), villages (agriculture), and the agricultural production and operation of all agricultural, forestry, animal husbandry and fishery production units and farmers of various economic types.

10-1 农业主要指标（2022-2023年）

Major Indicators of Agriculture (2022-2023)

项目	Item	2022	2023
乡镇户数 (户)	Number of Rural Households (household)	2392459	2476605
乡镇人口 (人)	Rural Population (person)	7053079	7242851
乡镇从业人员 (人)	Number of Rural Employed Persons (person)	4405537	4525079
农、林、牧、渔业从业人员(人)	Number of Rural Employed Persons in Agriculture, Forestry, Animal Husbandry and Fishery (person)	580108	545663
常用耕地面积 (公顷)	Area of Cultivated Land (hectare)	82144	80905
农业机械总动力 (万瓦)	Total Power of Agricultural Machinery (10000 w)	124861	130131
农、林、牧、渔业劳动机械化程度 (%)	Labor Mechanization Degree of Agriculture, Forestry, Animal Husbandry and Fishery (%)	7.40	8.05
化肥施用量(折纯) (吨)	Consumption of Chemical Fertilizers (100 percent effective content equivalent) (ton)	96891	95946
农药使用量 (吨)	Consumption of Pesticides (ton)	2611	2561
农村用电量 (万千瓦·时)	Electricity Consumed in Rural Area (10000 kilowatt-hour)	939000	981847
农、林、牧、渔业总产值(万元)	Gross Output Value of Agriculture, Forestry, Animal Husbandry and Fishery (10000 yuan)	5687687	5827931
农、林、牧、渔业增加值(万元)	Value-added of Agriculture, Forestry, Animal Husbandry and Fishery (10000 yuan)	3479753	3566911
主要农产品产量	Output of Major Agricultural Products		
粮　食 (吨)	Grain (ton)	153841	151918
花　生 (吨)	Peanuts (ton)	9349	9899
蔬　菜 (吨)	Vegetables (ton)	4115685	4141279
园林水果 (吨)	Fruits (ton)	818558	844557
肉　类 (吨)	Meat (ton)	95370	95704
水产品 (吨)	Aquatic Products (ton)	498273	483682
都市农业从业人员 (万人)	Employed Persons in Urban Agriculture (10000 person)	95	132
都市农业总收入 (万元)	Total Income of Urban Agriculture (10000 yuan)	29346770	30630315

注：农林牧渔业增加值数据为快报数。

Note: Data of added value of agriculture, forestry, animal husbandry and fishery are express numbers.

10-2 主要年份年末耕地面积

Area of Cultivated Land at Year-end in Main Years

单位：公顷 (hectare)

年 份 Year	常用耕地面积 Area of Cultivated Land	水(旱)田 Paddy(Dry) Fields	旱 地 Dry Fields	平均每个农业人口拥有耕地 Cultivated Area Per Rural Person	平均每个农业从业人员拥有耕地 Cultivated Area Per Rural Employee
1978	249479	221451	28028	0.09	0.21
1980	248260	220258	28002	0.11	0.23
1985	234171	207431	26740	0.09	0.24
1990	221138	196266	24872	0.09	0.24
1995	177892	158849	19043	0.07	0.20
1996	172179	153332	18847	0.07	0.19
1997	169700	151631	18069	0.07	0.19
1998	168491	150843	17648	0.07	0.19
1999	164816	147455	17361	0.07	0.19
2000	159115	142220	16895	0.05	0.17
2001	154941	137628	17313	0.05	0.17
2002	146311	128888	17423	0.05	0.16
2003	134934	115565	19369	0.06	0.15
2004	131954	116943	15011	0.06	0.16
2005	130094	111700	18394	0.06	0.15
2006	106579	88971	17608	0.05	0.13
2007	104500	84747	19753	0.05	0.13
2008	102155	85064	17091	0.04	0.13
2009	100784	84992	15792	0.03	0.13
2010	100647	87516	13131	0.03	0.13
2011	99552	85267	14285	0.03	0.15
2012	99086	85522	13564	0.03	0.15
2013	98148	84495	13653	0.03	0.14
2014	96398	82719	13679	0.03	0.15
2015	95411	81742	13669	0.03	0.15
2016	95188	80820	14368	0.03	0.15
2017	92108	77907	14201	0.03	0.14
2018	90486	76492	13994	0.03	0.14
2019	90696	72617	18079	0.03	0.14
2020	87831	69981	17850	0.02	0.14
2021	87767	65752	22015	0.02	0.14
2022	82144	61080	21064	0.02	0.14
2023	80905	58362	22543	0.02	0.15

注：2002年及以前年份的常用耕地面积数按国家新口径进行了换算。

Note: The data of the area of cultivated land in 2002 and before have been converted to the new statistical standard.

10-3 耕地面积及变动情况（2023年）

Statistics on Area of Cultivated Land and Its Changes (2023)

单位:公顷 (hectare)

项　目	Item	全 市 Total	荔湾区 Liwan	海珠区 Haizhu	天河区 Tianhe	白云区 Baiyun	黄埔区 Huangpu
年初耕地总资源	Total Resources of Cultivated Land at Year-beginning	83194	594	77	160	7328	2275
年末耕地总资源	Total Resources of Cultivated Land at Year-end	81931	583	77	147	7187	2280
#常用耕地面积	Area of Cultivated Land	80905	583	77	147	7187	2081
#水(旱)田	Paddy Fields	58362	39		73	2210	1223
当年增加耕地面积	Area of Increased Cultivated Land in Current Year	592				32	44
#园地改为耕地	Area of Cultivated Land Adapted from Garden Land	247					
当年减少耕地面积	Area of Decreased Cultivated Land in Current Year	1855	11		13	173	40
#国家基建占用	Occupied by Capital Construction	279	3			24	8
其他基建占用	Occupied by Other Construction	413	7		13	129	9
粮食占用耕地面积	Area of Cultivated Land Occupied by Grain	16576				316	375

10-3 续表 continued

单位：公顷 (hectare)

项　目	Item	番禺区 Panyu	花都区 Huadu	南沙区 Nansha	从化区 Conghua	增城区 Zengcheng
年初耕地总资源	Total Resources of Cultivated Land at Year-beginning	6788	9289	9947	20434	26302
年末耕地总资源	Total Resources of Cultivated Land at Year-end	6618	9214	9213	20434	26178
#常用耕地面积	Area of Cultivated Land	6516	9118	9118	19991	26087
#水(旱)田	Paddy Fields	4590	8150	7142	16784	18151
当年增加耕地面积	Area of Increased Cultivated Land in Current Year	17	36	347		116
#园地改为耕地	Area of Cultivated Land Adapted from Garden Land		32	215		
当年减少耕地面积	Area of Decreased Cultivated Land in Current Year	187	111	1081		239
#国家基建占用	Occupied by Capital Construction		65	97		82
其他基建占用	Occupied by Other Construction		17	83		155
粮食占用耕地面积	Area of Cultivated Land Occupied by Grain	229	1400	874	7810	5572

10-4 建制镇社会经济发展基本情况（2023年）

乡镇名称	Name of Towns	乡镇行政区域面积（公顷）Area of Administrative Division (hectare)	户籍户数（户）Registered Households (household)	户籍人口（人）Registered Population (person)	地方一般公共预算收入（万元）General Budgetary Revenue (10000 yuan)	地方一般公共预算支出（万元）General Budgetary Expenditure (10000 yuan)	耕地面积（公顷）Area of Cultivated Land (hectare)
白云区	**Baiyun**						
人和镇	Renhe Town	7440	34925	111507	12864	12864	1267
太和镇	Taihe Town	16462	13799	56554	10681	10681	653
钟落潭镇	Zhongluotan Town	23047	43393	158086	18212	18229	2585
江高镇	Jianggao Town	10228	43103	137749	19629	18556	2144
黄埔区	**Huangpu**						
新龙镇	Xinlong Town	7539	8135	45786	37350	36398	759
番禺区	**Panyu**						
南村镇	Nancun Town	4700	45281	127203	84430	87106	411
新造镇	Xinzao Town	1412	7624	19744	15814	15949	142
化龙镇	Hualong Town	6028	14002	37579	30916	30326	1162
石楼镇	Shilou Town	12650	56265	141013	104476	104185	1695
石碁镇	Shiji Town	4620	21797	57303	60170	59147	1366
花都区	**Huadu**						
梯面镇	Timian Town	9120	3006	11204	12337	14218	317
花山镇	Huashan Town	11687	29753	97327	13748	23254	1808
花东镇	Huadong Town	20844	40591	139260	34632	34632	1617
炭步镇	Tanbu Town	11350	19275	57870	14000	15825	2050
赤坭镇	Chini Town	16010	19352	60867	20264	8674	1866
狮岭镇	Shiling Town	13619	19576	78387	33261	36045	828
南沙区	**Nansha**						
万顷沙镇	Wanqingsha Town	14285	11400	38048	104785	86223	588
横沥镇	Hengli Town	5400	11728	34686	38199	35979	1026
黄阁镇	Huangge Town	7650	26561	77001	51348	39186	179
东涌镇	Dongyong Town	9153	34615	92144	93365	97964	3734
大岗镇	Dagang Town	9008	30933	86844	97717	98983	1948
榄核镇	Lanhe Town	7450	22308	62492	55870	61605	2122
从化区	**Conghua**						
温泉镇	Wenquan Town	21090	14473	54988	13655	13997	2518
良口镇	Liangkou Town	52890	12275	48086	11894	11894	1144
吕田镇	Liangtian Town	38890	9139	31716	11257	11257	2186
太平镇	Taiping Town	20890	27108	105262	17243	17243	2770
鳌头镇	Aotou Town	34990	36769	151332	25361	25361	7175
增城区	**Zengcheng**						
新塘镇	Xintang Town	8632	73219	205008	47054	47054	1002
石滩镇	Shitan Town	16197	47680	135504	34924	34924	5440
中新镇	Zhongxin Town	23237	37532	103884	23460	23460	3340
正果镇	Zhengguo Town	23941	21295	65765	14520	14520	2285
派潭镇	Paitan Town	28965	27538	91007	22096	22096	4111
小楼镇	Xiaolou Town	13667	19055	55817	12113	12113	2545
仙村镇	Xiancun Town	5665	16646	51636	18616	18616	1365

注：2021年番禺区沙湾镇改为沙湾街道。

Basic Statistics on Social and Economic Development of Towns (2023)

农业企业数(个) Number of Agricultural Enterprises (unit)	规模以上工业企业数(个) Number of Industrial Enterprises above Designated Size(unit)	商品交易市场个数(个) Number of Commodity Markets (unit)	小学在校学生数(人) Number of Enrolled Primary School Students (person)	幼儿园托儿所数(个) Number of Kindergartens (unit)	医疗卫生机构床位数(床) Hospital Beds (bed)	城乡居民基本医疗保险参保人数(人) Number of Persons Participating in Basic Medical Care Insurance for Urban and Rural Residents(person)	城乡居民基本养老保险参保人数(人) Number of Persons Participating in Basic Pension Insurance for Urban and Rural Residents(person)
14	132	6	12359	26	550	56268	33363
27	79	4	7604	14	578	55439	3753
101	228		15219	38	1621	96586	41605
16	212	6	12887	30	1308	108426	32028
9	12	2	3786	4	440	25261	9005
9	107	11	21580	46	200	60142	15285
7	15	2	1828	5	76	8462	3572
2	83	9	4294	9	135	18038	10848
28	165	4	19010	35	146	58092	19748
13	171	29	9312	23	300	35208	13926
17	7	1	1176	2	23	6818	3537
93	122	1	9567	14	179	60708	34280
15	122	10	14377	27	170	85082	43580
2	100	1	7089	8	58	34943	20391
89	35	2	3266	3	70	36240	22035
7	268	16	24161	29	621	61911	25726
16	24	3	4121	17	19	24386	7439
6	28	5	4680	7	1009	18381	18000
1	69		7926	12	70	33222	11613
9	240	6	11797	25	260	48584	7304
15	94	4	8514	28	368	36316	23753
8	140	3	8345	19	91	34378	16028
14	23	2	4265	7	87	33064	19613
31	2	1	3404	4	50	31321	17713
44	1	1	1611	2	25	20800	13813
52	99	1	13347	20	67	62399	34609
110	87	3	13195	18	220	97448	51452
2	395	10	37967	85	1184	97845	43019
17	87	5	15615	26	1042	78892	45307
97	54	3	11364	21	162	55817	31890
13	6	2	2177	3	75	39579	22934
48	1	1	4843	5	105	58910	32584
30	8	4	2183	4	40	35869	20813
16	65	1	3947	9	39	27528	15876

Note：Shawan Town in Panyu District was renamed Shawan Street in 2021.

10-5 涉农街道社会经济发展基本情况（2023年）

街道名称	Street Name	乡镇行政区域面积（公顷）Area of Administrative Division (hectare)	户籍户数（户）Registered Households (household)	户籍人口（人）Registered Population (person)	地方一般公共预算收入（万元）General Budgetary Revenue (10000 yuan)	地方一般公共预算支出（万元）General Budgetary Expenditure (10000 yuan)	耕地面积（公顷）Area of Cultivated Land (hectare)
城郊街道	Chengjiao Street	12960	25994	88138	14657	14657	2554
朱村街道	Zhucun Street	9407	21917	57596	15676	15544	2052
江埔街道	Jiangpu Street	10260	29857	95481	18421	18421	1730
荔城街道	Licheng Street	8227	47090	134642	26203	26203	1595
增江街道	Zengjiang Street	8618	16656	47866	17725	17725	1052
珠江街道	Zhujiang Street	3622	6707	23413	23625	23625	901
宁西街道	Ningxi Street	5376	12579	37666	12974	12974	573
荔湖街道	Lihu Street	4522	13301	43825	15127	15127	563
洛浦街道	Luopu Street	2538	41940	116591	18738	18738	405
石壁街道	Shibi Street	2701	12019	31754	12111	12111	391
沙湾街道	Shawan Street	3745	25657	69931	14282	14282	375
街口街道	Jiekou Street	5480	31272	88301	13335	13335	357
九佛街道	Jiufo Street	5567	5796	30581	13274	6946	337
中南街道	Zhongnan Street	670	3508	10781	4143	4143	335
龙归街道	Longgui Street	2671	14217	45909	13547	13547	318
花城街道	Huacheng Street	3301	34550	101909	7720	7720	269
永宁街道	Yongning Street	4941	10529	32366	16999	16999	256
新雅街道	Xinya Street	3425	27489	82920	8486	8486	235
龙湖街道	Longhu Street	4750	16709	61420	15065	8177	214
桥南街道	Qiaonan Street	1785	22662	67478	9968	9968	209
大龙街道	Dalong Street	2480	28656	80428	21054	21054	177
海龙街道	Hailong Street	950	9020	25831	6099	6099	171
秀全街道	Xiuquan Street	5022	21490	65986	8401	8401	161
钟村街道	Zhongcun Street	2341	37483	104346	26200	26200	122
大石街道	Dashi Street	1934	27054	80557	17712	17712	122
石门街道	Shimen Street	2028	7993	26351	8907	8907	100

注：本表选取耕地面积大于100公顷的涉农街道，按照耕地面积大小降序排列。

Basic Social and Economic Development of Agriculture-related Streets (2023)

农业企业数(个) Number of Agricultural Enterprises (unit)	规模以上工业企业数(个) Number of Industrial Enterprises above Designated Size(unit)	商品交易市场个数(个) Number of Commodity Markets (unit)	小学在校学生数(人) Number of Enrolled Primary School Students (person)	幼儿园托儿所数(个) Number of Kindergartens (unit)	医疗卫生机构床位数(床) Hospital Beds (bed)	城乡居民基本医疗保险参保人数(人) Number of Persons Participating in Basic Medical Care Insurance for Urban and Rural Residents(person)	城乡居民基本养老保险参保人数(人) Number of Persons Participating in Basic Pension Insurance for Urban and Rural Residents(person)
105	74	2	11103	19	1206	44549	21571
14	26	2	6238	16	70	33495	14921
43	18	5	12994	20	414	46009	20336
23	1	8	26078	33	1523	57830	21377
8	37	2	8168	14	1417	7186	12313
12	75	2	1782	9	223	6350	617
4	141	4	6836	8	541	21931	10562
1	7	1	4647	13	15	21732	13987
1	14	5	17008	30	128	50901	13921
	57	5	4987	13		17061	8499
6	120	5	11397	23	657	41151	14973
45	3	1	10787	27	456	34121	8407
5	49		2241	3	78	15897	3867
3	5	2	1153	4	50	3062	1915
3	140		6853	27	360	29789	5085
	41	9	17439	28	988	42066	13067
	21	4	19652	28	398	47817	5470
	165	6	16276	16	42	44938	14721
3	6		9678	10	477	18745	17564
10	28	4	10912	20	1493	25471	2158
11	155	12	15951	31	10	10896	10896
	17	1	6778	9	696	9684	3134
	293	7	14589	22	858	34026	11248
	66	3	18338	29	788	31194	7181
	64	2	14244	31	939	37430	10763
	24	5	3531	9	1548	13106	1256

Note：In this table, agriculture-related streets with cultivated land area greater than 100 hectares are selected and arranged in descending order according to the size of cultivated land.

10-6 全市村委会社会经济基本情况（2023年）

项目	Item	全市 Total
一、基本情况	**Basic Information**	
村委会数 (个)	Number of Village Committees (unit)	1145
行政区域面积 (公顷)	Area of Administrative Region (hectare)	557027
通公共交通村数 (个)	Number of Villages Available for Public Transport (unit)	1113
有公共厕所的村 (个)	Number of public toilets available (unit)	1082
垃圾分类处理村数 (个)	Number of Villages with Centralized Garbage Disposal (unit)	1127
污水集中处理村数 (个)	Number of Villages with Centralized Sewage Treatment (unit)	1048
有电子商务配送站点村数 (个)	Number of Villages with E-Commerce Distribution Centre (unit)	945
二、人口情况	**Population**	
户籍户数 (户)	Registered Households (household)	995715
户籍人口 (人)	Registered Population (person)	3203741
常住户数 (户)	Permanent Households (household)	1928206
常住人口 (人)	Permanent Population (person)	5739721
三、社会保障及社会服务情况	**Social Insurance and Social Service**	
农村特困救助供养人数 (人)	Number of Rural Special Poverty Relief Providers (person)	4615
体育健身场所数 (个)	Number of Gymnasia and Stadium (unit)	7678
图书室(馆) (个)	Number of Libraries (unit)	959
卫生室数 (个)	Number of Health Rooms (unit)	1044
执业(助理)医师数 (个)	Number of Practicing (Assistant) Doctors (person)	967
四、产业发展情况	**Industrial Development**	
种植规模户 (户)	Planting Scale Households (household)	1499
畜禽养殖规模户 (户)	Livestock and Poultry Breeding Scale Households (household)	343
有实际经营活动的农民专业合作社 (个)	Specialized Farmer Cooperatives with Actual Business Activities(unit)	1069
有实际经营活动的农民专业合作社成员(户)	Member of Specialized Farmer Cooperatives with Actual Business Activities (household)	11840
五、农田水利情况	**Situation of farmland and water conservancy**	
能正常使用的机电井 (个)	Mechanical and Electrical Wells That Can be Used Normally (unit)	809
能正常使用的排灌站 (个)	Drainage and Irrigation Stations That Can be Used Normally (unit)	1611
本村能够使用的灌溉用水塘和水库 (个)	Irrigation Ponds and Reservoirs That Can Be Used in the Village (unit)	1825
六、村务情况	**Village Administrative Affairs**	
全年村集体收入 (万元)	Annual Income of Village Collectives (10000 yuan)	851954
#经营收入 (万元)	Operating Income (10000 yuan)	485063
村级办公支出 (万元)	Village Level Office Expenditure (10000 yuan)	195147

注：本表村委会是指全市所有挂牌的村委会，不包括空壳村。村集体经济情况指标是指由村委会(村集体)支配的收入和支出情况。

Social and Economic Information of Village Committees (2023)

白云区 Baiyun	黄埔区 Huangpu	番禺区 Panyu	花都区 Huadu	南沙区 Nansha	从化区 Conghua	增城区 Zengcheng
118	28	177	188	128	221	285
47719	17408	40826	85950	39392	174631	151101
118	27	176	173	118	217	284
118	27	175	187	117	178	280
118	28	175	187	120	214	285
118	28	169	167	98	183	285
104	15	176	155	113	129	253
143478	18367	179140	164481	113087	120830	256332
497238	98992	468984	552829	318399	497208	770091
312809	8593	652951	332401	238859	112675	269918
1083868	36174	1725219	1016956	591911	466689	818904
496	35	211	470	349	1180	1874
591	87	1937	1577	260	1978	1248
118	42	115	226	115	222	121
117	26	115	191	106	218	271
133	22	172	170	115	99	256
24	13	109	404	179	277	493
18		58	44	21	61	141
41	4	39	67	50	409	459
1172	23	946	751	802	4329	3817
253	2	196	129	13	95	121
154	1	202	98	929	50	177
73	36	245	585	189	304	393
50481	11977	482083	47328	130787	10443	118855
24415	208	326583	29985	68786	4769	30317
70457	3090	51464	36928	11850	6258	15100

Note: The whole family has been away for more than half a year. the village committee in this table refers to all the village committees listed in the city, excluding empty shell villages. The indicators of village collective economy refer to the income and expenditure controlled by the village committee (village collective).

10-7 全市涉农居委会社会经济基本情况（2022-2023年）
Basic Statistics on Social and Economic Situation of Village Committees in Guangzhou (2022-2023)

项　目		Item		2022	2023
一、基本情况		**Basic Information**			
涉农居委会数	(个)	Number of Village Committees	(unit)	115	103
行政区域面积	(公顷)	Area of Administrative Region	(hectare)	44943	42776
通公共交通居委数	(个)	Number of Villages Available for Public Transport	(unit)	115	103
有公共厕所数	(个)	Number of public toilets available	(unit)	112	101
垃圾分类处理居委数	(个)	Number of Villages with Centralized Garbage Disposal	(unit)	114	102
污水集中处理居委数	(个)	Number of Villages with Centralized Sewage Treatment	(unit)	106	99
有电子商务配送站点居委数	(个)	Number of Villages with E-Commerce Distribution Centre	(unit)	96	95
二、人口情况		**Population**			
户籍户数	(户)	Registered Households	(household)	147068	140771
户籍人口	(人)	Registered Population	(person)	457682	446383
常住户数	(户)	Permanent Households	(household)	462328	394566
常住人口	(人)	Permanent Population	(person)	1286892	1140986

10-7 续表 continued

项 目	Item	2022	2023
三、社会保障及社会服务情况	**Social Insurance and Social Service**		
特困救助供养人数 (人)	Number of Rural Special Poverty Relief Providers (Persons)	703	664
体育健身场所数 (个)	Number of Gymnasia and Stadium (unit)	395	642
图书室(馆) (个)	Number of Libraries and Cultural Stations (unit)	110	79
卫生室数 (个)	Number of Health Rooms (unit)	75	110
执业(助理)医师数 (个)	Number of Practicing (Assistant) Doctors (person)	247	550
四、产业发展情况	**Industrial Development**		
种植规模户 (户)	Planting Scale Households (household)	23	157
畜禽养殖规模户 (户)	Livestock and Poultry Breeding Scale Households (household)	4	4
有实际经营活动的农民专业合作社(个)	Specialized farmer cooperatives with actual business activities (unit)	13	9
有实际经营活动的农民专业合作社成员 (户)	Member of Specialized farmer cooperatives with actual business activities (household)	86	79
五、农田水利情况	**Situation of farmland and water conservancy**		
能正常使用的机电井 (个)	Mechanical and Electrical Wells That Can be Used Normally (unit)	18	15
能正常使用的排灌站 (个)	Drainage and Irrigation Stations That Can be Used Normally (unit)	76	85
能够使用的灌溉用水塘和水库 (个)	Irrigation Ponds and Reservoirs That Can Be Used in the Village (unit)	69	61

10-8 农林牧渔业生产经营户及从业人员情况（2023年）

项　　目	Item
从事农、林、牧、渔业生产经营户(户)	Number of Households Engaging in Agriculture, Forestry, Animal Husbandry and Fishery (household)
农、林、牧、渔业从业人员数　(人)	Number of Rural Employed Persons in Agriculture, Forestry, Animal Husbandry and Fishery (person)
农业	Agriculture
林业	Forestry
畜牧业	Animal Husbandry
渔业	Fishery
农、林、牧、渔专业及辅助性活动	Service Industry for Agriculture

10-8　续表

项　　目	Item
从事农、林、牧、渔业生产经营户(户)	Number of Households Engaging in Agriculture, Forestry, Animal Husbandry and Fishery (household)
农、林、牧、渔业从业人员数　(人)	Number of Rural Employed Persons in Agriculture, Forestry, Animal Husbandry and Fishery (person)
农业	Agriculture
林业	Forestry
畜牧业	Animal Husbandry
渔业	Fishery
农、林、牧、渔专业及辅助性活动	Service Industry for Agriculture

Number of Households and Laborers Engaging in Agriculture, Forestry, Animal Husbandry and Fishery (2023)

全 市 Total	荔湾区 Liwan	海珠区 Haizhu	天河区 Tianhe	白云区 Baiyun	黄埔区 Huangpu
334650	2628	477	380	37379	16363
545663	6381	970	740	73966	23892
456108	6060	970	737	65586	21665
7472				25	719
18349				186	5
36620	308			4105	813
27114	13		3	4064	690

continued

番禺区 Panyu	花都区 Huadu	南沙区 Nansha	从化区 Conghua	增城区 Zengcheng
21179	58296	38021	95068	64859
52675	88013	74501	131588	92937
37508	76320	61141	112712	73409
1250	844	148	2254	2232
3163	1347	196	9350	4102
8535	7142	7863	2695	5159
2219	2360	5153	4577	8035

10−9 主要年份农林牧渔业总产值

Gross Output Value of Agriculture, Forestry, Animal Husbandry and Fishery in Main Years

单位：万元　　(10000 yuan)

年 份 Year	合 计 Total	#农业 Agriculture	林业 Forestry	畜牧业 Animal Husbandry	渔业 Fishery
1978	79940	62212	1367	11018	3551
1980	89465	69534	2316	11730	3650
1985	180163	117429	2312	43583	9530
1986	207553	133272	2921	48420	12630
1987	259437	171381	3534	58134	15286
1988	374875	235199	4210	100127	22571
1989	410575	258918	5325	105375	25131
1990	439322	280156	5011	110313	28142
1991	489080	311918	4809	124979	32183
1992	590289	359850	8004	165373	42635
1993	773560	415462	9442	220827	108282
1994	1034215	562429	8198	315842	125140
1995	1268076	673678	10672	369589	185396
1996	1429078	701636	11152	429758	247883
1997	1508110	748281	12706	449656	254502
1998	1540244	770438	12643	439267	265520
1999	1600738	818349	12683	433928	280155
2000	1630468	823477	13224	430589	296503
2001	1670518	878086	13344	406407	304442
2002	1750598	942935	11577	404566	321379
2003	1806678	978410	12823	388590	332774
2004	2014423	1055554	36602	401247	358246
2005	2208105	1126688	38424	477025	376560
2006	2178394	1140576	18192	421336	406265
2007	2544675	1349965	18284	519306	432804
2008	2913008	1445324	19898	639605	526876
2009	2956200	1500816	21683	612002	536132
2010	3221258	1662415	26613	641581	583252
2011	3506065	1783512	34286	721893	627707
2012	3667902	1872361	32169	766839	637314
2013	3899763	2027062	39615	758607	677539
2014	3983015	2141475	40369	648663	732958
2015	4134562	2260493	42178	618008	751349
2016	4366530	2407531	38691	657981	767014
2017	4329167	2401771	36563	565886	794899
2018	4166916	2316909	25355	419744	819757
2019	4462804	2504592	24176	440968	888886
2020	5140286	2785512	42758	461002	1181564
2021	5425505	2965751	58041	381303	1236872
2022	5687687	3121255	46101	363193	1295395
2023	5827931	3118433	81242	375147	1299080

10-10 主要年份农林牧渔业总产值指数

Indices of Gross Output Value of Agriculture, Forestry, Animal Husbandry and Fishery in Main Years

上年=100 (preceding year=100)

年份 Year	合计 Total	#农业 Agriculture	林业 Forestry	畜牧业 Animal Husbandry	渔业 Fishery
1978	103.2	101.5	124.9	113.4	102.4
1980	108.2	107.1	230.1	98.1	127.9
1985	108.1	103.8	110.8	125.1	112.9
1986	105.2	101.9	113.1	110.4	113.0
1987	104.4	104.8	120.6	103.0	103.2
1988	105.7	101.0	86.2	120.1	114.6
1989	101.4	100.5	138.3	98.7	101.2
1990	106.3	106.1	62.3	109.3	109.5
1991	111.1	111.8	98.5	113.0	106.3
1992	114.0	109.4	182.1	123.3	121.7
1993	99.1	81.2	75.2	119.3	160.8
1994	117.4	118.6	83.9	114.8	122.3
1995	109.3	106.0	106.1	104.5	126.9
1996	106.6	97.1	107.2	106.9	128.0
1997	106.6	107.4	97.5	105.3	106.3
1998	104.6	100.1	97.2	103.7	112.1
1999	109.5	118.0	110.5	99.9	106.3
2000	102.0	98.9	108.4	101.8	104.8
2001	101.6	103.6	92.9	95.2	107.1
2002	109.1	123.5	96.1	97.4	101.7
2003	100.7	94.5	75.4	98.5	108.5
2004	105.1	112.6	120.5	97.5	101.9
2005	104.1	102.3	103.7	108.4	101.2
2006	98.1	100.7	47.1	87.9	107.3
2007	103.1	102.2	90.2	103.1	101.3
2008	103.4	97.3	104.0	110.0	109.1
2009	103.9	103.0	109.0	104.9	105.2
2010	103.1	103.3	96.6	102.1	102.9
2011	102.6	103.6	122.0	98.3	102.5
2012	102.8	103.5	93.1	100.3	104.4
2013	102.9	102.4	120.7	98.2	106.5
2014	100.1	104.7	98.0	84.0	102.4
2015	102.2	103.8	104.2	91.8	103.1
2016	100.7	101.1	100.4	96.1	101.1
2017	100.7	102.6	94.3	91.1	99.9
2018	103.9	102.8	70.6	103.5	106.6
2019	103.2	105.0	95.3	91.0	106.7
2020	111.3	110.4	179.8	100.8	119.7
2021	107.2	108.1	128.4	99.6	102.2
2022	102.7	101.6	83.2	100.5	103.8
2023	104.2	103.1	178.7	103.3	100.7

注：农林牧渔业总产值指数按可比价计算。

Note: The indices of gross output value of farming, forestry, animal husbandry and fishery are calculated by comparable price.

10-11 农林牧渔业总产值、增加值构成（2023年）

单位：万元

项　　目	Item	全　市 Total
农、林、牧、渔业总产值　（当年价格）	**Gross Output Value of Agriculture, Forestry, Animal Husbandry and Fishery (at current prices)**	**5827931**
农业	Agriculture	3118433
林业	Forestry	81242
畜牧业	Animal Husbandry	375147
渔业	Fishery	1299080
农、林、牧、渔专业及其辅助性活动	Service Industry for Agriculture	954029
农、林、牧、渔业总产值构成　（%）	**Composition of Gross Output Value of Agriculture, Forestry, Animal Husbandry and Fishery (%)**	**100.00**
农业	Agriculture	53.51
林业	Forestry	1.39
畜牧业	Animal Husbandry	6.44
渔业	Fishery	22.29
农、林、牧、渔专业及其辅助性活动	Service Industry for Agriculture	16.37
农、林、牧、渔业增加值	**Value-added of Agriculture, Forestry, Animal Husbandry and Fishery**	**3566911**
农业	Agriculture	2182566
林业	Forestry	58728
畜牧业	Animal Husbandry	155099
渔业	Fishery	776510
农、林、牧、渔专业及其辅助性活动	Service Industry for Agriculture	394008
农、林、牧、渔业增加值构成　（%）	**Composition of Value-added of Agriculture, Forestry, Animal Husbandry and Fishery (%)**	**100.00**
农业	Agriculture	61.18
林业	Forestry	1.65
畜牧业	Animal Husbandry	4.35
渔业	Fishery	21.77
农、林、牧、渔专业及其辅助性活动	Service Industry for Agriculture	11.05

Gross Output Value, Value-added and Commodity Output Value of Agriculture, Forestry, Animal Husbandry and Fishery (2023)

(10000 yuan)

荔湾区 Liwan	海珠区 Haizhu	天河区 Tianhe	白云区 Baiyun	黄埔区 Huangpu	番禺区 Panyu	花都区 Huadu	南沙区 Nansha	从化区 Conghua	增城区 Zengcheng
82285	**28282**	**112084**	**721424**	**96333**	**640488**	**1036717**	**1255184**	**629625**	**1225509**
69443	7291	3198	461731	52859	202092	633430	521404	378028	788957
		1680	2554	2611	782	19797	395	28236	25187
			33501		24406	49186	26029	126792	115233
6956	18881	47863	45707	22141	339401	189165	540415	15019	73532
5886	2110	59343	177931	18722	73807	145139	166941	81550	222600
100.00	**100.00**	**100.00**	**100.00**	**100.00**	**100.00**	**100.00**	**100.00**	**100.00**	**100.00**
84.40	25.78	2.85	64.01	54.88	31.56	61.10	41.55	60.04	64.38
		1.50	0.35	2.71	0.12	1.91	0.03	4.48	2.06
			4.64		3.81	4.74	2.07	20.14	9.40
8.45	66.76	42.70	6.34	22.98	52.99	18.25	43.05	2.39	6.00
7.15	7.46	52.95	24.66	19.43	11.52	14.00	13.30	12.95	18.16
56287	**17292**	**58088**	**445779**	**59571**	**385945**	**650451**	**763196**	**378199**	**752103**
49731	5089	2229	326435	36843	142395	443036	363419	263486	549903
		796	1846	1888	566	14377	285	20534	18436
			13669		9958	21110	10620	51592	48150
4125	11321	30571	30343	13108	202544	111986	319925	8907	43680
2431	882	24492	73486	7732	30482	59942	68947	33680	91934
100.00	**100.00**	**100.00**	**100.00**	**100.00**	**100.00**	**100.00**	**100.00**	**100.00**	**100.00**
88.35	29.43	3.84	73.23	61.85	36.89	68.10	47.62	69.66	73.12
		1.37	0.41	3.17	0.15	2.21	0.04	5.43	2.45
			3.07		2.58	3.25	1.39	13.64	6.40
7.33	65.47	52.63	6.81	22.00	52.48	17.22	41.92	2.36	5.81
4.32	5.10	42.16	16.48	12.98	7.90	9.22	9.03	8.91	12.22

10−12 按历史时期分农林牧渔业总产值

Gross Output Value of Agriculture, Forestry, Animal Husbandry and Fishery by History Period

单位：万元 (10000 yuan)

时 期	Period	按现行价格计算 Current Price 合 计 Total	#农业 Agriculture	林业 Forestry	畜牧业 Animal Husbandry	渔业 Fishery
"六五"时期	6th Five-year Plan Period	658543	455112	8949	135454	34854
"七五"时期	7th Five-year Plan Period	1691762	1078926	21001	422369	103760
"八五"时期	8th Five-year Plan Period	4155220	2323337	41125	1196610	493636
"九五"时期	9th Five-year Plan Period	7708638	3862181	62408	2183198	1344563
"十五"时期	10th Five-year Plan Period	9450322	4981673	112770	2077835	1693401
"十一五"时期	11th Five-year Plan Period	13813535	7099096	104670	2833830	2485329
"十二五"时期	12th Five-year Plan Period	19191307	10084903	188617	3514011	3426867
"十三五"时期	13th Five-year Plan Period	22465703	12416315	167543	2545581	4452120
1979−2023年	1979-2023	96247371	51640698	895785	16052068	17872383
2012−2023年	2012-2023	55092068	29923144	507258	6457342	11082627
2017−2023年	2017-2023	35040296	19214222	314236	3007244	7516453

10−12 续表 continued

单位：% (%)

时 期	Period	平均增长速度 Average Speed of Growth 合 计 Total	#农业 Agriculture	林业 Forestry	畜牧业 Animal Husbandry	渔业 Fishery
"六五"时期	6th Five-year Plan Period	6.2	3.3	-5.8	17.9	15.5
"七五"时期	7th Five-year Plan Period	4.6	2.8	0.3	8.1	8.2
"八五"时期	8th Five-year Plan Period	10.0	4.6	3.7	14.8	26.4
"九五"时期	9th Five-year Plan Period	5.9	4.0	4.0	3.5	11.2
"十五"时期	10th Five-year Plan Period	5.8	7.8	-3.2	1.2	4.8
"十一五"时期	11th Five-year Plan Period	2.3	1.3	-14.2	1.3	5.1
"十二五"时期	12th Five-year Plan Period	2.1	3.6	6.9	-5.7	3.8
"十三五"时期	13th Five-year Plan Period	3.9	4.3	2.7	-3.6	6.6
1979−2023年	1979-2023	4.9	3.9	1.8	3.8	8.9
2012−2023年	2012-2023	3.5	4.0	8.0	-3.5	4.6
2017−2023年	2017-2023	4.7	4.7	11.7	-1.5	5.5

10-13 渔业生产情况（2023年）

Statistics on Fishery Production (2023)

项 目	Item	全 市 Total	荔湾区 Liwan	海珠区 Haizhu	天河区 Tianhe	白云区 Baiyun	黄埔区 Huangpu
水产品养殖总面积（公顷）	**Total Cultured Area of Aquatic Products (hectare)**	**21289**	**21**			**1527**	**285**
#淡水养殖	Freshwater Artificially Cultured	16494	21			1527	285
#鱼 塘	Fish Pond	16098	20			1525	285
水产品总产量（吨）	**Total Aquatic Products (ton)**	**483682**	**61**	**5247**	**14463**	**27955**	**6607**
按作业分	Grouped by Production						
海洋捕捞	Marine Fishing	31263		5247	14463		140
海水养殖	Mariculture	93227					
淡水捕捞	Freshwater Fishing	14104				200	62
淡水养殖	Freshwater Aquaculture	345088	61			27755	6405
按种类分	Grouped by Species						
鱼 类	Fish	439106		5227	12892	26029	6584
甲壳类	Shrimps, Prawns and Crabs	37121		20		84	13
贝 类	Shell-fish	1137					8
其他水产类	Other Aquatic Products	6318	61		1571	1842	2

10-13 续表 continued

项 目	Item	番禺区 Panyu	花都区 Huadu	南沙区 Nansha	从化区 Conghua	增城区 Zengcheng
水产品养殖总面积（公顷）	**Total Cultured Area of Aquatic Products (hectare)**	**3430**	**4582**	**6876**	**1458**	**3110**
#淡水养殖	Freshwater Artificially Cultured	1773	4582	3738	1458	3110
#鱼 塘	Fish Pond	1773	4576	3738	1071	3110
水产品总产量(吨)	**Total Aquatic Products (ton)**	**129847**	**88400**	**137549**	**9179**	**64374**
按作业分	Grouped by Production					
海洋捕捞	Marine Fishing	10403		1010		
海水养殖	Mariculture	50276		42951		
淡水捕捞	Freshwater Fishing	11734	32	1992		84
淡水养殖	Freshwater Aquaculture	57434	88368	91596	9179	64290
按种类分	Grouped by Species					
鱼 类	Fish	115643	87801	111902	9029	63999
甲壳类	Shrimps, Prawns and Crabs	12034	137	24824		9
贝 类	Shell-fish	1115		14		
其他水产类	Other Aquatic Products	1055	462	809	150	366

10−14　畜牧业生产情况（2023年）

项　　目		Item		全　市 Total
年末牛存栏量	（头）	Number of Farm Cattle on Hand at Year-end	(head)	12230
肉用牛		Beef Cattle		3266
奶　牛		Cow		8742
牛奶产量	（吨）	Output of Milk	(ton)	34038
牛出栏量	（头）	Number of Slaughtered Cattle	(head)	3264
牛肉产量	（吨）	Output of Beef	(ton)	417
生猪饲养量	（头）	Total Number of Hogs Raised	(head)	997718
年末生猪存栏量	（头）	Number of Hogs on Hand at Year-end	(head)	359311
#能繁殖的母猪		Female Hogs		32826
生猪出栏量	（头）	Number of Slaughtered Fattened Hogs	(head)	638407
猪肉产量	（吨）	Output of Pork	(ton)	50571
年末羊存栏量	（头）	Number of Sheep and Goats on Hand at Year-end	(head)	4037
羊出栏量	（头）	Number of Slaughtered Sheep and Goats	(head)	2231
羊肉产量	（吨）	Output of Mutton	(ton)	42
年末家禽存栏量	（万只）	Number of Poultry on Hand at Year-end	(10000 units)	1100
#三　鸟		Chickens, Ducks and Gooses		702
#鸡		Chickens		596
家禽出栏量（三鸟）	（万只）	Number of Slaughtered Poultry (Three Birds)	(10000 units)	4057
#三　鸟		Chickens, Ducks and Gooses		1805
#鸡		Chickens		1251
其他家禽出栏量	（万只）	Number of Other Slaughtered Poultry	(10000 units)	2353
#鸽　子		Pigeons		2350
禽肉产量（三鸟）	（吨）	Output of Poultry Meat (Three Birds)	(ton)	43976
其他禽肉产量	（吨）	Output of Other Poultry Meat	(ton)	12014
#鸽　子		Pigeon Meat		12008
禽蛋产量	（吨）	Output of Poultry Eggs	(ton)	34393
肉类总产量	（吨）	Output of Meat	(ton)	95370
蜂蜜产量	（吨）	Output of Honey	(ton)	3929

注：黄埔区从2021年开始没有畜牧业生产。

Statistics on Animal Husbandry Production (2023)

白云区 Baiyun	番禺区 Panyu	花都区 Huadu	南沙区 Nansha	从化区 Conghua	增城区 Zengcheng
1069	102	163	43	5744	5109
	72	163	4	184	2843
1069	30		23	5354	2266
3244	1		20	21053	9720
207	33	122	17	1786	1099
25	4	17	2	229	140
61757		224936	156133	409945	144947
15200		72876	59486	170356	41393
1213		5233	5156	17717	3507
46557		152060	96647	239589	103554
3891		12263	8266	18548	7603
	322	807	163	406	2339
	108	764	167	169	1023
	4	14	3	3	18
88	59	138	32	397	386
10	54	89	31	354	164
10	7	85	16	348	130
528	287	642	186	601	1813
46	264	372	185	493	445
46	18	364	52	398	373
549	17	262	2	141	1382
549	17	260	2	140	1382
8280	4165	5997	3141	7941	14452
2782	84	1424	11	711	7002
2782	84	1424	11	711	7002
158	1292	90	37	31311	1505
12196	4173	18309	11417	27036	22239
	11	511	44	1337	2026

Note：Huangpu has no livestock production since 2021.

10-15 农林牧渔专业及辅助性活动生产情况（2023年）

单位：万元

项　　目	Item	全　市 Total
农林牧渔专业及辅助性活动产值	**Agricultural, Forestry, Animal Husbandry and Fishery Specialty and Auxiliary Activity Output Value**	**954029**
农业专业及辅助性活动产值	**Agricultural Specialty and Auxiliary Activity Output Value**	**592684**
农业机械服务	Agricultural Machinery Service	54877
灌溉服务	Irrigation Service	50568
出售农业种子种苗收入	Income from The Sale of Agricultural Seeds and Seedlings	139021
农产品初加工收入	Income from Primary Processing of Agricultural Products	168973
其他农业专业及辅助性活动收入	Other Agricultural Professional and Auxiliary Activities Income	179245
林业专业及辅助性活动产值	**Output Value of Forestry Specialty and Auxiliary Activities**	**27549**
林业有害生物防治服务	Forest Pest Control Services	4591
森林防火服务	Forest Fire Protection Service	3153
出售林业种子种苗收入	Revenue from The Sale of Forestry Seeds and Seedlings	2505
林产品初加工收入	Primary Processing of Forest Products	3757
其他林业专业及辅助性活动收入	Other Forestry Professional and Auxiliary Activities Income	13543
畜牧专业及辅助性活动产值	**Animal Husbandry Professional and Auxiliary Activity Output Value**	**132676**
出售畜禽种苗收入	Income from Selling Livestock and Poultry Seedlings	78651
其中：出售仔猪	Including: Selling Piglets	9703
出售鸡苗	Selling Chicks	37356
畜牧产品初加工收入	Income from Primary Processing of Livestock Products	12280
其他畜牧业专业及辅助性活动收入	Income from Other Professional and Auxiliary Activities of Animal Husbandry	41745
渔业专业及辅助性活动产值	**Fishery Professional and Auxiliary Activities Output Value**	**201120**
出售水产鱼苗收入	Income from Selling Fish Fry	116155
水产品初加工收入	Income from Primary Processing of Aquatic Products	33758
其他渔业专业及辅助性活动收入	Other Fishery Professional and Auxiliary Activities Income	51207

Professional and Auxiliary Activities Production of Agricultural, Forestry, Animal Husbandry and Fishery (2023)

(10000yuan)

荔湾区 Liwan	海珠区 Haizhu	天河区 Tianhe	白云区 Baiyun	黄埔区 Huangpu	番禺区 Panyu	花都区 Huadu	南沙区 Nansha	从化区 Conghua	增城区 Zengcheng
5886	**2110**	**59343**	**177931**	**18722**	**73807**	**145139**	**166941**	**81550**	**222600**
5117	**2110**	**49302**	**117391**	**12698**	**8303**	**46389**	**137291**	**47109**	**166974**
			1258	104	4	3971	12697	10258	26585
			14740	7	307	14799	10316	5320	5079
5117		23868	27411	5316	2987	8116	33161	3282	29763
	2110	25434	7481	3235	4665	4640	20484	20316	80608
			66501	4036	340	14863	60633	7933	24939
769		**2917**	**3636**	**1449**		**3131**	**120**	**3679**	**11848**
769		16		889		171	120	818	1808
		64		30		553		1324	1182
		80	58			30		348	1989
						334		467	2956
		2757	3578	530		2043		722	3913
		7124	**33956**	**1877**	**2784**	**30460**	**3831**	**28132**	**24512**
		7104	23471	334	160	14519	6	19489	13568
			522			1781		7400	
		7104	7891	334		4694	6	8101	9226
			1344	1543	768	665	19	1737	6204
		20	9141		1856	15276	3806	6906	4740
			22948	**2698**	**62720**	**65159**	**25699**	**2630**	**19266**
			3924	236	61220	22246	18816	1611	8102
			938		700	26391	1068	358	4303
			18086	2462	800	16522	5815	661	6861

10-16 农村电力和化肥用量（2023年）

项　目	Item	全　市 Total
农村电气化	**Rural Electrification**	
农村用电量　（万千瓦·时）	Electricity Consumed in Rural Areas　(10000 kilowatt/hour)	981847
农村小水电站个数　（个）	Number of Small Hydropower Stations in Rural Areas　(unit)	126
农村小水电站装机容量　（千瓦）	Installed Capacity of Small Hydropower Stations in Rural Areas　(kilowatt)	132381
农村小水电站发电量(万千瓦·时)	Generated Energy of Small Hydropower Stations in Rural Areas (10000 kilowatts/hour)	18839
农村化学化	**Rural Chemicalizing**	
化肥施用量　（实物量、吨）	Consumption of Chemical Fertilizers (gross weight)　(ton)	268166
化肥施用量　（折纯量、吨）	Consumption of Chemical Fertilizers (effective weight)　(ton)	95946
农用薄膜使用量　（吨）	Consumption of Plastic Film in Agriculture　(ton)	2868
农药施用量　（吨）	Consumption of Agricultural Pesticide　(ton)	2561
农用柴油使用量　（吨）	Consumption of Diesel Oil in Agriculture　(ton)	41715

10-17 农业机械总动力和拥有量（2023年）

项　目	Item	全　市 Total
农业机械总动力　（千瓦）	**Total Power of Agricultural Machinery　(kilowatt)**	**1301305**
其中：柴油发动机动力	Power of Diesel Engines	649097
汽油发动机动力	Power of Gasoline Engines	203363
电动机动力	Power of Electric Motors	448676
主要农业机械拥有量	**Possession of Major Agricultural Machinery**	
大中型拖拉机　（台）	Number of Large and Medium Tractors　(unit)	511
小型拖拉机　（台）	Number of Mini-Tractors　(unit)	1012
大中型拖拉机配套农具　（台）	Number of Large and Medium Tractor Accessory Farm Machinery　(unit)	1192
小型拖拉机配套农具　（台）	Number of Mini-Tractor Towing Farm Machinery　(unit)	5570
农用排灌电动机　（台）	Electric Motors for Agricultural Use　(unit)	17159
农用水泵　（台）	Water Pumps for Agricultural Use　(unit)	37017
节水灌溉机械　（套）	Irrigation Machinery of Saving Water　(set)	13366
联合收割机　（台）	Combine Harvesters　(unit)	182
机动脱粒机　（台）	Motorized Threshers　(unit)	8292
渔用机动船　（艘）	Motorized Fishing Boats　(unit)	858

Statistics on Electricity and Chemical Fertilizer Consumption (2023)

荔湾区 Liwan	海珠区 Haizhu	天河区 Tianhe	白云区 Baiyun	黄埔区 Huangpu	番禺区 Panyu	花都区 Huadu	南沙区 Nansha	从化区 Conghua	增城区 Zengcheng
31182	43307	97108	254147	42911	220250	94061	85204	32664	81013
								116	10
								108936	23445
								13790	5049
49	201	107	55390	3412	10537	27424	36903	45057	89086
18	68	41	14277	1653	3959	9599	16364	17887	32080
214			101	43	198	139	1513	236	424
3	6	25	180	150	273	440	368	453	663
	1112	723	980	27	1948	5066	10417	16339	5103

Total Power and Possession of Major Agricultural Machinery (2023)

荔湾区 Liwan	海珠区 Haizhu	天河区 Tianhe	白云区 Baiyun	黄埔区 Huangpu	番禺区 Panyu	花都区 Huadu	南沙区 Nansha	从化区 Conghua	增城区 Zengcheng
1200	**2606**		**55513**	**4809**	**181880**	**176437**	**415347**	**213166**	**250347**
	2575		10714	1522	59300	91645	250344	148057	84940
	7		24415	430	22850	23996	64003	21350	46312
1200	24		20384	2857	99730	60784	101000	43759	118938
			27	2	13	55	65	155	194
	1		6	11	70	103	356	251	214
			12	7	13	110	225	380	445
			24	1	70	285	97	2800	2293
			2398		5004		7100	369	2288
	6		2398	69	6857	7854	19000	369	464
			1631	18	2844	482	6050	2253	88
			6	2		9	42	60	63
					32				8260
	20			24	465		344		5

10−18 主要农作物及水果种植面积和产量（2023年）

项目	Item	全市 Total	荔湾区 Liwan	海珠区 Haizhu
农作物总播种面积 （公顷）	**Total Sown Area of Farm Crops (hectare)**	**211874**	**2141**	**366**
粮食作物	Grain Crops	30084		
#稻谷	Rice	24006		
大豆	Soybeans	450		
经济作物	Economic Crops	32167	1950	
#甘蔗	Sugarcane	3707		
花生	Peanuts	3332		
花卉	Flowers	23287	1950	
#盆栽观赏植物	Potted Ornamental Plant	14090	1062	
其他作物	Other Farm Crops	149623	191	366
#蔬菜	Vegetables	149216	191	366
果用瓜	Melon-fruits	407		
园林水果年末面积 （公顷）	**Planting Area of Fruits at Year-end (hectare)**	**71506**		**338**
#柑桔橙	Citrus	4136		
香(大)蕉	Bananas and Plantains	4587		4
荔枝	Lychees	37794		14
龙眼	Longans	8026		105
番石榴	Guavas	2482		14
主要农作物产量 （吨）	**Yield of Major Farm Crops (ton)**			
粮食作物	Grain Crops	151918		
#稻谷	Rice	124247		
大豆	Soybeans	1169		
经济作物	Economic Crops			
#甘蔗	Sugarcane	467041		
花生	Peanuts	9899		
花卉 （万元）	Flowers (10000 yuan)	790783	68066	
#盆栽观赏植物	Potted Ornamental Plant	97840	24649	
其他作物	Other Farm Crops			
#蔬菜	Vegetables	4141279	2942	7826
果用瓜	Melon-fruits	7768		
园林水果总产量 （吨）	**Gross Output of Fruits (ton)**	**844557**		**5503**
#柑桔橙	Citrus	88743		
香(大)蕉	Bananas and Plantains	271964		70
荔枝	Lychees	118096		14
龙眼	Longans	44846		2144
番石榴	Guavas	131921		19

Sown Area and Output of Major Farm Crops and Fruits (2023)

天河区 Tianhe	白云区 Baiyun	黄埔区 Huangpu	番禺区 Panyu	花都区 Huadu	南沙区 Nansha	从化区 Conghua	增城区 Zengcheng
487	**41246**	**4642**	**14076**	**30817**	**28305**	**33061**	**56733**
	570	617	337	2345	1508	14281	10426
	377	379	157	726	1015	12403	8949
	4	23	4	157	60	147	55
	1503	534	5844	7044	7869	4797	2626
		12	6	8	3605	29	47
	10	36	10	223	13	2353	687
	1453	373	5818	6741	4218	1691	1043
	1117	211	4317	3941	1610	1270	562
487	39173	3491	7895	21428	18928	13983	43681
481	39101	3469	7856	21312	18884	13951	43605
6	72	22	39	116	44	32	76
65	**1647**	**2770**	**339**	**3951**	**5451**	**32747**	**24198**
	13	28	1	7	48	2667	1372
1	47	127	51	127	2574	202	1454
23	772	1630	16	1491	913	19723	13212
19	407	559	74	1415	132	2561	2754
1	22	18	68	62	1271	131	895
	3049	2706	1304	11157	7223	73223	53256
	2060	1879	532	3855	4958	64774	46189
	7	59	10	401	150	408	134
		218	565	595	460901	1536	3226
	40	125	52	688	54	6788	2152
	43082	9500	120865	364806	81031	89977	13456
	2882	3717	26361	13109	24190	2718	214
6472	883959	54142	173944	546513	664917	322444	1478121
44	1667	278	415	2458	774	421	1711
185	**12637**	**20424**	**8827**	**31023**	**258618**	**143139**	**364201**
	25	392	4	46	1179	30301	56796
3	1760	1845	1580	5574	157357	3708	100067
100	2959	8413	108	7668	4671	45967	48196
72	2202	4273	1012	8477	785	11450	14431
2	770	307	2348	2182	78546	2605	45142

10-19 主要农产品产量与1949年以来最高年份比较（2023年）

Output of Major Farm Products in Comparison with that of Peak Year since 1949 (2023)

项　　目	Item	2023	1949年以来最高年份（不含当年） Peak Year since 1949 (excluding current year)		2023年为1949年以来最高年(%) 2023as Percentage of Peak Year (%)
			年　份 Year	产　量 Output	
农产品总产量　（吨）	**Total Yield of Farm Products　(ton)**				
粮　食	Grain	151918	1984	1259928	12.06
#稻　谷	Rice	124247	1984	1242982	10.00
花　生	Peanuts	9899	1982	56397	17.55
蔬　菜	Vegetables	4141279	2022	4115685	100.62
水　果(含果用瓜)	Fruits (Containing fruit melon)	852325	2022	824443	103.38
单位播种面积产量（千克/公顷）	**Yield per Unit Sowed Area (kilogram/hectare)**				
粮　食	Grain	5050	2000	5758	87.70
#稻　谷	Rice	5176	2000	5952	86.96
花　生	Peanuts	2971	2022	2912	102.02
蔬　菜	Vegetables	27754	2022	27554	100.72
水　果(含果用瓜)	Fruits (including melon for fruit)	11852	2022	11646	101.77
禽畜产品产量　（吨）	**Total Output of Poultry and Animal Husbandry Products　(ton)**				
肉类总产量	Output of Meat	95704	2000	327702	29.20
#猪　肉	Pork	53213	2010	174778	30.45
牛羊肉	Beef and Mutton	590	2003	1973	29.90
家禽肉	Poultry Meat	41641	2002	184134	22.61
牛　奶	Milk	34717	2010	61530	56.42
鲜　蛋	Eggs	35659	1994	37321	95.55
水产品总产量　（吨）	**Total Output of Aquatic Products(ton)**				
海水产品	Seawater Aquatic Products	124490	2022	147792	84.23
淡水产品	Freshwater Aquatic Products	359192	2016	400639	89.65

10-20 农业生产水平（2022-2023年）

Production Level of Agriculture, Animal Husbandry and Fishery (2022-2023)

单位：千克 (kg)

项目	Item	2022	2023
平均每个农业户生产	**Average Production per Household**		
粮食	Grain	441	454
#稻谷	Rice	361	371
花生	Peanuts	27	30
甘蔗	Sugarcane	1508	1396
蔬菜	Vegetables	11798	12375
水果(含果用瓜)	Fruits (Containing fruit melon)	2363	2547
花卉 (元)	Flowers (yuan)	21493	23630
生猪 (头)	Hogs (unit)	2	2
家禽 (只)	Poultry (unit)	116	63
#鸡	Chickens	36	40
禽蛋	Eggs of Poultry	99	106
水产品	Aquatic Products	1428	1445
#鱼类	Fish	1331	1312
平均每个农业从业人员生产	**Average Production per Employed Person Engaging in Farming**		
粮食	Grain	316	333
#稻谷	Rice	258	272
花生	Peanuts	19	22
甘蔗	Sugarcane	1080	1024
蔬菜	Vegetables	8448	9080
水果（含果用瓜）	Fruits (Containing fruit melon)	1692	1869
花卉 (元)	Flowers (yuan)	15390	17338
平均每个畜牧业从业人员生产	**Average Production per Employed Person Engaging in Animal Husbandry**		
肉类总产量	Output of Meat	4992	5216
#猪肉	Pork	2647	2900
牛羊肉	Beef and Mutton	24	32
禽肉	Meat of Poultry	2302	2269
禽蛋	Eggs of Poultry	1800	1941
平均每个渔业从业人员生产	**Average Production per Employed Person Engaging in Fishery**		
水产品	Aquatic Products	12595	13208
#鱼类	Fish	11736	11991
农、林、牧、渔业劳动生产率(元/人)	Labor Productivity of Agriculture, Forestry, Animal Husbandry and Fishery (yuan/person)	62094	68786
农业	Agriculture	44654	47852
林业	Forestry	47521	78597
畜牧业	Animal Husbandry	77486	84527
渔业	Fishery	193886	212045

10-21 都市农业主要指标（2022-2023年）

Main Economic Indicators of Urban Agriculture (2022-2023)

指标	Item	2022	2023
都市农业总收入（万元）	Total Income of Urban Agriculture (10000 yuan)	29346770	30630315
#农林牧渔业收入（万元）	Income of Agriculture, Forestry, Animal Husbandry and Fishery (10000 yuan)	5687687	5827931
加工本地农产品总收入（万元）	Total Income of Processing of Local Agriculture Products (10000 yuan)	15008157	15733411
运输本地农产品总收入（万元）	Total Income of Transport of Local Agriculture Products (10000 yuan)	2146206	2249919
批发零售本地农产品总收入（万元）	Total Income of Wholesale and Retail Trade of Local Agriculture Products (10000 yuan)	6213768	6514042
观光休闲旅游农业企业总收入（万元）	Total Income of Agricultural sightseeing Tourism Enterprises (10000 yuan)	290952	305012
都市农业增加值（万元）	Value-added of Urban Agriculture (10000 yuan)	11738708	12252126
#农林牧渔业增加值（万元）	Value-added of Agriculture, Forestry, Animal Husbandry and Fishery (10000 yuan)	3479753	3566911
加工本地农产品增加值（万元）	Value-added of Processing of Local Agriculture Products (10000 yuan)	3707497	3869653
运输本地农产品增加值（万元）	Value-added of Transportation of Local Agriculture Products (10000 yu	1109351	1157871
批发零售本地农产品增加值（万元）	Value-added of Wholesale and Retail Trade of Local Agriculture Products (10000 yuan)	3358929	3505839
观光休闲旅游农业增加值（万元）	Value-added of Agricultural Sightseeing Tourism (10000 yuan)	83178	151853
种子、种苗销售额（万元）	Sales value of Seeds and Seedlings (10000 yuan)	331758	336332
接待观光休闲游客人次（万人次）	Total Number of Agricultural Sightseeing Tourist (10000 Person-times)	1697	1845
都市农业从业人员（万人）	Employed Persons in Urban Agriculture (10000 Person)	95	132
都市农业劳动生产率（元/人）	Urban Agriculture Labor Productivity (yuan/person)	123565	92558
带动农户数（户）	Numbers of Local Farmers Derived by Industrialization of Agriculture Enterprises (unit)	312465	1488178
绿色农产品个数（个）	Numbers of Green Agricultural Products (unit)	89	117
绿色农产品产值（万元）	Output Value of Green Agricultural Products (10000 yuan)	47900	63939
农业产业化生产单位（个）	Industrialization of Agriculture Enterprises (unit)	1039	1102
#农业龙头企业（个）	Agriculture Leading Enterprises (unit)	371	436
#国家级（个）	National (unit)	15	15
省 级（个）	Provincial (unit)	170	170
市 级（个）	Municipal (unit)	365	430
农业生产基地(示范区)（个）	Agricultural Production Bases (Demonstration Area) (unit)	76	78
规模以上农业生产单位（个）	Agricultural Enterprises above the Designated Size (unit)	827	972
农产品交易市场（个）	Trade Markets of Agricultural Products (unit)	62	53

注：1. 从2019年起，“观光休闲旅游农业企业总收入”改为“农业观光休闲旅游总收入”，统计范围由农业龙头企业扩展为全社会涉农观光休闲单位。

2. “绿色农产品个数”不含“有机农产品个数”。

Notes: I. Since 2019, the "total income of agricultural enterprises in sightseeing and leisure tourism" will be changed to "total income of agricultural sightseeing and leisure tourism", and the statistical scope will be expanded from leading agricultural enterprises to agriculture-related sightseeing and leisure units in the whole society.

II. The number of green agricultural products does not contain the number of organic agricultural products.

10–22 设施农业生产情况（2023年）

Production of Facility Agriculture (2023)

项目	Item	面积（公顷）Area (Acre)	产量（吨）Yield (Ton)
蔬菜	**Vegetables**	**2755**	**75191**
芹菜	(1)Celery	53	1959
油菜	(2)Rapeseed		
菠菜	(3)Spinach	35	722
黄瓜	(4)Cucumber	165	5111
西红柿	(5)Tomatoes	190	7455
生姜	(6)Ginger	10	267
辣椒	(7)Chili	86	2696
其他蔬菜	(8)Other Vegetables	2216	56981
瓜果类	**Melon and Fruits**	**28**	**428**
其中：草莓	Including: Strawberry	13	250
花卉苗木	**Flowers Nursery Stock**	**9464**	
食用菌	**Edible Fungus**		**1318**
干品	Dry Cargo		124
鲜品	Fresh Cargo		1194
其中：蘑菇	Including: Mushrooms		1182
其他作物	**Other Crops**	**504**	
设施数量(个)	Number of Facilities(unit)		13348
设施农业占地面积	Facility Agriculture Covers Area	4599	
其中：设施实际使用面积	Including: The Actual Usable Area of The Facility	4004	

主要统计指标解释

【建制镇】本辖区内指经省、自治区、直辖市人民政府批准成立的镇一级行政区划。

【行政村】依据《中华人民共和国村民委员会组织法》设立的村民委员会进行村民自治的管理范围，是基层群众性自治单位。

【自然村】是指在农村地域内由居民自然聚居而形成的村落，自然村一般都应该有自己的名称。自然村的划分遵从当地的习惯划分。

【常用耕地面积】是指可以用来种植各种农作物,经常进行耕锄的田地，包括熟地、当年新开荒地、连续撂荒未满三年的耕地和当年的休闲地(轮歇地)，还包括以种植农作物为主，并附带种植桑、茶、果树和其他林木的土地，以及沿海、沿湖地区已围垦利用的“海涂”“湖田”等面积。但不包括专业性的桑园、茶园、果园、果木苗圃、林地、芦苇地、天然或人工草地面积。

【农作物播种面积】是指一定生产季节结束时实际播种或移植有农作物的面积。播种面积的统计年度,凡是能在本日历年度内(自 1 月 1 日至 12 月 31 日)收获的农作物(包括上年秋冬播和本年春播、夏播在本年收获的全部作物)播种面积，都包括在内。

【农业机械总动力】是指全部农业机械的额定功率之和。农业机械是指用于种植业、畜牧业、渔业、农产品初加工、农用运输和农田基本建设等活动的机械及设备。农机总动力按使用能源不同分为以下四部分：

柴油发动机动力：指全部柴油发动机额定功率之和；

汽油发动机动力：指全部汽油发动机额定功率之和；

电动机动力：指全部电动机（含潜水电泵的电动机）额定功率之和；

其他机械动力：指采用柴油、汽油、电力之外的其他能源，如水力、风力、煤炭、太阳能等动力机械功率之和。

【乡镇户数】指长期(一年以上)居住在镇(不包括城关镇)行政管理区域内的住户，还包括居住在城关镇和街道农（林）场所辖行政村范围内的农村住户。户口不在本地而在本地居住一年及以上的住户也包括在本地农村住户内；有本地户口，但举家外出谋生一年以上的住户，无论是否保留承包耕地都不应包括在本地农村住户范围内。不包括乡村地区内的国有经济的机关、团体、学校、企业、事业单位的集体户。

【乡镇人口】指农村地区常住居民户数中的常住人口数，即经常在家或在家居住 6 个月以上，而且经济和生活与本户连成一体的人口。外出从业人员在外居住时间虽然在 6 个月以上，但收入主要带回家中，经济与本户连为一体，仍视为家庭常住人口；在家居住，生活和本户连成一体的国家职工、退休人员也为家庭常住人口。但是现役军人、中专及以上(走读生除外)的在校学生以及常年在外(不包括探亲、看病等)且已有稳定的职业与居住场所的外出从业人员，不应当作家庭常住人口。

【农村劳动力资源总数】指镇村人口中劳动年龄以上（16 周岁）能够参加生产经营活动的人员。

【农村从业人员】指镇村人口中 16 岁以上实际参加生产经营活动并取得实物或货币收入的人员，既包括劳动年龄内经常参加劳动的人员，也包括超过劳动年龄但经常参加劳动的人员。但不包括户口在家的在外学生、现役军人和丧失劳动能力的人，也不包括待业人员和家务劳动者。从业人员年龄为 16 岁以上。从业人员按从事主业时间最长（时间相同按收入）分为农林牧渔业、工业、建筑业、交运仓储及邮政、信息传输、计算机服务和软件业、批发与零售业、住宿和餐饮业、其他行业的从业人员。

【农业企业】指通过种植、养殖、采集和渔猎等生产经营而取得产品的营利性经济组织，包括集体经营、私营、合作经营等各种类型的农业企业。不包括按国民经济行业分类划分为工业企业的农产品加工企业。

【农林牧渔业总产值】是以货币表现的农林牧渔业全部产品和对农林牧渔业生产活动进行的各种支持性服务活动的价值总量。它反映一定时期内农林牧渔业生产总规模和总成果。农林牧渔业总产值采用“产品法”进行计算，通常是按农、林、牧、渔业产品及其副产品的产量分别乘以各自单位产品价格求得；少数生产周期较长，当年没有产品或产品产量不易统计的，则采用间接方法匡算其产值；然后将四业产品产值及农林牧渔专业及辅助性活动产值相加即为农林牧渔业总产值。

【农林牧渔业增加值】在报告期内农林牧渔业生产产品或提供活动而增加的价值，为农林牧渔业现价总产值扣除农林牧渔业现价中间投入后的余额。

【农林牧渔业劳动生产率】指农林牧渔业劳动者在一定时间内生产的产品数量与相应的劳动消耗量之比。其计算公式为：

农林牧渔业劳动生产率=农林牧渔业总产值或农林牧渔业增加值/农林牧渔业劳动力平均人数

【村集体收入】指村集体经济可以抵偿当年支出、纳入当年收益分配的收入，包括经营收入、发包及上交收入、补助收入和其他收入，是村集体经济组织进行各项生产、服务、投资等经营活动取得的所有收入之和。不包括不归村集体支配的村民小组收入。

【都市农业】指在城市化地区，利用田园景观、自然生态及环境资源，通过农林牧渔业生产、农业经营活动、农村文化及农家生活，为人们休闲旅游、体验农业、了解农村提供场所，集农业的生产、生活、生态等功能于一体包含农业全产业链的产业。包括农林牧渔业以及为农林牧渔业、依托农林牧渔业资源所衍生出来的二、三产业，包括农林牧渔业生产、加工、制造、流通、服务等环节形成的全部经济活动。

【绿色农业】是指以获得国家认证的绿色农产品生产基地为场所，实施绿色农业工程，开发无污染、安全、优质的绿色农产品、有机农产品的综合高效产业。

【都市农业总收入】是指都市农业统计地理区域内各生产经营单位当年农业生产、加工本地农产品的价值量以及运输、批发零售本地农产品和观光休闲旅游农业的总收入。它是由农业生产产值、加工本地农产品产值、运输本地农产品总收入、批发零售本地农产品总收入和观光休闲旅游农业企业总收入组成。

【都市农业增加值】指都市农业统计地理区域内各生产经营单位当年新创造的价值。它是由都市农业生产、加工、制造、流通、服务等环节的劳动者报酬、生产税、固定资产当年折旧额、营业利润四个部分组成以及观光休闲农业企业的增加值加总构成。由相关行业总产值×增加值率计算得出。

【农业产业化】农业产业化是以国内外市场为导向，以经济效益为中心，通过自身的组织形式和运行机制，把分散的农户与某组织联成一体，众多的农户在该组织的带动下按同一标准进行统一生产，使一种或一类产品的生产在一个较大的区域内连成一片，形成较大规模，实现了农业由家庭分工向区域分工和社会分工的转变，形成了农户生产的专业化、农业布局的区域化、农产品生产的标准化和农业经营的规模化，将农业的产前、产中、产后诸环节有机地联为一体的经济运行方式。

【农业龙头企业】是指由区级或县级以上政府部门认定的，以农副产品生产、加工或流通企业为龙头，用合同契约关系或产权联结等多种形式，带动当地农户从事专业生产的经营组织。

【农业生产基地】是指镇级以上政府部门认定的，农产品生产区域相对集中、具有一定规模并为龙头企业或其他经济组织提供农产品的生产区域。

Explanatory Notes on Main Statistical Indicators

【**Organized town**】refers to the towns-level administrative divisions established with the approval of the people's governments of provinces, autonomous regions and municipalities directly under the Central Government.

【**Administrative village**】The villagers' committees established in accordance with the Organic Law of

Villagers' Committees of the People's Republic of China are mass self-governing units at the grass-roots level.

【Natural village】 refers to a village formed by natural settlement of residents in a rural area. Generally, a natural village should have its own name. The division of natural village follows the local custom division.

【Commonly used arable land area】 refers to the land that can be used to grow various crops and is often cultivated, including mature land, newly cleared land in the current year, arable land that has been abandoned continuously for less than three years, and recreational land (resting land) in the current year. It also includes land mainly for planting crops, with mulberry, tea, fruit trees and other trees. And coastal and lake areas have been reclaimed "tideland", "lake fields" and other areas. But it does not include professional mulberry garden, tea garden, orchard, fruit tree nursery, woodland, reed field, natural or artificial grassland area.

【Sown area of crops】 refers to the area where crops are actually sown or transplanted at the end of a certain production season. For the statistical year of sown acreage, the sown acreage of all crops that can be harvested in the current calendar year (from January 1 to December 31) (including all crops that are sown in the autumn and winter of the previous year and in the spring and summer of this year) shall be included.

【Total power of agricultural machinery】 refers to the sum of the rated power of all agricultural machinery. Agricultural machinery refers to machinery and equipment used in planting, animal husbandry, fishery, primary processing of agricultural products, agricultural transportation and farmland capital construction. The total power of agricultural machinery is divided into the following four parts according to the different energy usage:

Diesel engine power: refers to the sum of the rated power of all diesel engines;

Gasoline engine power: refers to the sum of the rated power of all gasoline engines;

Motor power: refers to the sum of rated power of all motors (including those of submersible pumps);

Other mechanical power: refers to the sum of mechanical power using other energy sources other than diesel, gasoline and electric power, such as water power, wind power, coal power and solar power.

【Number of households in towns and villages】 refers to the households living in the administrative areas of towns (excluding chengguan towns) for a long time (more than one year), and also includes the rural households living in the administrative villages under the jurisdiction of chengguan towns and sub-district agricultural (forest) sites. Non-local households who have resided in the local area for one year or more are also included in local rural households; Households with local household registration but living outside the home for more than a year should not be included in the scope of local rural households, regardless of whether they retain contracted farmland. It does not include collective households of state - owned economic organs, organizations, schools, enterprises and institutions in rural areas.

【Township and village population】 refers to the number of permanent residents in the permanent resident households in rural areas, that is, the population who often stay at home or live at home for more than 6 months and whose economy and life are integrated with the household. Although they live outside the home for more than 6 months, their income is mainly brought back to the family, and their economy is integrated with the household, so they are still considered as permanent residents of the family. Live in the home, the national worker that life and this household become an organic whole, retiree also is family permanent resident population. However, active servicemen, students of technical secondary school or above (except for day students), and workers who are out of town all year round (excluding visiting relatives and seeing a doctor) and have stable occupation and living places shall not be considered as permanent family residents.

【Total number of rural labor resources】 refers to the persons above the working age (16 years old) of the population in towns and villages who can participate in production and business activities.

【Rural employees】 refers to the persons over the age of 16 in the population of a town or village who actually participate in production and business activities and receive income in kind or money, including those who often participate in labor within the working age and those who often participate in labor beyond the working age. However, it does not include students living outside the country whose hukou is home, active military personnel and the incapacitated, or the unemployed and domestic workers. The employee must be over 16 years old. According to the longest period of time in the main business (the same period according to the income), employees are divided into agriculture, forestry, animal husbandry and fishery, industry, construction, transportation, storage and postal service, information transmission, computer services and software, wholesale and retail, accommodation and catering industry, and other industries.

【Agricultural enterprise】 refers to a profit-making economic organization that obtains products through production and operation such as planting, breeding, collecting, fishing and hunting, including various types of agricultural enterprises such as collective management, private management and cooperative management. Agricultural products processing enterprises classified as industrial enterprises according to the industry classification of the national economy are not included.

【Gross output value of Agriculture, Forestry, Animal Husbandry and Fishery】 is the total value of all products of agriculture, forestry, animal husbandry and fishery expressed in currency and all kinds of supporting services for agricultural, forestry, animal husbandry and fishery production activities. It reflects the total scale and total achievement of agriculture, forestry, animal husbandry and fishery production in a certain period. The gross output value of agriculture, forestry, animal husbandry and fishery is calculated by the "product method", which is usually obtained by multiplying the output of agricultural, forestry, animal husbandry and fishery products and their by-products by their respective unit product prices. A few production cycle is longer, there is no product in the current year or product output is not easy to statistics, indirect method is used to calculate its output value; Then, the total output value of agriculture, forestry, animal husbandry and fishery is calculated by adding the output value of the four industries, agriculture, forestry, animal husbandry and fishery majors and auxiliary activities.

【Added value of Agriculture】 The value added by the production of products or activities provided by agriculture, forestry, animal husbandry and fishery during the reporting period is the balance of the total output value of agriculture, forestry, animal husbandry and fishery after deducting the intermediate input of the current price.

【Labor productivity of Agriculture】 refers to the ratio of the quantity of products produced by agricultural, forestry, animal husbandry and fishery workers to the corresponding labor consumption in a certain period of time. The calculation formula is:Labor productivity of agriculture, forestry, animal husbandry and fishery = total output value of agriculture, forestry, animal husbandry and fishery or added value of agriculture, forestry, animal husbandry and fishery/average labor force of agriculture, forestry, animal husbandry and fishery

【Village collective income】 refers to the income of the village collective economy that can offset the expenditures of the current year and be included in the income distribution of the current year, including operating income, contracting and delivery income, subsidy income and other income. It is the sum of all income obtained by the village collective economic organization from various operating activities such as production, service and investment. It does not include the income of the villagers' group which is not at the disposal of the village collective.

"Urban agriculture" refers to the urban areas, the use of rural landscape, natural ecology and environment and resources, through animal husbandry fishery production, agricultural activities, rural culture and peasant living, leisure travel for people, learn about agriculture, rural place, set of agricultural production, living and ecological functions in one contains the agricultural industry chain of the industry. It includes agriculture, forestry, animal husbandry and fishery as well as secondary and tertiary industries derived from agriculture, forestry, animal husbandry and fishery resources, including all economic activities formed in the links of production, processing, manufacturing, circulation and service of agriculture, forestry, animal husbandry and fishery.

【Green agriculture】 refers to the implementation of green agricultural engineering, the development of pollution-free, safe, high-quality green agricultural products, organic agricultural products comprehensive and efficient industry based on the national certification of green agricultural products production base.

【Total income of urban agriculture】 refers to the value of agricultural production and processing of local agricultural products, as well as the total income of transportation, wholesale and retail of local agricultural products and tourism and leisure agriculture of all production and operation units in the statistical geographical region of urban agriculture in the same year. It is composed of the output value of agricultural production, the output value of processing local agricultural products, the total revenue of transportation of local agricultural products, the total revenue of wholesale and retail of local agricultural products and the total revenue of sightseeing, leisure and tourism agricultural enterprises.

【Added value of urban agriculture】 refers to the value newly created by the production and operation units in the statistical geographical area of urban agriculture in the current year. It is composed of four parts: labor remuneration, production tax, annual depreciation of fixed assets and operating profit of urban agricultural production, processing, manufacturing, circulation and service, and the added value of tourism and leisure agricultural enterprises. Calculated from the total output value of related industries × the rate of added value.

【Agricultural Industrialization】 The industrialization of agriculture industrialization of agriculture in domestic and international market as the guidance taking economic benefits as the center, through its organization form and operation mechanism, the dispersed farmers got behind with the organization, many farmers in this group is led by a unified production, according to the same standard to make one or a class of products in a large area, a joint formation of large-scale, It has realized the transformation of agriculture from family division of labor to regional division of labor and social division of labor, formed the specialized production of peasant households, the regionalization of agricultural layout, the standardization of agricultural production and the scale of agricultural operation, and organically linked the pre-production, production and post-production of agriculture into one economic operation mode.

【Agricultural leading enterprise】 refers to the management organization recognized by the government department at district level or above county level, with the production, processing or circulation enterprises of agricultural and side-products as the leading, and with various forms such as contract relationship or property right connection, to promote the local farmers to engage in professional production.

【Agricultural production base】refers to the production area designated by the government department at or above the town level, which has relatively concentrated agricultural production area, a certain scale and provides agricultural products for leading enterprises or other economic organizations.

第十一篇 CHAPTER 11

工 业
INDUSTRY

第十一篇　工业

简要说明

一、本篇资料反映广州市工业基本情况。

二、规模以上工业企业指年主营业务收入 2000 万元及以上的工业法人企业。

三、本篇资料中工业行业分类按《国民经济行业分类》（GB/T4754-2017）标准划分；企业规模按国家统计局《统计上大中小微企业划分办法（2017）》（国统字〔2017〕213 号）标准执行。

四、本篇资料由广州市统计局工业处整理提供。

Chapter 11 Industry

Brief　Introduction

I. The data in this chapter reflect the statistics on industrial enterprises of Guangzhou.

II. Industrial enterprises above designated size refer to industrial legal person enterprises with annual income of 20 million yuan or more from their main business.

III.The industrial classification in this data is classified according to the National Economic Industry Classification (GB/T4754-2017) standard; The enterprise size shall be implemented according to the National Bureau of Statistics "Measures for the Division of Statistically Large, Small, Medium and Micro Enterprises (2017)" (Guotongzi [2017] No. 213) standard.

IV. The data in this chapter are prepared and provided by Industry Department of Guangzhou Municipal Statistics Bureau.

11-1　工业总产值（2022-2023年）

Gross Output Value of Industry (2022-2023)

项　　目	Item	工业总产值（万元）Gross Output Value of Industry (10000 yuan)		工业总产值指数(%) Indices of Gross Output Value of Industry (%)
		2022	2023	
总　计	**Total**	**255744139**	**255294988**	**102.9**
规模以上工业企业	**Industrial Enterprises above Designated Size**	**239285825**	**238491049**	**103.0**
按登记注册类型分	Grouped by Registration Status			
内资企业	Domestic Funded Enterprises	125520064	132018420	110.0
国有企业	State-owned Enterprises	1197368	1310466	125.2
集体企业	Collective-owned Enterprises	136848	119817	89.8
股份合作企业	Cooperative Enterprises	88028	83131	92.2
有限责任公司	Limited Liability Corporations	56622812	61488649	116.9
国有独资有限责任公司	Sole State Funded Corporations	26926387	30338406	115.6
其他有限责任公司	Other Limited Liability Corporations	29696425	31150243	118.2
股份有限公司	Share-holding Corporations Ltd.	26325309	26906528	105.0
私营企业	Private Enterprises	41138446	42101223	103.9
私营独资企业	Private-funded Enterprises	528972	435554	84.8
私营合伙企业	Private Partnership Enterprises	68587	57949	86.6
私营有限责任公司	Private Limited Liability Corporations	34185595	34831685	103.5
私营股份有限公司	Private Share Holding Corporations	6355292	6776035	107.7
其他企业	Other Enterprises	11254	8606	78.6
港、澳、台商投资企业	Enterprises with Funds from Hong Kong, Macao and Taiwan	22137143	21807541	101.2
与港、澳、台商合资经营企业	Joint-venture Enterprises	5489941	5421933	100.6
与港、澳、台商合作经营企业	Cooperative Enterprises	539082	460712	87.7
港、澳、台商独资经营企业	Enterprises with Sole Funds	14414626	13575354	97.2
港、澳、台商投资股份有限公司	Share-holding Corporations Ltd.	1665270	1536176	94.5
其他港澳台投资	Other Enterprises with Funds from Hong Kong, Macao and Taiwan	28223	813367	2345.2
外商投资企业	Foreign Funded Enterprises	91628618	84665088	94.2
中外合资经营企业	Joint-venture Enterprises	61865315	56813992	94.0
中外合作经营企业	Cooperative Enterprises	365309	381288	106.9
外资企业	Enterprises with Sole Foreign Funds	27917128	25896497	93.6
外商投资股份有限公司	Share-holding Corporations Ltd.	623743	845542	138.5
其他外商投资	Other Foreign Funded Enterprises	857124	727769	87.0
按隶属关系分	Grouped by Administrative Relationship			
中央企业	Central Governments	38288240	35829378	104.2
地方企业	Local Governments	200997585	202661671	102.8
按轻重工业分	Grouped by Light & Heavy Industries			
轻工业	Light Industry	57457295	57428957	99.7
重工业	Heavy Industry	181828530	181062092	104.2
按生产规模分	Grouped by Size of Enterprises			
大型企业	Large Enterprises	128471250	122176718	99.8
中型企业	Medium Enterprises	37407761	40159349	109.6
小微型企业	Small and Micro Industrial Enterprises	73406815	76154982	105.3

11-1 续表 continue

项目	Item	工业总产值(万元) Gross Output Value of Industry (10000 yuan) 2022	2023	工业总产值指数(%) Indices of Gross Output Value of Industry (%)
按工业行业分	Grouped by Sector			
煤炭开采和洗选业	Mining and Washing of Coal			
石油和天然气开采业	Extraction of Petroleum and Natural Gas			
黑色金属矿采选业	Mining and Processing of Ferrous Metal Ores			
有色金属矿采选业	Mining and Processing of Non-Ferrous Metal Ores			
非金属矿采选业	Mining and Processing of Nonmetal Ores	318425	115660	36.3
开采专业及辅助性活动	Mining Professional and Auxiliary Activities			
其他采矿业	Mining of Other Ores			
农副食品加工业	Processing of Food from Agricultural Products	4339615	4529897	107.3
食品制造业	Manufacture of Foods	5750909	6029874	103.3
酒、饮料和精制茶制造业	Manufacture of Wine ,Beverages and Refined Tea	3602366	3853424	107.3
烟草制品业	Manufacture of Tobacco	2454461	2604798	105.9
纺织业	Manufacture of Textile	1362795	1291920	92.9
纺织服装、服饰业	Manufacture of Textile Wearing Apparel,Clothing	2616600	2556250	98.6
皮革、毛皮、羽毛及其制品和制鞋业	Manufacture of Leather, Fur, Feather and Related Products and Footwear	1535080	1535608	96.6
木材加工和木、竹、藤、棕、草制品业	Processing of Timber, Manufacture of Wood, Bamboo,Rattan, Palm and Straw Products	241838	269768	96.1
家具制造业	Manufacture of Furniture	3749253	3575187	96.3
造纸和纸制品业	Manufacture of Paper and Paper Products	1704996	1672263	94.9
印刷业和记录媒介复制业	Printing, Reproduction of Recording Media	1254157	1257682	95.9
文教、工美、体育和娱乐用品制造业	Manufacture of Culture and Education ,Arts and Crafts, Sports and Entertainment Supplies	1522698	1376360	95.4
石油、煤炭及其他燃料加工业	Petroleum, Coal and Other Fuel Processing Industries	7597257	6532436	90.9
化学原料和化学制品制造业	Manufacture of Raw Chemical Materials and Chemical Products	13274855	13005985	101.2
医药制造业	Manufacture of Medicines	6013472	5639896	88.8
化学纤维制造业	Manufacture of Chemical Fibers	89899	76381	91.7
橡胶和塑料制品业	Manufacture of Rubber	5737940	5726526	103.0
非金属矿物制品业	Manufacture of Non-metallic Mineral Products	6086053	5459158	95.3
黑色金属冶炼和压延加工业	Smelting and Pressing of Ferrous Metals	2692249	2173316	91.3
有色金属冶炼和压延加工业	Smelting and Pressing of Non-Ferrous Metals	6635403	7648416	118.4
金属制品业	Manufacture of Metal Products	4051558	4067832	104.1
通用设备制造业	Manufacture of General Purpose Machinery	8015870	8433762	103.0
专用设备制造业	Manufacture of Special Purpose Machinery	5318969	4970355	97.4
汽车制造业	Manufacture of Automobile	64704778	64067953	101.6
铁路、船舶、航空航天和其他运输设备制造业	Manufacture of Railway, Ship, Aerospace and Other Transportation Equipment	5566450	3092659	115.0
电气机械及器材制造业	Manufacture of Electrical Machinery and Equipment	13101096	13486343	105.1
计算机、通信和其他电子设备制造业	Manufacture of Computers, Communications and Other Electronic Equipment	25730658	25314605	100.8
仪器仪表制造业	Manufacture of Instrument	1980559	2293904	109.6
其他制造业	Other Manufacturing	213623	247933	123.6
废弃资源综合利用业	Comprehensive Utilization of Waste Resources	382775	472771	98.5
金属制品、机械和设备修理业	Metal Products, Machinery and Equipment Repair	966454	1021370	118.9
电力、热力生产和供应业	Production and Supply of Electric Power and Heat Power	19201274	20628813	105.0
燃气生产和供应业	Production and Supply of Gas	10195700	12138728	144.5
水的生产和供应业	Production and Supply of Water	1275742	1323218	102.8

注：本表统计范围为规模以上工业企业。
Note:The data in this table cover the industrial enterprises above designated size.

11−2 主要年份工业总产值及工业总产值指数

Gross Output Value and Indices of Industry in Main Years

年 份 Year	工业总产值 (万元) Gross Output Value of Industry (10000 yuan)	轻工业 Light Industry	重工业 Heavy Industry	工业总产值指数 (上年=100) Indices of Gross Output Value of Industry (preceding year=100)	轻工业 Light Industry	重工业 Heavy Industry
1978	753873	476737	277136	104.4	102.9	106.8
1980	881242	574239	307003	111.7	118.0	103.0
1985	1779333	1163704	615629	122.1	122.9	120.9
1986	1921490	1206778	714712	104.3	106.1	101.3
1987	2421760	1551033	870727	120.7	122.7	117.2
1988	3413107	2251117	1161990	125.6	128.4	120.4
1989	4071472	2598755	1472717	106.2	103.4	111.7
1990	4424437	2830366	1594071	110.1	113.6	103.7
1991	5794842	3588318	2206524	123.6	122.7	125.4
1992	7905237	4753211	3152026	132.2	129.9	136.7
1993	11422184	6595134	4827050	132.5	129.8	137.5
1994	14921455	8784293	6137162	122.4	126.0	116.2
1995(原规定) 1995 (original stipulation)	19353440	11263263	8090177	120.2	115.6	128.9
1995(新规定) 1995 (new stipulation)	17224948	10263515	6961433	120.2	115.6	128.9
1996	20685796	12641264	8044532	119.1	126.1	106.8
1997	23753915	14395602	9358313	117.9	116.8	120.2
1998	25127025	15661603	9465422	114.0	112.8	116.3
1999	27793652	16797164	10996488	114.3	111.3	120.1
2000	31000188	17622183	13378005	113.6	107.9	123.9
2001	33931904	18855507	15076397	114.9	110.6	121.9
2002	37889079	20185702	17703377	115.0	109.6	122.8
2003	47059104	23752778	23306326	126.5	119.5	135.5
2004	57666925	25977971	31688954	120.0	108.9	130.1
2005	67679563	28714137	38965426	115.4	110.1	118.8
2006	81123964	31875454	49248510	116.9	111.0	120.2
2007	98757886	37208718	61549168	120.1	114.8	124.3
2008	114684010	43536797	71147213	112.0	114.2	111.0
2009	123554645	46730599	76824046	111.7	109.8	112.8
2010	144389877	51073851	93316026	118.5	115.2	120.4
2011	150817300	53145376	97671924	111.6	116.8	108.8
2012	158814499	55926385	102888114	111.2	114.5	109.7
2013	165578552	57522821	108055731	113.0	112.6	113.1
2014	174792999	58981934	115811065	107.5	105.4	108.7
2015	179351607	59696082	119655525	106.0	102.7	107.8
2016	187458032	59963215	127494817	105.8	100.2	109.0
2017	196199756	60041726	136158030	104.5	99.1	107.1
2018	203142256	60507017	142635239	103.7	100.1	105.3
2019	213664922	64793517	148871405	106.0	104.7	106.6
2020	224768922	63993666	160775256	104.9	99.7	106.5
2021	246443959	66793905	179650054	109.7	110.3	109.4
2022	255744139	69801030	185943109	100.7	102.5	100.0
2023	255294988	68141543	187153445	102.9	100.1	104.1

11-3 按历史时期分工业总产值

Gross Output Value of Industry by History Periods

时　期	Period	工业总产值（万元） Gross Output Value of Industry (10000 yuan)	轻工业 Light Industry	重工业 Heavy Industry	工业总产值年平均增长（%） Annual Average Growth Speed of Gross Output Value of Industry (%)	轻工业 Light Industry	重工业 Heavy Industry
“六五”时期	6th Five-year Plan Period	6447893	4209237	2238656	12.8	13.1	12.4
“七五”时期	7th Five-year Plan Period	16252266	10438049	5814217	13.1	14.5	10.6
“八五”时期	8th Five-year Plan Period	59397158	34984219	24412939	26.1	24.7	28.7
“九五”时期	9th Five-year Plan Period	128360576	77117816	51242760	15.7	14.8	17.3
“十五”时期	10th Five-year Plan Period	244226575	117486095	126740480	18.3	12.0	26.1
“十一五”时期	11th Five-year Plan Period	562510382	210425419	352084963	15.8	13.2	17.9
“十二五”时期	12th Five-year Plan Period	829354957	285272598	544082359	9.8	10.2	9.5
“十三五”时期	13th Five-year Plan Period	1025233888	309299141	715934747	5.0	0.7	6.9
1979-2023年	1979-2023	3470512437	1147273621	2323238816	13.5	12.1	14.8
2001-2023年	2001-2023	3418808888	1127219731	2291589157	11.1	8.3	13.4
2013-2023年	2013-2023	2302440132	690236456	1612203676	5.8	3.3	7.0
2021-2023年	2021-2023	757483086	204736478	552746608	4.4	4.2	4.4

11-4 规模以上工业企业单位数（2022-2023年）

Number of Industrial Enterprises above the Designated Size (2022-2023)

单位：个 (unit)

项　　目	Item	2022	2023
总　　计	**Total**	**6878**	**6909**
按登记注册类型分	Grouped by Registration Status		
内资企业	Domestic Funded Enterprises	5592	5629
国有企业	State-owned Enterprises	28	28
集体企业	Collective-owned Enterprises	12	12
股份合作企业	Cooperative Enterprises	14	13
有限责任公司	Limited Liability Corporations	753	791
国有独资有限责任公司	State Sole Funded Corporations	57	59
其他有限责任公司	Other Limited Liability Corporations	696	732
股份有限公司	Share-holding Corporations Ltd.	177	178
私营企业	Private Enterprises	4606	4605
私营独资企业	Private-funded Enterprises	111	102
私营合伙企业	Private Partnership Enterprises	10	10
私营有限责任公司	Private Limited Liability Corporations	4325	4328
私营股份有限公司	Private Share Holding Corporations	160	165
其他企业	Other Enterprises	2	2
港、澳、台商投资企业	Enterprises with Funds from Hong Kong, Macao and Taiwan	639	629
与港、澳、台商合资经营企业	Joint-venture Enterprises	129	132
与港、澳、台商合作经营企业	Cooperative Enterprises	23	22
港、澳、台商独资经营企业	Enterprises with Sole Funds	455	440
港、澳、台商投资股份有限公司	Share-holding Corporations Ltd.	27	27
其他港澳台投资	Other Enterprises with Funds from Hong Kong, Macao and Taiwan	5	8
外商投资企业	Foreign Funded Enterprises	647	651
中外合资经营企业	Joint-venture Enterprises	170	173
中外合作经营企业	Cooperative Enterprises	10	10
外资企业	Enterprises with Sole Foreign Funds	440	441
外商投资股份有限公司	Share-holding Corporations Ltd.	14	14
其他外商投资	Other Foreign Funded Enterprises	13	13
按隶属关系分	Grouped by Administrative Relationship		
中央企业	Central Government	59	53
地方企业	Provincial Government	6819	6856
按轻重工业分	Grouped by Light & Heavy Industries		
轻工业	Light Industry	3327	3325
重工业	Heavy Industry	3551	3584
按生产规模分	Grouped by Size of Enterprises		
大型企业	Large Enterprises	162	159
中型企业	Medium Enterprises	596	603
小微型企业	Small and Micro Industrial Enterprises	6120	6147

11−5　工业三大支柱产业主要指标（2023年）

Major Indicators of Three Pillar Industrial Industries (2023)

行　业	Sector	单位数（个）Number of Units (unit)	从业人员（万人）Employed Persons (10000 persons)	工业总产值（亿元）Gross Output Value of Industry (100 million yuan)
合　计	**Total**	**2064**	**46.84**	**11702.83**
汽车制造业	Automobile Manufacturing	346	16.04	6406.80
#汽车零部件制造业	Auto Parts Manufacturing	315	9.25	1489.68
电子产品制造业	Electronic Appliance Manufacturing	1009	22.42	3342.20
石油化工制造业	Petrochemical Manufacturing	709	8.38	1953.84
三大支柱产业占全市比重（%）	Three Pillar Industries Proportion of All Industrial Enterprises (%)	29.87	38.84	49.07

注：本表统计范围为规模以上工业企业。
Note:The data in this table cover the industrial enterprises above designated size.

11−5　续表　continued

行　业	Sector	营业收入（亿元）Business Revenue (100 million yuan)	利润总额（亿元）Total Profits (100 million yuan)	税金总额（亿元）Total Pre-tax Profits (100 million yuan)
合　计	**Total**	**11858.17**	**682.37**	**477.80**
汽车制造业	Automobile Manufacturing	6430.93	367.90	326.99
#汽车零部件制造业	Auto Parts Manufacturing	1622.67	85.20	41.90
电子产品制造业	Electronic Appliance Manufacturing	3394.89	140.43	-10.69
石油化工制造业	Petrochemical Manufacturing	2032.34	174.03	161.51
三大支柱产业占全市比重(%)	Three Pillar Industries Proportion of All Industrial Enterprises (%)	48.29	49.10	51.13

11-6 主要工业产品产量（2022-2023年）

Output of Major Industrial Products (2022-2023)

产品名称		Name of Products		2022	2023
精制食用植物油	(吨)	Refined Edible Vegetable Oil	(ton)	1165317	1548236
乳制品	(吨)	Dairy Products	(ton)	433423	454392
罐　头	(吨)	Canned Food	(ton)	10449	8931
饮料酒(混合量)	(千升)	Alcoholic Beverages (mixed)	(1000 litre)	1044092	1043323
#啤　酒	(千升)	Beer	(1000 litre)	1044092	1043323
饲　料	(吨)	Fodder	(ton)	2814422	2698990
卷　烟	(万支)	Cigarettes	(10000 piece)	5972500	5972500
纱	(吨)	Yarn	(ton)	989	2822
布	(万米)	Cloth	(10000 meters)	40498	38639
印染布	(万米)	Dyeing cloth	(10000 meters)	24351	24451
服　装	(万件)	Garments	(10000 units)	35920	32089
皮革鞋靴	(万双)	Leather Shoes	(10000 pairs)	1935	1887
手提包(袋)、背包	(万个)	Handbag, Backpack	(10000units)	15096	18160
人造板	(立方米)	Artificial Boards	(cu.m)	914199	1080096
家　具	(万件)	Furniture	(10000 units)	1574	1551
机制纸及纸板	(吨)	Machine-made Paper and Paperboards	(ton)	523719	516018
#新闻纸		Newsprint		285930	212118
纸制品	(吨)	Paper Products	(ton)	781354	791210
化学试剂	(吨)	Chemical Reagent	(ton)	244183	318938
涂　料	(吨)	Coating	(ton)	938122	927259
初级形态的塑料	(吨)	Plastics	(ton)	1252945	1280109
橡胶轮胎外胎	(条)	Tires	(unit)	17834999	22055414
塑料制品	(吨)	Plastic Products	(ton)	1223125	1289264
合成洗涤剂	(吨)	Synthetic Detergents	(ton)	2155166	2064946
化学药品原药	(吨)	Chemical Medicines	(ton)	16801	16154
中成药	(吨)	Traditional Chinese Medicine	(ton)	54222	70915
原油加工量	(吨)	Crude Oil Processing	(ton)	11382859	11038955
汽　油	(吨)	Gasoline	(ton)	2668083	2458577
煤　油	(吨)	Kerosene	(ton)	1280424	1732775
柴　油	(吨)	Diesel Oil	(ton)	3254150	3110643
燃料油	(吨)	Fuel Oil	(ton)	595804	320071
钢　材	(吨)	Steel Products	(ton)	3597723	3103821
交流电动机	(千瓦)	AC Motors	(kW)	52051753	34889273
发动机生产量	(万千瓦)	Internal Combustion Engines	(10000 kW)	26525	25631

11-6 续表 continued

产 品 名 称		Name of Products		2022	2023
自动柜员机(ATM机)	(台)	Automated Teller Machines	(set)	50261	60633
工业机器人	(套)	Industrial Robots	(set)	10055	14746
工业自动调节仪表与控制系统	(套)	Industrial Automatic Regulating Instrument and Control System	(set)	2151294	1753020
电　梯	(台)	Elevators & Escalators	(unit)	123135	124105
医疗仪器设备及器械	(台)	Medical Equipment and Instruments	(set)	286319	274025
钟	(只)	Clocks	(unit)	1244123	865883
两轮脚踏自行车	(辆)	Bicycles	(unit)	1715724	1390874
摩托车整车	(辆)	Motorcycles	(unit)	1721817	1733356
汽　车	(辆)	Motor Vehicles	(unit)	3136775	3179161
其中：乘用车	(辆)	Sedans	(unit)	2834098	2572442
其中：运动型多用途乘用车(SUV)	(辆)	Sports Utility Vehicle	(unit)	1004492	1056208
新能源汽车	(辆)	New Energy Vehicle	(unit)	313685	651604
变压器	(千伏安)	Transformers	(1000 volt-amperes)	41323441	47916119
原电池及原电池组(非扣式)	(万只)	Batteries	(10000 units)	22879	21604
家用电冰箱	(台)	Household Refrigerators	(set)	2487967	3081422
家用电风扇	(台)	Electric Fans	(set)	310025	244574
房间空气调节器	(台)	Air Conditioners	(set)	9042326	9680267
电饭锅	(个)	Electric Rice Cooker	(unit)	435820	841271
家用吸排油烟机	(台)	Extractor Hoods	(set)	29509	36055
家用燃气灶具	(台)	Gas Appliances	(unit)	2569815	1844987
电光源	(万只)	Bulbs	(10000 units)	3439	5680
电话单机	(部)	Telephone Sets	(unit)	1076374	1167132
移动通信手持机	(台)	Mobile Telecommunication Handset	(unit)	14106398	7989017
微型电子计算机	(台)	Micro-computers	(unit)	897973	1275870
其中：平板电脑	(台)	Tablet Personal Computer	(unit)	115285	67990
彩色电视机	(台)	Color TV Sets	(set)	9646843	10479803
其中：智能电视	(台)	Smart TV	(set)	4705094	6082223
移动通信基站设备	(射频模块)	Mobile Communication Base Station Equipmen	(Radio frequency module)	5365	3215
锂离子电池	(万只)	Li-ion Battery	(10000units)	31593	33667
光电子器件	(万只)	Optoelectronic Device	(10000units)	478214	2918145
其中：液晶显示屏	(万片)	Liquid Crystal Display	(10000units)	8506	6328
数字激光音、视盘机	(台)	Digital Video Player	(set)	80068	65283
显示器	(台)	Displayer	(set)	823875	1032941
其中：平板显示器	(台)	Flat-panel Displayer	(set)	690386	875345

11-7 主要年份规模以上工业企业全员劳动生产率

Overall Labor Productivity of Industrial Enterprises above the Designated Size in Main Years

单位：元/人 (yuan/person)

年 份 Year	合 计 Total	国有企业 State-owned Enterprises	集体企业 Collective-owned Enterprises	“三资”企业 Foreign Funded Enterprises	其他企业 Other Enterprises
1998	53499	64347	27238	56952	46688
1999	60087	81519	30910	58846	47523
2000	60342	108088	32429	61748	48220
2001	69917	89566	40058	72400	67034
2002	76324	103186	40514	76773	79963
2003	89991	126215	36475	97733	83382
2004	96845	168409	30129	107890	70332
2005	115051	231185	31305	125912	86735
2006	132200	300403	31106	145278	97882
2007	156811	392930	32447	170755	116857
2008	175472	242679	25413	193910	153715
2009	181874	170356	31688	213960	142523
2010	189103	197233	38990	223761	145249
2011	213069	216681	45536	239725	179971
2012	229692	231914	40209	240817	191849
2013	234556	186829	75529	256619	212647
2014	255517	205164	74531	287356	231897
2015	270906	179132	101921	305602	262179
2016	292630	240810	110977	334070	279395
2017	322118	228782	62375	352981	293469
2018	339734	277878	84997	376995	308216
2019	346318	304116	90347	394729	305378
2020	372124	286788	113202	429179	326301
2021	396099	304846	127564	471238	338000
2022	385042	347009	109707	468722	324108
2023	426781	295945	51963	477889	395706

注：本表数据按工业增加值计算，以下劳动生产率表同。

Note: The data in this table are calculated on basis of the value-added of industry. The same as in the following tables.

11-8 规模以上工业企业全员劳动生产率(2023年，按行业分)

单位：元/人

行　　业	Sector
合　计	**Total**
煤炭开采和洗选业	Mining and Washing of Coal
石油和天然气开采业	Extraction of Petroleum and Natural Gas
黑色金属矿采选业	Mining and Processing of Ferrous Metal Ores
有色金属矿采选业	Mining and Processing of Non-Ferrous Metal Ores
非金属矿采选业	Mining and Processing of Nonmetal Ores
开采专业及辅助性活动	Mining Professional and Auxiliary Activities
其他采矿业	Mining of Other Ores
农副食品加工业	Processing of Food from Agricultural Products
食品制造业	Manufacture of Foods
酒、饮料和精制茶制造业	Manufacture of Wine ,Beverages and Refined Tea
烟草制品业	Manufacture of Tobacco
纺织业	Manufacture of Textile
纺织服装、服饰业	Manufacture of Textile Wearing Apparel,Clothing
皮革、毛皮、羽毛及其制品和制鞋业	Manufacture of Leather, Fur, Feather and Related Products and Footwear
木材加工和木、竹、藤、棕、草制品业	Processing of Timber, Manufacture of Wood, Bamboo,Rattan,Palm and Straw Products
家具制造业	Manufacture of Furniture
造纸和纸制品业	Manufacture of Paper and Paper Products
印刷业和记录媒介复制业	Printing, Reproduction of Recording Media
文教、工美、体育和娱乐用品制造业	Manufacture of Culture and Education ,Arts and Crafts, Sports and Entertainment Supplies
石油、煤炭及其他燃料加工业	Petroleum, Coal and Other Fuel Processing Industries
化学原料和化学制品制造业	Manufacture of Raw Chemical Materials and Chemical Products
医药制造业	Manufacture of Medicines
化学纤维制造业	Manufacture of Chemical Fibers
橡胶和塑料制品业	Manufacture of Rubber
非金属矿物制品业	Manufacture of Non-metallic Mineral Products
黑色金属冶炼和压延加工业	Smelting and Pressing of Ferrous Metals
有色金属冶炼和压延加工业	Smelting and Pressing of Non-Ferrous Metals
金属制品业	Manufacture of Metal Products
通用设备制造业	Manufacture of General Purpose Machinery
专用设备制造业	Manufacture of Special Purpose Machinery
汽车制造业	Manufacture of Automobile
铁路、船舶、航空航天和其他运输设备制造业	Manufacture of Railway, Ship, Aerospace and Other Transportation Equipment
电气机械及器材制造业	Manufacture of Electrical Machinery and Equipment
计算机、通信和其他电子设备制造业	Manufacture of Computers, Communications and Other Electronic Equipment
仪器仪表制造业	Manufacture of Instrument
其他制造业	Other Manufacturing
废弃资源综合利用业	Comprehensive Utilization of Waste Resources
金属制品、机械和设备修理业	Metal Products, Machinery and Equipment Repair
电力、热力生产和供应业	Production and Supply of Electric Power and Heat Power
燃气生产和供应业	Production and Supply of Gas
水的生产和供应业	Production and Supply of Water

Overall Labor Productivity of Industrial Enterprises above the Designated Size(2023, by Sector)

(yuan/person)

全 市 Total	国有企业 State-owned Enterprises	集体企业 Collective-owned Enterprises	“三资”企业 Foreign Funded Enterprises	其他企业 Other Enterprises
426781	**295945**	**51963**	**477889**	**395706**
1769836				1769836
436287			901977	368238
487901			624135	320749
589156			382625	1140992
8251633				8251633
171191			158952	185530
219998		505253	143326	256915
92729			66135	100477
281903			116176	310429
268864			366353	241126
204337			289759	163318
186419			162865	178073
128315			129284	127154
4598431			1124171	4849125
414345			637139	290786
503275			822317	360981
262554			231678	273438
246197			162180	297906
285697	126556	241703	363328	257959
409141			480600	81064
945347			439716	1024407
204365			172256	215019
220156		32732	255822	203728
250614			231429	254532
812706			914334	606146
275127			244652	286073
223539	2373357	47519	253436	206820
340906	31383	40340	413723	301677
350076			459703	228924
135245			240815	119609
307626			159397	327865
292249			228087	317560
982149			1430613	962819
2215782			1833672	2385764
419238	15891829	369195	499887	295800

11−9 主要年份规模以上工业企业主要经济指标

单位：万元

项　　目	Item	2000	2010	2011	2012
企业单位数　　（个）	Number of Enterprises (unit)	4531	6969	4437	4373
#亏损企业	Number of Loss-making Enterprises	954	1060	689	744
营业收入	Business Revenue			145086461	150822672
营业成本	Cost of Business			121561470	125267159
税金及附加	Taxes and Other Charges			3225061	3342312
盈利企业的盈利总额	Total Profits of Profitable Enterprises	1577983	10910868	10629334	9666882
亏损企业的亏损总额	Total Losses of Loss-making Enterprises	393740	598124	1044071	1410834
利润总额	Total Profits of All Enterprises	1184243	10312744	9585263	8256048
应交增值税	Value-added Tax Payable	919339	4696284	4545000	4354268
流动资产合计	Total Working Capitals at the Year-end	15082653	60871184	65179319	64593607
#存　货	Inventory	4301980	14111012	15232168	14522684
#产成品存货	Inventory of Finished Goods	1528452	4694208	5213396	5427243
固定资产原价	Original Value of Fixed Assets at the Year-end	17672981	52094111	53921739	55980684
资产总计	Total Assets at the Year-end	30861594	112655080	118306012	121573804
负债合计	Total Liabilities at the Year-end	18249287	63320448	66428322	64458098
年末所有者权益合计	Total Owners' Equity at the Year-end	12612307	49334632	51877690	57115706
平均用工人数　　（人）	Annual Average Number of Staff and Workers (person)	1173960	1662226	1547037	1499914
工业总产值（当年价格）	Gross Industrial Output Value (at current prices)	25685694	135312498	141702680	148577082
工业增加值（当年价格）	Value-added of Industry (at current prices)	7083953	31433200	32962618	34451765

Main Indicators of Industrial Enterprises above the Designated Size in Main Years

(10000 yuan)

2013	2014	2015	2016	2017	2018	2019	2020	2021	2022	2023
4812	4774	4650	4662	4664	4809	5804	6208	6757	6878	6909
652	676	757	628	583	755	808	1104	1190	1583	1795
158167813	167023591	171224204	175237274	181888742	193203157	204661205	209239195	238635756	251816173	245553761
130014079	137662449	141345831	145312089	149153580	159289442	168977900	170484184	196838559	209417696	203471391
3456332	3528065	3830470	3683607	4042079	4996688	4862051	5048506	5192660	5606414	5221337
11721003	11707720	11919417	12885022	14183445	15140201	15255302	16638382	17276949	18161243	16499456
667252	827867	933685	568663	694547	1080421	1924833	2024371	2082052	2878988	2602390
11053751	10879853	10985732	12316359	13488898	14059780	13330468	14614011	15194898	15282255	13897066
5125516	4882891	5386846	5177392	5228958	5091789	4149001	4386305	4810979	5029559	4123775
74129378	74764969	80408497	88188186	96779199	101717230	110643480	123664111	142065810	159482630	153914553
16005082	17037284	17158817	18033526	18627915	19570116	19723127	21078945	25396215	26490879	24050031
5540642	5958356	5632484	6056731	6892340	7314025	7498511	7949689	9098524	9713324	9903033
62689307	68562811	76523257	78525615	83420835	81127100	87101336	100045635	108023406	115061953	110928033
135540623	140934954	155333696	167377121	179076236	186667654	209952476	229442060	282017403	311347418	319117629
73585807	76229825	82261928	86779985	90880623	91685081	104542418	115468263	159683814	172459260	177630738
61954816	64705129	73071768	80597136	88195613	94982573	105410058	113973797	122333590	138888158	141486891
1534434	1462674	1418883	1355635	1276030	1239051	1255434	1221261	1253152	1279860	1205746
155323091	162829719	167268662	171911624	178585638	185951072	195549063	203101622	231210024	239285825	238491049
35991105	37373803	38438366	39669962	41103222	42094777	43477896	45445998	49637204	49121871	51458924

11−10 规模以上工业企业主要经济指标（2023年）

单位：万元

项 目		Item	
企业单位数	（个）	Number of Enterprises	(unit)
#亏损企业		Number of Loss-making Enterprises	
营业收入		Business Revenue	
营业成本		Cost of Business	
税金及附加		Taxes and Other Charges	
盈利企业的盈利总额		Total Profits of Profitable Enterprises	
亏损企业的亏损总额		Total Losses of Loss-making Enterprises	
利润总额		Total Profits of All Enterprises	
应交增值税		Value-added Tax Payable	
流动资产合计		Total Working Capitals at the Year-end	
#应收账款		Accounts Receivable	
#存　货		Inventory	
#产成品存货		Inventory of Finished Goods	
固定资产原价		Original Value of Fixed Assets at the Year-end	
资产总计		Total Assets at the Year-end	
负债合计		Total Liabilities at the Year-end	
所有者权益合计		Total Owners' Equity at the Year-end	
平均用工人数	（人）	Annual Average Number of Staff and Workers	(person)
工业总产值	（当年价格）	Gross Industrial Output Value	(at current prices)
工业增加值	（当年价格）	Value-added of Industry	(at current prices)

Main Indicators of Industrial Enterprises above the Designated Size (2023)

(10000 yuan)

全　市 Total	中央企业 Central Enterprises	地方企业 Local Enterprises
6909	53	6856
1795	3	1792
245553761	35841715	209712046
203471391	31172098	172299292
5221337	2710369	2510967
16499456	1659859	14839598
2602390	2167	2600223
13897066	1657692	12239374
4123775	714947	3408828
153914553	15614947	138299607
40717268	1907279	38809990
24050031	2315067	21734964
9903033	331762	9571271
110928033	31816971	79111062
319117629	94446728	224670901
177630738	55106590	122524148
141486891	39340139	102146753
1205746	52549	1153197
238491049	35829378	202661671
51458924	7970500	43488423

11-11 规模以上工业企业主要经济指标（2023年，按轻重工业分）

单位：万元

项目	Item
企业单位数 (个)	Number of Enterprises (unit)
#亏损企业	Number of Loss-making Enterprises
营业收入	Business Revenue
营业成本	Cost of Business
税金及附加	Taxes and Other Charges
盈利企业的盈利总额	Total Profits of Profitable Enterprises
亏损企业的亏损总额	Total Losses of Loss-making Enterprises
利润总额	Total Profits of All Enterprises
应交增值税	Value-added Tax Payable
流动资产合计	Total Working Capitals at the Year-end
#应收账款	Accounts Receivable
#存　货	Inventory
#产成品存货	Inventory of Finished Goods
固定资产原价	Original Value of Fixed Assets at the Year-end
资产总计	Total Assets at the Year-end
负债合计	Total Liabilities at the Year-end
所有者权益合计	Total Owners' Equity at the Year-end
平均用工人数 (人)	Annual Average Number of Staff and Workers (person)
工业总产值 (当年价格)	Gross Industrial Output Value (at current prices)
工业增加值 (当年价格)	Value-added of Industry (at current prices)

Main Indicators of Industrial Enterprises above the Designated Size (2023 by Light and Heavy Industry)

(10000 yuan)

全 市 Total		中央企业 Central Enterprises		地方企业 Local Enterprises	
轻工业 Light Industry	重工业 Heavy Industry	轻工业 Light Industry	重工业 Heavy Industry	轻工业 Light Industry	重工业 Heavy Industry
3325	3584	6	47	3319	3537
939	856	1	2	938	854
61496129	184057632	2902031	32939684	58594098	151117949
42822170	160649220	829101	30342997	41993069	130306223
1929065	3292272	1595915	1114454	333150	2177818
5512959	10986497	212482	1447377	5300477	9539120
909731	1692659	252	1915	909479	1690744
4603228	9293838	212230	1445462	4390998	7848376
1724929	2398846	278456	436491	1446473	1962355
47365790	106548763	2020528	13594419	45345262	92954344
9802746	30914522	70704	1836575	9732042	29077948
8045420	16004611	948244	1366822	7097175	14637789
3078911	6824122	22721	309041	3056190	6515081
19127530	91800502	1107970	30709001	18019561	61091501
74284224	244833405	2991353	91455375	71292871	153378030
36889864	140740873	464884	54641705	36424980	86099168
37394360	104092532	2526468	36813670	34867891	67278861
519373	686373	4385	48164	514988	638209
57428957	181062092	2899481	32929897	54529475	148132196
16989767	34469156	2263406	5707094	14726361	28762062

11－12 规模以上工业企业主要经济指标(2023年，按经济类型分)

单位:万元

项目		Item	
企业单位数	(个)	Number of Enterprises	(unit)
# 亏损企业		Number of Loss-making Enterprises	
营业收入		Business Revenue	
营业成本		Cost of Business	
税金及附加		Taxes and Other Charges	
盈利企业的盈利总额		Total Profits of Profitable Enterprises	
亏损企业的亏损总额		Total Losses of Loss-making Enterprises	
利润总额		Total Profits of All Enterprises	
所得税费用		Income Tax Payable	
应交增值税		Value-added Tax Payable	
流动资产合计		Total Working Capitals at the Year-end	
# 应收账款		Accounts Receivable	
# 存　货		Inventory	
# 产成品存货		Inventory of Finished Goods	
固定资产原价		Original Value of Fixed Assets at the Year-end	
累计折旧		Accumulated Depreciation	
固定资产净额		Net Fixed Assets	
资产总计		Total Assets at the Year-end	
负债合计		Total Liabilities at the Year-end	
所有者权益合计		Total Owners' Equity at the Year-end	
# 实收资本		Capital Hold	
# 国家资本		State Capital	
外商资本		Foreign Capital	
应付职工薪酬		Wages Payable	
平均用工人数	(人)	Annual Average Number of Staff and Workers	(person)
工业总产值	(当年价格)	Gross Industrial Output Value	(at current prices)
工业增加值	(当年价格)	Value-added of Industry	(at current prices)

Main Indicators of Industrial Enterprises above the Designated Size
(2023, by Type of Ownership)

(10000 yuan)

全 市 Total	国有企业 State-owned Enterprises	集体企业 Collective-owned Enterprises	"三资"企业 Foreign Funded Enterprises	其他企业 Other Enterprises	# 国有及国有控股工业企业 State-owned and State-holding Enterprises
6909	28	12	1280	5589	335
1795	2	4	359	1430	52
245553761	1312084	124188	112247987	131869503	110613704
203471391	1119860	86284	90536013	111729234	96554902
5221337	8694	270	1937072	3275301	4600970
16499456	61486	1522	9028516	7407932	6354776
2602390	38516	4862	1237405	1321606	729476
13897066	22970	-3340	7791110	6086326	5625300
4123775	29929	1216	1930483	2162147	2057358
153914553	1611090	73665	66511021	85718777	50436059
40717268	291203	16826	17789681	22619559	9583960
24050031	210393	15697	10242934	13581007	7318656
9903033	67741	3079	4715276	5116937	2601676
110928033	3569185	30748	45169786	62158314	63621737
319117629	4753252	84242	99693283	214586852	162581121
177630738	2919065	46278	56020884	118644511	94172697
141486891	1834187	37964	43672399	95942341	68408424
1205746	13235	6141	497667	688703	218962
238491049	1310466	119817	106472629	130588136	110831069
51458924	391683	31910	23782935	27252395	22058272

11-13 规模以上工业企业主要经济指标（2023年，按企业规模分）

单位：万元

项　　目	Item
企业单位数　（个）	Number of Enterprises　(unit)
#亏损企业	Number of Loss-making Enterprises
营业收入	Business Revenue
营业成本	Cost of Business
税金及附加	Taxes and Other Charges
盈利企业的盈利总额	Total Profits of Profitable Enterprises
亏损企业的亏损总额	Total Losses of Loss-making Enterprises
利润总额	Total Profits of All Enterprises
应交增值税	Value-added Tax Payable
流动资产合计	Total Working Capitals at the Year-end
#应收账款	Accounts Receivable
#存　货	Inventory
#产成品存货	Inventory of Finished Goods
固定资产原价	Original Value of Fixed Assets at the Year-end
资产总计	Total Assets at the Year-end
负债合计	Total Liabilities at the Year-end
所有者权益合计	Total Owners' Equity at the Year-end
平均用工人数　（人）	Annual Average Number of Staff and Workers　(person)
工业总产值　（当年价格）	Gross Industrial Output Value　(at current prices)
工业增加值　（当年价格）	Value-added of Industry　(at current prices)

Main Indicators of Industrial Enterprises above the Designated Size (2023, by Size of Enterprises)

(10000 yuan)

全市 Total			#国有及国有控股工业企业 State-owned and State-holding Enterprises		
大型 Large Enterprises	中型 Medium Enterprises	小微型 Small and Micro Enterprises	大型 Large Enterprises	中型 Medium Enterprises	小微型 Small and Micro Enterprises
159	603	6147	42	72	221
22	125	1648	7	16	29
125321956	41244306	78987499	78587392	7768477	24257835
102688270	32614566	68168555	67102935	6489171	22962796
4707173	245000	269164	4478256	72475	50239
9505226	3196751	3797479	5030985	519651	804140
818102	870339	913949	524357	150856	54263
8687124	2326412	2883530	4506628	368795	749877
2127257	843701	1152818	1717092	176642	163624
73598178	32651032	47665343	35476046	7380645	7579367
16063826	9570443	15082999	5683408	1918210	1982341
10057528	5390145	8602359	5155959	1105483	1057214
4501250	2102781	3299002	1913772	268127	419777
68543791	19608944	22775298	49331518	5905415	8384805
193241567	54091350	71784712	133361484	13820485	15399152
110295079	27668458	39667201	77304020	8455979	8412698
82946488	26422892	32117512	56057464	5364506	6986454
412493	310016	483237	155735	40388	22839
122176718	40159349	76154982	80290180	7435030	23105859
27977290	9677647	13803987	17878868	1622503	2556900

11-14 规模以上工业企业主要经济指标（2023年，按行业分）

单位:万元

行　　业	Sector
合　计	**Total**
煤炭开采和洗选业	Mining and Washing of Coal
石油和天然气开采业	Extraction of Petroleum and Natural Gas
黑色金属矿采选业	Mining and Processing of Ferrous Metal Ores
有色金属矿采选业	Mining and Processing of Nonferrous Metal Ores
非金属矿采选业	Mining and Processing of Nonmetal Ores
开采专业及辅助性活动	Mining Professional and Auxiliary Activities
其他矿采选业	Mining of Other Ores
农副食品加工业	Processing of Food from Agricultural Products
食品制造业	Manufacturing of Foods
酒、饮料和精制茶制造业	Manufacture of Wine ,Beverages and Refined Tea
烟草制品业	Manufacturing of Tobacco
纺织业	Textile Industry
纺织服装、服饰业	Manufacture of Textile Wearing Apparel,Clothing
皮革、毛皮、羽毛及其制品和制鞋业	Manufacture of Leather, Fur, Feather and Related Products and Footwear
木材加工及木、竹、藤、棕、草制品业	Processing of Timber, Manufacture of Wood, Bamboo,Rattan,Palm and Straw Products
家具制造业	Manufacturing of Furniture
造纸及纸制品业	Manufacturing of Paper and Paper Products
印刷和记录媒介复制业	Printing and Record Media Duplication Industry
文教、工美、体育和娱乐用品制造业	Manufacture of Culture and Education ,Arts and Crafts, Sports and Entertainment Supplies
石油、煤炭及其他燃料加工业	Petroleum, Coal and Other Fuel Processing Industries
化学原料及化学制品制造业	Manufacturing of Raw Chemical Material and Chemical Products
医药制造业	Manufacturing of Medical and Pharmaceutical Products
化学纤维制造业	Manufacturing of Chemical Fiber
橡胶和塑料制品业	Manufacture of Rubber and Plastic
非金属矿物制品业	Manufacturing of Non-metallic Mineral Products
黑色金属冶炼和压延加工业	Smelting and Pressing of Ferrous Metals
有色金属冶炼和压延加工业	Smelting and Pressing of Non-ferrous Metals
金属制品业	Manufacturing of Metal Products
通用设备制造业	Manufacturing of General Purpose Equipment
专用设备制造业	Manufacturing of Special Purpose Equipment
汽车制造业	Manufacture of Automobile
铁路、船舶、航空航天和其他运输设备制造业	Manufacture of Railway, Ship, Aerospace and Other Transportation Equipment
电气机械及器材制造业	Manufacturing of Electric Machinery and Equipment
计算机、通信和其他电子设备制造业	Manufacture of Computers, Communications and Other Electronic Equipment
仪器仪表制造业	Manufacture of Instrument
其他制造业	Other Manufacturing
废弃资源综合利用业	Comprehensive Utilization of Waste Resources
金属制品、机械和设备修理业	Metal Products, Machinery and Equipment Repair
电力、热力生产和供应业	Production and Supply of Electric Power and Heat Power
燃气生产和供应业	Production and Supply of Gas
水的生产和供应业	Production and Supply of Water

Main Indicators of Industrial Enterprises above the Designated Size (2023, by Sector)

(10000 yuan)

单位数（个）Number of Enterprises (unit)	#亏损企业 Loss-making Enterprises	工业总产值 Gross Output Value of Industry	工业增加值 Value-added of Industry	营业收入 Business Revenue	营业成本 Cost of Business	税金及附加 Taxes and Other Charges
6909	**1795**	**238491049**	**51458924**	**245553761**	**203471391**	**5221337**
4		115660	53626	114921	39916	5274
144	39	4529897	591954	4945988	4482232	8325
190	45	6029874	2100219	8262488	4411363	59274
39	3	3853424	1374973	4227836	3002023	45148
1		2604798	2173440	2618692	620468	1593646
140	46	1291920	289312	1237752	1065550	5677
400	128	2556250	987771	2516874	1868708	11714
327	67	1535608	348142	1554189	1331934	5193
50	17	269768	94832	275559	240943	2358
153	59	3575187	803069	3662185	2902397	15741
167	42	1672263	275630	1817866	1609351	6048
123	41	1257682	354009	1296116	1061736	6585
146	55	1376360	419578	1402519	1074138	10439
15	2	6532436	2029288	6331089	4938715	1045824
694	157	13005985	3291145	13992357	9664641	73604
156	53	5639896	2197399	5221463	2560791	42455
10	4	76381	19140	95717	84492	540
461	114	5726526	1341676	6369019	5274723	28045
306	72	5459158	803867	5496875	4557645	24908
28	8	2173316	174744	2459400	2428498	8726
63	18	7648416	434860	7621412	7520296	8378
378	102	4067832	854287	4579527	3814734	18766
484	118	8433762	1777058	8797368	6905709	42215
450	123	4970355	1341110	5003028	3800492	23818
346	94	64067953	13032474	64309317	55686480	1839314
89	16	3092659	409058	3043931	2682544	12928
536	127	13486343	2023450	13548492	11404360	57264
660	182	25314605	5918000	25909473	22250267	101839
114	23	2293904	719266	2452163	1873685	9417
36	6	247933	44766	243914	192393	1025
23	9	472771	63248	480695	426926	2721
26	2	1021370	411546	1036544	900784	9124
63	7	20628813	2940134	21038052	19893286	76265
46	9	12138728	1140685	12250055	11842776	6121
41	7	1323218	625168	1340889	1056396	12621

11−14　续表 1

单位:万元

行　　业	Sector
合　计	**Total**
煤炭开采和洗选业	Mining and Washing of Coal
石油和天然气开采业	Extraction of Petroleum and Natural Gas
黑色金属矿采选业	Mining and Processing of Ferrous Metal Ores
有色金属矿采选业	Mining and Processing of Nonferrous Metal Ores
非金属矿采选业	Mining and Processing of Nonmetal Ores
开采专业及辅助性活动	Mining Professional and Auxiliary Activities
其他矿采选业	Mining of Other Ores
农副食品加工业	Processing of Food from Agricultural Products
食品制造业	Manufacturing of Foods
酒、饮料和精制茶制造业	Manufacture of Wine ,Beverages and Refined Tea
烟草制品业	Manufacturing of Tobacco
纺织业	Textile Industry
纺织服装、服饰业	Manufacture of Textile Wearing Apparel,Clothing
皮革、毛皮、羽毛及其制品和制鞋业	Manufacture of Leather, Fur, Feather and Related Products and Footwear
木材加工及木、竹、藤、棕、草制品业	Processing of Timber, Manufacture of Wood, Bamboo,Rattan,Palm and Straw Products
家具制造业	Manufacturing of Furniture
造纸和纸制品业	Manufacture of Paper and Paper Products
印刷和记录媒介复制业	Printing and Record Media Duplication Industry
文教、工美、体育和娱乐用品制造业	Manufacture of Culture and Education ,Arts and Crafts, Sports and Entertainment Supplies
石油、煤炭及其他燃料加工业	Petroleum, Coal and Other Fuel Processing Industries
化学原料及化学制品制造业	Manufacturing of Raw Chemical Material and Chemical Products
医药制造业	Manufacturing of Medical and Pharmaceutical Products
化学纤维制造业	Manufacturing of Chemical Fiber
橡胶和塑料制品业	Manufacture of Rubber and Plastic
非金属矿物制品业	Manufacturing of Non-metallic Mineral Products
黑色金属冶炼和压延加工业	Smelting and Pressing of Ferrous Metals
有色金属冶炼和压延加工业	Smelting and Pressing of Non-ferrous Metals
金属制品业	Manufacturing of Metal Products
通用设备制造业	Manufacturing of General Purpose Equipment
专用设备制造业	Manufacturing of Special Purpose Equipment
汽车制造业	Manufacture of Automobile
铁路、船舶、航空航天和其他运输设备制造业	Manufacture of Railway, Ship, Aerospace and Other Transportation Equipment
电气机械及器材制造业	Manufacturing of Electric Machinery and Equipment
计算机、通信和其他电子设备制造业	Manufacture of Computers, Communications and Other Electronic Equipment
仪器仪表制造业	Manufacture of Instrument
其他制造业	Other Manufacturing
废弃资源综合利用业	Comprehensive Utilization of Waste Resources
金属制品、机械和设备修理业	Metal Products, Machinery and Equipment Repair
电力、热力生产和供应业	Production and Supply of Electric Power and Heat Power
燃气生产和供应业	Production and Supply of Gas
水的生产和供应业	Production and Supply of Water

continued

(10000 yuan)

利润总额 Total Profits	利税总额 Total Pre-tax Profits	所得税费用 Income Tax Payable	应交增值税 Value-added Tax Payable	流动资产合计 Total Working Capitals at the Year-end	#应收账款 Accounts Receivable	#存货 Inventory	#产成品存货 Inventory of Finished Goods
13897066	**23242178**		**4123775**	**153914553**	**40717268**	**24050031**	**9903033**
42831	51945		3841	38365	12598	1531	1531
260922	280989		11742	3628769	320414	442839	143045
646589	1086831		380969	4202723	815615	618665	341753
402302	580288		132838	3163099	467456	379964	245684
184876	2045165		266643	1691481	47594	911680	10111
30361	47347		11310	1136630	229971	287463	93628
229085	311933		71134	1864552	370853	540583	312000
28548	52691		18950	777921	277780	197117	73605
5801	15237		7078	292890	79132	40437	20610
342255	428463		70468	4675218	712304	281802	81776
60475	92079		25556	1461205	426295	186523	65752
37128	62121		18408	1019515	242896	181904	57637
36758	74402		27206	1198007	233091	413868	201657
222393	1369987		101771	1260760	174443	590096	155556
1517953	1985420		393862	9377206	2514206	1271550	562855
268771	520404		209178	6219089	1234351	1017957	390695
835	3180		1806	53157	16141	9839	4776
491255	598525		79225	4412420	1292636	691667	283618
248439	417534		144187	5289218	3119136	502404	229629
-50437	-9823		31888	1218532	103146	334961	108004
26207	46923		12338	1817417	222073	217217	125397
297315	409161		93081	2926214	1088283	735597	328409
631068	858780		185497	8629960	2466314	2527162	1460399
327658	456792		105316	5207066	1574402	1215252	543822
3679011	6948898		1430573	27938527	7151416	3860366	1896728
108055	143570		22587	2111338	688826	458983	83998
669263	886419		159892	11082727	3446623	1975239	860902
1160817	920106		-342549	23796871	7797250	3199268	973406
243313	310801		58071	2041959	837587	345213	120949
22464	27435		3947	139922	32914	32559	9586
10117	23343		10506	313694	33439	83811	52264
39763	85454		36567	920011	273618	187973	28583
1329403	1700715		295048	11039817	1389999	183729	2075
285777	307713		15815	1456960	233322	86486	31282
59699	101350		29031	1511316	791147	38328	1310

11-14 续表 2

单位：万元

行 业	Sector
合 计	**Total**
煤炭开采和洗选业	Mining and Washing of Coal
石油和天然气开采业	Extraction of Petroleum and Natural Gas
黑色金属矿采选业	Mining and Processing of Ferrous Metal Ores
有色金属矿采选业	Mining and Processing of Nonferrous Metal Ores
非金属矿采选业	Mining and Processing of Nonmetal Ores
开采专业及辅助性活动	Mining Professional and Auxiliary Activities
其他矿采选业	Mining of Other Ores
农副食品加工业	Processing of Food from Agricultural Products
食品制造业	Manufacturing of Foods
酒、饮料和精制茶制造业	Manufacture of Wine ,Beverages and Refined Tea
烟草制品业	Manufacturing of Tobacco
纺织业	Textile Industry
纺织服装、服饰业	Manufacture of Textile Wearing Apparel,Clothing
皮革、毛皮、羽毛及其制品和制鞋业	Manufacture of Leather, Fur, Feather and Related Products and Footwear
木材加工及木、竹、藤、棕、草制品业	Processing of Timber, Manufacture of Wood, Bamboo,Rattan,Palm and Straw Products
家具制造业	Manufacturing of Furniture
造纸及纸制品业	Manufacturing of Paper and Paper Products
印刷和记录媒介复制业	Manufacture of Leather, Fur, Feather and Related Products and Footwear
文教、工美、体育和娱乐用品制造业	Manufacture of Culture and Education ,Arts and Crafts, Sports and Entertainment Supplies
石油、煤炭及其他燃料加工业	Petroleum, Coal and Other Fuel Processing Industries
化学原料及化学制品制造业	Manufacturing of Raw Chemical Material and Chemical Products
医药制造业	Manufacturing of Medical and Pharmaceutical Products
化学纤维制造业	Manufacturing of Chemical Fiber
橡胶和塑料制品业	Manufacture of Rubber and Plastic
非金属矿物制品业	Manufacturing of Non-metallic Mineral Products
黑色金属冶炼和压延加工业	Smelting and Pressing of Ferrous Metals
有色金属冶炼和压延加工业	Smelting and Pressing of Non-ferrous Metals
金属制品业	Manufacturing of Metal Products
通用设备制造业	Manufacturing of General Purpose Equipment
专用设备制造业	Manufacturing of Special Purpose Equipment
汽车制造业	Manufacture of Automobile
铁路、船舶、航空航天和其他运输设备制造业	Manufacture of Railway, Ship, Aerospace and Other Transportation Equipment
电气机械及器材制造业	Manufacturing of Electric Machinery and Equipment
计算机、通信和其他电子设备制造业	Manufacture of Computers, Communications and Other Electronic Equipment
仪器仪表制造业	Manufacture of Instrument
其他制造业	Other Manufacturing
废弃资源综合利用业	Comprehensive Utilization of Waste Resources
金属制品、机械和设备修理业	Metal Products, Machinery and Equipment Repair
电力、热力生产和供应业	Production and Supply of Electric Power and Heat Power
燃气生产和供应业	Production and Supply of Gas
水的生产和供应业	Production and Supply of Water

continued

(10000 yuan)

固定资产原价 Original Value of Fixed Assets at the Year-end	累计折旧 Accumulated Depreciation	固定资产净额 Net Fixed Assets	资产总计 Total Assets at the Year-end	负债合计 Total Liabilities at the Year-end	所有者权益合计 Total Owners' Equity at the Year-end	平均用工人数(人) Average Number of Employed Persons (person)
110928033			**319117629**	**177630738**	**141486891**	**1205746**
77873			165069	53146	111924	303
922832			5786828	3497172	2289656	13568
2245787			6233783	3357547	2876236	43046
1365483			4300519	1601056	2699462	23338
781203			2325685	380177	1945508	2634
732978			1493049	499353	993696	16900
325272			2367171	1276576	1090595	44899
152623			941996	676507	265489	37544
69189			583650	184287	399364	3364
697598			6450921	3986420	2464501	29869
727383			2662683	1729708	932976	13489
843356			2144763	740848	1403916	18990
706241			1613426	818399	795028	32699
2374524			2313799	1025413	1288386	4413
4025945			14476774	6776940	7699833	79430
3100270			12372423	5354330	7018093	43662
51826			88407	34181	54226	729
2328618			7988831	3942595	4046236	54496
1825196			6766567	4939703	1826864	28137
2132986			2255270	1557629	697641	4271
215463			2252810	1656511	596299	4600
1189706			4183799	2209008	1974791	41802
2071993			11847008	6783903	5063106	80718
1487363			7598893	3827629	3771265	53513
18196840			42269761	23631273	18638488	160359
518895			2764741	1843364	921377	14868
2832864			15592497	8546135	7046362	90519
15487123			39782645	21205211	18577434	173596
366977			3165327	1526296	1639031	20546
52722			184905	93993	90911	3310
106786			566876	395118	171758	2056
724929			1423718	778163	645555	14082
34204940			93180834	55708209	37472624	29936
882469			3560004	2156125	1403880	5148
7101780			7412197	4837814	2574383	14912

11-15 规模以上大中型工业企业主要经济指标（2023年，按轻重工业分）

单位：万元

项　　目	Item
企业单位数　（个）	Number of Enterprises　(unit)
#亏损企业	Number of Loss-making Enterprises
营业收入	Business Revenue
营业成本	Cost of Business
税金及附加	Taxes and Other Charges
盈利企业的盈利总额	Total Profits of Profitable Enterprises
亏损企业的亏损总额	Total Losses of Loss-making Enterprises
利润总额	Total Profits of All Enterprises
应交增值税	Value-added Tax Payable
流动资产合计	Total Working Capitals at the Year-end
#应收账款	Accounts Receivable
#存　货	Inventory
#产成品存货	Inventory of Finished Goods
固定资产原价	Original Value of Fixed Assets at the Year-end
资产总计	Total Assets at the Year-end
负债合计	Total Liabilities at the Year-end
所有者权益合计	Total Owners' Equity at the Year-end
平均用工人数　（人）	Annual Average Number of Staff and Workers　(person)
工业总产值　（当年价格）	Gross Industrial Output Value　(at current prices)
工业增加值　（当年价格）	Value-added of Industry　(at current prices)

Major Indicators of Large and Medium-sized Industrial Enterprises above the Designated Size (2023，by Light and Heavy Industry)

(10000 yuan)

全 市 Total		中央企业 Central Enterprises		地方企业 Local Enterprises	
轻工业 Light Industry	重工业 Heavy Industry	轻工业 Light Industry	重工业 Heavy Industry	轻工业 Light Industry	重工业 Heavy Industry
348	414	3	16	345	398
71	76		1	71	75
39064734	127501527	2878040	27350668	36186694	100150860
24680935	110621901	813271	25111077	23867665	85510824
1836156	3116017	1595729	1105487	240427	2010529
4273938	8428039	208096	1200219	4065843	7227820
595011	1093430		1790	595011	1091640
3678927	7334609	208096	1198429	3470831	6136180
1315423	1655534	276872	394480	1038551	1261055
32370354	73878857	1998571	12324279	30371783	61554578
5890423	19743846	59038	1582358	5831385	18161488
4771418	10676255	944877	1178312	3826541	9497942
1809169	4794862	21454	192216	1787715	4602646
12524048	75628687	1098962	30031777	11425087	45596910
52102696	195230221	2964988	89570358	49137708	105659863
24980550	112982987	453850	53717127	24526700	59265860
27122146	82247234	2511138	35853231	24611008	46394002
276822	445687	4089	45150	272733	400537
35638012	126698055	2876771	27683259	32761241	99014796
11511348	26143588	2257195	5133239	9254153	21010349

11-16 规模以上大中型工业企业主要经济指标（2023年，按经济类型分）

单位：万元

项　　目	Item
企业单位数　（个）	Number of Enterprises　(unit)
#亏损企业	Number of Loss-making Enterprises
营业收入	Business Revenue
营业成本	Cost of Business
税金及附加	Taxes and Other Charges
盈利企业的盈利总额	Total Profits of Profitable Enterprises
亏损企业的亏损总额	Total Losses of Loss-making Enterprises
利润总额	Total Profits of All Enterprises
应交增值税	Value-added Tax Payable
流动资产合计	Total Working Capitals at the Year-end
#应收账款	Accounts Receivable
#存　货	Inventory
#产成品存货	Inventory of Finished Goods
固定资产原价	Original Value of Fixed Assets at the Year-end
资产总计	Total Assets at the Year-end
负债合计	Total Liabilities at the Year-end
所有者权益合计	Total Owners' Equity at the Year-end
平均用工人数　（人）	Annual Average Number of Staff and Workers　(person)
工业总产值　（当年价格）	Gross Industrial Output Value　(at current prices)
工业增加值　（当年价格）	Value-added of Industry　(at current prices)

Major Indicators of Large and Medium-sized Industrial Enterprises above the Designated Size (2023, by Type of Ownership)

(10000 yuan)

合 计 Total	国有企业 State-owned Enterprises	集体企业 Collective-owned Enterprises	“三资”企业 Foreign Funded Enterprises	其他企业 Other Enterprises
762	9	5	373	375
147	1	1	74	71
166566262	1013255	87583	92464605	73000818
135302836	857792	58281	73531537	60855227
4952173	7596	126	1842323	3102128
12701977	47055	909	7735942	4918071
1688441	38496	4342	883804	761799
11013536	8558	-3432	6852138	4156272
2970957	26328	104	1608014	1336511
106249210	1370343	17618	53013879	51847370
25634269	228363	1083	14192060	11212764
15447672	158186		7918810	7370677
6604031	34073		3874755	2695203
88152735	3252797	11316	37452238	47436384
247332917	4190422	19733	79471550	163651213
137963537	2560252	2713	45650110	89750463
109369380	1630170	17020	33821440	73900750
722509	11478	5765	402273	302993
162336067	1021302	86098	88434029	72794638
37654937	340313	22312	20182259	17110053

11-17 规模以上工业企业主要经济效益指标

项　　目		Item	
总资产贡献率	(%)	Ratio of Total Assets to Industrial Output Value	(%)
资本保值增值率	(%)	Ratio of Capital Maintenance and Appreciation	(%)
资产负债率	(%)	Assets-Liability Ratio	(%)
流动资产周转率	(次)	Number of Times of Annual of Turnover Working Capitals	(times)
工业成本费用利润率	(%)	Ratio of Profits to Industrial Cost	(%)
工业全员劳动生产率	(元/人)	Overall Labor Productivity	(yuan/person)
工业资金利税率	(%)	Ratio of Pre-tax Profits to Total Capital	(%)
营业收入利润率	(%)	Ratio of Business Revenue	(%)
每百元营业收入中的成本	(元)	Cost of Business Per 100 Yuan	(yuan)
工业增加值率	(%)	Ratio of Value-added to Gross Industrial Output Value	(%)
企业亏损面	(%)	Ratio of Loss-making Enterprises to Total Industrial Enterprises	(%)
工业产成品存货可供销售天数	(天)	Days for Sale of Inventory of Finished Products	(day)
每百元资金提供的总产值	(元)	Output Value Created by per 100 yuan	(yuan)
每百元资金提供的利税	(元)	Pre-tax Profits Created by per 100 Yuan	(yuan)
每百元固定资产原价提供利税	(元)	Pre-tax Profits Created by per 100 yuan Original Value of Fixed Assets	(yuan)
每百元固定资产原价提供总产值	(元)	Output Value Created by per 100 yuan Original Value of Fixed Assets	(yuan)
每百元固定资产净值提供利税	(元)	Pre-tax Profits Created by per 100 yuan Net Value of Fixed Assets	(yuan)
每百元固定资产净值提供总产值	(元)	Output Value Created by per 100 yuan Net Value of Fixed Assets	(yuan)
每百元总产值实现利税	(元)	Pre-tax Profits Created by per 100 yuan Output Value	(yuan)
每百元总产值占用全部资产	(元)	Total Assets Used by per 100 yuan Output Value	(yuan)
平均每个职工拥有全部资产	(元)	Average Assets Owned by per Staff and Worker	(yuan)
平均每个职工提供利税	(元)	Average Pre-tax Profits Created by per Staff and Worker	(yuan)

Main Indicators on Economic Benefit of Industrial Enterprises above the Designated Size

2022			2023		
全 市 Total	中央企业 Central Enterprises	地方企业 Local Enterprises	全 市 Total	中央企业 Central Enterprises	地方企业 Local Enterprises
8.56	5.73	9.84	7.41	5.45	8.23
113.53	5.08	-15.38	103.34	104.84	102.77
55.39	59.73	53.42	55.66	58.35	54.53
1.58	1.40	1.62	1.62	2.17	1.55
6.50	5.56	6.67	6.05	5.10	6.21
385042	1239067	340694	426781	1516784	377112
12.02	13.03	11.78	8.78	10.72	8.35
6.07	5.06	6.25	5.66	4.63	5.84
83.16	87.58	82.37	82.86	86.97	82.16
20.53	20.38	20.56	21.58	22.25	21.46
23.02	8.47	23.14	25.98	5.66	26.14
13.89	2.73	15.90	14.52	3.33	16.43
111.00	92.57	115.38	90.05	75.54	93.22
12.02	13.03	11.78	8.78	10.72	8.35
22.53	16.67	24.82	20.95	15.98	22.95
207.96	118.37	243.00	215.00	112.61	256.17
46.21	38.75	48.67			
426.63	275.18	476.59			
10.83	14.08	10.21	9.75	14.19	8.96
130.12	253.78	106.56	133.81	263.60	110.86
2432668	15503314	1759629	2646641	17973188	1948244
202508	860139	168645	192762	967295	157468

11-18 规模以上工业企业主要经济效益指标（2023年，按轻重工业分）

项　　目		Item	
总资产贡献率	(%)	Ratio of Total Assets to Industrial Output Value	(%)
资本保值增值率	(%)	Ratio of Capital Maintenance and Appreciation	(%)
资产负债率	(%)	Assets-Liability Ratio	(%)
流动资产周转率	（次）	Number of Times of Annual of Turnover Working Capitals	(times)
工业成本费用利润率	(%)	Ratio of Profits to Industrial Cost	(%)
工业全员劳动生产率	（元/人）	Overall Labor Productivity	(yuan/person)
工业资金利税率	(%)	Ratio of Pre-tax Profits to Total Capital	(%)
营业收入利润率	(%)	Ratio of Business Revenue	(%)
每百元营业收入中的成本	（元）	Cost of Business Per 100 Yuan	(yuan)
工业增加值率	(%)	Ratio of Value-added to Gross Industrial Output Value	(%)
企业亏损面	(%)	Ratio of Loss-making Enterprises to Total Industrial Enterprises	(%)
工业产成品存货可供销售天数	（天）	Days for Sale of Inventory of Finished Products	(day)
每百元资金提供的总产值	（元）	Output Value Created by per 100 yuan	(yuan)
每百元资金提供的利税	（元）	Pre-tax Profits Created by per 100 Yuan	(yuan)
每百元固定资产原价提供利税	（元）	Pre-tax Profits Created by per 100 yuan Original Value of Fixed Assets	(yuan)
每百元固定资产原价提供总产值	（元）	Output Value Created by per 100 yuan Original Value of Fixed Assets	(yuan)
每百元总产值实现利税	（元）	Pre-tax Profits Created by per 100 yuan Output Value	(yuan)
每百元总产值占用全部资产	（元）	Total Assets Used by per 100 yuan Output Value	(yuan)
平均每个职工拥有全部资产	（元）	Average Assets Owned by per Staff and Worker	(yuan)
平均每个职工提供利税	（元）	Average Pre-tax Profits Created by per Staff and Worker	(yuan)

Main Indicators on Economic Benefit of Industrial Enterprises above the Designated Size (2023, by Light and Heavy Industry)

全　市 Total		中央企业 Central Enterprises		地方企业 Local Enterprises	
轻工业 Light Industry	重工业 Heavy Industry	轻工业 Light Industry	重工业 Heavy Industry	轻工业 Light Industry	重工业 Heavy Industry
10.99	6.28	71.53	3.32	8.55	8.08
103.20	103.39	99.84	105.21	103.45	102.42
49.66	57.48	15.54	59.75	51.09	56.14
1.28	1.77	1.46	2.26	1.28	1.69
8.25	5.35	19.72	4.60	8.02	5.52
327121	502193	5161759	1184936	285955	450668
12.42	7.55	66.70	6.76	9.74	7.78
7.49	5.05	7.31	4.39	7.49	5.19
69.63	87.28	28.57	92.12	71.67	86.23
29.58	19.04	78.06	17.33	27.01	19.42
28.24	23.88	16.67	4.26	28.26	24.14
18.02	13.35	2.82	3.38	18.78	15.52
86.37	91.28	92.68	74.33	86.06	96.16
12.42	7.55	66.70	6.76	9.74	7.78
43.17	16.32	188.33	9.76	34.24	19.62
300.24	197.23	261.69	107.23	302.61	242.48
14.38	8.28	71.96	9.10	11.32	8.09
129.35	135.22	103.17	277.73	130.74	103.54
1430267	3567062	6821862	18988434	1384360	2403257
158984	218321	4758551	622129	119821	187847

11-19 规模以上工业企业主要经济效益指标（2023年，按经济类型分）

项　　目		Item	
总资产贡献率	(%)	Ratio of Total Assets to Industrial Output Value	(%)
资本保值增值率	(%)	Ratio of Capital Maintenance and Appreciation	(%)
资产负债率	(%)	Assets-Liability Ratio	(%)
流动资产周转率	(次)	Number of Times of Annual of Turnover Working Capitals	(times)
工业成本费用利润率	(%)	Ratio of Profits to Industrial Cost	(%)
工业全员劳动生产率	(元/人)	Overall Labor Productivity	(yuan/person)
工业资金利税率	(%)	Ratio of Pre-tax Profits to Total Capital	(%)
营业收入利润率	(%)	Ratio of Business Revenue	(%)
每百元营业收入中的成本	(元)	Cost of Business Per 100 Yuan	(yuan)
工业增加值率	(%)	Ratio of Value-added to Gross Industrial Output Value	(%)
企业亏损面	(%)	Ratio of Loss-making Enterprises to Total Industrial Enterprises	(%)
工业产成品存货可供销售天数	(天)	Days for Sale of Inventory of Finished Products	(day)
每百元资金提供的总产值	(元)	Output Value Created by per 100 yuan	(yuan)
每百元资金提供的利税	(元)	Pre-tax Profits Created by per 100 Yuan	(yuan)
每百元固定资产原价提供利税	(元)	Pre-tax Profits Created by per 100 yuan Original Value of Fixed Assets	(yuan)
每百元固定资产原价提供总产值	(元)	Output Value Created by per 100 yuan Original Value of Fixed Assets	(yuan)
每百元总产值实现利税	(元)	Pre-tax Profits Created by per 100 yuan Output Value	(yuan)
每百元总产值占用全部资产	(元)	Total Assets Used by per 100 yuan Output Value	(yuan)
平均每个职工拥有全部资产	(元)	Average Assets Owned by per Staff and Worker	(yuan)
平均每个职工提供利税	(元)	Average Pre-tax Profits Created by per Staff and Worker	(yuan)

Main Indicators on Economic Benefit of Industrial Enterprises above the Designated Size (2023, by Type of Ownership)

全市 Total	国有企业 State-owned Enterprises	集体企业 Collective-owned Enterprises	"三资"企业 Foreign Funded Enterprises	其他企业 Other Enterprises	# 国有及国有控股工业企业 State-owned and State-holding Enterprises
7.41	1.33	-2.36	11.48	5.55	8.06
103.34	98.46	73.04	97.06	106.59	104.55
55.66	61.41	54.93	56.19	55.29	57.92
1.62	0.85	1.87	1.67	1.59	2.20
6.05	1.70	-2.70	7.56	4.87	5.50
426781	295945	51963	477889	395706	1007403
8.78	1.19	-1.78	10.44	7.79	10.77
5.66	1.75	-2.69	6.94	4.62	5.09
82.86	85.35	69.48	80.66	84.73	87.29
21.58	29.89	26.63	22.34	20.87	19.90
25.98	7.14	33.33	28.05	25.59	15.52
14.52	18.59	8.92	15.12	13.97	8.47
90.05	25.30	114.75	95.34	88.31	97.17
8.78	1.19	-1.78	10.44	7.79	10.77
20.95	1.73	-6.03	25.81	18.54	19.31
215.00	36.72	389.68	235.72	210.09	174.20
9.75	4.70	-1.55	10.95	8.82	11.08
133.81	362.71	70.31	93.63	164.32	146.69
2646641	3591426	137180	2003213	3115813	7425095
192762	46538	-3019	234266	167326	560994

11-20 规模以上工业企业主要经济效益指标（2023年，按企业规模分）

项　　目		Item	
总资产贡献率	(%)	Ratio of Total Assets to Industrial Output Value	(%)
资本保值增值率	(%)	Ratio of Capital Maintenance and Appreciation	(%)
资产负债率	(%)	Assets-Liability Ratio	(%)
流动资产周转率	(次)	Number of Times of Annual of Turnover Working Capitals	(times)
工业成本费用利润率	(%)	Ratio of Profits to Industrial Cost	(%)
工业全员劳动生产率	(元/人)	Overall Labor Productivity	(yuan/person)
工业资金利税率	(%)	Ratio of Pre-tax Profits to Total Capital	(%)
营业收入利润率	(%)	Ratio of Business Revenue	(%)
每百元营业收入中的成本	(元)	Cost of Business Per 100 Yuan	(yuan)
工业增加值率	(%)	Ratio of Value-added to Gross Industrial Output Value	(%)
企业亏损面	(%)	Ratio of Loss-making Enterprises to Total Industrial Enterprises	(%)
工业产成品存货可供销售天数	(天)	Days for Sale of Inventory of Finished Products	(day)
每百元资金提供的总产值	(元)	Output Value Created by per 100 yuan	(yuan)
每百元资金提供的利税	(元)	Pre-tax Profits Created by per 100 Yuan	(yuan)
每百元固定资产原价提供利税	(元)	Pre-tax Profits Created by per 100 yuan Original Value of Fixed Assets	(yuan)
每百元固定资产原价提供总产值	(元)	Output Value Created by per 100 yuan Original Value of Fixed Assets	(yuan)
每百元总产值实现利税	(元)	Pre-tax Profits Created by per 100 yuan Output Value	(yuan)
每百元总产值占用全部资产	(元)	Total Assets Used by per 100 yuan Output Value	(yuan)
平均每个职工拥有全部资产	(元)	Average Assets Owned by per Staff and Worker	(yuan)
平均每个职工提供利税	(元)	Average Pre-tax Profits Created by per Staff and Worker	(yuan)

Main Indicators on Economic Benefit of Industrial Enterprises above the Designated Size (2023, by Size of Enterprises)

全 市 Total			#国有及国有控股工业企业 State-owned and State-holding Enterprises		
大 型 Large Enterprises	中 型 Medium Enterprises	小微型 Small and Micro Enterprises	大 型 Large Enterprises	中 型 Medium Enterprises	小微型 Small and Micro Enterprises
8.22	6.63	5.87	8.20	5.07	5.90
102.15	102.04	107.70	103.99	104.38	109.47
57.08	51.15	55.27	57.97	61.18	54.63
1.72	1.35	1.63	2.19	1.18	3.05
7.60	5.99	3.77	6.33	4.97	3.18
678249	312166	285712	1148034	401729	1119533
10.92	6.53	6.11	12.62	4.65	6.04
6.93	5.64	3.65	5.73	4.75	3.09
81.94	79.08	86.30	85.39	83.53	94.66
22.90	24.10	18.13	22.27	21.82	11.07
13.84	20.73	26.80	16.67	22.22	13.12
12.93	18.35	15.04	8.77	12.43	6.23
85.95	76.85	108.13	94.67	55.96	144.74
10.92	6.53	6.11	12.62	4.65	6.04
22.64	17.42	18.91	21.69	10.46	11.49
178.25	204.80	334.46	162.76	125.90	275.57
12.70	8.50	5.65	13.33	8.31	4.17
158.17	134.69	94.22	166.10	185.88	66.65
4684727	1744792	1485146	8563378	3421929	6742481
376287	110159	89121	687193	152994	421971

11-21 规模以上工业企业分组主要指标（2023年）

Major Indicators of Industrial Enterprises above the Designated Size by Group (2023)

单位：万元 (10000 yuan)

项目	Item	企业单位数(个) Number of Enterprises (unit)	利润总额 Total Profits of All Enterprises	固定资产原价 Original Value of Fixed Assets at the Year-end	工业增加值 Value-added of Industry	工业总产值 Gross Industrial Output Value	平均用工人数(人) Annual Average Employed Persons (person)
总　计	**Total**	**6909**	**13897066**	**110928033**	**51458924**	**238491049**	**1205746**
按总产值分组	Grouped by Gross Output Value						
1亿元及以上	100 million yuan and above	1973	13704329	104395381	46999947	219910517	882752
5000万元-9999万元	50-99.99 million yuan	1333	180968	3143085	2197033	9286201	140752
4999万元及以下	49.99 million yuan and below	3603	11770	3389567	2261943	9294331	182242
按固定资产原价分组	Grouped by Original Value of Fixed Assets						
1亿元及以上	100 million yuan and above	850	11522326	102751992	38830253	174878010	638849
5000万元-9999万元	50-99.99 million yuan	478	491396	3380522	2208932	10975888	100960
4999万元及以下	49.99 million yuan and below	5581	1883343	4795520	10419739	52637151	465937
按利税总额分组	Grouped by Pre-tax Profits						
1亿元及以上	100 million yuan and above	280	12997544	73107617	30992414	138409491	381171
5000万元-9999万元	50-99.99 million yuan	248	1316161	7111640	4318621	23122093	119102
4999万元及以下	49.99 million yuan and below	6381	-416639	30708775	16147888	76959465	705473
按从业人员人数分组	Grouped by Staff and Workers						
2000人及以上	2000 Persons and above	72	7341863	58279342	22873205	99427935	298844
500人-1999人	500-1999 Persons	322	2959942	20947020	11015438	46053084	291446
499人及以下	499 Persons and below	6515	3595262	31701671	17570281	93010030	615456

11-22 规模以上先进制造业和高技术制造业工业总产值(按产业分)(2022-2023年)

Total Industrial Output Value of the City's Advanced and High-tech Manufacturing Industries above the Designated Size (by Industry) (2022-2023)

单位：万元 (10000yuan)

产业名称	Industry	2022	2023
一、先进制造业(合计)	I.Advanced Manufacturing (Total)	136828206	131398907
其中：高端电子信息制造业	High-End Electronic Information Manufacturing	18203658	17252596
先进装备制造业	Advanced Equipment Manufacturing	80545532	77401220
石油化工产业	Petrochemical Industry	17414806	16283095
先进轻纺制造业	Advanced Light Textile Manufacturing Industry	9323901	9481077
新材料制造业	Manufacturing of New Materials	8322482	7803678
生物医药及高性能医疗器械制造业	Biomedicine and High Performance Medical Equipment Manufacturing	5831545	5276845
二、高技术制造业(合计)	II. High-Tech Manufacturing (Total)	37173539	36191662
其中：医药制造业	Pharmaceutical Manufacturing	6013472	5639896
航空、航天器及设备制造业	Aviation, Spacecraft and Equipment Manufacturing	400862	509086
电子及通信设备制造业	Electronics and Communication Equipment Manufacturing	25284271	24510888
计算机及办公设备制造业	Computer and Office Equipment Manufacturing	2521398	2668500
医疗器设备及仪器仪表制造业	Medical Equipment And Instrumentation Manufacturing	2953536	2863292
信息化学品制造业	Information Chemicals Manufacturing		

11-23 规模以上先进制造业和高技术制造业工业总产值（按区域分）(2022-2023年)

Total Industrial Output Value of the City's Advanced and High-tech Manufacturing Industries above the Designated Size (by District) (2022-2023)

单位：万元 (10000 yuan)

地 区	District	先进制造业 Advanced Manufacturing		高技术制造业 High-Tech Manufacturing	
		2022	2023	2022	2023
总 计	**Total**	**136828206**	**131398907**	**37173539**	**36191662**
荔湾区	Liwan	605645	610466	526844	519312
越秀区	Yuexiu	14138	13380	8828	12126
海珠区	Haizhu	741018	734806	459891	464309
天河区	Tianhe	995017	978830	555805	490509
白云区	Baiyun	5080639	5628336	1204584	1340259
黄埔区	Huangpu	56086660	50597140	25004799	23021743
番禺区	Panyu	15158200	18248507	3062843	2903188
花都区	Huadu	18731822	16351142	2014020	2035178
南沙区	Nansha	30269349	27872683	2303605	2439745
从化区	Conghua	1899583	2133778	326234	410501
增城区	Zengcheng	7246133	8229839	1706086	2554791

主要统计指标解释

【工业】指从事自然资源的开采，对采掘品和农产品进行加工和再加工的物质生产部门。具体包括:

(1)对自然资源的开采，如采矿、晒盐等(但不包括禽兽捕猎和水产捕捞);

(2)对农副产品的加工、再加工，如粮油加工、食品加工、轧花、缫丝、纺织、制革等;

(3)对采掘品的加工、再加工，如炼铁、炼钢、化工生产、石油加工、机器制造、木材加工等，以及电力、燃气及水的生产和供应等;

(4)对工业品的修理、翻新，如机器设备的修理等。

工业统计调查单位为工业法人单位。

【工业法人单位】指从事工业生产经营活动的法人单位。工业法人单位应同时具备以下条件：①依法成立，有自己的名称、组织机构和场所，能够独立承担民事责任；②独立拥有（或授权）使用资产，承担负债，有权与其他单位签订合同；③具有包括资产负债表在内的账户，或者能够根据需要编制账户。

【轻工业】指主要提供生活消费品和制作手工工具的工业。按其所使用的原料不同，可分为两大类:

(1)以农产品为原料的轻工业,是指直接或间接以农产品为基本原料的轻工业。主要包括食品制造、饮料制造、烟草加工、纺织、缝纫、皮革和毛皮制作、造纸以及印刷等工业;

(2)以非农产品为原料的轻工业,是指以工业品为原料的轻工业。主要包括文教体育用品、化学药品制造、合成纤维制造、日用化学制品、日用玻璃制品、日用金属制品、手工工具制造、医疗器械制造、文化和办公用机械制造等工业。

【重工业】是指为国民经济各部门提供物质技术基础的主要生产资料的工业。按其生产性质和产品用途，可分为下列三类:

(1)采掘(伐)工业，是指对自然资源的开采，包括石油开采、煤炭开采、金属矿开采、非金属矿开采和木材采伐等工业;

(2)原材料工业,指向国民经济各部门提供基本材料、动力和燃料的工业。包括金属冶炼及加工、炼焦及焦炭化学、化工原料、水泥、人造板以及电力、石油和煤炭加工等工业;

(3)加工工业，是指对工业原材料进行再加工制造的工业。包括装备国民经济各部门的机械设备制造工业、金属结构、水泥制品等工业，以及为农业提供的生产资料如化肥、农药等工业。

根据上述划分原则，修理业中以重工业产品为修理作业对象的划为重工业,反之划为轻工业。

【资产总计】指企业过去的交易或者事项形成的、由企业拥有或者控制的、预期会给企业带来经济利益的资源。资产一般按流动性（资产的变现或耗用时间长短）分为流动资产和非流动资产。其中流动资产可分为货币资金、交易性金融资产、应收票据、应收账款、预付款项、其他应收款、存货等；非流动资产可分为长期股权投资、固定资产、无形资产及其他非流动资产等。

【负债合计】指企业过去的交易或者事项形成的，预期会导致经济利益流出企业的现时义务。负债一般按偿还期长短分为流动负债和非流动负债。

【所有者权益】指企业资产扣除负债后由所有者享有的剩余权益。公司的所有者权益又称股东权益。包括实收资本、资本公积、盈余公积、未分配利润等。

【固定资产原价】指固定资产的成本，包括企业在购置、自行建造、安装、改建、扩建、技术改造某项固定资产时所发生的全部支出总额。

【利润总额】指企业在一定会计期间的经营成果，是生产经营过程中各种收入扣除各种耗费后的盈余，反映企业在报告期内实现的盈亏总额。根据会计“利润表”中“利润总额”项目的本年累计数填报。

【应交增值税】指按照税法规定，以销售货物、服务、无形资产、不动产或提供加工、修理修配劳务的增值额和货物进口金额为计税依据而课征的一种流转税。填报本指标时，应按权责发生制核算企业本期应负担的增值税。

Explanatory Notes on Main Statistical Indicators

【Industry】 refers to the material production sector engaged in the exploitation of natural resources and the processing and reprocessing of extracted products and agricultural products. Specifically include:

I.Exploitation of natural resources, such as mining, salt extraction, etc. (excluding hunting for animals and fisheries);

II.Processing and reprocessing of agricultural and sideline products, such as grain and oil processing, food processing, cotton ginning, reeling, textile, leather making, etc.;

III.Processing and reprocessing of mined products, such as iron making, steel making, chemical production, petroleum processing, machine manufacturing, wood processing, as well as the production and supply of electricity, gas and water;

IV. Repair and refurbishment of industrial products, such as repair of machinery and equipment.

An industrial statistical survey unit shall be an industrial legal person.

【Industrial corporate units】 refer to corporate units engaging in industrial production and operation activities, which meet the following requirements:

I.They are established legally, having their own names, organizations, location, and are able to take civil liability independently;

II.They possess (or are authorized to use) assets independently, assume liabilities and are entitled to sign contracts with other units;

III. They have accounts including the balance sheets or can compile the accounts according to the need.

【Light Industry】 refers to industry which produces consumer goods and hand tools. It consists of two categories depending on the materials used:

I.Industries using farm products as raw materials. These are branches of light industry which directly or indirectly use farm products as basic raw materials, including the manufacture of food and beverages, tobacco processing, textile, clothing, fur and leather manufacturing, paper making, printing, etc.

II.Industries using nonfarm products as raw materials.These are branches of light industry which use manufactured goods as raw materials, including the manufacture of cultural, educational articles and sports goods, chemicals, synthetic fiber, chemical products for daily use, glass products for daily use, metal products machinery, etc.

【Heavy Industry】 refers to the industry which produces capital goods, and provides various sectors of the national economy with necessary material and technical basis. It consists of the following three branches according to the purpose of production or the use of products:

(1)Mining, quarrying and logging industry refers to the industry that extracts natural resources, including extraction of petroleum, coal, metal and metalloid and logging.

(2)Raw materials industry refers to the industry that provides various sectors of the national economy with raw materials, fuels and power. It includes smelting and processing of metals, coking and coke chemistry, chemical materials and building materials such as cement, plywood, and power, petroleum refining and coal dressing.

(3)Manufacturing industry refers to the industry that processes raw materials. It includes machine building industry which equips sectors of the national economy, industry of metal structure and cement products, industries producing means of agricultural production, such as chemical fertilizers and pesticides.

According to the above principle of classification, the repairing trades which are engaged primarily in repairing products of heavy industry are classified into heavy industry while these engaged in repairing products of light industry are classified into light industry.

【Total Assets】 refer to all resources that are owned or controlled by enterprises through previous trades or transactions with expectation of making economic profits. Classified by the degree of liquidity, total assets include current assets and non-current assets. Current assets can be classified into monetary capital, trading financial assets, notes receivable, accounts receivable, advanced payments, other receivables and inventories. Non-current assets can be divided into long-term equity investment, fixed assets, intangible assets and other non-current assets. Data on this indicator can be obtained from the year-end figures of total assets in the Balance Sheet of accounting records.

【Total Liabilities】 refer to payable liabilities of enterprises that accumulated from previous trades or transactions with expectation of economic profits leaking out. In terms of payment, it can be divided into liquid liabilities and long-term liabilities. Data on this indicator can be obtained from the year-end figures of total liabilities in the Balance Sheet of accounting records.

【Owner undefined equity】 refers to the residual equity enjoyed by the owner after deducting liabilities from the assets of the enterprise. The owner undefined equity of the company is also known as the shareholder undefined equity. Including paid-in capital, capital reserves, surplus reserves, undistributed profits and so on.

【The Cost of fixed Assets】 includes the total amount of expenditure incurred by an enterprise in purchasing, building, installing, rebuilding, expanding, and technically transforming a fixed asset.

【Total Profits】 refers to the operation results in a certain accounting period, and it is the balance of various incomes minus various spendings in the course of operation, reflecting the total profits and losses of enterprises in reference period. Data are obtained from the amount of total profits in the profit statement of the accounting record of enterprise.

【Value added tax (VAT)】 refers to a turnover tax levied on the basis of taxation to sell goods, services, intangible assets, immovable property or provide processing, repair and repair services and import goods. When completing this index, the value-added tax that enterprises should bear in the current period should be accounted for on the accrual basis.

第十二篇

CHAPTER 12

建筑业

CONSTRUCTION

第十二篇　建筑业

简要说明

一、本篇资料反映广州市建筑业概况和发展情况。包括建筑业企业基本情况和生产经营情况。

二、本篇资料由广州市统计局固定资产投资统计处整理提供。

三、本篇资料是依据国家统计局和广东省统计局制定的《建筑业统计报表制度》规定收集的年报资料，其统计范围包括：广州市辖区内各种登记注册类型（个体户除外）的具有施工总承包、专业承包建筑业资质的独立核算建筑业企业。

Chapter 12 Construction

Brief　Introduction

I.The data in this chapter show the general situation and the development of the construction industry of Guangzhou Municipality, including basic information and production and operation of construction enterprises.

II.The data in this chapter are prepared and provided by the Division of Investment and Construction Statistics of Guangzhou Municipal Bureau of Statistics.

III.The data in this chapter are according to the National Bureau of Statistics and the Statistics Bureau of guangdong province to establish the system of construction industry statistics in the annals of information collection, its statistical scope including: guangzhou jurisdiction (except individual household) of different types of registration with the construction general contracting, specialized contracting construction qualification of independent accounting construction enterprises.

12−1 资质以上建筑业企业主要经济指标（2022−2023年）

Major Indicators of Grade Construction Enterprises (2022-2023)

项　　目		Item		2022	2023
建筑企业个数	（个）	Number of Construction Enterprises	(unit)	2204	2431
年末从业人员	（人）	Number of Employed Persons at Year-end	(person)	815833	1029138
固定资产原价	（亿元）	Original Value of Fixed Assets	(100 million yuan)	544	590
建筑业总产值	（万元）	Gross Output Value of Construction	(10000 yuan)	75232192	82018926
#建筑工程		Output Value of Construction		68295294	74165554
安装工程		Output Value of Installation		6032332	6256589
房屋建筑施工面积	（万平方米）	Floor Space of Buildings under Construction	(10000 sq.m)	38614.01	34094.90
#新开工		Floor Space Started in Current Year		9825.71	7125.73
房屋建筑竣工面积	（万平方米）	Floor Space of Buildings Completed	(10000 sq.m)	6825.97	8690.31
#住　宅		Residential Buildings		3797.39	5363.06

注：1.本表统计范围为施工总承包、专业承包法人建筑业企业。

2.因五经普数据未核定，全年快报数无相应指标，删除主营业务收入、主营业务成本、利润总额三项指标。

Notes: I. The statistical scope of this table covers legal construction enterprises with general contracting and professional contracting.

II. Because the data of the Fifth national economic census is not verified, there is no corresponding index of the annual express number, and the three indexes of main business income, main business cost and total profit are deleted.

12-2 主要年份建筑业主要指标

Major Indicators of Construction Sector in Main Years

年 份 Year	建筑业总产值 （万元） Gross Output Value (10000 yuan)	房屋建筑施工面积 （万平方米） Floor Space of Buildings under Construction (10000 sq.m)	房屋建筑竣工面积 （万平方米） Floor Space of Buildings Completed (10000 sq.m)
1978	30673	247.42	138.52
1985	153489	674.77	285.22
1986	176960	773.88	300.17
1987	184390	772.38	330.14
1988	287655	1076.05	408.85
1989	368755	1094.90	489.88
1990	355333	876.08	439.08
1991	425798	909.09	377.71
1992	668171	1257.61	487.95
1993	1031846	1680.21	605.50
1994	1516519	2268.99	734.75
1995	1816133	2708.58	890.81
1996	1893478	2983.56	1043.26
1997	1965269	2764.64	941.10
1998	2287004	3086.95	1054.71
1999	2470523	3136.47	1187.02
2000	2561326	3161.25	1150.36
2001	3403870	3490.22	1205.79
2002	3733922	3522.67	1334.43
2003	4785787	4291.55	1398.91
2004	5459314	4727.78	1596.21
2005	6331382	5311.14	1598.79
2006	6870406	5502.47	1520.25
2007	7507109	5951.92	1623.36
2008	8754491	6156.62	1719.79
2009	10134050	6190.86	1500.35
2010	12805288	7135.48	1509.20
2011	15613171	8439.12	1596.98
2012	17417072	9119.66	2859.31
2013	21828895	15055.70	2556.74
2014	23339417	16398.88	2674.22
2015	24898087	15159.70	2861.93
2016	27653341	16289.56	2805.16
2017	31874585	19323.31	3167.27
2018	40192380	27755.15	4648.09
2019	53043655	32043.52	6536.75
2020	59572284	35103.93	4420.81
2021	70602320	39221.96	5231.54
2022	75232192	38614.01	6825.97
2023	82018926	34094.90	7125.73

注：2002年及以后年份本表统计范围为施工总承包、专业承包法人建筑业企业。

Note: In 2002 and later years, the statistical scope of this table is the construction general contract, professional contract legal person construction enterprises.

12-3 资质以上建筑业企业签订合同情况（2023年）

Statistics on Construction Contracts of Grade Construction Enterprises (2023)

单位：万元 (10000 yuan)

项　　目	Item	签订合同额 Value of Signed Contracts	上年结转合同额 Value of Contracts Balanced from Preceding Year	本年新签合同额 Value of Contracts Newly Signed in Current Year
总　　计	**Total**	**260174625**	**147368842**	**112805783**
按地区分	**Grouped by District**			
荔湾区	Liwan	7568002	3923887	3644115
越秀区	Yuexiu	32578680	21022710	11555970
海珠区	Haizhu	38638517	21650028	16988489
天河区	Tianhe	33022185	11700334	21321851
白云区	Baiyun	11989569	7133379	4856190
黄埔区	Huangpu	33150894	16698420	16452474
番禺区	Panyu	13897653	8198868	5698785
花都区	Huadu	12257340	7122233	5135107
南沙区	Nansha	64182912	41092492	23090420
从化区	Conghua	1062750	691671	371079
增城区	Zengcheng	11826123	8134821	3691303
按隶属关系分	**Grouped by Administrative Relationship**			
中央属企业	Central Government	151646427	82061558	69584869
地方企业	Provincial Government	63394898	37589865	25805033
其他企业	Others	45133300	27717419	17415881
按登记注册类型分	**Grouped by Registration Status**			
内资企业	Domestic Funded Enterprises	259397245	146824666	112572579
国有企业	State-owned Enterprises	13680847	8590142	5090704
集体企业	Collective-owned Enterprises	387565	234358	153206
股份合作企业	Share-holding Cooperative Enterprises	145176	76212	68965
联营企业	Joint Ownership Enterprises	88720	35619	53102
#国有联营企业	State Joint Ownership Enterprises			
集体联营企业	Collective Joint Ownership Enterprises			
国有与集体联营企业	Joint State-collective Enterprises	88720	35619	53102
有限责任公司	Limited Liability Corporations	204805549	110916994	93888554
#国有独资公司	State Sole Funded Corporations	80471909	39699045	40772864
股份有限公司	Share-holding Corporations Ltd.	14116054	11505913	2610142
私营企业	Private Enterprises	26173334	15465428	10707906
其他企业	Other Enterprises			
港、澳、台商投资企业	Enterprises with Funds from Hong Kong, Macao and Taiwan	561961	403332	158629
#与港、澳、台商合资经营企业	Joint-venture Enterprises	553930	401411	152519
与港、澳、台商合作经营企业	Cooperative Enterprises			
港、澳、台商独资经营企业	Enterprises with Sole Funds	8031	1921	6110
港、澳、台商投资股份有限公司	Share-holding Corporations Ltd.			
外商投资企业	Foreign Funded Enterprises	215419	140844	74575
#中外合资经营企业	Joint-venture Enterprises	17650	2527	15123
中外合作经营企业	Cooperative Enterprises			
外资企业	Enterprises with Sole Foreign Funds	183244	133153	50091
外商投资股份有限公司	Share-holding Corporations Ltd.	14525	5164	9361

注：本表统计范围为施工总承包、专业承包法人建筑业企业。

Note: The statistical scope of this table covers legal construction enterprises with general contracting and professional contracting.

12-4　资质以上建筑业企业生产情况（2023年）

项　　目	Item	企业数（个）Number of Construction Enterprises (unit)
总　计	**Total**	**2431**
按地区分	**Grouped by District**	
荔湾区	Liwan	83
越秀区	Yuexiu	157
海珠区	Haizhu	326
天河区	Tianhe	505
白云区	Baiyun	330
黄埔区	Huangpu	192
番禺区	Panyu	419
花都区	Huadu	104
南沙区	Nansha	158
从化区	Conghua	69
增城区	Zengcheng	88
按隶属关系分	**Grouped by Administrative Relationship**	
中央属企业	Central Government	78
地方企业	Provincial Government	153
其他企业	Others	2200
按登记注册类型分	**Grouped by Registration Status**	
内资企业	Domestic Funded Enterprises	2410
国有企业	State-owned Enterprises	47
集体企业	Collective-owned Enterprises	9
股份合作企业	Share-holding Cooperative Enterprises	2
联营企业	Joint Ownership Enterprises	2
#国有联营企业	State Joint Ownership Enterprises	
集体联营企业	Collective Joint Ownership Enterprises	
国有与集体联营企业	Joint State-collective Enterprises	1
有限责任公司	Limited Liability Corporations	408
#国有独资公司	State Sole Funded Corporations	85
股份有限公司	Share-holding Corporations Ltd.	27
私营企业	Private Enterprises	1915
其他企业	Other Enterprises	
港、澳、台商投资企业	Enterprises with Funds from Hong Kong, Macao and Taiwan	13
与港、澳、台商合资经营企业	Joint-venture Enterprises	8
与港、澳、台商合作经营企业	Cooperative Enterprises	2
港、澳、台商独资经营企业	Enterprises with Sole Funds	3
港、澳、台商投资股份有限公司	Share-holding Corporations Ltd.	
外商投资企业	Foreign Funded Enterprises	8
中外合资经营企业	Joint-venture Enterprises	3
中外合作经营企业	Cooperative Enterprises	
外资企业	Enterprises with Sole Foreign Funds	4
外商投资股份有限公司	Share-holding Corporations Ltd.	1

注：本表统计范围为施工总承包、专业承包法人建筑业企业。

Statistics on Production of Grade Construction Enterprises (2023)

建筑业总产值 (万元) Gross Output Value of Construction (10000 yuan)				竣工产值 (万元) Output Value of Completed Projects (10000 yuan)	竣工率 (%) Ratio of Floor Space of Buildings Completed (%)
	建筑工程 Output Value of Construction	安装工程 Output Value of Installation	其 他 Others		
82018926	**74165554**	**6256589**	**1596783**	**23445434**	**28.59**
2367060	1772219	499841	95000	1248722	52.81
6051267	5273594	677987	99686	3303887	55.59
9315188	8722101	333944	259143	3962700	42.04
14106498	12847685	864589	394224	5658597	40.95
9595205	8256802	1248778	89625	3434374	37.58
11848717	10475000	1009226	364491	1856649	14.79
6130704	5573953	473135	83616	755600	13.26
5355749	5175430	93209	87110	1698252	30.14
13991837	13667831	237513	86493	382848	2.65
284794	207042	71242	6510	191248	69.85
2971907	2193895	747126	30886	952558	35.18
48149683	45233316	2592518	323849	11840139	24.59
15519823	13567015	1518748	434060	6401552	41.25
18349420	15365223	2145323	838875	5203743	28.36
81830191	74041306	6192102	1596783	23425664	28.63
4109391	3566884	449178	93329	1475332	35.90
140529	138964	279	1286	20904	14.88
78746	55434	120	23191	111260	141.29
51192	51192				
51192	51192				
62111519	57841750	3408229	861540	17324142	27.89
25762147	23983280	1631292	147575	9928145	38.54
2460487	1826663	631067	2757	759763	30.88
12878328	10560418	1703230	614680	3734264	29.00
116687	78797	37890		15499	13.28
111062	73172	37890		13959	12.57
5624	5624			1540	27.38
72049	45452	26597		4271	5.93
26410		26410			
40099	39912	187			
5540	5540			4271	77.09

Note: The statistical scope of this table covers legal construction enterprises with general contracting and professional contracting.

12-4 续表

项 目	Item	房屋建筑施工面积(平方米) Floor Space of Buildings under Construction (sq.m)
总 计	**Total**	**340949000**
按地区分	**Grouped by District**	
荔湾区	Liwan	9929643
越秀区	Yuexiu	42453932
海珠区	Haizhu	91246358
天河区	Tianhe	55404874
白云区	Baiyun	40915942
黄埔区	Huangpu	31358309
番禺区	Panyu	20649885
花都区	Huadu	34130086
南沙区	Nansha	8733380
从化区	Conghua	1002853
增城区	Zengcheng	5123738
按隶属关系分	**Grouped by Administrative Relationship**	
中央属企业	Central Government	202672896
地方企业	Provincial Government	79897540
其他企业	Others	58378564
按登记注册类型分	**Grouped by Registration Status**	
内资企业	Domestic Funded Enterprises	340943800
国有企业	State-owned Enterprises	19790757
集体企业	Collective-owned Enterprises	1726794
股份合作企业	Share-holding Cooperative Enterprises	733785
联营企业	Joint Ownership Enterprises	
#国有联营企业	State Joint Ownership Enterprises	
集体联营企业	Collective Joint Ownership Enterprises	
国有与集体联营企业	Joint State-collective Enterprises	
有限责任公司	Limited Liability Corporations	273977312
#国有独资公司	State Sole Funded Corporations	114707907
股份有限公司	Share-holding Corporations Ltd.	8508384
私营企业	Private Enterprises	36206768
其他企业	Other Enterprises	
港、澳、台商投资企业	Enterprises with Funds from Hong Kong, Macao and Taiwan	5200
与港、澳、台商合资经营企业	Joint-venture Enterprises	
与港、澳、台商合作经营企业	Cooperative Enterprises	
港、澳、台商独资经营企业	Enterprises with Sole Funds	5200
港、澳、台商投资股份有限公司	Share-holding Corporations Ltd.	
外商投资企业	Foreign Funded Enterprises	
中外合资经营企业	Joint-venture Enterprises	
中外合作经营企业	Cooperative Enterprises	
外资企业	Enterprises with Sole Foreign Funds	
外商投资股份有限公司	Share-holding Corporations Ltd.	

continued

#本年新开工 Floor Space Started in Current Year	房屋建筑竣工面积 (平方米) Floor Space of Buildings Completed (sq.m)	#住宅 Residential Buildings	年平均人数 (人) Average Annual Employed Persons (person)
71257302	**86903078**	**53630622**	**1149000**
1745523	1144811	678910	41962
6176630	9754297	7907063	78262
12275602	29197887	24885779	96785
19539341	19850824	11515844	133304
13288946	11598338	2253981	172326
7105830	5222852	313066	123716
3911095	2499360	1569138	101329
4437244	5914775	4033803	88896
1387979	565599	319147	264875
226436	73227	65778	9132
1162676	1081108	88113	38413
46804297	51431051	35195537	553097
12327498	12058837	7287873	224711
12125507	23413190	11147212	371192
71252102	86897878	53630622	1144408
5375499	5194616	1919009	64057
341566	60630		2418
144642	378291		1926
			1729
			1710
57470702	63637984	44324192	763769
34542904	29013124	14038247	324523
183234	285337	57500	30888
7736459	17341020	7329921	279621
5200	5200	5200	2368
			2238
			4
5200	5200	5200	126
			2224
			926
			1238
			60

12-5 资质以上建筑业企业承包工程完成情况（2023年）

单位：万元

项　　目	Item
总　　计	**Total**
按地区分	**Grouped by District**
荔湾区	Liwan
越秀区	Yuexiu
海珠区	Haizhu
天河区	Tianhe
白云区	Baiyun
黄埔区	Huangpu
番禺区	Panyu
花都区	Huadu
南沙区	Nansha
从化区	Conghua
增城区	Zengcheng
按隶属关系分	**Grouped by Administrative Relationship**
中央属企业	Central Government
地方企业	Provincial Government
其他企业	Others
按登记注册类型分	**Grouped by Registration Status**
内资企业	Domestic Funded Enterprises
国有企业	State-owned Enterprises
集体企业	Collective-owned Enterprises
股份合作企业	Share-holding Cooperative Enterprises
联营企业	Joint Ownership Enterprises
#国有联营企业	State Joint Ownership Enterprises
集体联营企业	Collective Joint Ownership Enterprises
国有与集体联营企业	Joint State-collective Enterprises
有限责任公司	Limited Liability Corporations
#国有独资公司	State Sole Funded Corporations
股份有限公司	Share-holding Corporations Ltd.
私营企业	Private Enterprises
其他企业	Other Enterprises
港、澳、台商投资企业	Enterprises with Funds from Hong Kong, Macao and Taiwan
与港、澳、台商合资经营企业	Joint-venture Enterprises
与港、澳、台商合作经营企业	Cooperative Enterprises
港、澳、台商独资经营企业	Enterprises with Sole Funds
港、澳、台商投资股份有限公司	Share-holding Corporations Ltd.
外商投资企业	Foreign Funded Enterprises
中外合资经营企业	Joint-venture Enterprises
中外合作经营企业	Cooperative Enterprises
外资企业	Enterprises with Sole Foreign Funds
外商投资股份有限公司	Share-holding Corporations Ltd.

注：本表统计范围为施工总承包、专业承包法人建筑业企业。

Statistics on Contracted Projects of Grade Construction Enterprises (2023)

(10000 yuan)

直接从建设单位承揽工程完成的产值 Output Value of Completed Projects Directly Contracted with Construction Units	自行完成施工产值 Output Value of Projects Completed by Oneself	分包出去工程产值 Output Value of Projects Subcontracted	从建设单位以外承揽工程完成的产值 Output Value of Completed Projects Contracted with Other Units
85671202	**72167671**	**13503531**	**9851255**
2684270	2053865	630405	313195
10631156	5774684	4856471	276583
13788748	9088971	4699777	226217
13951531	13618774	332757	487724
4708059	4574363	133696	5020842
11676896	11429272	247624	419445
5160017	4991935	168082	1138769
4676855	4623313	53543	732436
14432318	12907557	1524762	1084280
320992	275371	45620	9423
3640361	2829566	810796	142341
48169466	42576382	5593084	5573301
21206481	14787529	6418952	732295
16295255	14803760	1491495	3545660
85452873	71993660	13459213	9836531
4442565	3604888	837678	504503
142937	140399	2538	130
78626	78626		120
51192	51192		
51192	51192		
66198154	55789117	10409037	6322402
24822336	22108861	2713475	3653286
3674801	2436347	1238454	24140
10864599	9893092	971507	2985236
151801	116687	35115	
146177	111062	35115	
5624	5624		
66528	57325	9203	14724
16017	13437	2580	12973
44972	38349	6623	1751
5540	5540		

Note: The statistical scope of this table covers legal construction enterprises with general contracting and professional contracting.

主要统计指标解释

【建筑业总产值】指以货币表现的建筑业企业在一定时期内生产的建筑业产品和服务的总和。建筑业总产值包括建筑工程产值、安装工程产值和其他产值三部分内容，不包括境外产值。

(1)建筑工程产值：指列入建筑工程预算内的各种工程价值。

(2)安装工程产值：指设备安装工程价值以及将预制部品部件安装成建筑工程产品的价值。

(3)其他产值：建筑业总产值中除建筑工程、安装工程以外的产值。包括房屋构筑物修理产值、非标准设备制造产值、总包企业向分包企业收取的管理费以及不能明确划分的施工活动所完成的产值。

房屋构筑物修理产值：指房屋和构筑物的修理所完成的产值，但不包括被修理房屋、构筑物本身价值和生产设备的修理价值。

非标准设备制造产值：指加工制造没有定型的非标准生产设备的加工费和原材料价值（如化工厂、炼油厂用的各种罐、槽，矿井生产统一使用的各种漏斗、三角槽、阀门等）以及附属加工厂为本企业承建工程制作的非标准设备的价值。

【房屋施工面积】指报告期内施工的全部房屋建筑面积。包括本期新开工的房屋建筑面积、上期跨入本期继续施工的房屋建筑面积、上期停缓建在本期恢复施工的房屋建筑面积、本期竣工的房屋建筑面积以及本期施工后又停缓建的房屋建筑面积。多层建筑应填各层建筑面积之和。

【房屋竣工面积】指报告期内房屋建筑按照设计要求已全部完工，达到住人和使用条件，经验收鉴定合格或达到竣工验收标准，可正式移交使用的各栋房屋建筑面积的总和。

【营业收入】指企业从事销售商品、提供劳务和让渡资产使用权等生产经营活动形成的经济利益流入。包括“主营业务收入”和“其他业务收入”。根据会计“利润表”中“营业收入”项目的本年累计数填报。

【主营业务收入】指企业经营主要业务所实现的收入。如果会计“利润表”列示“主营业务收入”项目，则根据其本年累计数填报；或者，根据会计“主营业务收入”科目的本年各月贷方余额（结转前）之和填报，如未设置该科目，以“营业收入”代替填报。

Explanatory Notes on Main Statistical Indicators

【Gross Output Value of Construction】refers to the sum of construction products and services produced by construction enterprises in a certain period in terms of money. The total output value of the construction includes the output value of the construction project, the output value of the installation project and other output values, excluding the overseas output value.

(1)Output value of construction projects, that is the value of projects covered by the project budgets;

(2)Output value of installation projects, those are the value of the installation of equipment and the value of installing prefabricated parts into construction engineering products.

(3)Other output values, that is the values excluding output value of construction projects and output value of installation projects, including output value of repair of buildings and struc-tures, output value of manufactured non-standard equipment, management expenses received by head enterprises from sub-contract enterprises and output value of construction activities completed but unclassified.

a.Output value of building and structure repair: refers to the output value completed by the repair of buildings and structures, but does not include the value of the repaired buildings and structures themselves and the repair value of production equipment.

b.Non-standard equipment manufacturing output: refers to the processing and manufacturing did not finalize the design value of non-standard production equipment of processing fee and raw materials (such as chemical plants, oil refineries with all kinds of cans, tank, mine production unified use various funnel and triangle groove, valves, etc.) and ancillary processing plant for the production of the enterprise construction project of the value of non-standard equipment.

【Building construction area】 refers to the total building construction area during the reporting period. It includes the building floor area newly started in the current period, the building floor area continued construction in the previous period, the building floor area resumed construction in the current period, the building floor area completed in the current period, and the building floor area stopped and delayed construction after the current period. Multi-storey buildings should be filled with the sum of the building area of each floor.

【Built-up area of buildings】 refers to the total built-up area of all buildings that have been completed in accordance with the design requirements, met the conditions for occupants and use, passed the appraisal by experience or met the standards for completion acceptance, and can be formally handed over for use during the reporting period.

【Operating income】 refers to the inflow of economic benefits generated by the production and operation activities of an enterprise, such as selling commodities, providing services and granting the right to use assets. Including "main business income" and "other business income". Fill in according to the current year cumulative count of the "operating income" item in the accounting "Income Statement".

【Main business income】 refers to the income realized by an enterprise from operating its main business. If "main business income" is listed in the accounting "income statement", it shall be reported according to the accumulated counts of the current year; or, fill in according to the sum of the credit balance (before carrying forward) of the course of accounting "main business income" in each month of the year, if this course is not set up, fill in with" operating income" instead.

运输和邮电

TRANSPORT，POSTAL AND TELECOMMUNICATION SERVICES

第十三篇　运输和邮电

简要说明

一、本篇资料反映广州市交通运输业、邮电通信业发展的基本状况。交通运输业资料主要包括：五种运输方式的线路里程、运输设备拥有量、各种运输方式完成的货物运输量和旅客运输量、港口设备拥有量、港口货物吞吐量等。

邮电通信业资料主要包括：邮电业务量、邮电通信工具、邮电通信网、邮电通信水平等。

二、本篇资料由广州市统计局服务业统计处整理提供。

三、本篇资料分别来源于民航、铁路、公路、水运、港口、公安、邮电等部门。管道运输资料由有关管道运输企业提供。

Chapter 13 Transport,Postal and Telecommunication Services

Brief　Introduction

I.This data in this chapter reflects the basic situation of the development of Guangzhou's transportation industry, post and telecommunication industry. The data on transport cover mainly the length of the routes of five means of transportation, the owner-ship of the transport equipment, the freight traffic and passenger traffic accomplished by various means of transportation, the ownership of the port equipment and the cargo handled at ports, etc. The data on posts and telecomm-unications cover mainly the postal and telecommunication services, means of post and telecommunications, network of post and telecommunications, main financial of indicators of postal and telecommunication enterprises and the level of the development of the postal and telecommunication services, etc.

II.The data in this chapter are prepared and provided by the Division of Service Industries Statistics of Guangzhou Municipal Bureau of Statistics.

III.The data in this chapter come respectively from the departments of railways, transportation, post and telecommunications, etc. The data on the pipeline transport are provided by related pipeline enterprises.

13-1 运输邮电主要指标（2022-2023年）
Basic Statistics of Transport and Post (2022-2023)

项　　目		Item		2022	2023
民用车辆拥有量	（辆）	Civilian Vehicle	(unit)	3549984	3838336
#汽车		Automobile		3435035	3722701
货运量	（万吨）	Freight Traffic	(10000 tons)	90511	92862
#铁　路		Railways		2360	2525
公　路		Highways		48845	50516
水　路		Waterways		36977	37317
民　航		Civil Aviation		110	133
货物周转量	（万吨公里）	Freight Ton-kilometers	(10000 ton-km)	221816045	229075137
#铁　路		Railways		333667	344885
公　路		Highways		6840408	7247533
水　路		Waterways		213696917	220454724
民　航		Civil Aviation		685912	756186
客运量	（万人次）	Passenger Traffic	(10000 person-times)	17354	30627
铁　路		Railways		6781	13249
公　路		Highways		6651	7838
水　路		Waterways		122	432
民　航		Civil Aviation		3800	9108
旅客周转量	（万人公里）	Passenger-kilometers	(10000 passenger-km)	7667148	18608859
铁　路		Railways		687361	1414771
公　路		Highways		567905	596303
水　路		Waterways		1837	7888
民　航		Civil Aviation		6410045	16589897
港口货物吞吐量	（万吨）	Volume of Freight Handled in Coastal Ports	(10000 tons)	65592	67498
进　港		Import		36186	37350
出　港		Export		29406	30148
港口集装箱吞吐量	（万TEU）	Volume of container shipping	(10000 TEU)	2486	2541
白云国际机场货邮行吞吐量	（万吨）	Volume of Freight and Post Handled in Baiyun International Airport	(10000 tons)	204	246
白云国际机场旅客吞吐量	（万人次）	Volume of Passengers Handled in Baiyun International Airport	(10000 person-times)	2611	6317
邮电业务收入	（万元）	Revenue of Postal and Telecommunication Services	(10000 yuan)	13182722	14179505
报纸发行量	（万份）	Newspapers Issued	(10000 copies)	78110	76481
杂志发行量	（万份）	Magazines Issued	(10000 copies)	5927	5874
固定电话用户	（万户）	Number of Telephone Sets at Year-end	(10000 subscribes)	253	231
移动电话用户	（万户）	Number of Mobile Telephone Subscribers	(10000 subscribes)	3643	3812
互联网宽带接入用户数	（万户）	Number of Internet Subscribers	(10000 subscribes)	763	795
城市电话普及率（含移动电话）	（部/百人）	Popularity Rate of Urban Telephones (Including Mobile Telephones)	(set/100 persons)	376.42	382.64
#移动电话		Mobile Telephones		351.98	360.78

注：广州市交通局根据交通部门的要求自2021年起对公路客(货)运量、客(货)运周转量统计口径进行调整；2021年起水运客运量包含珠江夜游旅客。

Note: According to the requirements of the transportation department, Guangzhou Municipal Transportation Bureau has adjusted the statistical caliber of highway passenger (cargo) volume and passenger (cargo) transportation turnover since 2021. The water passenger volume has included Pearl River night tour passengers since 2021.

13-2 公路和航道线路基本情况（2022-2023年）

Basic Statistics on Highways and Waterways (2022-2023)

项目	Item	2022	2023
公路里程 （公里）	**Length of Highways (kilometer)**	**9068**	**8421**
#晴雨通车里程	Length of Highways in Any Weathers	9068	8420
等级公路	Expressway and Class I to IV Highways	9068	8420
高　速	Expressway	1133	1199
一　级	First Class	1187	1255
二　级	Second Class	833	722
三　级	Third Class	1698	1545
四　级	Fourth Class	4217	3699
等外公路	Highways below Class IV		
有路面里程	Paved Highways	9068	8421
沥青混凝土	High Class	2872	3106
水泥混凝土	Second High Class	6196	5315
简易铺路面	Medium Class		
未铺装路面	Low Class		
桥　梁	**Bridges**		
座 （座）	Number (unit)	3614	3239
长　度 （米）	Length (meter)	674592	604288
永久式桥梁	**Permanent Bridges**		
座 （座）	Number (unit)	3614	3239
长　度 （米）	Length (meter)	674592	604288
渡　口 （个）	**Ferries (unit)**	**2**	**2**
内河航道里程 （公里）	**Length of Navigable Inland Waterways (kilometer)**	**1243**	**1420**
#等级航道里程	Standard Waterways (kilometer)	585	886

注：本表数据由广州市交通运输局等单位提供。

Note: The data in this table are provided by Guangzhou Municipal Transportation Bureau, etc.

13-3 民用车辆拥有量（2023年）

Possession of Civil Vehicles (2023)

单位：辆 (unit)

项目	Item	全市 Total	#私人 Private
合计	**Total**	**3838336**	**3074943**
汽车	Civil Automobile	3722701	2991581
载客汽车	Passenger Vehicles	3237764	2811391
大型	Large	30547	175
中型	Medium	5776	1396
小型	Small	3194603	2805224
微型	Minicar	6838	4596
载货汽车	Trucks	464976	175014
重型	Heavy	95579	3119
中型	Medium	16086	2486
轻型	Light	352470	168753
微型	Mini	841	656
其他汽车	Others	19961	5176
电车	Trolleybuses and Trams	245	
无轨	Trolleybuses	245	
有轨	Trams		
摩托车	Motorcycle	84656	83134
普通	Ordinary	84656	83134
轻便	Light		
挂车	Trailers	30734	228
其他类型车	Other Kinds of Vehicles		

注：本表资料由广州市公安局交警支队提供。

Note: The data in this table are provided by the transportation policy branch of Guangzhou Policy Bureau.

13-4 营业性民用运输轮驳船拥有量（2022-2023年）

Possession of Business Civil Transport Vessels (2022-2023)

项 目	Item	2022	2023
机动船	**Motor Vessels**		
艘数 (艘)	Number of Motor Vessels (unit)	1408	1260
#客船 (艘)	Passenger Vessels (unit)	85	81
货船 (艘)	Cargo Vessels (unit)	1310	1156
载客量 (客位)	Passenger Capacity (seat)	20293	18839
净载重量 (吨位)	Dead Weight Tonnage (ton)	42271263	41303174
总功率 (千瓦)	Total Power (kilowatt)	5184209	4471328
驳 船	**Barges**		
艘数 (艘)	Number of Barges (unit)	4	4
净载重量 (吨位)	Dead Weight Tonnage (ton)	23347	23347

注：本表资料由广州港务局等单位提供。

Note: The data in this table are provided by Guangzhou Port Authority.

13-5 主要年份客货运输(吞吐量)和邮电业务收入

Total Passenger and Freight Traffic and Revenue of Postal and Telecommunication Services in Main Years

年 份 Year	客运量 (万人次) Passenger Traffic (10000 persontimes)	旅客周转量 (万人公里) Passenger-kilometers (10000 passengerkm)	货运量 (万吨) Freight Traffic (10000 tons)	货物周转量 (万吨公里) Freight Tonkilometers (10000 ton-km)	港口旅客吞吐量 (万人次) Volume of Passenger Handled in Coastal Ports (10000 persontimes)
1978					433
1980					489
1985	11653	1017045	18233	15653824	514
1986	10985	1090054	15439	16584196	788
1987	9152	1158152	18947	17143674	742
1988	10290	1340611	21390	18968882	765
1989	9051	1269994	18397	20193670	610
1990	9461	1340608	17842	21417482	531
1991	9996	1574625	19535	26703071	485
1992	12459	1897547	22562	28156518	484
1993	15988	2198885	24818	29564344	447
1994	17307	2202816	26461	35696673	406
1995	16107	2227019	26992	39618131	343
1996	15638	2066438	23315	30739572	233
1997	17725	2417966	23768	30573646	134
1998	19587	2563072	24443	26210641	91
1999	22007	2799796	24238	20924658	153
2000	26097	4533805	27972	22660161	134
2001	27461	4986901	28248	23370862	135
2002	30084	5570611	28496	22346711	135
2003	30546	5408605	29309	25104134	112
2004	36941	8557982	35700	27833246	119
2005	40524	9750755	38153	27240509	99
2006	43777	10915614	42759	27954630	98
2007	51180	12906006	45852	24706845	111
2008	55385	13752318	49586	24620645	90
2009	57053	14538626	52525	21762287	78
2010	62595	16936472	57369	24508491	79
2011	67756	18790926	64929	28611908	80
2012	76070	20746062	76100	49383911	75
2013	89269	22776307	89099	68224384	77
2014	98062	24996168	96553	86335522	71
2015	106082	26681268	100124	90504153	61
2016	45823	21698556	107992	153864229	87
2017	45279	19990354	117429	212596804	92
2018	48048	21950302	127752	214871658	101
2019	49819	23760253	95032	214726541	78
2020	32702	12572814	92458	216197515	8
2021	21733	11495962	98175	218870082	4
2022	17354	7667108	90511	221816045	2
2023	30627	18608859	92862	229075137	22

注：广州市交通局根据交通部门的要求自2021年起对公路客(货)运量、客(货)运周转量统计口径进行调整；2021年起水运客运量包含珠江夜游旅客。

Note: According to the requirements of the transportation department, Guangzhou Municipal Transportation Bureau has adjusted the statistical caliber of highway passenger (cargo) volume and passenger (cargo) transportation turnover since 2021. The water passenger volume has included Pearl River night tour passengers since 2021.

13-5 续表 continued

年 份 Year	港口货物吞吐量 (万吨) Volume of Freight Handled (10000 tons)	#集装箱 Container	机场旅客吞吐量 (万人次) Volume of Passenger Handled in Airport (10000 persontimes)	机场货邮行吞吐量 (万吨) Volume of Freight Mail and Luggage Handled in Airport (10000 tons)	邮电业务收入 (万元) Revenue of Postal and Telecommunication Services (10000 yuan)
1978	1950		66		2357
1980	2107		131	3	3631
1985	3700		290	6	9927
1986	3954		389	7	12744
1987	4561		505	10	19822
1988	5115	115	542	11	28482
1989	5106	103	485	11	38605
1990	5099	107	605	12	55960
1991	5657	161	745	15	79642
1992	6477	168	902	17	121473
1993	7610	177	927	19	180606
1994	8121	231	1070	23	270330
1995	8340	440	1257	28	380323
1996	8510	485	1264	32	528343
1997	8390	599	1251	35	687781
1998	8716	789	1241	41	841107
1999	11336	1355	1190	45	981527
2000	12455	1699	1279	49	1384846
2001	13539	2633	1384	53	1515282
2002	16772	3255	1601	59	1751392
2003	19200	4161	1501	54	1851326
2004	23887	4734	2033	63	2108788
2005	27283	6672	2340	75	2220589
2006	32816	9493	2622	82	2307436
2007	37053	13298	3096	90	2478199
2008	36954	15172	3344	93	2663183
2009	37549	15383	3705	122	2680007
2010	42526	18070	4098	145	2900942
2011	44770	20682	4504	153	3123440
2012	45125	21338	4831	163	3373039
2013	47267	23053	5246	173	4585063
2014	50097	24297	5479	190	5052592
2015	52096	26026	5521	200	5400082
2016	54437	27799	5974	216	6352822
2017	59012	30002	6584	234	7560250
2018	55669	32829	6974	249	8778953
2019	62687	33980	7339	255	10450611
2020	63643	33695	4377	200	11144378
2021	65130	35674	4026	224	12225208
2022	65592	34974	2611	204	13181366
2023	67498	35548	6317	246	14179505

13−6 民航运输主要指标（2022−2023年）
Main Indicators on Civil Aviation (2022-2023)

项　　目	Item	2022	2023
客运量（万人次）	Passenger Traffic (10000 person-times)	3800	9108
国际航线	International Routes	48	678
国内航线	Domestic Routes	3752	8430
#地区航线	Regional Routes	3	56
旅客周转量（万人公里）	Passenger-kilometers (10000 person-km)	6410045	16589897
国际航线	International Routes	293362	2765034
国内航线	Domestic Routes	6116683	13824863
#地区航线	Regional Routes	3530	84776
货邮运量（吨）	Freight Traffic (ton)	1098288	1333280
国际航线	International Routes	659350	692080
国内航线	Domestic Routes	438938	641200
#地区航线	Regional Routes	3626	18719
货邮周转量（万吨公里）	Freight Ton-kilometers (10000 ton-km)	685912	756186
国际航线	International Routes	611566	645610
国内航线	Domestic Routes	74346	110576
#地区航线	Regional Routes	374	2146
总周转量（万吨公里）	Total Air Traffic Ton-kilometers(10000 ton-km)	1250367	2069996
国际航线	International Routes	637562	748698
国内航线	Domestic Routes	612805	1321298
#地区航线	Regional Routes	687	9493
飞行班次（班次）	Flying Times of General Aviation (time)	359606	674384
国际航线	International Routes	18655	50536
国内航线	Domestic Routes	340951	623848
#地区航线	Regional Routes	388	3190
飞行时间（小时）	Flying Time of General Aviation (hr)	1028271	1928775
运输飞行	Transportation Flying	1014125	1905707
专业飞行	Flying for Special Purpose	14146	23068

13-7 民航航线及飞机年末数

Number of Civil Aviation Routes and Civil Aircraft at Year-end

指标名称	Item	2022	2023
定期航班航线条数 (条)	Number of Civil Aviation Routes (line)	989	1089
国际航线	International Routes	72	118
国内航线	Domestic Routes	917	971
#地区航线	Regional Routes	3	6
定期航班航线里程(公里)	Length of Civil Aviation Routes (km)	1423503	1528554
国际航线	International Routes	442481	536748
国内航线	Domestic Routes	981022	991806
#地区航线	Regional Routes	4907	9310
民航飞机期末架数 (架)	Number of Civil Aircraft (unit)	601	635
运输飞机	Aero Transport	573	600
大中型飞机	Air Bus	558	580
小型飞机	Puddle-jumper	15	20
通用航空飞机	General Aircraft	28	35
教学校验飞机	Others		
国外通航国家和地区(个)	Foreign Countries and Regions Linked with Civil Aviation Routes(unit)	31	40
通航城市 (个)	Cities Linked with Civil Aviation Routes (unit)	320	304
#国外通航城市	Foreign Cities Linked with Civil Aviation Routes	40	55

13-8 白云国际机场吞吐量（2022-2023年）

Volume Handled in Baiyun International Airport (2022-2023)

项　目	Item	2022	2023
飞机起降架次　(万次)	Number of Aircrafts Taking off and Landing (10000 times)	26.66	45.61
进　港	Landing	13.33	22.80
出　港	Taking off	13.33	22.81
旅客吞吐量　(万人次)	Volume of Passengers Handled (10000 person-times)	2611	6317
进　港	Landing	1290	3141
出　港	Taking off	1321	3176
货邮行吞吐量　(万吨)	Volume of Freight Handled (10000 ton)	203.75	245.79
进　港	Landing	78.25	88.67
出　港	Taking off	125.50	157.12
航线条数　(条)	Number of Civil Aviation Routes (line)	315	305
国际航线	International Routes	77	70
国内航线	Domestic Routes	238	235
#地区航线	Regional Routes	2	2
国外通航国家和地区　(个)	Foreign Countries and Regions Linked with Civil Aviation Routes (unit)	50	49
通航城市	Cities Linked with Civil Aviation Routes	241	187
#国外通航城市	Foreign Cities Linked with Civil Aviation Routes	73	54

注：本表数据由白云国际机场提供。

Note: The data in this table are provided by Baiyun International Airport.

13-9 输油(气)管道基本情况（2023年）

Basic Statistics on Pipelines (2023)

项目	Item	合计 Total	输成品油管道 Refined Oil Pipelines	输入天然气体管道 Natural Gas Pipelines	输其他气体管道 Others Gas Pipelines
条数 (条)	Number Of Pipelines (unit)	40	18	11	11
输油(气)里程 (公里)	Length Of Pipelines (km)	3330	57	3211	61
延展长度 (公里)	Extension Length of Pipelines (km)	3330	57	3211	61
输油(气)能力	Capacity of Pipeline Traffic	8581	4023	3570	987
(万吨/年、千万立方米/年)	(10000 ton/year, 10 million cu.m/year)				
输油(气)量 (万吨)	Pipeline Traffic (10000 tons)	2371	782	1481	108
输油(气)周转量 (万吨公里)	Ton-kilometers (10000 ton-km)	271809	4226	266964	618

注：本表数据由中石化广州分公司、国家管网集团广东省管网有限公司提供。
Note: The data in this table are provided by Sinopec Guangzhou Branch.

13-10 港口码头泊位数（2022-2023年）

Number of Berths in Ports (2022-2023)

项目	Item	2022	2023
总计	**Total**		
码头长度 (米)	Length of Quay Line (m)	46684	48817
泊位 (个)	Number of Berths (unit)	585	634
#万吨级	10000 Ton Class	83	86
泊位年通过能力	Berths Capacity		
#货物 (万吨)	Cargo (10000 tons)	37238	39754
集装箱 (万TEU)	Containers (10000 TEU)	1657	1964
旅客 (万人)	Passengers (10000 persons)	3923	3923
汽车 (万辆)	Automobile (10000 units)	66	66
生产用	For Productive Use		
码头长度 (米)	Length of Quay Line (m)	45282	47267
泊位 (个)	Number of Berths (unit)	418	434
#万吨级	10000 Ton Class	83	86

注：本表数据由广州市港务局提供。
Note: The data in this table are provided by Guangzhou Port Bureau.

13-11 邮政电信网（2022-2023年）

Network of Postal and Telecommunication Services (2022-2023)

项　　目	Item	2022	2023
邮政营业网点　（个）	Post Network　(unit)	7771	11351
#快递营业网点	Post Office Owned by Itself	7526	2861
邮政储蓄所　（个）	Postal Savings Office　(unit)	137	137
信箱、信筒　（个）	Mail Box　(unit)	884	828
电信网　（个）	Telecommunication Office　(unit)	10798	10142
自办电信网点	Telecommunication Office Owned by Itself	406	656
代办网点	Commission Office	10392	9486
邮政网络　（公里）	Postal Service Network　(km)		
邮路总长度	Total Length of Mail Routes	2527004	-
农村投递线路总长度	Length of Rural Delivery Routes	18842	-

注：2023年邮政局调整快递营业网点口径，国家邮政管理局不再分地市公布邮政网络相关数据。

Note: Due to the inclusion of express delivery service outlets in postal service outlets, the total length of postal routes will include express delivery routes starting from 2023.

13-12　邮政业务主要指标（2022-2023年）
Main Indicators on Post (2022-2023)

项　　目		Item		2022	2023
国内分类业务总量		Category of Domestic Services			
函　件	（万件）	Number of Letters	(10000 pcs)	3615	3665
包　裹	（万件）	Packages	(10000 pcs)	64	67
汇　兑	（万笔）	Remittance	(10000 transactions)	7	4
订销报纸累计数	（万份）	Number of Newspapers Circulation	(10000 copies)	18056	18289
订销杂志累计数	（万份）	Number of Magazines Circulation	(10000 copies)	993	1008
快　递	（万件）	Pieces of Express Mail Services	(10000 pcs)	1013081	1145019
同　城		City Express		144346	134963
异　地		Long-distance Express		858959	993523
国际及港澳台		International and Hong Kong, Macao and Taiwan Express		9777	16533
邮政储蓄年末收储余额	（万元）	Postal Savings Deposits at Year-end	(10000 yuan)	5542232	6203512

13-13 电信业务主要指标（2022-2023年）

Main Indicators on Telecommunication Services (2022-2023)

项　　目	Item	2022	2023
通信业务量	Business Volume of Telecommunications		
移动电话用户 (万户)	Number of Mobile Telephone Subscribers (10000 subscribers)	3642.63	3812.18
#5G移动电话用户	5G Mobile Telephone Subscribers	938.01	1179.30
移动短信通信量 (亿条)	Short Message Services (100 million)	211.96	211.35
固定电话用户 (万户)	Landline Users (10000 subscribers)	252.99	230.88
互联网宽带接入用户 (万户)	Broadband Users	762.52	794.97
移动互联网用户 (万户)	Mobile Internet Users	2918.36	3059.93
电信主要通信能力	Main Communication Capacity of Telecommunications		
长途电话交换机容量(万路端)	Capacity of Long-distance Telephone Exchanges (10000 circuits)	4.50	4.50
电话交换机总容量 (万门)	Capacity of Telephone Exchanges (10000 gates)	0.08	0.08
局用交换机容量	Capacity of Office Exchanges	0.08	0.08
接入网交换机容量	Capacity of Exchanges Linked-out		
移动电话交换机容量 (万户)	Capacity of Mobile Telephone Exchanges (10000 subscribers)	6380	6389
移动电话基站数 (个)	Number of Mobile Phone Base Station (unit)	172533	175889
互联网宽带接入端口 (个)	Broad Band Subscribers Post Of Internet (unit)	13877366	14419922

注：长途电话交换机容量、电话交换机总容量、局用交换机容量、接入网交换机容量等指标省联通公司不再对外公布。

Note: The indicators of long-distance telephone switch capacity, total telephone switch capacity, office switch capacity and access network switch capacity are no longer announced by the Provincial Unicom company.

13-14 邮电业务收入（2022-2023年）

Revenue of Postal and Telecommunication Services (2022-2023)

单位：万元 (10000 yuan)

项　目	Item	2022	2023
总　计	**Total**	**13182722**	**14179505**
#港澳及国际	Hong Kong, Macao and International	1522803	1858348
邮政收入	**Revenue of Posts**	**8972993**	**9634228**
#港澳及国际	Hong Kong, Macao and International	1509259	1845921
函　件	Letters	17518	12419
快　递	Express Mail Services	8404275	8921508
汇　兑	Postal Orders	199	80
包　裹	Package	3373	2927
报　刊	Newspapers and Magazines	8747	9612
其　他	Others	538881	687682
电信收入	**Revenue of Telecommunications**	**4209729**	**4545277**
#港澳及国际	Hong Kong, Macao and International	13543	12427
固定电话收入	Fixed-line Telephone	58634	66896
移动电话收入	Mobile Telephone	2286025	2370113
宽带收入	Broadband Network	553272	719677
其他收入	Other Revenue	1311798	1388591

13-15 城市公共交通（2023年）

Public Traffic in City (2023)

项　目	Item	合计 Total	汽车 Buses	电车 Trolleys
营运车、船数（辆、艘）	Number of Vehicles and Vessels (unit)	37047	14070	242
营运车船客位数（个）	Seat for Vehicles and Vessels for Business Transportation (seat)	2050526	974481	19108
营运线路条数（条）	Lines Used by Public Traffic for Business Transportation (line)	1369	1323	14
营运线路长度（公里）	Length of Public Traffic (km)	25076	24160	188
客运量（万人次）	Number of Passenger Traffic (10000 person-times)	456548	106631	2749
客运收入（万元）	Revenue of Passenger Transport (10000 yuan)	1207778	149333	2333
每辆汽、电车负担人数（人）	Number of Passengers per Bus and Trolley (person)	738		

13-15 续表 continued

项　目	Item	合计 Total 轮渡 Ferries	出租汽车 Cabs	轨道交通 Track Traffic
营运车、船数（辆、艘）	Number of Vehicles and Vessels (unit)	44	18815	3876
营运车船客位数（个）	Seat for Vehicles and Vessels for Business Transportation (seat)	8814	75260	972863
营运线路条数（条）	Lines Used by Public Traffic for Business Transportation (line)	14		18
营运线路长度（公里）	Length of Public Traffic (km)	53		675
客运量（万人次）	Number of Passenger Traffic (10000 person-times)	1261	32116	313791
客运收入（万元）	Revenue of Passenger Transport (10000 yuan)	1718	436942	617452
每辆汽、电车负担人数（人）	Number of Passengers per Bus and Trolley (person)			

注：1.本表数据由广州市交通运输局等单位提供。
2.营运车船客位数按行驶证上核定载人数计算。

Notes: I. The data in this table are provided by Guangzhou Municipal Transportation Bureau.
II. Seats of vehicles and vessels for business tran-sportation are calculated by the number of passengers authorized on the driving license.

主要统计指标解释

【货(客)运量】指在一定时期内，各种运输工具实际运送的货物重量（旅客数量）。货运按吨计算，客运按人计算。货物不论运输距离长短、货物类别，均按实际重量统计；旅客不论行程远近或票价多少，均按一人一次作为客运量统计；半价票、儿童票也按一人统计。

【货物(旅客)周转量】指在一定时期内，由各种运输工具运送的货物（旅客）数量与其相应运输距离的乘积之总和。该指标可以反映运输业生产总成果，也是编制和检查运输生产计划,计算运输效率、劳动生产率以及核算运输单位成本的主要基础资料。计算货物周转量通常按发出站与到达站之间的最短距离，也就是计费距离计算。计算公式为：

货物（(旅客)周转量=Σ（货物（旅客）运输量×运输距离）

【移动电话用户】指在电信运营企业营业网点办理开户登记手续，通过移动电话交换机进入移动电话网、占用移动电话号码的各类电话用户。包括各类签约用户、智能网预付费用户、无线上网卡用户。

Explanatory Notes on Main Statistical Indicators

【Freight (Passenger) Traffic】refers to the weight of freight (number of passenger) transported with various means within a specific period of time. Freight transport is calculated in tons and passenger traffic is calculated in terms of number of persons. Freight transport is calculated in terms of the actual weight of the goods and takes no account of the type of freight and distance of travel. Passenger traffic is calculated by the principle that one person can be counted only once in one trip and takes no account of the travelling distance and ticket price. The passengers who travel with a half price ticket or a child's ticket is also calculated as one person.

【Freight Ton-kilometres (Passenger-kilometres)】 refers to the sum of the product of the volume of transported cargo (passengers) multiplied by the transport distance. It is an important indicator to reflect the achievement of the transportation industry. This is an important indicator to show the total results of the transport industry; to prepare and examine the transport plan; and to serve as the main basic data for calculating the efficiency, labour productivity and unit cost of transport. Normally, the shortest distance between the departure station and the destination station (i.e., the payable distance) is the basis in calculating the freight ton-kilometres. The formula is as follows:

Freight ton-kilometres (passenger-kilometres)=Σ freight (passenger) traffic×distance of transportation

【Mobile Telephone Subscribers】 refer to people who have gone through registration procedures in the operation points of enterprises engaged in telecommunications and are hence connected with the mobile telephone communication network through the mobile telephone switchboards and occupy mobile phone numbers. Included are various types of subscriber, prepaid users for intelligent network and wireless network card users.

第十四篇 CHAPTER 14

国内贸易
DOMESTIC TRADE

第十四篇 国内贸易

简要说明

一、本篇资料反映广州市国内市场发展的基本情况。

二、本篇资料由广州市统计局贸易外经统计处整理提供。

三、本篇资料根据国家统计局制定的批发和零售业、住宿和餐饮业统计报表制度，通过采取全面调查、抽样调查等方法，对基层数据汇总取得。

四、各表的调查范围：

社会消费品零售总额表的调查范围是各种经济类型的批发和零售业、住宿和餐饮业法人单位、产业活动单位及个体户。

批发和零售业商品购、销、存总额表的调查范围是各种经济类型的批发和零售业法人单位及个体户。

商品购、销、存类值表的调查范围是各种经济类型的限额以上批发和零售业的法人单位及个体户。

财务状况表的调查范围是各种经济类型的限额以上批发和零售业、住宿和餐饮法人单位。

五、关于历史数据调整问题

根据 2018 年第四次全国经济普查结果，对 1992—2018 年社会消费品零售总额进行了调整。

Chapter 14 Domestic Trade

Brief Introduction

I. The data in this chapter show the development of Guangzhou's domestic markets.

II.The data in this chapter are prepared and provided by the Division of Trade and External Economic Relations Statistics of Guangzhou Municipal Bureau of Statistics.

III.The data are obtained in accordance with the Statistical Reporting Scheme on Wholesale and Retail Trade and Catering Services stipulated by the National Bureau of Statistics. The Methods used in data collection for enterprises (units) are complete enumeration and sample surveys, under which data are reported from lower to higher level statistical offices.

IV. The statistical coverage comes as follows:

The total retail sales of social consumer goods covered the retail value of the corporation units, economic active units and individual operators of all economic types of wholesale and retail trade, accommodation and catering industry.

The investigated objects of total purchases and sales and inventory of wholesale and retail trade come from corporation units and individual operators.

The investigated objects of commodity purchases, sales and inventory covered the corporation units and individual operators of wholesale and retail trade enterprises above the designated size.

The investigated objects of financial situation covered the corporation units of wholesale and retail trade, catering and accommodation above the designated size.

V. Based on results from the Fourth National Economic Census in 2018, the total retail sales consumer goods from year 1992 to 2018 are revised.

14-1 主要年份社会消费品零售总额

Total Retail Sales of Consumer Goods in Main Years

单位：万元 (10000 yuan)

年份 Year	总计 Total	按行业分 By Sector			
		批发和零售业 Wholesale and Retail Trades	住宿和餐饮业 Hotels and Catering Services	其他行业 Others	#制造业 Manufacturing
1978	176300	148378	16242	11680	7327
1980	287127	224457	23307	39363	24261
1985	749841	499571	115750	134520	64827
1986	802044	536172	107943	157929	69972
1987	952332	622077	134437	195818	67362
1988	1303688	833448	175891	294349	86936
1989	1442483	910670	234931	296882	90114
1990	1477826	945047	239607	293172	74574
1991	1701215	1062833	286924	351458	83978
1992	2149240	1396818	317912	434510	108827
1993	3114295	2095692	401053	617550	167954
1994	4499972	3028655	570592	900725	275664
1995	5712275	3864311	706234	1141730	344573
1996	6590603	4700098	813954	1076551	355871
1997	7693181	5493784	944091	1255306	488769
1998	8848523	6327972	1100940	1419611	549565
1999	9727415	6984432	1261213	1481770	588325
2000	10795918	8128043	1425322	1242553	567860
2001	11894799	9046636	1628785	1219378	544127
2002	12934476	9906249	1788390	1239837	449640
2003	14004188	11864803	1867179	272206	
2004	15654635	13575131	1976852	102652	
2005	17650089	15498368	2104240	47481	
2006	20085340	17842916	2242424		
2007	23459002	21032527	2426475		
2008	28363730	25583434	2780296		
2009	31708764	28630223	3078541		
2010	38090381	34227990	3862391		
2011	43672840	39217193	4455647		
2012	48996900	43912294	5084606		
2013	55667741	50110919	5556822		
2014	62527057	56554832	5972225		
2015	69944246	63339740	6604506		
2016	75620262	68568734	7051528		
2017	81906273	74428793	7477480		
2018	88109103	80207859	7901244		
2019	95515699	86921314	8594385		
2020	92186605	85450519	6736086		
2021	101225604	93245228	7980376		
2022	102981533	95321893	7659640		
2023	110126200	100679166	9447034		

注：2019年，根据第四次全国经济普查结果，对1992—2018年社零数据进行了修订。
Note: According to the results of the fourth national economic census, the total retail sales of consumer goods from 1992 to 2018 are revised In 2019.

14-2 主要年份社会消费品零售总额指数

Indices of Total Retail Sales of Consumer Goods in Main Years

上年=100 (preceding year=100)

年 份 Year	总 计 Total	按行业分 By Sector			
		批发和零售业 Wholesale and Retail Trades	住宿和餐饮业 Hotels and Catering Services	其他行业 Others	#制造业 Manufacturing
1978	106.6	105.6	118.2	104.3	95.4
1980	136.1	130.5	121.6	198.2	181.8
1985	138.1	124.7	224.2	147.9	133.1
1986	107.0	107.3	93.3	117.4	107.9
1987	118.7	116.0	124.5	124.0	96.3
1988	136.9	134.0	130.8	150.3	129.1
1989	110.6	109.3	133.6	100.9	103.7
1990	102.4	103.8	102.0	98.8	82.8
1991	115.1	112.5	119.8	119.9	112.6
1992	126.3	131.4	110.8	123.6	129.6
1993	144.9	150.0	126.2	142.1	154.3
1994	144.5	144.5	142.3	145.9	164.1
1995	126.9	127.6	123.8	126.8	125.0
1996	115.4	121.6	115.3	94.3	103.3
1997	116.7	116.9	116.0	116.6	137.3
1998	115.0	115.2	116.6	113.1	112.4
1999	109.9	110.4	114.6	104.4	107.1
2000	111.0	116.4	113.0	83.9	96.5
2001	110.2	111.3	114.3	98.1	95.8
2002	108.7	109.5	109.8	101.7	82.6
2003	108.3	119.8	104.4	22.0	
2004	111.8	114.4	105.9	37.7	
2005	112.7	114.2	106.4	46.3	
2006	113.8	115.1	106.6		
2007	116.8	117.9	108.2		
2008	120.9	121.6	114.6		
2009	111.8	111.9	110.7		
2010	120.1	119.6	125.5		
2011	114.7	114.6	115.4		
2012	112.2	112.0	114.1		
2013	113.6	114.1	109.3		
2014	112.3	112.9	107.5		
2015	111.9	112.0	110.6		
2016	108.1	108.3	106.8		
2017	108.3	108.5	106.0		
2018	107.6	107.8	105.7		
2019	108.4	108.4	108.8		
2020	96.5	98.3	78.4		
2021	109.8	109.1	118.5		
2022	101.7	102.2	96.0		
2023	106.7	105.4	123.3		

注：1.当年指数按可比口径计算。

2.2019年，根据第四次全国经济普查结果，对1992—2018年社零数据进行了修订。

Notes: I.The indices are calculated at the comparable coverage.

II.According to the results of the fourth national economic census,the total retail sales of consumer goods from 1992 to 2018 are revised In 2019.

14-3 各时期社会消费品零售总额

Total Retail Sales of Consumer Goods in Different Periods

单位：万元 (10000 yuan)

时 期	Period	社会消费品零售总额 Total Retail Sales of Consumer Goods	按行业分 By Sector 批发和零售业 Wholesale and Retail Trades	住宿和餐饮业 Hotels and Catering Services	其他行业 Others	#制造业 Manufacturing
"六五"时期	6th Five-year Plan Period	2459903	1775024	260620	424259	222331
"七五"时期	7th Five-year Plan Period	5978373	3847414	892809	1238150	388958
"八五"时期	8th Five-year Plan Period	17176997	11448309	2282715	3445973	980996
"九五"时期	9th Five-year Plan Period	43655640	31634329	5545520	6475791	2550390
"十五"时期	10th Five-year Plan Period	72138187	59891187	9365446	2881554	993767
"十一五"时期	11th Five-year Plan Period	141707217	127317090	14390127		
"十二五"时期	12th Five-year Plan Period	280808784	253134978	27673806		
"十三五"时期	13th Five-year Plan Period	433337942	395577219	37760723		
1979-2023年	1979-2023	1312094497	1174268261	123301290	14524946	5174044
2001-2023年	2001-2023	1242325467	1125166761	114277152	2881554	993767
2013-2023年	2013-2023	935810323	854828997	80981326		
2021-2023年	2021-2023	314333337	289246287	25087050		

14-3 续表 continued

单位：% (%)

时 期	Period	社会消费品零售总额年平均增长 Annual Average Growth Speed of Total Retail Sales of Consumer Goods	按行业分 By Sector 批发和零售业 Wholesale and Retail Trades	住宿和餐饮业 Hotels and Catering Services	其他行业 Others	#制造业 Manufacturing
"六五"时期	6th Five-year Plan Period	21.2	17.3	37.8	27.9	21.7
"七五"时期	7th Five-year Plan Period	14.5	13.6	15.7	16.9	2.9
"八五"时期	8th Five-year Plan Period	31.0	32.5	24.2	31.3	35.8
"九五"时期	9th Five-year Plan Period	13.6	16.0	15.1	1.7	10.5
"十五"时期	10th Five-year Plan Period	10.3	13.8	8.1	-47.9	
"十一五"时期	11th Five-year Plan Period	16.6	17.2	12.9		
"十二五"时期	12th Five-year Plan Period	12.9	13.1	11.3		
"十三五"时期	13th Five-year Plan Period	5.7	6.2	0.4		
1979-2023年	1979-2023	15.4	15.6	15.2		
2001-2023年	2001-2023	10.6	11.6	8.6		
2013-2023年	2013-2023	7.6	7.8	5.8		
2021-2023年	2021-2023	6.0	5.5	11.9		

注：2019年，根据第四次全国经济普查结果，对1992—2018年社零数据进行了修订。

Note: According to the results of the fourth national economic census, the total retail sales of consumer goods from 1992 to 2018 are revised In 2019.

14-4 社会消费品零售总额（2022—2023年）
Total Retail Sales of Consumer Goods (2022-2023)

单位：万元 (10000 yuan)

项　　目	Item	2022	2023
社会消费品零售总额	**Total**	**102981533**	**110126200**
按行业分	By Sector		
批发和零售业	Wholesale and Retail Trades	95321893	100679166
住宿和餐饮业	Hotels and Catering Services	7659640	9447034
按消费类型分	By Consumption Type		
商品零售	Commodity Retailing	95645648	101055348
餐饮收入	Food and Beverage Revenue	7335885	9070852

14-5 限额以上批发和零售业法人企业商品分类销售总额（2023年）
Total Sales Value of Enterprises above Designated Size in Wholesale and Retail Trade by Category of Commodities (2023)

单位：万元　　(10000 yuan)

项　　目	Item	销售总额 Total Sales Value	批发额 Wholesale Value	零售额 Retail Value
合　计	**Total**	**633171523**	**578977902**	**54193621**
粮油、食品类	Grain and Oil	29151521	23845435	5306086
#肉禽蛋类	Meat, Poultry and Eggs	4056943	3682170	374773
饮料类	Beverages	4571913	3344494	1227419
烟酒类	Tobacco and Liquor	5088791	4229811	858980
服装鞋帽、针、纺织品类	Garments, Footwear, Headgear, Knitwear and Textiles	18869598	14440359	4429239
服装类	Clothing	12681268	9288080	3393188
鞋帽类	Footwear and Headgear	3465364	2686326	779038
针、纺织品类	Knitwear and Textiles	2722966	2465952	257014
化妆品类	Cosmetics	6560071	3657489	2902582
金银珠宝类	Gold, Silver and Jewelry	4529183	2996683	1532500
日用品类	Daily-Use Articles	11472561	8359494	3113067
#可穿戴智能设备类	Wearable intelligent device	90675	50152	40523
五金、电料类	Hardware and Electrical Materials	2238043	2183996	54047
体育、娱乐用品类	Sports and Recreation Articles	2359083	1364538	994545
书报杂志类	Newspapers and Magazines	1440107	1079213	360894
电子出版物及音像制品类	E-journal and Video Products	43491	40602	2889
家用电器和音像器材类	Household Appliances and Video Appliances	7442251	4610805	2831446
中西药品类	Traditional Chinese and Western Medicines	29100150	24169743	4930407
#西　药	Western Medicines	21916371	17936780	3979591
中草药及中成药	Traditional Chinese Medicines	4628718	4193538	435180
文化办公用品类	Cultural and Office Goods	8442337	6438465	2003872
家具类	Furniture	2376082	2022876	353206
通讯器材类	Communication Appliances	6624340	2344917	4279423
煤炭及制品类	Coal and Related Products	15581730	15581730	
木材及制品类	Wood and Wooden Products	3734169	3734169	
石油及制品类	Petroleum and Related Products	72095425	68119691	3975734
化工材料及制品类	Chemical Materials and Related Products	50023717	50023717	
#化肥类	Chemical Fertilizers	1519387	1519387	
金属材料类	Metal Materials	232967410	232967410	
建筑及装潢材料类	Building and Decoration Materials	8975406	8785972	189434
机电产品及设备类	Mechanical and Electrical Products	9580702	9304596	276106
#农机类	Agricultural Machinery	103054	103054	
汽车类	Motor Vehicles	71498808	57796202	13702606
种子饲料类	Seeds and Feedstuff	7210007	7210007	
棉麻类	Cotton and Hemp			
其他类	Others	21194627	20325488	869139

14-6 限额以上批发业法人企业商品购、销、存总额（2023年）

单位：万元

项　　目	Item
合　计	**Wholesale Trade**
#国有及国有控股	State-owned and State-controlled Enterprises
按登记注册类型分	**By Status of Registration**
内资企业	Domestic-funded Enterprises
国有企业	State-owned Enterprises
集体企业	Collective-owned Enterprises
股份合作企业	Cooperative Enterprises
联营企业	Joint Ownership Enterprises
国有联营企业	State Joint Ownership Enterprises
集体联营企业	Collective Joint Ownership Enterprises
国有与集体联营企业	Joint State-collective Enterprises
其他联营企业	Other Joint Ownership Enterprise
有限责任公司	Limited Liability Corporations
国有独资企业	State Sole Funded Corporations
其他有限责任公司	Other Limited Liability Corporations
股份有限公司	Share-holding Corporations Ltd.
私营企业	Private Enterprises
私营独资企业	Private-funded Enterprises
私营合伙企业	Private Partnership Enterprises
私营有限责任公司	Private Limited Liability Corporations
私营股份有限公司	Private Share-holding Corporations Ltd.
其他企业	Other Enterprises
港、澳、台商投资企业	Enterprises with Funds from Hong Kong, Macao and Taiwan
与港、澳、台商合资经营企业	Joint-venture Enterprises
与港、澳、台商合作经营企业	Cooperative Enterprises
港、澳、台商独资经营企业	Enterprises with Sole Funds
港、澳、台商投资股份有限公司	Share-holding Corporations Ltd.
其他港、澳、台投资企业	Other Enterprises with Funds from Hong Kong, Macao and Taiwan
外商投资企业	Foreign Funded Enterprises
中外合资经营企业	Joint-venture Enterprises
中外合作经营企业	Cooperative Enterprises
外资企业	Enterprises with Sole Foreign Funds
外商投资股份有限公司	Share-holding Corporations Ltd.
其他外商投资企业	Other Foreign Funded Enterprises
按国民经济行业分组	**By Economic Sector**
农、林、牧产品批发	Wholesale of Farming, Forestry, Animal Husbandry Products
食品、饮料及烟草制品批发	Wholesale of Food, Beverages and Tobacco Products
#米、面制品及食用油批发	Wholesale of Rice, Flour and Edible Oil
烟草制品批发	Wholesale of Tobacco
纺织、服装及家庭用品批发	Wholesale of Textile, Clothing and Household Goods
#服装批发	Wholesale of Garments
家用视听设备批发	Wholesale of Household Electrical Appliances
文化、体育用品及器材批发	Wholesale of Cultural, Sports Appliances and Equipment
医药及医疗器材批发	Wholesale of Medicine and Medical Appliances
矿产品、建材及化工产品批发	Wholesale of Mineral Products, Building Materials and Chemical Products
#煤炭及制品批发	Wholesale of Coal and Related Products
石油及制品批发	Wholesale of Petroleum and Related Products
金属及金属矿批发	Wholesale of Metal Minerals
建材批发	Wholesale of Building Materials
化肥批发	Wholesale of Chemical Fertilizers
机械设备、五金产品及电子产品批发	Wholesale of Mechanical Equipment, Metal Products and Electronic Products
#汽车及零配件批发	Wholesale of Automobile and Automobile Accessories
摩托车及零配件批发	Wholesale of Motorcycles and Accessories
计算机、软件及辅助设备批发	Wholesale of Computers, Software and Assistant Equipments
贸易经纪与代理	Trade Broker and Agency
其他批发业	Wholesale of Other Trades

Total Purchases, Sales and Stock of Enterprises above Designated Size in Wholesale Trade (2023)

(10000 yuan)

购进总额 Total Purchase Value	#进 口 Imports Value	销售总额 Total Sales Value	批发额 Wholesale Value	零售额 Retail Value	年末库存 Stock at Year-end
578376833		**580185290**	**574143520**	**6041770**	**19155374**
228808918		217656238	216631456	1024782	6361551
515614727		511035291	507976431	3058860	15480563
8581942		8663929	8623184	40745	447578
61394		63483	63407	76	3785
326096		337514	337312	202	14712
162041		180534	172109	8425	6665
162041		180534	172109	8425	6665
164008457		168965295	167237383	1727912	5693560
43791273		45725184	45376947	348237	1513448
120217184		123240111	121860436	1379675	4180112
69454465		53266832	53178159	88673	1602152
273016373		279554565	278361738	1192827	7711579
1793960		1893219	1861129	32090	109381
249907		258464	258462	2	6462
268626493		274886140	273975803	910337	7382213
2346013		2516742	2266344	250398	213523
3960		3139	3139		532
27855675		31279527	29940255	1339272	2759304
3519770		3792888	3682911	109977	432796
11303		15332	15332		1471
23967558		27036268	25812646	1223622	2278390
138595		176756	173990	2766	12400
218449		258283	255376	2907	34247
34906431		37870472	36226834	1643638	915507
25157149		26964545	25507486	1457059	280447
8951952		10045220	9863180	182040	594822
6916		10401	8175	2226	69
790414		850306	847993	2313	40169
11954194		12085664	12063636	22028	801128
28640712		30890080	30101469	788611	2692918
4469081		4565792	4439336	126456	889746
1547565		2220705	2220705		59489
29198772		32110287	31086419	1023868	2273426
11237593		11334951	11172412	162539	643293
942979		980144	962986	17158	144161
7674265		9432963	8494017	938946	1342971
29136737		31345282	30843900	501382	2826805
395782397		383774049	381860781	1913268	6319581
15017392		15433877	15433877		270814
93576133		77272083	75373396	1898687	1656860
225360671		226034047	226030672	3375	2272555
15835714		16612284	16603248	9036	713802
1809363		1930741	1930741		118333
72994769		77343000	76613276	729724	2757707
54506730		57219817	56815932	403885	1182827
447274		431853	429333	2520	12461
3956350		4142987	4051299	91688	355797
519986		548254	544423	3831	8217
2475001		2655711	2535599	120112	132621

14-7 限额以上零售业法人企业商品购、销、存总额（2023年）

单位：万元

项　　目	Item
合　计	**Retail Trade**
#国有及国有控股	State-owned and State-controlled Enterprises
按登记注册类型分	**By Status of Registration**
内资企业	Domestic-funded Enterprises
国有企业	State-owned Enterprises
集体企业	Collective-owned Enterprises
股份合作企业	Cooperative Enterprises
联营企业	Joint Ownership Enterprises
国有联营企业	State Joint Ownership Enterprises
集体联营企业	Collective Joint Ownership Enterprises
国有与集体联营企业	Joint State-collective Enterprises
其他联营企业	Other Joint Ownership Enterprise
有限责任公司	Limited Liability Corporations
国有独资企业	State Sole Funded Corporations
其他有限责任公司	Other Limited Liability Corporations
股份有限公司	Share-holding Corporations Ltd.
私营企业	Private Enterprises
私营独资企业	Private-funded Enterprises
私营合伙企业	Private Partnership Enterprises
私营有限责任公司	Private Limited Liability Corporations
私营股份有限公司	Private Share-holding Corporations Ltd.
其他企业	Other Enterprises
港、澳、台商投资企业	Enterprises with Funds from Hong Kong, Macao and Taiwan
与港、澳、台商合资经营企业	Joint-venture Enterprises
与港、澳、台商合作经营企业	Cooperative Enterprises
港、澳、台商独资经营企业	Enterprises with Sole Funds
港、澳、台商投资股份有限公司	Share-holding Corporations Ltd.
其他港、澳、台投资企业	Other Enterprises with Funds from Hong Kong, Macao and Taiwan
外商投资企业	Foreign Funded Enterprises
中外合资经营企业	Joint-venture Enterprises
中外合作经营企业	Cooperative Enterprises
外资企业	Enterprises with Sole Foreign Funds
外商投资股份有限公司	Share-holding Corporations Ltd.
其他外商投资企业	Other Foreign Funded Enterprises
按国民经济行业分组	**By Economic Sector**
综合零售	Comprehensive Retail Trade
#百货零售	Retail of General Merchandise
超级市场零售	Retail of Supermarket
食品、饮料及烟草制品专门零售	Retail of Food, Beverage and Tobacco
纺织、服装及日用品专门零售	Retail of Textile, Garments and Daily Articles Consumer
#服装零售	Retail of Garments
文化、体育用品及器材专门零售	Retail of Cultural, Sports Appliances and Equipment
#体育用品及器材零售	Retail of Sports Goods
图书、报刊零售	Retail of Books and Newspapers
医药及医疗器材专门零售	Retail of Medicine and Medical Appliances
#西药零售	Retail of Medicine
中药零售	Retail of Chinese Medicine
汽车、摩托车、零配件和燃料及其他动力设备零售	Retail of Motor Vehicles, Motorcycles, Fuels and Parts
#汽车新车零售	Retail of Motor Vehicles
机动车燃油零售	Retail of Motor Vehicle Fuels
家用电器及电子产品专门零售	Retail of Household Electrical Appliances and Electronic Products
#家用视听设备零售	Retail of Household Audio and Video Equipment
日用家电零售	Retail of Household Electrical Appliances
计算机、软件及辅助设备零售	Retail of Computers, Software and Assistant Equipments
通信设备零售	Retail of Communication Equipments
五金、家具及室内装饰材料专门零售	Retail of Hardware, Furniture and Decoration Materials
货摊、无店铺及其他零售业	Retail of Booth and Others
#互联网零售	E-Retail

Total Purchases, Sales and Stock of Enterprises above Designated Size in Retail Trade (2023)

(10000 yuan)

购进总额 Total Purchase Value	#进口 Imports Value	销售总额 Total Sales	批发额 Wholesale Trade	零售额 Retail Trade	年末库存 Stock at Year-end
51115203		**59703681**	**7719475**	**51984206**	**3440576**
6186176		9040243	2564288	6475955	521652
29540399		35307981	6088076	29219905	2454011
395967		468178	103009	365169	44742
102518		122984	20660	102324	3750
27558		31871	3081	28790	1087
111137		135752	23693	112059	5502
72822		90360	14609	75751	4829
17588		20374	2468	17906	208
20727		25018	6616	18402	465
10828043		12149916	2113022	10036894	940029
581600		609747	129875	479872	117233
10246443		11540169	1983147	9557022	822796
2237696		4775279	1370819	3404460	71421
15837480		17624001	2453792	15170209	1387480
132522		162915	11067	151848	13327
54950		61272	14331	46941	1669
15320158		17064251	2348629	14715622	1357996
329850		335563	79765	255798	14488
6323510		7429097	1040839	6388258	417280
1285920		1638042	220085	1417957	103996
15930		19653	1018	18635	291
4951622		5689814	819729	4870085	312791
7339		17382	7	17375	
62699		64206		64206	202
15251294		16966603	590560	16376043	569285
1950368		2384795	538161	1846634	168065
12008643		13511117	52399	13458718	384148
66244		106146		106146	13084
1226039		964545		964545	3988
4019857		4963897	556703	4407194	377533
2271592		2857618	232666	2624952	202367
1153572		1352096	80363	1271733	155165
687460		887293	360234	527059	77343
1858928		2892783	830826	2061957	251709
1229945		1955247	647806	1307441	169742
635455		791533	154502	637031	97828
36925		56204	4016	52188	5964
183085		177019	22994	154025	46895
1527282		1927721	318710	1609011	197896
1442055		1783969	270399	1513570	191833
27145		36958	3062	33896	4619
19725543		21983893	3864338	18119555	1475511
15915638		15375864	1610550	13765314	1382551
3535594		6293576	2167660	4125916	68327
1528922		1636560	363395	1273165	135369
132635		115357	8841	106516	12793
477301		520016	47392	472624	41335
377378		441911	106133	335778	28989
492550		502189	182861	319328	43588
153594		215084	40160	174924	24196
20978162		24404917	1230607	23174310	803191
20894339		24289210	1200627	23088583	795077

14-8 限额以上批发业法人企业财务状况（2023年）

单位：万元

项　　目	Item
总　计	**Total**
按登记注册类型分	**Grouped by Registration Status**
内资企业	Domestic-funded Enterprises
国有企业	State-owned Enterprises
集体企业	Collective-owned Enterprises
股份合作企业	Share-holding Cooperative Enterprises
联营企业	Joint-operation Enterprises
国有联营企业	State-owned Joint-operation Enterprises
集体联营企业	Collective Joint-operation Enterprises
国有与集体联营企业	Joint State-collective Enterprises
其他联营企业	Other Joint Ownership Enterprises
有限责任公司	Limited Liability Corporations
国有独资公司	State Sole Investment Corporations
其他有限责任公司	Other Limited Liability Corporations
股份有限公司	Share-holding Corporations Ltd.
私营企业	Private Enterprises
私营独资企业	Private Sole Investment Enterprises
私营合伙企业	Private Partnership Enterprises
私营有限责任公司	Private Limited Liability Corporations
私营股份有限公司	Private Share-holding Corporations Ltd.
其他企业	Other Enterprises
港、澳、台商投资企业	Enterprises with Funds from Hong Kong, Macao and Taiwan
与港、澳、台商合资经营企业	Joint-venture Enterprises
与港、澳、台商合作经营企业	Cooperative Enterprises
港、澳、台商独资经营企业	Enterprises with Sole Funds
港、澳、台商投资股份有限公司	Share-holding Corporations Ltd.
其他港、澳、台投资企业	Other Enterprises with Funds from Hong Kong, Macao and Taiwan
外商投资企业	Foreign Funded Enterprises
中外合资经营企业	Joint-venture Enterprises
中外合作经营企业	Cooperative Enterprises
外资企业	Enterprises with Sole Foreign Funds
外商投资股份有限公司	Share-holding Corporations Ltd.
其他外商投资企业	Other Foreign Funded Enterprises
按行业分	**Grouped by Sector**
农、林、牧产品批发	Wholesale of Farming, Forestry, Animal Husbandry Products
食品、饮料及烟草制品批发	Wholesale of Food, Beverages and Tobacco Products
#米、面制品及食用油批发	Wholesale of Rice, Flour and Edible Oil
烟草制品批发	Wholesale of Tobacco
纺织、服装及家庭用品批发	Wholesale of Textile, Garments and Daily Articles Consumer
#服装批发	Wholesale of Garments
家用视听设备批发	Wholesale of Household Electrical Appliances
文化、体育用品及器材批发	Wholesale of Cultural, Sports Appliances and Equipment
医药及医疗器材批发	Wholesale of Medicine and Medical Appliances
矿产品、建材及化工产品批发	Wholesale of Mineral Products, Building Materials and Chemical Products
#煤炭及制品批发	Wholesale of Coal and Related Products
石油及制品批发	Wholesale of Petroleum and Related Products
金属及金属矿批发	Wholesale of Metal Minerals
建材批发	Wholesale of Building Materials
化肥批发	Wholesale of Chemical Fertilizers
机械设备、五金产品及电子产品批发	Wholesale of Mechanical Equipment, Metal Products and Electronic Products
#汽车及零配件批发	Wholesale of Automobile
摩托车及零配件批发	Wholesale of Motorcycles and Accessories
计算机、软件及辅助设备批发	Wholesale of Computers, Software and Assistant Appliances
贸易经纪与代理	Trade Broker and Agency
其他批发业	Other Wholesales Trades

Financial Situation of Enterprises above Designated Size in Wholesale Trade (2023)

(10000 yuan)

资产总计 Total Assets	固定资产原价 Original Value of Fixed Assets	负债合计 Total Liabilities	所有者权益 Owners' Equity	营业收入 Revenue from Principal Business
190614569	**8704565**	**140758748**	**49855821**	**526441581**
165387637	7456679	123049476	42338161	466777963
4831008	146409	2800456	2030552	7404084
81827	3420	66168	15659	57459
209343	9413	177773	31570	303184
141890	36079	69337	72553	156906
141890	36079	69337	72553	156906
57837874	2407858	42555736	15282138	149494687
12833757	601501	9020978	3812779	40238680
45004117	1806357	33534758	11469359	109256007
15015585	2735397	10652424	4363161	58794195
87268441	2118094	66726702	20541739	250564006
821425	8518	784741	36684	1738277
52716	1521	45871	6845	232219
83119288	1970953	64011833	19107455	246212629
3275012	137102	1884257	1390755	2380881
1669	9	880	789	3442
14220122	439417	9941126	4278996	28394041
2508118	62651	2085351	422767	3450303
7699	671	11917	-4218	13880
11440478	361735	7665985	3774493	24520981
101733	1517	79848	21885	161709
162094	12843	98025	64069	247168
11006810	808469	7768146	3238664	31269577
4299694	618250	3249574	1050120	21204166
6005197	188245	4297358	1707839	9286937
4973	332	1464	3509	12093
696946	1642	219750	477196	766381
4133783	144444	2947814	1185969	11146136
22044989	1190247	11006850	11038139	28688631
3219433	601225	2156594	1062839	4275293
667776	87773	143919	523857	1972193
18642793	705386	13060221	5582572	29438567
5743734	190224	3708923	2034811	10272998
574420	17555	433738	140682	905482
4686584	212644	2947451	1739133	8613531
17926075	748343	13332700	4593375	27743743
94204508	4830108	73505456	20699052	350425847
4951567	307664	3212704	1738863	13319414
16474322	3404725	12006919	4467403	79698006
50740313	343388	42069690	8670623	200223469
10072988	176395	8630577	1442411	14911287
858313	14588	684416	173897	1776604
27307152	796258	22635204	4671948	67899345
14226447	193442	12823335	1403112	49181965
172544	5690	120865	51679	410622
3249611	97001	2755385	494226	3854166
205624	20588	118225	87399	531120
1463061	56547	1204827	258234	1954661

14-8 续表 1

单位：万元

项目	Item
总计	**Total**
按登记注册类型分	**Grouped by Registration Status**
内资企业	Domestic-funded Enterprises
国有企业	State-owned Enterprises
集体企业	Collective-owned Enterprises
股份合作企业	Share-holding Cooperative Enterprises
联营企业	Joint-operation Enterprises
国有联营企业	State-owned Joint-operation Enterprises
集体联营企业	Collective Joint-operation Enterprises
国有与集体联营企业	Joint State-collective Enterprises
其他联营企业	Other Joint Ownership Enterprises
有限责任公司	Limited Liability Corporations
国有独资公司	State Sole Investment Corporations
其他有限责任公司	Other Limited Liability Corporations
股份有限公司	Share-holding Corporations Ltd.
私营企业	Private Enterprises
私营独资企业	Private Sole Investment Enterprises
私营合伙企业	Private Partnership Enterprises
私营有限责任公司	Private Limited Liability Corporations
私营股份有限公司	Private Share-holding Corporations Ltd.
其他企业	Other Enterprises
港、澳、台商投资企业	Enterprises with Funds from Hong Kong, Macao and Taiwan
与港、澳、台商合资经营企业	Joint-venture Enterprises
与港、澳、台商合作经营企业	Cooperative Enterprises
港、澳、台商独资经营企业	Enterprises with Sole Funds
港、澳、台商投资股份有限公司	Share-holding Corporations Ltd.
其他港、澳、台投资企业	Other Enterprises with Funds from Hong Kong, Macao and Taiwan
外商投资企业	Foreign Funded Enterprises
中外合资经营企业	Joint-venture Enterprises
中外合作经营企业	Cooperative Enterprises
外资企业	Enterprises with Sole Foreign Funds
外商投资股份有限公司	Share-holding Corporations Ltd.
其他外商投资企业	Other Foreign Funded Enterprises
按行业分	**Grouped by Sector**
农、林、牧产品批发	Wholesale of Farming, Forestry, Animal Husbandry Products
食品、饮料及烟草制品批发	Wholesale of Food, Beverages and Tobacco Products
#米、面制品及食用油批发	Wholesale of Rice, Flour and Edible Oil
烟草制品批发	Wholesale of Tobacco
纺织、服装及家庭用品批发	Wholesale of Textile, Garments and Daily Articles Consumer
#服装批发	Wholesale of Garments
家用视听设备批发	Wholesale of Household Electrical Appliances
文化、体育用品及器材批发	Wholesale of Cultural, Sports Appliances and Equipment
医药及医疗器材批发	Wholesale of Medicine and Medical Appliances
矿产品、建材及化工产品批发	Wholesale of Mineral Products, Building Materials and Chemical Products
#煤炭及制品批发	Wholesale of Coal and Related Products
石油及制品批发	Wholesale of Petroleum and Related Products
金属及金属矿批发	Wholesale of Metal Minerals
建材批发	Wholesale of Building Materials
化肥批发	Wholesale of Chemical Fertilizers
机械设备、五金产品及电子产品批发	Wholesale of Mechanical Equipment, Metal Products and Electronic Products
#汽车及零配件批发	Wholesale of Automobile
摩托车及零配件批发	Wholesale of Motorcycles and Accessories
计算机、软件及辅助设备批发	Wholesale of Computers, Software and Assistant Appliances
贸易经纪与代理	Trade Broker and Agency
其他批发业	Other Wholesales Trades

continued

(10000 yuan)

主营业务收入 Revenue from Principal Business	营业成本 Cost of Business	税金及附加 Taxes and Other Charges	其他业务利润 Profit from Other Business	销售费用 Operating Expenses
	507242021	**803936**		**10588588**
	452547455	642800		7825239
	7185808	9921		98129
	55466	75		2209
	290827	520		4619
	132254	1121		5499
	132254	1121		5499
	144510151	416783		3251196
	38674657	300818		714758
	105835494	115965		2536438
	57040135	46367		968715
	243329829	168012		3494780
	1634743	1469		81295
	223754	121		2495
	239456109	161707		3263242
	2015223	4715		147748
	2985	1		92
	25148734	89960		1752881
	3143922	7272		102248
	9367	32		3308
	21653032	81743		1617032
	130538	371		10270
	211875	542		20023
	29545832	71176		1010468
	20474073	22043		530951
	8365587	48339		453115
	8132	35		2229
	698040	759		24173
	10908507	6243		73385
	25501268	307131		1644805
	4080845	4589		162985
	1382877	262331		23688
	25405055	92397		2185968
	9449983	50373		396673
	835990	1302		34538
	7726873	46945		488019
	24924912	54977		1334888
	345418369	219878		2455859
	13091911	14154		86315
	77752588	51328		1061989
	199552475	107699		277118
	14419649	13224		205473
	1707310	987		19173
	65135501	72462		2248225
	48003961	47930		1629800
	380566	170		7654
	3632443	4022		82134
	482604	817		23767
	1738932	3086		133672

14-8 续表 2

单位：万元

项 目	Item
总 计	**Total**
按登记注册类型分	**Grouped by Registration Status**
内资企业	Domestic-funded Enterprises
国有企业	State-owned Enterprises
集体企业	Collective-owned Enterprises
股份合作企业	Share-holding Cooperative Enterprises
联营企业	Joint-operation Enterprises
国有联营企业	State-owned Joint-operation Enterprises
集体联营企业	Collective Joint-operation Enterprises
国有与集体联营企业	Joint State-collective Enterprises
其他联营企业	Other Joint Ownership Enterprises
有限责任公司	Limited Liability Corporations
国有独资公司	State Sole Investment Corporations
其他有限责任公司	Other Limited Liability Corporations
股份有限公司	Share-holding Corporations Ltd.
私营企业	Private Enterprises
私营独资企业	Private Sole Investment Enterprises
私营合伙企业	Private Partnership Enterprises
私营有限责任公司	Private Limited Liability Corporations
私营股份有限公司	Private Share-holding Corporations Ltd.
其他企业	Other Enterprises
港、澳、台商投资企业	Enterprises with Funds from Hong Kong, Macao and Taiwan
与港、澳、台商合资经营企业	Joint-venture Enterprises
与港、澳、台商合作经营企业	Cooperative Enterprises
港、澳、台商独资经营企业	Enterprises with Sole Funds
港、澳、台商投资股份有限公司	Share-holding Corporations Ltd.
其他港、澳、台投资企业	Other Enterprises with Funds from Hong Kong, Macao and Taiwan
外商投资企业	Foreign Funded Enterprises
中外合资经营企业	Joint-venture Enterprises
中外合作经营企业	Cooperative Enterprises
外资企业	Enterprises with Sole Foreign Funds
外商投资股份有限公司	Share-holding Corporations Ltd.
其他外商投资企业	Other Foreign Funded Enterprises
按行业分	**Grouped by Sector**
农、林、牧产品批发	Wholesale of Farming, Forestry, Animal Husbandry Products
食品、饮料及烟草制品批发	Wholesale of Food, Beverages and Tobacco Products
#米、面制品及食用油批发	Wholesale of Rice, Flour and Edible Oil
烟草制品批发	Wholesale of Tobacco
纺织、服装及家庭用品批发	Wholesale of Textile, Garments and Daily Articles Consumer
#服装批发	Wholesale of Garments
家用视听设备批发	Wholesale of Household Electrical Appliances
文化、体育用品及器材批发	Wholesale of Cultural, Sports Appliances and Equipment
医药及医疗器材批发	Wholesale of Medicine and Medical Appliances
矿产品、建材及化工产品批发	Wholesale of Mineral Products, Building Materials and Chemical Products
#煤炭及制品批发	Wholesale of Coal and Related Products
石油及制品批发	Wholesale of Petroleum and Related Products
金属及金属矿批发	Wholesale of Metal Minerals
建材批发	Wholesale of Building Materials
化肥批发	Wholesale of Chemical Fertilizers
机械设备、五金产品及电子产品批发	Wholesale of Mechanical Equipment, Metal Products and Electronic Products
#汽车及零配件批发	Wholesale of Automobile
摩托车及零配件批发	Wholesale of Motorcycles and Accessories
计算机、软件及辅助设备批发	Wholesale of Computers, Software and Assistant Appliances
贸易经纪与代理	Trade Broker and Agency
其他批发业	Other Wholesales Trades

continued

(10000 yuan)

管理费用 Management Cost	营业利润 Business Profit	利润总额 Total Profits	本年应付职工薪酬 Total Wages Payable	本年应交增值税 Total Value-added Payable Tax
5657819	**3719746**	**3877385**		**2422395**
4517166	2218978	2315457		1912227
68768	101001	104604		70748
16371	-17297	-15439		1339
6218	1996	2443		1322
7289	12405	13490		363
7289	12405	13490		363
1025574	1037993	1069895		644459
261627	607475	610615		245593
763947	430518	459280		398866
331819	503141	498192		228362
3060995	579509	642042		965633
30375	-12775	-12231		11991
3628	1557	1672		797
2912656	434551	496532		918204
114336	156176	156069		34641
132	230	230		1
792519	1184292	1237279		348297
33664	150066	150565		45159
2253	-1136	-1708		293
741964	1016665	1069824		296252
5792	12479	12387		2556
8846	6218	6211		4037
348134	316476	324649		161871
49139	145210	149834		70780
288907	135077	138250		86499
816	789	803		1441
9272	35400	35762		3151
105580	132090	138418		46896
889562	484453	497432		322251
83427	-6872	-7004		13845
88377	229872	229244		75273
1243900	1135558	1154318		394228
331515	677385	693594		101607
28198	4308	4593		7629
208956	184639	187936		95002
788912	596634	588957		440224
1440825	1533736	1651356		783375
76451	108280	111998		37371
334174	533566	533915		327630
327577	249571	311705		156859
174367	196418	236809		72223
19457	38878	39623		3444
904019	-367961	-361689		313134
196711	-555272	-552915		132561
12387	9624	10265		1572
115040	23262	24122		26125
15309	7463	7737		4937
60756	13134	12920		22348

14-9 限额以上零售业法人企业财务状况（2023年）

单位：万元

项　　目	Item
总　计	**Total**
按登记注册类型分	**Grouped by Registration Status**
内资企业	Domestic-funded Enterprises
国有企业	State-owned Enterprises
集体企业	Collective-owned Enterprises
股份合作企业	Share-holding Cooperative Enterprises
联营企业	Joint-operation Enterprises
国有联营企业	State-owned Joint-operation Enterprises
集体联营企业	Collective Joint-operation Enterprises
国有与集体联营企业	Joint State-collective Enterprises
其他联营企业	Other Joint Ownership Enterprises
有限责任公司	Limited Liability Corporations
国有独资公司	State Sole Investment Corporations
其他有限责任公司	Other Limited Liability Corporations
股份有限公司	Share-holding Corporations Ltd.
私营企业	Private Enterprises
私营独资企业	Private Sole Investment Enterprises
私营合伙企业	Private Partnership Enterprises
私营有限责任公司	Private Limited Liability Corporations
私营股份有限公司	Private Share-holding Corporations Ltd.
其他企业	Other Enterprises
港、澳、台商投资企业	Enterprises with Funds from Hong Kong, Macao and Taiwan
与港、澳、台商合资经营企业	Joint-venture Enterprises
与港、澳、台商合作经营企业	Cooperative Enterprises
港、澳、台商独资经营企业	Enterprises with Sole Funds
港、澳、台商投资股份有限公司	Share-holding Corporations Ltd.
其他港、澳、台投资企业	Other Enterprises with Funds from Hong Kong, Macao and Taiwan
外商投资企业	Foreign Funded Enterprises
中外合资经营企业	Joint-venture Enterprises
中外合作经营企业	Cooperative Enterprises
外资企业	Enterprises with Sole Foreign Funds
外商投资股份有限公司	Share-holding Corporations Ltd.
其他外商投资企业	Other Foreign Funded Enterprises
按行业分	**Grouped by Sector**
综合零售	Integrated Retail
#百货零售	Retail of General Merchandise
超级市场零售	Retail of Supermarket
食品、饮料及烟草制品专门零售	Retail of Food, Beverage and Tobacco
纺织、服装及日用品专门零售	Retail of Textile, Garments and Daily Articles Consumer
#服装零售	Retail of Garments
文化、体育用品及器材专门零售	Retail of Cultural, Sports Appliances and Equipment
#体育用品及器材零售	Retail of Sporting Goods and Equipment
图书、报刊零售	Retail of Books and Newspapers
医药及医疗器材专门零售	Retail of Medicine and Medical Appliances
#西药零售	Retail of Medicine
中药零售	Retail of Chinese Medicine
汽车、摩托车、零配件和燃料及其他动力设备零售	Retail of Motor Vehicles, Motorcycles, Fuels and Parts
#汽车新车零售	Retail of Motor Vehicles
机动车燃油零售	Retail of Fuels for Motor Vehicles
家用电器及电子产品专门零售	Retail of Household Electrical Appliances and Electronic Products
#家用视听设备零售	Retail of Household Audio and Video Equipment
日用家电零售	Retail of Household Electrical Appliances
计算机、软件及辅助设备零售	Retail of Computers, Software and Assistant Equipment
通信设备零售	Retail of Communication Equipment
五金、家具及室内装饰材料专门零售	Retail of Hardware, Furniture and Decoration Materials
货摊、无店铺及其他零售业	Retail of Booth and Others
#互联网零售	E-Retail

Financial Situation of Enterprises above Designated Size in Retail Trade (2023)

(10000 yuan)

资产总计 Total Assets	固定资产原价 Original Value of Fixed Assets	负债合计 Total Liabilities	所有者权益 Owners' Equity	营业收入 Revenue from Principal Business
27054343	**2854284**	**21024932**	**6029411**	**54532097**
17624944	1498503	13967706	3657238	32280317
290353	30246	173833	116520	470182
26228	7732	12929	13299	112134
12709	3356	2926	9783	28572
27543	5610	15702	11841	121457
20257	3224	14138	6119	80499
1979	1131	1027	952	18188
5307	1255	537	4770	22770
7230288	621554	5138369	2091919	11000723
667844	44289	376352	291492	579504
6562444	577265	4762017	1800427	10421219
2180568	317648	922557	1258011	4118643
7857255	512357	7701390	155865	16428606
58142	1342	52253	5889	160916
12409	1047	8899	3510	56124
7584391	497480	7474499	109892	15927433
202313	12488	165739	36574	284133
3101488	304137	2234315	867173	6826909
566954	110279	418657	148297	1497315
11545	1234	2484	9061	17969
2121175	163872	1681750	439425	5224466
226450	28622	75549	150901	30302
175364	130	55875	119489	56857
6327911	1051644	4822911	1505000	15424871
2212576	412177	1771570	441006	2253254
3937226	635305	2878284	1058942	12221201
29515		29943	-428	94637
148594	4162	143114	5480	855779
3750716	602415	3102342	648374	3958902
2564078	344023	1780278	783800	1952643
753788	194565	848237	-94449	1308573
604505	46893	466539	137966	865131
2421389	151054	2188346	233043	2731372
1642457	93438	1433431	209026	1845652
454599	61525	285197	169402	746374
32831	5994	29572	3259	50443
196728	33194	103506	93222	180226
1029100	35233	1057197	-28097	1778300
952368	31748	1005906	-53538	1653535
27100	2187	17909	9191	32128
9811105	1276470	6918616	2892489	20371552
6004806	720883	5210611	794195	14420666
3205393	514386	1539261	1666132	5664993
981909	30732	881597	100312	1479871
35403	721	32162	3241	92913
655658	19684	591641	64017	468573
122890	4784	93698	29192	400489
137812	3379	130933	6879	462084
254965	81636	258107	-3142	232676
7746055	568326	5866991	1879064	22367919
7693745	564002	5828738	1865007	22262123

14-9 续表 1

单位：万元

项　目	Item
总　计	**Total**
按登记注册类型分	**Grouped by Registration Status**
内资企业	Domestic-funded Enterprises
国有企业	State-owned Enterprises
集体企业	Collective-owned Enterprises
股份合作企业	Share-holding Cooperative Enterprises
联营企业	Joint-operation Enterprises
国有联营企业	State-owned Joint-operation Enterprises
集体联营企业	Collective Joint-operation Enterprises
国有与集体联营企业	Joint State-collective Enterprises
其他联营企业	Other Joint Ownership Enterprises
有限责任公司	Limited Liability Corporations
国有独资公司	State Sole Investment Corporations
其他有限责任公司	Other Limited Liability Corporations
股份有限公司	Share-holding Corporations Ltd.
私营企业	Private Enterprises
私营独资企业	Private Sole Investment Enterprises
私营合伙企业	Private Partnership Enterprises
私营有限责任公司	Private Limited Liability Corporations
私营股份有限公司	Private Share-holding Corporations Ltd.
其他企业	Other Enterprises
港、澳、台商投资企业	Enterprises with Funds from Hong Kong, Macao and Taiwan
与港、澳、台商合资经营企业	Joint-venture Enterprises
与港、澳、台商合作经营企业	Cooperative Enterprises
港、澳、台商独资经营企业	Enterprises with Sole Funds
港、澳、台商投资股份有限公司	Share-holding Corporations Ltd.
其他港、澳、台投资企业	Other Enterprises with Funds from Hong Kong, Macao and Taiwan
外商投资企业	Foreign Funded Enterprises
中外合资经营企业	Joint-venture Enterprises
中外合作经营企业	Cooperative Enterprises
外资企业	Enterprises with Sole Foreign Funds
外商投资股份有限公司	Share-holding Corporations Ltd.
其他外商投资企业	Other Foreign Funded Enterprises
按行业分	**Grouped by Sector**
综合零售	Integrated Retail
#百货零售	Retail of General Merchandise
超级市场零售	Retail of Supermarket
食品、饮料及烟草制品专门零售	Retail of Food, Beverage and Tobacco
纺织、服装及日用品专门零售	Retail of Textile, Garments and Daily Articles Consumer
#服装零售	Retail of Garments
文化、体育用品及器材专门零售	Retail of Cultural, Sports Appliances and Equipment
#体育用品及器材零售	Retail of Sporting Goods and Equipment
图书、报刊零售	Retail of Books and Newspapers
医药及医疗器材专门零售	Retail of Medicine and Medical Appliances
#西药零售	Retail of Medicine
中药零售	Retail of Chinese Medicine
汽车、摩托车、零配件和燃料及其他动力设备零售	Retail of Motor Vehicles, Motorcycles, Fuels and Parts
#汽车新车零售	Retail of Motor Vehicles
机动车燃油零售	Retail of Fuels for Motor Vehicles
家用电器及电子产品专门零售	Retail of Household Electrical Appliances and Electronic Products
#家用视听设备零售	Retail of Household Audio and Video Equipment
日用家电零售	Retail of Household Electrical Appliances
计算机、软件及辅助设备零售	Retail of Computers, Software and Assistant Equipment
通信设备零售	Retail of Communication Equipment
五金、家具及室内装饰材料专门零售	Retail of Hardware, Furniture and Decoration Materials
货摊、无店铺及其他零售业	Retail of Booth and Others
#互联网零售	E-Retail

continued

(10000 yuan)

主营业务收入 Revenue from Principal Business	营业成本 Cost of Business	税金及附加 Taxes and Other Charges	其他业务利润 Profit from Other Business	销售费用 Operating Expenses
	47919490	**250841**		**6125427**
	28704179	182351		3620152
	383964	1473		45952
	96406	194		9589
	25382	31		1731
	106394	242		7124
	71973	122		5041
	15473	53		1168
	18948	67		915
	9933457	38588		1263987
	483942	3173		59851
	9449515	35415		1204136
	4321564	8634		218020
	13837012	133189		2073749
	115298	321		21212
	50490	104		3181
	13413366	131742		2036079
	257858	1022		13277
	5722495	40745		770641
	1103049	6014		292359
	14278	74		1239
	4536541	33708		469897
	13474	607		6538
	55153	342		608
	13492816	27745		1734634
	1916548	6615		397911
	10713810	19701		1271110
	52875	293		36904
	809583	1136		28709
	3040156	19738		699444
	1503393	15785		351764
	1054005	2491		199189
	665279	2307		143052
	1766151	9163		739079
	1215382	5964		497136
	557759	15701		114139
	33364	197		12621
	137921	866		29202
	1426913	4130		309767
	1342309	3598		280384
	24367	107		4222
	20190154	60341		982475
	14318549	48705		646404
	5604089	11165		309498
	1341930	1626		90065
	85192	70		6250
	425013	671		32728
	369601	343		16269
	416299	454		30338
	137601	1287		72586
	18793547	136548		2974820
	18717777	136258		2956190

单位：万元

项　　目	Item
总　计	Total
按登记注册类型分	Grouped by Registration Status
内资企业	Domestic-funded Enterprises
国有企业	State-owned Enterprises
集体企业	Collective-owned Enterprises
股份合作企业	Share-holding Cooperative Enterprises
联营企业	Joint-operation Enterprises
国有联营企业	State-owned Joint-operation Enterprises
集体联营企业	Collective Joint-operation Enterprises
国有与集体联营企业	Joint State-collective Enterprises
其他联营企业	Other Joint Ownership Enterprises
有限责任公司	Limited Liability Corporations
国有独资公司	State Sole Investment Corporations
其他有限责任公司	Other Limited Liability Corporations
股份有限公司	Share-holding Corporations Ltd.
私营企业	Private Enterprises
私营独资企业	Private Sole Investment Enterprises
私营合伙企业	Private Partnership Enterprises
私营有限责任公司	Private Limited Liability Corporations
私营股份有限公司	Private Share-holding Corporations Ltd.
其他企业	Other Enterprises
港、澳、台商投资企业	Enterprises with Funds from Hong Kong, Macao and Taiwan
与港、澳、台商合资经营企业	Joint-venture Enterprises
与港、澳、台商合作经营企业	Cooperative Enterprises
港、澳、台商独资经营企业	Enterprises with Sole Funds
港、澳、台商投资股份有限公司	Share-holding Corporations Ltd.
其他港、澳、台投资企业	Other Enterprises with Funds from Hong Kong, Macao and Taiwan
外商投资企业	Foreign Funded Enterprises
中外合资经营企业	Joint-venture Enterprises
中外合作经营企业	Cooperative Enterprises
外资企业	Enterprises with Sole Foreign Funds
外商投资股份有限公司	Share-holding Corporations Ltd.
其他外商投资企业	Other Foreign Funded Enterprises
按行业分	Grouped by Sector
综合零售	Integrated Retail
#百货零售	Retail of General Merchandise
超级市场零售	Retail of Supermarket
食品、饮料及烟草制品专门零售	Retail of Food, Beverage and Tobacco
纺织、服装及日用品专门零售	Retail of Textile, Garments and Daily Articles Consumer
#服装零售	Retail of Garments
文化、体育用品及器材专门零售	Retail of Cultural, Sports Appliances and Equipment
#体育用品及器材零售	Retail of Sporting Goods and Equipment
图书、报刊零售	Retail of Books and Newspapers
医药及医疗器材专门零售	Retail of Medicine and Medical Appliances
#西药零售	Retail of Medicine
中药零售	Retail of Chinese Medicine
汽车、摩托车、零配件和燃料及其他动力设备零售	Retail of Motor Vehicles, Motorcycles, Fuels and Parts
#汽车新车零售	Retail of Motor Vehicles
机动车燃油零售	Retail of Fuels for Motor Vehicles
家用电器及电子产品专门零售	Retail of Household Electrical Appliances and Electronic Products
#家用视听设备零售	Retail of Household Audio and Video Equipment
日用家电零售	Retail of Household Electrical Appliances
计算机、软件及辅助设备零售	Retail of Computers, Software and Assistant Equipment
通信设备零售	Retail of Communication Equipment
五金、家具及室内装饰材料专门零售	Retail of Hardware, Furniture and Decoration Materials
货摊、无店铺及其他零售业	Retail of Booth and Others
#互联网零售	E-Retail

continued

(10000 yuan)

管理费用 Management Cost	营业利润 Business Profit	利润总额 Total Profits	应付职工薪酬 (本期贷方累计发生额) Total Wages Payable	应交增值税 (本期累计发生额) Total Value-added Payable Tax
1810633	**-771104**	**-714376**		**679455**
1054373	-625627	-603564		433634
26165	12906	13891		8686
2431	3250	3228		1732
1198	235	233		368
1310	5818	5824		1761
700	2143	2148		936
562	916	916		312
48	2759	2760		513
311988	63552	68512		186555
20077	17280	19881		5718
291911	46272	48631		180837
32698	-448414	-448527		27084
678583	-262974	-246725		207448
22199	3534	3312		3870
1529	574	576		406
644359	-265854	-249909		200731
10496	-1228	-704		2441
299523	-8241	-4117		86360
94499	-2056	265		25054
1028	1425	1437		440
194880	-10696	-9040		59697
9008	2666	2788		971
108	420	433		198
456737	-137236	-106695		159461
274630	-183781	-176933		7474
163121	44439	67550		146699
7282	-2527	-1802		2669
11704	4633	4490		2619
217253	-33643	-28593		59315
99711	-8439	-5664		32429
49620	-22380	-19641		16519
47914	9763	13142		19677
414080	-8952	11924		47236
318084	5276	16994		31472
49046	14854	16278		21666
20168	813	1838		1009
8667	18741	19182		11904
60653	-29410	-29066		37174
53406	-31911	-31599		32697
2873	251	302		695
412325	-737873	-728081		143446
319077	-355640	-345494		73852
83081	-362294	-362953		64293
45200	10126	7131		12652
1309	7	-28		357
13681	8543	5961		3289
11457	1456	1281		3046
14199	-660	-1043		3034
30195	-17389	-17485		5382
533967	21420	40374		332907
525394	20051	39781		330350

14-10 限额以上住宿业法人企业基本情况（2023年）

项　　目	Item
合　计	**Accommodation Trade**
#国有及国有控股	State-owned and State-controlled Enterprises
按登记注册类型分组	**Grouped by Registration Status**
内资企业	Domestic Funded Enterprises
国有企业	State-owned Enterprises
集体企业	Collective-owned Enterprises
股份合作企业	Share-holding Cooperative Enterprises
联营企业	Joint Ownership Enterprises
国有联营企业	State Joint Ownership Enterprises
集体联营企业	Collective Joint Ownership Enterprises
国有与集体联营企业	Joint State-collective Enterprises
其他联营企业	Other Joint Ownership Enterprise
有限责任公司	Limited Liability Corporations
国有独资公司	State Sole Investment Corporations
其他有限责任公司	Other Limited Liability Corporations
股份有限公司	Share-holding Corporations Ltd.
私营企业	Private Enterprises
私营独资企业	Private Sole Investment Enterprises
私营合伙企业	Private Partnership Enterprises
私营有限责任公司	Private Limited Liability Corporations
私营股份有限公司	Private Share-holding Corporations Ltd.
其他企业	Other Enterprises
港、澳、台商投资企业	Enterprises with Funds from Hong Kong, Macao and Taiwan
与港、澳、台商合资经营企业	Joint-venture Enterprises
与港、澳、台商合作经营企业	Cooperative Enterprises
港、澳、台商独资经营企业	Enterprises with Sole Funds
港、澳、台商投资股份有限公司	Share-holding Corporations Ltd.
其他港、澳、台投资企业	Other Enterprises with Funds from Hong Kong, Macao and Taiwan
外商投资企业	Foreign Funded Enterprises
中外合资经营企业	Joint-venture Enterprises
中外合作经营企业	Cooperative Enterprises
外资企业	Enterprises with Sole Foreign Funds
外商投资股份有限公司	Share-holding Corporations Ltd.
其他外商投资企业	Other Foreign Funded Enterprises
按住宿行业中类分组	**Grouped by Accomodation Middle Sector**
旅游饭店	Travel Hotel
一般旅馆	Common Hotel
民宿服务	Homestay Services
其他住宿服务业	Others

Basic Statistics of Enterprises above Designated Size of Hotels (2023)

法人企业 (个) Number of Corporation Units (unit)	营业额 (万元) Business Revenue (10000 yuan)	#客房收入 Lodging Revenue	#餐费收入 Dinner Revenue	#商品销售收入 Sale Revenue of Commodities
913	**1962990**	**1124270**	**455215**	**51955**
114	741968	300293	212459	42689
862	1637909	948081	355207	46778
40	214066	79643	56578	15310
5	3817	1354	2	1
1	174	174		
185	753273	388408	191980	25350
28	192092	77002	63067	13240
157	561181	311406	128913	12110
5	31371	10975	9824	3262
626	635208	467527	96823	2855
45	30761	26947	986	18
4	1141	1133	8	
572	600466	436613	95829	2837
5	2840	2834		
31	135421	72590	39544	1537
9	38800	18286	13145	229
3	14867	8134	3833	312
19	81754	46170	22566	996
20	189660	103599	60464	3640
6	84015	45550	24888	690
12	89488	49388	29816	2555
1	9217	5795	3025	125
1	6940	2866	2735	270
334	1373095	684557	380056	43512
526	536090	399744	69375	7892
11	6249	5248	866	15
42	47556	34721	4918	536

14－11 限额以上餐饮业法人企业基本情况（2023年）

项 目	Item
合 计	**Catering Trade**
#国有及国有控股	State-owned and State-controlled Enterprises
按登记注册类型分组	**Grouped by Registration Status**
内资企业	Domestic Funded Enterprises
国有企业	State-owned Enterprises
集体企业	Collective-owned Enterprises
股份合作企业	Share-holding Cooperative Enterprises
联营企业	Joint Ownership Enterprises
国有联营企业	State Joint Ownership Enterprises
集体联营企业	Collective Joint Ownership Enterprises
国有与集体联营企业	Joint State-collective Enterprises
其他联营企业	Other Joint Ownership Enterprise
有限责任公司	Limited Liability Corporations
国有独资公司	State Sole Investment Corporations
其他有限责任公司	Other Limited Liability Corporations
股份有限公司	Share-holding Corporations Ltd.
私营企业	Private Enterprises
私营独资企业	Private Sole Investment Enterprises
私营合伙企业	Private Partnership Enterprises
私营有限责任公司	Private Limited Liability Corporations
私营股份有限公司	Private Share-holding Corporations Ltd.
其他企业	Other Enterprises
港、澳、台商投资企业	Enterprises with Funds from Hong Kong, Macao and Taiwan
与港、澳、台商合资经营企业	Joint-venture Enterprises
与港、澳、台商合作经营企业	Cooperative Enterprises
港、澳、台商独资经营企业	Enterprises with Sole Funds
港、澳、台商投资股份有限公司	Share-holding Corporations Ltd.
其他港、澳、台投资企业	Other Enterprises with Funds from Hong Kong, Macao and Taiwan
外商投资企业	Foreign Funded Enterprises
中外合资经营企业	Joint-venture Enterprises
中外合作经营企业	Cooperative Enterprises
外资企业	Enterprises with Sole Foreign Funds
外商投资股份有限公司	Share-holding Corporations Ltd.
其他外商投资企业	Other Foreign Funded Enterprises
按餐饮行业中类分组	**Grouped by Catering Middle Sector**
正餐服务	Dinner
快餐服务	Snack
饮料及冷饮服务	Beverages and cold drinks
餐饮配送及外卖送餐服务	Restaurants distribution and take-away service
其他餐饮服务	Others

Basic Statistics of Enterprises above Designated Size of Catering Services (2023)

法人企业 (个) Number of Corporation Units (unit)	营业额 (万元) Business Revenue (10000 yuan)	#客房收入 Lodging Revenue	#餐费收入 Dinner Revenue	#商品销售收入 Sale Revenue of Commodities
2005	**5712525**	**33631**	**5238732**	**336328**
35	324672	17246	239781	48940
1884	3705907	31679	3306084	291114
6	10944	619	10182	
5	13104	178	10027	
33	36397		36288	83
302	1067908	18080	947784	81120
9	78566	8383	56100	8859
293	989342	9697	891684	72261
4	43712		30214	10801
1534	2533842	12802	2271589	199110
101	95879	86	92358	2831
25	38740	615	37142	79
1403	2394396	12101	2137342	196200
5	4827		4747	
77	630452		596521	27329
14	41810		38129	466
4	60312		58285	1975
57	525020		496797	24888
2	3310		3310	
44	1376166	1952	1336127	17885
10	525966	1316	494147	13544
31	824689	636	820818	1161
1	19938		18131	639
2	5573		3031	2541
1683	2948182	32794	2770926	96392
80	1397404		1358921	18187
54	707477		648208	44481
122	513649	837	345054	158688
66	145813		115623	18580

14-12 限额以上住宿业法人企业财务状况（2023年）

单位：万元

项　　目	Item
合　计	**Accommodation Trade**
#国有及国有控股	State-owned and State-controlled Enterprises
按登记注册类型分组	**Grouped by Registration Status**
内资企业	Domestic Funded Enterprises
国有企业	State-owned Enterprises
集体企业	Collective-owned Enterprises
股份合作企业	Share-holding Cooperative Enterprises
联营企业	Joint Ownership Enterprises
国有联营企业	State Joint Ownership Enterprises
集体联营企业	Collective Joint Ownership Enterprises
国有与集体联营企业	Joint State-collective Enterprises
其他联营企业	Other Joint Ownership Enterprise
有限责任公司	Limited Liability Corporations
国有独资公司	State Sole Investment Corporations
其他有限责任公司	Other Limited Liability Corporations
股份有限公司	Share-holding Corporations Ltd.
私营企业	Private Enterprises
私营独资企业	Private Sole Investment Enterprises
私营合伙企业	Private Partnership Enterprises
私营有限责任公司	Private Limited Liability Corporations
私营股份有限公司	Private Share-holding Corporations Ltd.
其他企业	Other Enterprises
港、澳、台商投资企业	Enterprises with Funds from Hong Kong, Macao and Taiwan
与港、澳、台商合资经营企业	Joint-venture Enterprises
与港、澳、台商合作经营企业	Cooperative Enterprises
港、澳、台商独资经营企业	Enterprises with Sole Funds
港、澳、台商投资股份有限公司	Share-holding Corporations Ltd.
其他港、澳、台投资企业	Other Enterprises with Funds from Hong Kong, Macao and Taiwan
外商投资企业	Foreign Funded Enterprises
中外合资经营企业	Joint-venture Enterprises
中外合作经营企业	Cooperative Enterprises
外资企业	Enterprises with Sole Foreign Funds
外商投资股份有限公司	Share-holding Corporations Ltd.
其他外商投资企业	Other Foreign Funded Enterprises
按行业分	**Grouped by Accomodation Middle Sector**
旅游饭店	Travel Hotel
一般旅馆	Common Hotel
民宿服务	Homestay Services
其他住宿服务业	Others

Financial Situation of Enterprises above Designated Size of Hotels (2023)

(10000 yuan)

资产总计 Total Assets	固定资产原价 Original Value of Fixed Assets	负债合计 Total Liabilities	所有者权益 Owners' Equity	营业收入 Revenue from Business	#主营业务收入 Revenue from Principal Business
6098523	**2814685**	**4843918**	**1254605**	**1892746**	
1945408	1169077	829169	1116239	701925	
4602699	2008650	3444205	1158494	1591502	
392885	214557	239545	153340	203204	
7327	6727	5188	2139	3619	
188	1167	606	-418	165	
2865643	1402729	2099634	766009	743232	
595118	311320	210279	384839	182178	
2270525	1091409	1889355	381170	561054	
322268	89320	37161	285107	29493	
1014388	294150	1062071	-47683	611789	
81938	34761	54971	26967	29936	
1452	210	2039	-587	1242	
927669	259056	1002206	-74537	577302	
3329	123	2855	474	3309	
537628	423000	650288	-112660	128319	
146032	122908	144722	1310	36961	
72301	87568	73474	-1173	14030	
319295	212524	432092	-112797	77328	
958196	383035	749425	208771	172925	
455247	199033	389926	65321	72483	
252779	147287	163603	89176	84695	
2000		2375	-375	9217	
248170	36715	193521	54649	6530	
5174952	2339172	4033963	1140989	1326140	
795247	425175	692852	102395	514525	
21190	3028	19679	1511	5716	
107134	47310	97424	9710	46365	

14-12 续表 1

单位：万元

项　　目	Item
合　计	**Accommodation Trade**
#国有及国有控股	State-owned and State-controlled Enterprises
按登记注册类型分组	**Grouped by Registration Status**
内资企业	Domestic Funded Enterprises
国有企业	State-owned Enterprises
集体企业	Collective-owned Enterprises
股份合作企业	Share-holding Cooperative Enterprises
联营企业	Joint Ownership Enterprises
国有联营企业	State Joint Ownership Enterprises
集体联营企业	Collective Joint Ownership Enterprises
国有与集体联营企业	Joint State-collective Enterprises
其他联营企业	Other Joint Ownership Enterprise
有限责任公司	Limited Liability Corporations
国有独资公司	State Sole Investment Corporations
其他有限责任公司	Other Limited Liability Corporations
股份有限公司	Share-holding Corporations Ltd.
私营企业	Private Enterprises
私营独资企业	Private Sole Investment Enterprises
私营合伙企业	Private Partnership Enterprises
私营有限责任公司	Private Limited Liability Corporations
私营股份有限公司	Private Share-holding Corporations Ltd.
其他企业	Other Enterprises
港、澳、台商投资企业	Enterprises with Funds from Hong Kong, Macao and Taiwan
与港、澳、台商合资经营企业	Joint-venture Enterprises
与港、澳、台商合作经营企业	Cooperative Enterprises
港、澳、台商独资经营企业	Enterprises with Sole Funds
港、澳、台商投资股份有限公司	Share-holding Corporations Ltd.
其他港、澳、台投资企业	Other Enterprises with Funds from Hong Kong, Macao and Taiwan
外商投资企业	Foreign Funded Enterprises
中外合资经营企业	Joint-venture Enterprises
中外合作经营企业	Cooperative Enterprises
外资企业	Enterprises with Sole Foreign Funds
外商投资股份有限公司	Share-holding Corporations Ltd.
其他外商投资企业	Other Foreign Funded Enterprises
按行业分	**Grouped by Accomodation Middle Sector**
旅游饭店	Travel Hotel
一般旅馆	Common Hotel
民宿服务	Homestay Services
其他住宿服务业	Others

continued

(10000 yuan)

营业成本 Cost of Business	税金及附加 Taxes and Other Charges on Business	其他业务利润 Profit from Other Business	销售费用 Operating Expenses
841872	**26443**		**434877**
330665	13285		133447
717594	20836		372928
84706	3413		42870
2481	56		44
	1		157
323839	13500		196691
86888	3350		36301
236951	10150		160390
18909	1563		2379
287659	2303		130787
15127	225		4365
435	1		11
270772	2075		126267
1325	2		144
41246	2590		46221
7898	461		15615
1740	676		5656
31608	1453		24950
83032	3017		15728
40790	1416		5537
34504	1268		9163
3444	50		592
4294	283		436
580303	23392		319967
230884	2561		105921
3688	4		193
26997	486		8796

14-12 续表 2

单位:万元

项　　目	Item
合　计	**Accommodation Trade**
#国有及国有控股	State-owned and State-controlled Enterprises
按登记注册类型分组	**Grouped by Registration Status**
内资企业	Domestic Funded Enterprises
国有企业	State-owned Enterprises
集体企业	Collective-owned Enterprises
股份合作企业	Share-holding Cooperative Enterprises
联营企业	Joint Ownership Enterprises
国有联营企业	State Joint Ownership Enterprises
集体联营企业	Collective Joint Ownership Enterprises
国有与集体联营企业	Joint State-collective Enterprises
其他联营企业	Other Joint Ownership Enterprise
有限责任公司	Limited Liability Corporations
国有独资公司	State Sole Investment Corporations
其他有限责任公司	Other Limited Liability Corporations
股份有限公司	Share-holding Corporations Ltd.
私营企业	Private Enterprises
私营独资企业	Private Sole Investment Enterprises
私营合伙企业	Private Partnership Enterprises
私营有限责任公司	Private Limited Liability Corporations
私营股份有限公司	Private Share-holding Corporations Ltd.
其他企业	Other Enterprises
港、澳、台商投资企业	Enterprises with Funds from Hong Kong, Macao and Taiwan
与港、澳、台商合资经营企业	Joint-venture Enterprises
与港、澳、台商合作经营企业	Cooperative Enterprises
港、澳、台商独资经营企业	Enterprises with Sole Funds
港、澳、台商投资股份有限公司	Share-holding Corporations Ltd.
其他港、澳、台投资企业	Other Enterprises with Funds from Hong Kong, Macao and Taiwan
外商投资企业	Foreign Funded Enterprises
中外合资经营企业	Joint-venture Enterprises
中外合作经营企业	Cooperative Enterprises
外资企业	Enterprises with Sole Foreign Funds
外商投资股份有限公司	Share-holding Corporations Ltd.
其他外商投资企业	Other Foreign Funded Enterprises
按行业分	**Grouped by Accomodation Middle Sector**
旅游饭店	Travel Hotel
一般旅馆	Common Hotel
民宿服务	Homestay Services
其他住宿服务业	Others

continued

(10000 yuan)

管理费用 Management Cost	营业利润 Business Profit	利润总额 Total Profits	应付职工薪酬 (本期贷方累计发生额) Wages Payable (Cumulative Incidence of Credits for the Period)	应交增值税 (本期累计发生额) Added Payable Tax (Cumulative Incidence for the Period)
575386	**-984**	**9830**		**38449**
179423	90462	92243		16058
464443	21002	29569		33494
44117	39669	39691		5161
857	197	224		168
23	-16	-16		9
193315	13520	15170		16378
53252	34764	33652		3654
140063	-21244	-18482		12724
9673	480	494		334
216458	-32848	-25994		11444
11522	-1799	-1641		401
791	2	4		16
202274	-31018	-24335		10996
1871	-33	-22		31
60165	-34382	-32849		2513
13345	-2045	-2021		672
7830	-2554	-2552		380
38990	-29783	-28276		1461
50778	12396	13110		2442
23659	-6704	-5513		916
23536	16243	16510		1173
2002	3100	2465		191
1581	-243	-352		162
394363	-13237	-9123		28045
164462	9263	11632		9532
2487	-775	-728		57
14074	3765	8049		815

14-13 限额以上餐饮业法人企业财务状况（2023年）

单位：万元

项　　目	Item
合　计	**Catering Trade**
#国有及国有控股	State-owned and State-controlled Enterprises
按登记注册类型分组	**Grouped by Registration Status**
内资企业	Domestic Funded Enterprises
国有企业	State-owned Enterprises
集体企业	Collective-owned Enterprises
股份合作企业	Share-holding Cooperative Enterprises
联营企业	Joint Ownership Enterprises
国有联营企业	State Joint Ownership Enterprises
集体联营企业	Collective Joint Ownership Enterprises
国有与集体联营企业	Joint State-collective Enterprises
其他联营企业	Other Joint Ownership Enterprise
有限责任公司	Limited Liability Corporations
国有独资公司	State Sole Investment Corporations
其他有限责任公司	Other Limited Liability Corporations
股份有限公司	Share-holding Corporations Ltd.
私营企业	Private Enterprises
私营独资企业	Private Sole Investment Enterprises
私营合伙企业	Private Partnership Enterprises
私营有限责任公司	Private Limited Liability Corporations
私营股份有限公司	Private Share-holding Corporations Ltd.
其他企业	Other Enterprises
港、澳、台商投资企业	Enterprises with Funds from Hong Kong, Macao and Taiwan
与港、澳、台商合资经营企业	Joint-venture Enterprises
与港、澳、台商合作经营企业	Cooperative Enterprises
港、澳、台商独资经营企业	Enterprises with Sole Funds
港、澳、台商投资股份有限公司	Share-holding Corporations Ltd.
其他港、澳、台投资企业	Other Enterprises with Funds from Hong Kong, Macao and Taiwan
外商投资企业	Foreign Funded Enterprises
中外合资经营企业	Joint-venture Enterprises
中外合作经营企业	Cooperative Enterprises
外资企业	Enterprises with Sole Foreign Funds
外商投资股份有限公司	Share-holding Corporations Ltd.
其他外商投资企业	Other Foreign Funded Enterprises
按行业分	**Grouped by Catering Middle Sector**
正餐服务	Dinner
快餐服务	Snack
饮料及冷饮服务	Beverage and Cold Drinks
餐饮配送及外卖送餐服务	Restaurants distribution and take-away service
其他餐饮服务	Others

Financial Situation of Enterprises above Designated Size of Catering Services (2023)

(10000 yuan)

资产总计 Total Assets	固定资产原价 Original Value of Fixed Assets	负债合计 Total Liabilities	所有者权益 Owners' Equity	营业收入 Revenue from Business	#主营业务收入 Revenue from Principal Business
4151777	**833760**	**3202778**	**948999**	**5426155**	
755563	149818	470138	285425	302322	
2417977	450020	2072322	345655	3531959	
5037	3811	8715	-3678	10339	
22277	1761	17458	4819	12461	
10462	3786	9356	1106	34860	
618656	218562	620533	-1877	1008330	
67403	45806	57950	9453	71340	
551253	172756	562583	-11330	936990	
507107	25494	202312	304795	41020	
1254438	196606	1213948	40490	2424949	
32298	6439	37852	-5554	92965	
6889	5672	8364	-1475	36770	
1214247	184329	1166381	47866	2290633	
1004	166	1351	-347	4581	
758571	142307	540469	218102	595367	
34668	6532	16012	18656	42292	
35138	26201	52277	-17139	56720	
682998	109294	464197	218801	492960	
5767	280	7983	-2216	3395	
975229	241433	589987	385242	1298829	
461897	193859	194371	267526	496163	
497384	44703	381986	115398	778863	
13540	2417	11769	1771	18703	
2408	454	1861	547	5100	
2391793	488804	2060617	331176	2806085	
1051934	226162	681724	370210	1323067	
422670	85708	224694	197976	666339	
212345	26847	170098	42247	491649	
73035	6239	65645	7390	139015	

14-13 续表 1

单位：万元

项　　目	Item
合　计	**Catering Trade**
#国有及国有控股	State-owned and State-controlled Enterprises
按登记注册类型分组	**Grouped by Registration Status**
内资企业	Domestic Funded Enterprises
国有企业	State-owned Enterprises
集体企业	Collective-owned Enterprises
股份合作企业	Share-holding Cooperative Enterprises
联营企业	Joint Ownership Enterprises
国有联营企业	State Joint Ownership Enterprises
集体联营企业	Collective Joint Ownership Enterprises
国有与集体联营企业	Joint State-collective Enterprises
其他联营企业	Other Joint Ownership Enterprise
有限责任公司	Limited Liability Corporations
国有独资公司	State Sole Investment Corporations
其他有限责任公司	Other Limited Liability Corporations
股份有限公司	Share-holding Corporations Ltd.
私营企业	Private Enterprises
私营独资企业	Private Sole Investment Enterprises
私营合伙企业	Private Partnership Enterprises
私营有限责任公司	Private Limited Liability Corporations
私营股份有限公司	Private Share-holding Corporations Ltd.
其他企业	Other Enterprises
港、澳、台商投资企业	Enterprises with Funds from Hong Kong, Macao and Taiwan
与港、澳、台商合资经营企业	Joint-venture Enterprises
与港、澳、台商合作经营企业	Cooperative Enterprises
港、澳、台商独资经营企业	Enterprises with Sole Funds
港、澳、台商投资股份有限公司	Share-holding Corporations Ltd.
其他港、澳、台投资企业	Other Enterprises with Funds from Hong Kong, Macao and Taiwan
外商投资企业	Foreign Funded Enterprises
中外合资经营企业	Joint-venture Enterprises
中外合作经营企业	Cooperative Enterprises
外资企业	Enterprises with Sole Foreign Funds
外商投资股份有限公司	Share-holding Corporations Ltd.
其他外商投资企业	Other Foreign Funded Enterprises
按行业分	**Grouped by Catering Middle Sector**
正餐服务	Dinner
快餐服务	Snack
饮料及冷饮服务	Beverage and Cold Drinks
餐饮配送及外卖送餐服务	Restaurants distribution and take-away service
其他餐饮服务	Others

continued

(10000 yuan)

营业成本 Cost of Business	税金及附加 Taxes and Other Charges on Business	其他业务利润 Profit from Other Business	销售费用 Operating Expenses
2789067	**7082**		**1725759**
201014	2487		56852
1967728	5962		906384
6192	33		2617
8939	140		923
16492	62		12634
536767	2590		286680
42636	526		18845
494131	2064		267835
27156	408		1902
1372182	2729		601628
51121	204		23983
16681	109		13683
1302399	2413		562457
1981	3		1505
195320	410		317034
14168	14		19172
27363	101		25928
152474	275		269936
1315	20		1998
626019	710		502341
170583	200		264643
446717	503		224061
6535	5		11277
2184	2		2360
1441918	5667		829357
616202	492		520566
273754	268		284756
372414	523		63429
84779	132		27651

14-13 续表 2

单位：万元

项 目	Item
合 计	**Catering Trade**
#国有及国有控股	State-owned and State-controlled Enterprises
按登记注册类型分组	**Grouped by Registration Status**
内资企业	Domestic Funded Enterprises
国有企业	State-owned Enterprises
集体企业	Collective-owned Enterprises
股份合作企业	Share-holding Cooperative Enterprises
联营企业	Joint Ownership Enterprises
国有联营企业	State Joint Ownership Enterprises
集体联营企业	Collective Joint Ownership Enterprises
国有与集体联营企业	Joint State-collective Enterprises
其他联营企业	Other Joint Ownership Enterprise
有限责任公司	Limited Liability Corporations
国有独资公司	State Sole Investment Corporations
其他有限责任公司	Other Limited Liability Corporations
股份有限公司	Share-holding Corporations Ltd.
私营企业	Private Enterprises
私营独资企业	Private Sole Investment Enterprises
私营合伙企业	Private Partnership Enterprises
私营有限责任公司	Private Limited Liability Corporations
私营股份有限公司	Private Share-holding Corporations Ltd.
其他企业	Other Enterprises
港、澳、台商投资企业	Enterprises with Funds from Hong Kong, Macao and Taiwan
与港、澳、台商合资经营企业	Joint-venture Enterprises
与港、澳、台商合作经营企业	Cooperative Enterprises
港、澳、台商独资经营企业	Enterprises with Sole Funds
港、澳、台商投资股份有限公司	Share-holding Corporations Ltd.
其他港、澳、台投资企业	Other Enterprises with Funds from Hong Kong, Macao and Taiwan
外商投资企业	Foreign Funded Enterprises
中外合资经营企业	Joint-venture Enterprises
中外合作经营企业	Cooperative Enterprises
外资企业	Enterprises with Sole Foreign Funds
外商投资股份有限公司	Share-holding Corporations Ltd.
其他外商投资企业	Other Foreign Funded Enterprises
按行业分	**Grouped by Catering Middle Sector**
正餐服务	Dinner
快餐服务	Snack
饮料及冷饮服务	Beverage and Cold Drinks
餐饮配送及外卖送餐服务	Restaurants distribution and take-away service
其他餐饮服务	Others

continued

(10000 yuan)

管理费用 Management Cost	营业利润 Business Profit	利润总额 Total Profits	应付职工薪酬（本期贷方累计发生额） Wages Payable (Cumulative Incidence of Credits for the Period)	应交增值税（本期累计发生额） Added Payable Tax (Cumulative Incidence for the Period)
768254	**187682**	**203949**		**34589**
45047	63740	64172		3183
618231	98032	109515		31169
1325	147	168		224
10689	-8200	-8091		447
5070	183	392		1431
144016	31070	33590		7199
10096	-734	-382		1202
133920	31804	33972		5997
12978	68036	68024		103
444153	6796	15432		21765
17915	-223	233		1293
4692	1471	1608		712
420584	5443	13465		19712
962	105	126		48
49174	35946	41614		5047
8811	107	494		203
4307	-990	-886		710
35244	37892	42299		4063
812	-1063	-293		71
100849	53704	52820		-1627
18873	37294	37702		1127
81832	15022	13915		-2758
90	951	918		-24
54	437	285		28
502571	85808	98469		28382
124949	44653	43571		1261
62217	46196	49626		-1470
53446	871	1639		5167
25071	10154	10644		1249

主要统计指标解释

【社会消费品零售总额】指企业（单位、个体户）通过交易直接售给个人、社会集团非生产、非经营用的实物商品金额，以及提供餐饮服务所取得的收入金额。个人包括城乡居民和入境人员，社会集团包括机关、社会团体、部队、学校、企事业单位、居委会或村委会等。

【商品购进总额】指从本企业以外的单位和个人购进（包括从国外直接进口）作为转卖或加工后转卖的商品金额（含增值税）。本指标反映批发和零售业从国内外市场上购进商品的总价。

商品购进包括：（1）从工农业生产者、批发和零售业、住宿和餐饮业、出版社或报社的出版发行部门和其他服务业等企事业单位和个体经营户购进的商品；（2）从机关、社会团体购进的商品；（3）从海关、市场管理部门购进的缉私和没收的商品；（4）从居民收购的废旧商品等。

不包括：（1）企业为本单位自身经营用，不是作为转卖而购进的商品，如材料物资、包装物、低值易耗品、办公用品等；（2）未通过买卖行为而收入的商品，如接受其他部门移交的商品、借入的商品、收入代其他单位保管的商品、其他单位赠送的样品、加工回收的成品等；（3）经本单位介绍，由买卖双方直接结算，本单位只收取手续费的业务；（4）销售退回和买方拒付货款的商品；（5）商品溢余；（6）期货交易商品。

【商品销售总额】指对本单位以外的单位和个人出售的商品金额（包括售给本单位消费用的商品，含增值税），在批发和零售业中，本指标反映在国内市场上销售商品以及出口商品的总价。

商品销售包括：（1）售给个人和社会集团消费用的商品；（2）售给农业、工业、建筑业、服务业等国民经济各行业用于生产、经营用的商品，包括售予批发和零售业作为转卖或加工后转卖的商品；（3）对国（境）外直接出口的商品。

商品销售不包括：（1）未通过买卖行为付出的商品，如因机构变动移交给其他企业单位的商品、借出的商品、归还受其他单位委托代保管的商品、付出的加工原料和赠送给其他单位的样品等；（2）促销返券所销售的、不计入营业收入的商品；（3）经本单位介绍，由买卖双方直接结算，本单位只收取手续费的业务；（4）未发生所有权转移的商品预付卡销售，如加油卡；（5）汽车维修、电话卡销售等服务性经济活动；（6）购货退回的商品；（7）商品损耗和损失；（8）出售本单位自用的废旧物资；（9）期货交易商品；（10）自来水供应企业、电力企业、天然气供应企业提供的水、电、气。

【住宿餐饮业营业额】指住宿和餐饮业单位在经营活动中因提供服务或销售商品等取得的全部收入（含销项税），收入主要来源于提供客房、餐费服务、商品销售和其他服务，如商务服务。不包括多产业法人企业附营的其他行业产业活动单位的餐费收入、商品销售收入等各项收入。其中，客房收入指住宿和餐饮业单位在经营活动中因提供住宿服务取得的收入（含增值税）。不包括多产业法人企业附营的其他行业产业活动单位的客房收入。餐费收入指本单位为顾客提供就餐服务取得的收入（含增值税）。包括：经烹饪、调制加工后出售的各种食品，如主食、炒菜、凉拌菜等的收入。不包括多产业法人企业附营的其他行业产业活动单位的餐费收入。

Explanatory Notes on Main Statistical Indicators

【Total Retail Sales of Consumer Goods】 refer to the amount obtained by enterprises (units, self-employed individuals) through direct sales of non-production and non-business physical commodity to individuals, social institutions, and revenue from providing catering services. Individuals include rural and urban households, population from abroad, social institutions include government agencies, social organizations, military units, schools, institutions, neighbourhood (village) committees.

【Total Purchases of Commodities】 refer to the total value of purchases of commodities by enterprises (establishments) from other establishments or individuals (including direct import from abroad) for the purpose of re-selling, either with or without further processing of the commodities purchased. The commodities include: (1) commodities purchased from agricultural and industrial producer, wholesaler, retailer, publishing house and other service business; (2) commodities purchased from institutions and government departments; (3) confiscated goods purchased from the customs authorities or market management agencies; (4) second-hand goods and wastes purchased from residents; The commodities exclude (1) commodities purchased by enterprises (establishments) for use in their own business operation, commodities obtained without buying or selling procedures such as materials, consumable goods of low value, office appliance, etc. (2) received goods without trading, such as goods handed over from others, borrowed goods, preserved goods for others, donated goods from others, processed and retrieved goods, etc. (3) goods of direct settlement between buyer and seller with handling fees introduced by others, (4) goods returned or refused to pay by the buyer, (5) excessive goods, (6) futures trading commodities.

【Total Sales of Commodities】 refer to value of commodities sold by the establishments to other establishments and individuals (including goods sold for self consumption, including the value-added tax). The commodities include: (1) commodities sold to urban and rural residents and social groups for their consumption; (2) commodities sold to establishments in all industries for their production and operation, including agriculture, industry, construction, and catering services including commodities sold to wholesale and retail establishments for re-selling, with or without further processing; and (3) commodities for direct export to abroad. Excluded are (1) extended commodities without trading, such as goods handed over to other enterprises and institutions because of the change of organizations, lent goods, returned goods preserved for others, extended processing materials and samples donated to others, (2)commodities sold under promotional coupons that are not recognized as revenue from business, (3) goods of direct settlement between buyer and seller with handling fees introduced by others, (4) Prepaid card sales of goods where no transfer of ownership has occurred, such as gas cards, (5) service economic activities such as automobile repair and telephone card sales, (6) goods returned after purchase, (7) damaged and spoiled goods, (8) sale of waste materials for self use, (9) futures trading commodities, (10) water, electricity and gas provided by water supply enterprises, electric power enterprises and natural gas supply enterprises.

【Lodging and catering industry turnover】 refers to total revenue (including VAT) of hotels and catering services received from providing services or selling commodities through business activities, income comes mainly from providing hotels, catering services, selling of commodities and other services, such as commodity services. It does not include revenue such as meal fees, selling of commodities of other industrial units affiliated with multi industrial legal entities. Income from hotels refers to income (including VAT) of hotels and catering services by providing lodging services through business activities. Income from catering services refers to income (including VAT) from providing catering services, including selling of cooked or prepared foods, such as staple food, cooked dishes, or cold dishes. It does not include meal fees of other industrial units affiliated with multi industrial legal entities.

第十五篇 CHAPTER 15

对外经济贸易和旅游

FOREIGN ECONOMY AND TOURISM

第十五篇　对外经济贸易和旅游

简要说明

一、本篇资料反映广州市对外贸易、利用外资、对外承包工程和劳务合作、境外投资、外商投资企业工商注册登记以及旅游业概况及发展情况。

二、本篇资料由广州市统计局贸易外经统计处整理提供。

三、资料来源及统计范围：

1．广州进出口贸易的规模、结构情况资料主要来源于广州海关，统计范围为广州地区进出口经营单位（广州地区口岸进出口资料除外）。

2．广州利用外资规模及结构、对外承包工程及劳务合作状况、境外投资情况、技术进口情况的资料来源于广州市商务局。

3．广州外商投资企业注册登记情况的资料由广州市市场监督管理局提供，但不包括在广东省市场监督管理局注册登记的在穗外商投资企业。

4．广州旅游业发展情况的资料由广州市文化广电旅游局提供。

5．广州与国外城市交流情况，广州与国外结成友好城市情况及各国驻广州领事馆情况的资料由广州市政府外事办公室提供。

6．外商投资企业包括国外及港澳台投资企业。

Chapter 15 Foreign Economy and Tourism

Brief　Introduction

I.The data in this chapter show the Summary data of Guangzhou's foreign trade, utilization of foreign capital, contracted projects and labor cooperation with the foreign countries or territories, external investment, basic indicators of three kinds of registered foreign-funded enterprises and international tourism.

II.The data in this chapter are prepared and provided by the Division of Trade and External Economic Relations Statistics of Guangzhou Municipal Bureau of Statistics.

III. Data sources and statistical coverage:

(1)The data on the size and composition of Guangzhou's imports and exports come from Guangzhou Customs Office; the statistical coverage covers the imports and exports operating units in Guangzhou, excluding the data of imports and exports through ports in Guangzhou.

(2)The data on the scale and composition of the utilization of foreign capitals and the contracted projects and labor cooperation with the foreign countries or territories, external investment, technical imports of Guangzhou come from Guangzhou Municipal Commerce Bureau.

(3)The basic indicators of the registered foreign-funded enterprises come from the Guangzhou Municipal Market Regulatory Administration but exclude those registered by the Administration for Market Regulation of Guangdong Province.

(4)The data on the development of international tourism are provided by Guangzhou Municipal Culture, Radio, Television and Tourism Bureau.

(5)The data on exchange between Guangzhou and foreign friendly cities, consulate generals in Guangzhou are provided by Foreign Affair Office of Guangzhou Municipal People's Government.

(6)The foreign-funded enterprises cover the enterprises whose fund come from Hong Kong, Macao, Taiwan and foreign countries.

15-1 主要年份商品进出口总值和商品进出口总值指数
Total Value and Indices of Import and Export Commodities in Main Years

年 份 Year	进出口总值（亿美元） Total Value of Imports and Exports (USD 100 million)	进口总值 Imports	出口总值 Exports	进出口差额（亿美元） Balance (USD 100 million)	进出口总值指数（上年=100） Indices of Total Imports and Exports (preceding year=100)	进口总值 Imports	出口总值 Exports
1988	32.25	17.66	14.59	-3.07	148.5	154.0	142.4
1989	35.32	17.62	17.70	0.08	109.5	99.8	121.3
1990	41.79	18.24	23.55	5.31	118.3	103.5	133.0
1991	53.82	24.40	29.42	5.02	128.8	133.8	125.0
1992	70.75	33.88	36.87	2.99	131.5	138.8	125.3
1993	134.33	69.84	64.49	-5.35	189.9	206.2	174.9
1994	161.36	74.67	86.69	12.02	120.1	106.9	134.4
1995	166.99	71.32	95.67	24.35	103.5	95.5	110.4
1996	166.89	75.53	91.36	15.83	99.9	105.9	95.5
1997	187.46	81.51	105.95	24.44	112.3	107.9	116.0
1998	178.77	75.39	103.38	27.99	95.4	92.5	97.6
1999	191.85	93.18	98.67	5.49	107.3	123.6	95.4
2000	233.51	115.60	117.91	2.31	121.7	124.1	119.5
2001	230.37	114.13	116.24	2.11	98.7	98.7	98.6
2002	279.27	141.49	137.78	-3.71	121.2	124.0	118.5
2003	349.41	180.52	168.89	-11.63	125.1	127.6	122.6
2004	447.88	233.14	214.74	-18.40	128.2	129.2	127.2
2005	534.75	268.07	266.68	-1.39	119.4	115.0	124.2
2006	637.62	313.85	323.77	9.92	119.2	117.1	121.4
2007	734.94	355.91	379.03	23.12	115.3	113.4	117.1
2008	818.73	389.47	429.26	39.79	111.4	109.4	113.3
2009	766.85	392.82	374.03	-18.79	93.7	100.9	87.1
2010	1037.68	553.89	483.79	-70.10	135.3	141.0	129.3
2011	1161.68	596.94	564.74	-32.20	112.0	107.8	116.7
2012	1171.67	582.52	589.15	6.63	100.9	97.6	104.3
2013	1188.96	560.89	628.07	67.18	101.5	96.3	106.6
2014	1305.90	578.77	727.13	148.36	109.8	103.2	115.8
2015	1338.68	527.01	811.67	284.66	102.5	91.1	111.6
2016	1293.09	511.32	781.77	270.45	96.6	97.0	96.3
2017	1432.50	579.30	853.20	273.90	110.8	113.3	109.1
2018	1485.05	636.55	848.50	211.95	103.7	109.9	99.4
2019	1450.19	687.96	762.23	74.27	97.7	108.1	89.8
2020	1376.12	593.94	782.18	188.24	94.8	86.2	102.6
2021	1674.52	698.33	976.19	277.86	121.6	117.4	124.8
2022	1639.43	712.58	926.85	214.27	97.9	102.0	94.9
2023	1552.87	627.49	925.38	297.89	95.1	88.0	100.7

15-1 续表 continue

年 份 Year	进出口总值（亿元） Total Value of Imports and Exports (RMB 100 million)	进口总值 Imports	出口总值 Exports	进出口差额（亿元） Balance (RMB 100 million)	进出口总值指数（上年=100） Indices of Total Imports and Exports (preceding year=100)	进口总值 Imports	出口总值 Exports
2014	8022.80	3555.15	4467.65	912.50	108.7	102.2	114.6
2015	8306.28	3271.71	5034.57	1762.86	103.5	92.0	112.7
2016	8541.02	3382.26	5158.76	1776.50	102.8	103.4	102.5
2017	9715.52	3923.09	5792.43	1869.34	113.8	116.0	112.3
2018	9811.59	4204.09	5607.50	1403.41	101.0	107.2	96.8
2019	10001.04	4742.68	5258.36	515.68	101.9	112.8	93.8
2020	9531.92	4108.57	5423.35	1314.78	95.2	86.5	103.1
2021	10824.94	4513.68	6311.26	1797.58	113.5	109.6	116.4
2022	10948.18	4752.76	6195.42	1442.66	101.1	105.3	98.2
2023	10913.09	4411.53	6501.56	2090.03	100.1	92.8	105.8

注：为进一步完善海关统计数据公布制度，从2014年开始海关总署全面公布以人民币计价的各类海关统计数据。
Note: In order to improve the customs statistical data publication system, since 2014 the General Administration of Customs has announced all kinds of Customs Statistics in RMB.

15-2 商品进出口总值（人民币计价）(2022-2023年)

单位：万元

项　目	Item
总　计	**Total**
按贸易方式分	**By Trade Form**
一般贸易	Ordinary Trade
国家间、国际组织无偿援助和赠送的物资	Free Assistance and Donated Materials between Countries/International Organizations
其他捐赠物资	Other Donated Materials
来料加工装配贸易	Processing and Assembling Trade with Foreign-Supplied Materials
进料加工贸易	Processing Trade with Imported Materials
寄售、代销贸易	Consignment sale, selling goods on commission
加工贸易进口设备	Processing Trade Imported Equipment
对外承包工程出口货物	Exports for Overseas Contracted Projects
租赁贸易	Leasing Trade
外商投资企业作为投资进口的设备、物品	Imported Equipment/Articles Invested by Foreign-Funded Enterprises
出料加工贸易	Outward Processing Trade
海关保税监管场所进出境货物	Entry and Exit Goods in Bonded Control Areas
海关特殊监管区域物流货物	Logistic Goods by Customs Special Control Areas
海关特殊监管区域进口设备	Imported Equipment by Customs Special Regulatory Areas
其他贸易	Others
按登记注册类型分	**Grouped by Registration Status**
国有企业	State-owned Enterprises
外商及港澳台投资企业	Enterprises with Funds from Foreign Countries, Hong Kong, Macao and Taiwan
私营企业	Private Enterprises
其他企业	Others

Total Value of Import and Export Commodities through Customs (Renminbi-denominated) (2022-2023)

(10000 yuan)

2022			2023		
合 计 Total (by RMB)	进 口 Imports	出 口 Exports	合 计 Total (by RMB)	进 口 Imports	出 口 Exports
109481827	**47527626**	**61954201**	**109130916**	**44115267**	**65015649**
70175497	30320306	39855191	75396680	29032520	46364160
1259	6	1253	717	437	280
5579	1879	3700	99	2	97
7170403	3336842	3833561	6537072	3001668	3535403
15051140	5817740	9233399	14851480	4984669	9866811
681	681		3227	3227	
5038	5038		6121	6121	
150397		150397	23313		23313
21668	11574	10095	30727	10809	19918
144700	144700		43801	43801	
982	936	46	221	184	37
4920768	2766306	2154462	4903850	2716158	2187692
6660595	4731266	1929330	5449501	4020991	1428510
6541	6541		1025	1025	
5166580	383812	4782768	1883084	293655	1589429
14838666	8738132	6100534	15194372	8540269	6654103
36781485	18040051	18741433	33168583	15382790	17785793
57307319	20433909	36873410	60349517	19964806	40384711
554358	315534	238824	418444	227402	191042

15-2 续表

单位:万元

项　　目	Item
按国别(地区)分	**By Country (Territory)**
亚洲小计	Asia
#中国香港	Hong Kong, China
中国澳门	Macao, China
印度尼西亚	Indonesia
日　本	Japan
马来西亚	Malaysia
新加坡	Singapore
韩　国	Republic of Korea
泰　国	Thailand
中国台湾	Taiwan, China
阿拉伯联合酋长国	United Arab Emirates
印　度	India
非洲小计	Africa
#南　非	South Africa
欧洲小计	Europe
#英　国	United Kingdom
德　国	Germany
法　国	France
意大利	Italy
荷　兰	Netherlands
西班牙	Spain
比利时	Belgium
瑞　士	Switzerland
俄罗斯	Russia
拉丁美洲小计	Latin America
#墨西哥	Mexico
巴拿马	Panama
北美洲小计	North America
#加拿大	Canada
美　国	United States
大洋洲小计	Oceania
#澳大利亚	Australia
其　他	Others

continued

(10000 yuan)

2022			2023		
合 计 Total (by RMB)	进 口 Imports	出 口 Exports	合 计 Total (by RMB)	进 口 Imports	出 口 Exports
53798695	24475533	29323162	49543314	20489147	29054167
6855345	402818	6452527	6486041	438260	6047781
376176	4965	371212	429738	4388	425350
3434401	2020610	1413791	3224895	1735270	1489624
9459791	6928169	2531622	8175099	5161063	3014036
3320716	1217365	2103351	3198050	1163780	2034270
2668232	718946	1949286	2321675	709116	1612559
5366983	3712556	1654427	3956825	2550073	1406752
2823730	1421990	1401740	2770022	1326394	1443629
3243338	2282932	960406	2618564	1863605	754959
1376371	238658	1137713	1416000	263482	1152518
1600421	430755	1169666	1698911	546636	1152275
6413828	1716125	4697703	6144227	1601817	4542410
1137225	823289	313936	1219753	848108	371646
23201556	11963558	11237998	25266864	11953828	13313036
1717023	430623	1286400	2046900	384494	1662406
3689656	2428403	1261253	4280259	2625993	1654266
1825621	977841	847780	2482511	1403159	1079351
1440322	491487	948835	1463492	480182	983311
2444230	756351	1687879	2282358	727188	1555170
1093599	326793	766806	1071797	231758	840039
1990390	1534704	455687	1825661	1180192	645469
1345677	1236392	109285	1338810	1206358	132452
2713641	1656032	1057608	3348358	1747278	1601080
6254035	1630177	4623858	7034394	1666677	5367717
2278917	240004	2038913	2582664	191920	2390744
271058	1647	269411	287279	1969	285309
14835843	4480696	10355146	15509453	4420654	11088799
1257660	515008	742652	1171323	445491	725832
13574601	3965688	9608913	14336592	3975159	10361433
4841111	3124809	1716302	5487056	3837651	1649405
3720670	2341687	1378983	4020979	2751820	1269159
136759	136728	32	145608	145493	115

15-3 商品进出口总值（美元计价）（2022-2023年）

单位：万美元

项　　目	Item
总　　计	**Total**
按贸易方式分	**By Trade Form**
一般贸易	Ordinary Trade
国家间、国际组织无偿援助和赠送的物资	Free Assistance and Donated Materials between Countries/International Organizations
其他捐赠物资	Other Donated Materials
来料加工装配贸易	Processing and Assembling Trade with Foreign-Supplied Materials
进料加工贸易	Processing Trade with Imported Materials
寄售、代销贸易	Consignment sale, selling goods on commission
加工贸易进口设备	Processing Trade Imported Equipment
对外承包工程出口货物	Exports for Overseas Contracted Projects
租赁贸易	Leasing Trade
外商投资企业作为投资进口的设备、物品	Imported Equipment/Articles Invested by Foreign-Funded Enterprises
出料加工贸易	Outward Processing Trade
海关保税监管场所进出境货物	Entry and Exit Goods in Bonded Control Areas
海关特殊监管区域物流货物	Logistic Goods by Customs Special Control Areas
海关特殊监管区域进口设备	Imported Equipment by Customs Special Regulatory Areas
其他贸易	Others
按登记注册类型分	**Grouped by Registration Status**
国有企业	State-owned Enterprises
外商及港澳台投资企业	Enterprises with Funds from Foreign Countries, Hong Kong, Macao and Taiwan
私营企业	Private Enterprises
其他企业	Others

Total Value of Import and Export Commodities through Customs (U.S.dollar-denominated) (2022-2023年)

(USD 10000)

2022			2023		
合 计 Total (by USD)	进 口 Imports	出 口 Exports	合 计 Total (by USD)	进 口 Imports	出 口 Exports
16394341	**7125811**	**9268531**	**15528725**	**6274896**	**9253829**
10483779	4548235	5935544	10729658	4128000	6601658
196	1	195	101	61	40
847	264	583	14		14
1072285	499541	572744	930323	427490	502833
2263087	875625	1387462	2110590	708664	1401925
98	98		463	463	
754	754		874	874	
22346		22346	3337		3337
3315	1793	1521	4365	1566	2799
22104	22104		6354	6354	
153	146	7	31	26	5
734606	413105	321501	700463	388357	312106
996044	704854	291190	774537	571148	203388
957	957		144	144	
793769	58332	735437	267471	41748	225723
2217786	1304994	912793	2158134	1212464	945669
5537866	2716789	2821077	4719013	2187182	2531831
8554642	3056113	5498530	8592038	2842889	5749149
84046	47915	36131	59540	32360	27180

15-3 续表

单位:万美元

项　　目	Item
按国别(地区)分	**By Country (Territory)**
亚洲小计	Asia
#中国香港	Hong Kong, China
中国澳门	Macao, China
印度尼西亚	Indonesia
日　本	Japan
马来西亚	Malaysia
新加坡	Singapore
韩　国	Republic of Korea
泰　国	Thailand
中国台湾	Taiwan, China
阿拉伯联合酋长国	United Arab Emirates
印　度	India
非洲小计	Africa
#南　非	South Africa
欧洲小计	Europe
#英　国	United Kingdom
德　国	Germany
法　国	France
意大利	Italy
荷　兰	Netherlands
西班牙	Spain
比利时	Belgium
瑞　士	Switzerland
俄罗斯	Russia
拉丁美洲小计	Latin America
#墨西哥	Mexico
巴拿马	Panama
北美洲小计	North America
#加拿大	Canada
美　国	United States
大洋洲小计	Oceania
#澳大利亚	Australia
其　他	Others

continued

(USD 10000)

2022			2023		
合 计 Total (by USD)	进 口 Imports	出 口 Exports	合 计 Total (by USD)	进 口 Imports	出 口 Exports
8063424	3677663	4385761	7048384	2911748	4136636
1026646	59893	966754	920050	62092	857959
56140	743	55397	60874	621	60253
514536	302689	211847	459654	247507	212147
1421572	1042819	378753	1160891	732660	428231
497087	182771	314315	456415	165426	290989
393583	107602	285981	332351	101163	231188
810164	562066	248098	562681	362002	200679
423967	213855	210113	395574	189080	206494
487851	343835	144016	371897	264550	107347
205458	35621	169837	201248	37098	164150
239119	64383	174737	241866	77927	163939
956442	255939	700504	877146	227845	649301
169562	122681	46882	173637	120825	52812
3475466	1790132	1685335	3592869	1699459	1893410
256067	64318	191750	291185	54572	236613
553527	364357	189170	607306	372050	235256
272965	145732	127233	352956	199597	153359
216805	73843	142963	208291	68262	140030
366354	112933	253421	325363	103717	221647
163886	48969	114917	152457	32980	119477
298198	230182	68016	259973	168408	91565
201785	185469	16315	190390	171569	18821
404100	246002	158098	475482	248533	226949
937363	244710	692653	1001092	237635	763457
342103	36323	305780	367404	27297	340107
40519	244	40275	40864	281	40584
2222997	672946	1550050	2207625	631343	1576282
187764	76643	111120	166844	63536	103308
2034699	596303	1438396	2040563	567807	1472757
717924	463701	254223	780924	546196	234728
551718	347281	204437	571711	391083	180628
20725	20720	5	20685	20669	16

15-4 主要进口商品数量和金额（2022-2023年）

商品名称		Name of Commodities	
乳 品	（吨）	Dairy	(ton)
干鲜瓜果及坚果	（吨）	Fresh or Dried Fruits and Nuts	(ton)
谷物及谷物粉	（吨）	Cereals and Cereal Flour	(ton)
高粱	（吨）	Sorghum	(ton)
食用油	（吨）	Edible Oil	(ton)
酒类及饮料		Alchol and Soft Drinks	
铁矿砂及其精矿	（吨）	Iron Ore and Concentrates	(ton)
煤及褐煤	（吨）	Coal and Lignite	(ton)
成品油	（吨）	Refined Petroleum Products	(ton)
天然气	（吨）	Natural Gas	(ton)
医药材及药品	（吨）	Pharmaceuticals	(ton)
美容化妆品及洗护用品	（吨）	Cosmetics & Clean-Care Products	(ton)
初级形状的塑料	（吨）	Plastics in Primary Form	(ton)
塑料制品	（吨）	Plastic Articles	(ton)
天然及合成橡胶（包括胶乳）	（吨）	Natural Rubber and Synthetic Rubber (incl. Latex)	(ton)
皮革、皮毛及其制品		Leather, Furs and Relative Products	
原 木	（吨）	Logs	(ton)
纸浆、纸及其制品	（吨）	Paper Pulp and Related Products	(ton)
棉纱线	（吨）	Cotton Yarn	(ton)
钻 石	（千克）	Diamonds	(kg)
钢 材	（吨）	Steel Products	(ton)
未锻轧铜及铜材	（吨）	Unwrought Copper and Copper Products	(ton)
未锻轧铝及铝材	（吨）	Unwrought Aluminium and Aluminium Products	(ton)
印刷、装订机械及其零件		Printing or Book-binding Machinery and Parts	
通用机械设备		General Mechanical Equipment	
自动数据处理设备及其零部件		Automatic Data Processing Equipment and Components	
制造平板显示器用的机器及装置	（台）	Machines and Devices for the Manufacture of Flat Display	(set)
电气控制装置		Electrical Control Device	
液晶平板显示模组	（万个）	LCD Flat Panel Display Module	(10000 units)
电容器	（吨）	Capacitors and Parts	(ton)
印刷电路	（百万块）	Printed Circuit	(million units)
二极管及类似半导体器件	（百万个）	Diode and Similar Semiconductor Devi	(million units)
集成电路	（百万个）	Integrated Circuits	(million units)
乘用车	（辆）	Passenger Vehicles	(unit)
汽车零配件		Automotive Components and Parts	
飞机及其他航空器	（架）	Aircraft	(unit)
计量检测分析自控仪器及器具		Measuring or Checking Instruments and Apparatus	
医疗仪器及器械		Medical devices	

Main Import Commodities in Volume and Value (2022—2023年)

2022			2023		
数 量 Volume	金 额 (万美元) Value (USD 10000)	金 额 (万元) Value (10000 yuan)	数 量 Volume	金 额 (万美元) Value (USD 10000)	金 额 (万元) Value (10000 yuan)
149634	173272	1157801	117259	163498	1147725
315465	102570	676679	313357	98579	690694
4220768	166253	1096323	5261981	187933	1320519
2272386	91129	598344	1851440	65416	461085
237157	40726	273271	288455	38530	271635
	31678	212288		32464	228712
4791629	53969	356526	14569888	163013	1134018
16272992	184309	1231706	21511165	199900	1403414
407743	34770	229954	221198	19561	137794
5470714	538462	3634015	7035331	535845	3774198
13456	260171	1741189	22804	290779	2043250
28968	104740	700849	23939	87728	616802
2057620	387098	2567886	1761515	276432	1940426
62489	81399	540719	55487	76012	535816
143045	26538	177666	164678	25121	176636
	25155	167844		21841	152870
749943	20840	138013	540437	12526	88268
745185	56783	379694	607532	36846	258892
61082	19366	128362	112072	31411	220568
801	294561	1970602	647	244599	1715580
1251598	146203	965068	690258	68492	481576
139367	138207	918251	77606	74248	521746
66430	22282	152782	28958	10402	73310
	25144	167508		24502	172009
	65035	432060		50680	356618
	14569	97021		13610	95973
739	111992	743663	72	20526	146529
	58123	386619		48720	342848
4527	189420	1246433	3587	106059	746435
2781	30287	201347	2523	26549	186546
305	26995	179599	507	22770	159943
10918	75109	500928	11578	80717	568486
9737	352808	2343574	9048	309532	2177966
11534	100910	678072	11714	102135	723460
	215443	1427452		149901	1057753
12	76641	512916	64	78022	542783
	223897	1496613		200991	1415321
	51952	346329		39102	274922

15-5 主要出口商品数量和金额（2022-2023年）

商品名称		Name of Commodities	
成品油	(万吨)	Petroleum Products	(10000 ton)
医药材及药品	(吨)	Pharmaceuticals	(ton)
美容化妆品及洗护用品	(吨)	Cosmetics & Clean-Care Products	(ton)
塑料制品	(吨)	Plastic Products	(ton)
新的充气橡胶轮胎	(吨)	New Pneumatic Rubber Tires	(ton)
皮革、毛皮及其制品		Leather, Furs, and their Products	
箱包及类似容器	(吨)	Suitcases, Handbags and Similar Containers	(ton)
纸浆、纸及其制品	(吨)	Paper Pulp and Related Products	(ton)
纺织纱线、织物及其制品		Yarn, Fabric, and their Products	
服装及衣着附件		Garments and Clothing Accessories	
鞋 靴	(吨)	Footwear	(ton)
陶瓷产品	(吨)	Ceramic Products	(ton)
玻璃及其制品		Glass and Glassware	
珍珠、宝石及半宝石		Pearl, Precious and Semi-Precious Stones	
贵金属或包贵金属的首饰	(千克)	Jewelry of Precious Metals or Rolled Precious Metals	(kg)
钢 材	(吨)	Steel Products	(ton)
家具及其零件		Furniture and Furniture Parts	
玩 具		Toys	
打印机、复印机及一体机	(万台)	Printers, Copiers, and All-in-one Machines	(10000 sets)
自动数据处理设备及其零部件		Automatic Data Processing Equipment and Components	
原电池	(百万个)	Primary Cells and Batteries	(million units)
锂离子蓄电池	(万个)	Lithium-ion Batteries	(10000 units)
电线及电缆	(吨)	Electronic Wires and Cables	(ton)
手 机	(万台)	Mobile phones	(10000 sets)
电 扇	(万台)	Electric Fans	(10000 sets)
空 调	(万台)	Air Conditioner	(10000 sets)
冰 箱	(万台)	Fridge	(10000 sets)
液晶电视机	(万台)	LCD TV	(10000 sets)
液晶平板显示模组	(万个)	LCD Flat Panel Display Module	(10000 units)
印刷电路	(百万块)	Printed Circuits	(million units)
太阳能电池	(万个)	Solar Cell	(10000 units)
摩托车	(万辆)	Motorcycles	(10000 units)
摩托车及自行车的零配件		Parts of Motorcycles and Bicycles	
汽车零配件		Automotive Components and Parts	
船 舶	(艘)	Ships	(unit)
手 表	(万只)	Wrist Watches	(10000 units)
灯具、照明装置及其零件		Lamps, Lighting Devices, and their Parts	
电动载人汽车	(辆)	Electric Vehicles	(unit)

Main Export Commodities in Volume and Value (2022-2023)

2022			2023		
数 量 Volume	金 额（万美元） Value (USD 10000)	金 额（万元） Value (10000 yuan)	数 量 Volume	金 额（万美元） Value (USD 10000)	金 额（万元） Value (10000 yuan)
145	132101	877930	154	118805	836724
26935	24208	161175	30736	36839	258875
203671	77388	518192	213371	99695	702545
583204	336395	2261396	571222	285837	2004535
126776	32680	217902	159897	39932	280702
	26016	174131		22270	156772
203445	253648	1698812	187816	236585	1662107
190084	81295	546309	203902	69442	487361
	267387	1778403		218409	1533002
	609439	4078473		442647	3104702
149821	189330	1265636	115635	157174	1101805
391926	71832	485280	350784	53514	371039
	71296	477891		74974	526662
	16584	111097		14572	102194
143309	422897	2836680	126812	390477	2746461
308981	54836	364603	842085	77522	548631
	198196	1333622		183852	1285727
	107670	718277		78007	544364
280	57489	385243	263	56682	396717
	154346	1022363		134603	947121
4891	22130	147091	5075	20958	146870
7399	55965	374777	6107	64138	450752
47005	48032	322145	42778	41734	292529
358	38578	253753	208	12466	85622
930	14698	98137	1382	22244	154456
404	75717	496946	403	68255	474962
305	46315	304821	335	47449	333303
660	56251	374001	579	47408	333092
2464	278629	1847287	1588	197674	1389646
1417	97739	650746	1881	87443	615964
842	7739	52046	925	6291	43804
132	70320	468261	145	75610	532159
	81185	543128		68545	479258
	228840	1527963		240189	1688220
92	175712	1179418	77	274349	1937718
2536	15007	100973	1789	17626	124390
	207317	1387782		168332	1176179
21923	20519	139682	58779	111640	794469

15-6 进出口商品分类金额（按人民币计价）(2022-2023年)

单位：万元

项　　目	Item
合　计	**Total**
第一类 活动物、动物产品	Live Animals & Animal Products
活动物	Live Animals
肉及食用杂碎	Meat and Edible Haslet
水产品	Aquatic Products
乳品、蛋品、天然蜂蜜、其他食用动物产品	Dairy Products, Eggs, Natural Honey and Other Edible Animal Products
其他动物产品	Other Animal Products
第二类 植物产品	Vegetables Products
树苗及花草	Saplings, Flowers and Herbs
蔬　菜	Edible Vegetables
水果及坚果	Fruits and Nuts
咖啡、茶叶及调味香料	Coffee, Tea and Spices
谷　物	Cereals
制粉工业产品	Flour,Starch and Related Products
植物油籽、果实、种子、药材及饲料	Oil Seeds and Kernels and Oleaginous Fruits, Seeds, Plants for Medicinal Use and Forge
虫胶、树胶、树脂	Shellacs, Gums and Resins
编结植物材料、其他植物产品	Vegetable Plaiting Materials and Other Vegetable Products
第三类 动、植物油脂及蜡	Animal Fat ,Vegetable Oils and Waxes
动、植物油脂及蜡	Animal and Vegetable Oils, Fats and Waxes
第四类 食品、烟草及制品	Food, Tobacco and Related Products
动物产品制品	Animal Products
糖及糖食	Sugar and Sugar Confectionery
可可及可可制品	Cocoa and Cocoa Products
粮食及乳制品、糕饼点心	Grain, Milk and Pastry Products
蔬菜、水果等植物制品	Vegetable and Fruit Products
杂项食品	Miscellaneous Edible Preparation
饮料、酒及醋	Beverages, Liquor and Vinegar
食品的残渣、动物饲料	Residues and Waste from Food and Animal Fodder
烟草及烟草制品	Tobacco and Tobacco Products
第五类 矿产品	Mineral
盐、硫黄、建筑材料	Salt, Sulfur and Building Materials
矿砂、矿渣及矿灰	Ore, Slag and Mortar
矿物燃料、矿物油及产品	Mineral Fuels, Mineral Oils and Related Products
第六类 化工产品	Chemicals
无机化学品	Inorganic Chemicals
有机化学品	Organic Chemicals
药　品	Medicinal and Pharmaceuticaland Products
肥　料	Fertilizers
鞣料、染料浸膏、染料、颜料、油漆、油墨	Tanning and Dyeing Extracts, Coloring and Dyeing Materials, Paint and Printing Ink

Value of Imports and Exports by Category of Commodities (Renminbi-denominated) (2022-2023)

(10000 yuan)

2022		2023	
进 口 Imports	出 口 Exports	进 口 Imports	出 口 Exports
47391388	**60968259**	**44115267**	**65015649**
1350582	65277	1264601	63931
50	33057	214	19682
552650	25329	516527	30410
494899	2887	512835	7819
259292	3456	205785	5493
43691	548	29239	527
2314207	195048	2465670	213277
15571	3210	15838	3194
120602	34715	82982	38072
715252	12751	766540	13962
58921	26574	46540	12828
1086610	1	1309730	150
23227	70972	22846	100740
255573	25122	188519	29385
27503	11118	23515	6802
10947	10586	9161	8145
354241	52999	338432	33517
354241	52999	338432	33517
2745450	462424	3015755	585387
15738	20786	26013	21343
100474	62421	70174	79504
23114	2327	33670	2720
1217474	138934	1264521	196415
124150	24448	96675	18094
833961	98906	1002517	142252
197542	34607	197451	43273
232188	69353	324052	67947
809	10643	682	13840
6042924	2229853	7334778	2266280
64636	7777	57460	14539
582225	964	1544667	300
5396062	2221112	5732651	2251440
4967318	2764084	4927742	2483173
237095	144272	243052	113552
936764	603344	901007	551027
1696054	112731	1925727	128631
907	11087	149	7220
173718	135094	146094	140645

15-6 续表 1

单位:万元

项　　　目	Item
化妆品及其原料、芳香料制品	Cosmetics and Related Products, Perfumed Materials
洗涤用品	Detergents
蛋白类物质、改性淀粉、胶、酶	Protein Materials, Modified Starches, Glues and Enzymes
炸药、烟火制品、易燃材料制品	Explosives, Pyrotechnic Products and Combustible Products
照相及电影用品	Photographic and Cinematographic Goods
杂项化学产品	Miscellaneous Chemical Products
第七类 塑料、橡胶及其制品	Plastics, Rubber and Related Products
塑料及其制品	Plastics and Related Products
橡胶及其制品	Rubber and Related Products
第八类 皮革、毛皮及其制品、旅行用品、手提包	Leather, Furs Skins and Related Products, Travel Articles and Handbags
生皮及皮革	Raw Hides and Leather
皮革制品、旅行用品及手提包	Leather Products, Travel Articles and Handbags
毛皮、人造毛皮及制品	Furs Shins, Artificial Furs Manufactures Thereof
第九类 木及木制品、草柳编结品	Wood and Wooden Products, Straw and Wicker Plaited Products
木及木制品、木炭	Wood and Wooden Products, Charcoal
软木及软木制品	Cork and Related Products
草柳编结品	Straw and Wicker Plaited Products
第十类 木浆、纸、纸板及制品	Wood Paper Pulp, Paper, Paperboard and Related Products
木浆及其他纤维素浆、废碎纸板	Paper Pulp and Cellulose, Waste Paperboard
纸及纸板、纸浆、纸制品	Paper and Paperboard, Articles of Paper Pulp and Paper Products
书籍、印刷品、设计图纸	Books, Printed Matter and Design Drawings
第十一类 纺织原料及纺织制品	Textile Materials and Products
蚕　丝	Natural Silk
羊毛、动物毛、毛纱线及制品	Wool, Animal Hair and Woolen Woven Fabrics
棉花及制品	Cotton and Related Products
其他纺织纤维、纸纱线及机织物	Other Textile Fiber, Yarn and Related Woven Fabrics
化学纤维长丝	Chemical Fiber, Continuous Filament
化学纤维短丝	Chemical Fiber, Staple Fiber
絮胎、毡尼及无纺物、特种纱线、线绳索缆	Wadding, Felt and Adhesive-Bond Fabrics, Special Yarn, Thread, Rope and Cable
地毯及纺织铺地制品	Carpets and Related Products
特种机织物、纺织装饰品、刺绣品	Special Woven Fabrics, Textile Trimmings and Embroidery
浸渍、涂布、包覆或层压的纺织物	Soaked, Coated or Overlapping Textiles
针织物及钩编织物	Knitwear and Crocheted Fabrics
针织或钩编的服装及衣着附件	Knitted or Crocheted Garments and Clothing Accessories
非针织或非钩编的服装及衣着附件	Garments and Clothing Accessories Not Knitted or Crocheted
其他纺织制成品、成套物品	Other Textile Products
第十二类 鞋帽伞杖、加工羽毛、人造花、人发制品	Footwear, Headgear, Umbrellas, Canes, Processed Feather, Artificial Flowers and Wigs
鞋类及零件	Footwear and Accessories
帽类及零件	Headgear and Accessories

continued

(10000 yuan)

2022		2023	
进　口 Imports	出　口 Exports	进　口 Imports	出　口 Exports
725571	565395	665030	742459
320433	288862	242364	305191
164214	172664	158865	176855
9	2528	13	6288
79587	15208	78566	13991
632966	712899	566874	297315
3438563	3442098	2776212	3202994
3102509	3018999	2470656	2722622
336054	423099	305556	480372
225581	1764914	242141	1725363
95464	4193	79278	5822
117848	1757911	151389	1715150
12269	2809	11474	4390
265473	130826	174671	129767
264580	120399	174503	120917
588	115	105	132
306	10312	63	8718
468615	697578	348233	649105
238657	3923	150640	7306
162927	542386	131074	480055
67031	151269	66519	161744
528219	5795704	561990	4590921
512	20039	516	12844
7850	1871	5874	3665
132947	120672	229007	111764
14390	2797	18784	2740
88230	75426	68807	69620
40896	45765	35423	55691
23619	145768	16023	131228
1381	48810	1548	52627
7995	152833	5834	134449
23294	215343	18012	217604
24024	602672	17401	443653
75570	1467391	73709	1123308
81074	2526969	65160	1916628
6436	369349	5894	315099
78135	1642928	101965	1402081
68964	1394620	95931	1189994
4414	74074	3793	59375

15-6 续表 2

单位:万元

项 目	Item
伞、杖、鞭及零件	Umbrellas, Canes, Whips and Accessories
加工羽毛、羽绒及制品、人造花、人发制品	Processed Feathers and Related Products, Artificial Flowers and Wigs
第十三类 石材制品、陶瓷产品、玻璃及其制品	Stone Products,Ceramics,Glass and Glossware
石材制品	Stone and Related Products
陶瓷产品	Ceramics
玻璃及其制品	Glass and Glassware
第十四类 珠宝首饰、硬币	Jewellery and Coins
珠宝首饰	Jewellery
第十五类 贱金属及其制品	Base Metals and Related Products
钢 铁	Iron and Steel
钢铁制品	Iron and Steel Products
铜及其制品	Copper and Related Products
镍及其制品	Nickel and Related Products
铝及其制品	Aluminum and Related Products
铅及其制品	Lead and Related Products
锌及其制品	Zinc and Related Products
锡及其制品	Tin and Related Products
其他贱金属、金属陶瓷及其制品	Other Base Metals, Metal Ceramics and Related Products
贱金属工具、器具、利口器、餐具及零件	Base Metal Tools, Implements, Cutlery, Tableware and Related Parts
贱金属杂项制品	Miscellaneous Products of Base Metals
第十六类 机械、电气设备、电视机及音响设备	Machinery, Electric Equipment, Television Sets and Sound Appliances
核反应堆、锅炉、机械设备及零件	Nuclear Reactors, Boilers, Mechanical Equipment and Accessories
机电、电气设备、电视机及音响设备	Machinery and Electric Equipment, Television Sets and Sound Appliances
第十七类 车辆、航空器、船舶及有关运输设备	Locomotives, Vehicles, Aircraft, Ships and Related Transportation Equipment
铁道及电车机车、车辆及零件	Railway Locomotives, Tramcars and Accessories
车辆及零附件(铁道车辆除外)	Vehicles and Related Parts and Accessories (excluding railway locomotives)
航空器、航天器及零件	Aircraft, Spacecraft and Related Parts
船舶及浮动结构体	Ships and Related Products
第十八类 仪器、医疗器械、钟表及乐器	Instruments, Medical Instruments and Equipment, Clocks and Musical Instruments
光学、照相电影、计量检验、医疗仪器设备	Optical, Photographic, Film, Measuring and Checking, Medical Instruments and Equipments
钟表及零件	Clocks and Related Parts
乐器及零附件	Musical Instruments and Related Parts and Accessories
第十九类 武器、弹药及其零件、附件	Arms and Ammunition, Parts and Accessories thereof
第二十类 杂项制品	Miscellaneous Products
家具、床上用品、照明装置、活动房	Furniture, Bed Articles, Lighting Apparatus and Luminous Signs
玩具、游戏、运动用品及零附件	Toys, Games and Sports Goods and Related Parts and Accessories
杂项制品	Miscellaneous Manufactured Articles
第二十一类 艺术品、收藏品及古物	Works of Art, Collector's Pieces and Antiques
第二十二类 特殊交易品及未分类商品	Special Commodities and Unclassified Commodities

continued

(10000 yuan)

2022		2023	
进　口 Imports	出　口 Exports	进　口 Imports	出　口 Exports
128	22644	262	24206
4629	151591	1979	128506
188451	1131980	186844	1035871
36937	179988	31295	146039
9015	485280	9560	371039
142499	466712	145988	518793
3836690	3163832	3616924	3030091
3836690	3163832	3616924	3030091
3133451	3677845	1968830	3298043
1029259	305647	564120	473407
239289	1368320	194381	1250139
991400	105231	584823	128610
396336	87509	333686	46132
240480	686910	127076	446923
505	195	374	136
6982	1677	4194	996
22797	9688	12209	15156
77012	15372	54014	25579
71428	379819	57997	358155
57962	717477	35956	552809
10913843	19706783	9051870	18711231
3939103	6672620	3031592	6731547
6974740	13034163	6020278	11979684
2772390	4131301	2427073	5469656
4986	203750	5147	65777
2051463	2501790	1702900	3378566
683627	238637	704382	81699
32313	1187124	14644	1943614
2519254	1514158	2437508	1553777
2360965	1206956	2268217	1228145
144638	199425	152482	221126
13651	107777	16809	104506
579	577	81	164
502392	4507737	515882	4187290
70164	2911351	70017	2662604
284665	1219064	314138	1144428
147563	377322	131727	380258
527793	11162	90217	55287
217239	3879153	267849	10328442

15-7 进出口商品分类金额（按美元计价）(2022-2023年)

单位：万美元

项　　目	Item
合　计	**Total**
第一类 活动物、动物产品	Live Animals & Animal Products
活动物	Live Animals
肉及食用杂碎	Meat and Edible Haslet
水产品	Aquatic Products
乳品、蛋品、天然蜂蜜、其他食用动物产品	Dairy Products, Eggs, Natural Honey and Other Edible Animal Products
其他动物产品	Other Animal Products
第二类 植物产品	Vegetables Products
树苗及花草	Saplings, Flowers and Herbs
蔬　菜	Edible Vegetables
水果及坚果	Fruits and Nuts
咖啡、茶叶及调味香料	Coffee, Tea and Spices
谷　物	Cereals
制粉工业产品	Flour,Starch and Related Products
植物油籽、果实、种子、药材及饲料	Oil Seeds and Kernels and Oleaginous Fruits, Seeds, Plants for Medicinal Use and Forge
虫胶、树胶、树脂	Shellacs, Gums and Resins
编结植物材料、其他植物产品	Vegetable Plaiting Materials and Other Vegetable Products
第三类 动、植物油脂及蜡	Animal Fat ,Vegetable Oils and Waxes
动、植物油脂及蜡	Animal and Vegetable Oils, Fats and Waxes
第四类 食品、烟草及制品	Food, Tobacco and Related Products
动物产品制品	Animal Products
糖及糖食	Sugar and Sugar Confectionery
可可及可可制品	Cocoa and Cocoa Products
粮食及乳制品、糕饼点心	Grain, Milk and Pastry Products
蔬菜、水果等植物制品	Vegetable and Fruit Products
杂项食品	Miscellaneous Edible Preparation
饮料、酒及醋	Beverages, Liquor and Vinegar
食品的残渣、动物饲料	Residues and Waste from Food and Animal Fodder
烟草及烟草制品	Tobacco and Tobacco Products
第五类 矿产品	Mineral
盐、硫黄、建筑材料	Salt, Sulfur and Building Materials
矿砂、矿渣及矿灰	Ore, Slag and Mortar
矿物燃料、矿物油及产品	Mineral Fuels, Mineral Oils and Related Products
第六类 化工产品	Chemicals
无机化学品	Inorganic Chemicals
有机化学品	Organic Chemicals
药　品	Medicinal and Pharmaceuticaland Products
肥　料	Fertilizers
鞣料、染料浸膏、染料、颜料、油漆、油墨	Tanning and Dyeing Extracts, Coloring and Dyeing Materials, Paint and Printing Ink

Value of Imports and Exports by Category of Commodities
(U.S.dollar-denominated) (2022-2023年)

(USD 10000)

2022		2023	
进 口 Imports	出 口 Exports	进 口 Imports	出 口 Exports
7105393	**9119938**	**6274896**	**9253829**
202948	9762	180137	9069
8	4945	30	2792
82533	3793	73767	4310
74474	421	72924	1118
39319	519	29261	774
6615	83	4155	75
350311	29151	351263	30340
2299	478	2237	454
18242	5293	11851	5411
108286	1850	109270	1976
8755	4062	6638	1821
164808		186408	22
3484	10440	3239	14370
38670	3729	26964	4163
4127	1703	3354	963
1640	1596	1302	1159
52876	8088	48043	4783
52876	8088	48043	4783
408636	69299	428983	83071
2347	3114	3695	3032
14996	9342	9939	11314
3432	350	4780	385
181535	20775	179832	27835
18473	3610	13684	2570
123921	14866	142632	20188
29468	5191	28038	6137
34344	10442	46287	9652
120	1609	97	1957
899782	332023	1043823	322668
9853	1164	8197	2061
87904	143	221338	43
802025	330717	814287	320564
744400	417700	701091	353058
35527	21835	34600	16191
141023	91016	128094	78334
253453	16940	274053	18348
135	1646	21	1030
26132	20283	20752	19972

15-7 续表 1

单位:万美元

项 目	Item
化妆品及其原料、芳香料制品	Cosmetics and Related Products, Perfumed Materials
洗涤用品	Detergents
蛋白类物质、改性淀粉、胶、酶	Protein Materials, Modified Starches, Glues and Enzymes
炸药、烟火制品、易燃材料制品	Explosives, Pyrotechnic Products and Combustible Products
照相及电影用品	Photographic and Cinematographic Goods
杂项化学产品	Miscellaneous Chemical Products
第七类 塑料、橡胶及其制品	Plastics, Rubber and Related Products
塑料及其制品	Plastics and Related Products
橡胶及其制品	Rubber and Related Products
第八类 皮革、毛皮及其制品、旅行用品、手提包	Leather, Furs Skins and Related Products, Travel Articles and Handbags
生皮及皮革	Raw Hides and Leather
皮革制品、旅行用品及手提包	Leather Products, Travel Articles and Handbags
毛皮、人造毛皮及制品	Furs Shins, Artificial Furs Manufactures Thereof
第九类 木及木制品、草柳编结品	Wood and Wooden Products, Straw and Wicker Plaited Products
木及木制品、木炭	Wood and Wooden Products, Charcoal
软木及软木制品	Cork and Related Products
草柳编结品	Straw and Wicker Plaited Products
第十类 木浆、纸、纸板及制品	Wood Paper Pulp, Paper, Paperboard and Related Products
木浆及其他纤维素浆、废碎纸板	Paper Pulp and Cellulose, Waste Paperboard
纸及纸板、纸浆、纸制品	Paper and Paperboard, Articles of Paper Pulp and Paper Products
书籍、印刷品、设计图纸	Books, Printed Matter and Design Drawings
第十一类 纺织原料及纺织制品	Textile Materials and Products
蚕 丝	Natural Silk
羊毛、动物毛、毛纱线及制品	Wool, Animal Hair and Woolen Woven Fabrics
棉花及制品	Cotton and Related Products
其他纺织纤维、纸纱线及机织物	Other Textile Fiber, Yarn and Related Woven Fabrics
化学纤维长丝	Chemical Fiber, Continuous Filament
化学纤维短丝	Chemical Fiber, Staple Fiber
絮胎、毡尼及无纺物、特种纱线、线绳索缆	Wadding, Felt and Adhesive-Bond Fabrics, Special Yarn, Thread, Rope and Cable
地毯及纺织铺地制品	Carpets and Related Products
特种机织物、纺织装饰品、刺绣品	Special Woven Fabrics, Textile Trimmings and Embroidery
浸渍、涂布、包覆或层压的纺织物	Soaked, Coated or Overlapping Textiles
针织物及钩编织物	Knitwear and Crocheted Fabrics
针织或钩编的服装及衣着附件	Knitted or Crocheted Garments and Clothing Accessories
非针织或非钩编的服装及衣着附件	Garments and Clothing Accessories Not Knitted or Crocheted
其他纺织制成品、成套物品	Other Textile Products
第十二类 鞋帽伞杖、加工羽毛、人造花、人发制品	Footwear, Headgear, Umbrellas, Canes, Processed Feather, Artificial Flowers and Wigs
鞋类及零件	Footwear and Accessories
帽类及零件	Headgear and Accessories

continued

(USD 10000)

2022		2023	
进　口 Imports	出　口 Exports	进　口 Imports	出　口 Exports
108515	84497	94576	105362
47992	43293	34491	43388
24698	25899	22567	25132
1	383	2	892
12006	2260	11143	1988
94918	109647	80793	42420
517958	514123	395090	456635
467576	450747	351654	388269
50382	63377	43436	68366
33689	263474	34580	245597
14402	621	11310	824
17494	262438	21646	244151
1793	415	1624	622
40049	19584	24825	18484
39913	18014	24801	17218
91	18	15	19
45	1552	9	1247
70135	103895	49536	92422
35558	582	21455	1043
24520	80713	18624	68398
10056	22601	9456	22980
79547	867727	80023	654381
77	3032	74	1825
1174	274	835	519
20058	18151	32597	15906
2159	417	2657	392
13263	11322	9784	9930
6098	6867	5039	7925
3559	21813	2273	18679
206	7315	222	7513
1203	22844	829	19165
3507	32288	2558	31016
3610	91185	2472	63147
11421	219245	10541	160065
12250	377621	9303	273357
962	55355	839	44942
11627	245611	14585	200167
10262	208662	13717	169773
653	10975	547	8484

15-7 续表 2

单位:万美元

项　　目	Item
伞、杖、鞭及零件	Umbrellas, Canes, Whips and Accessories
加工羽毛、羽绒及制品、人造花、人发制品	Processed Feathers and Related Products, Artificial Flowers and Wigs
第十三类 石材制品、陶瓷产品、玻璃及其制品	Stone Products,Ceramics,Glass and Glossware
石材制品	Stone and Related Products
陶瓷产品	Ceramics
玻璃及其制品	Glass and Glassware
第十四类 珠宝首饰、硬币	Jewellery and Coins
珠宝首饰	Jewellery
第十五类 贱金属及其制品	Base Metals and Related Products
钢　铁	Iron and Steel
钢铁制品	Iron and Steel Products
铜及其制品	Copper and Related Products
镍及其制品	Nickel and Related Products
铝及其制品	Aluminum and Related Products
铅及其制品	Lead and Related Products
锌及其制品	Zinc and Related Products
锡及其制品	Tin and Related Products
其他贱金属、金属陶瓷及其制品	Other Base Metals, Metal Ceramics and Related Products
贱金属工具、器具、利口器、餐具及零件	Base Metal Tools, Implements, Cutlery, Tableware and Related Parts
贱金属杂项制品	Miscellaneous Products of Base Metals
第十六类 机械、电气设备、电视机及音响设备	Machinery, Electric Equipment, Television Sets and Sound Appliances
核反应堆、锅炉、机械设备及零件	Nuclear Reactors, Boilers, Mechanical Equipment and Accessories
机电、电气设备、电视机及音响设备	Machinery and Electric Equipment, Television Sets and Sound Appliances
第十七类 车辆、航空器、船舶及有关运输设备	Locomotives, Vehicles, Aircraft, Ships and Related Transportation Equipment
铁道及电车机车、车辆及零件	Railway Locomotives, Tramcars and Accessories
车辆及零附件(铁道车辆除外)	Vehicles and Related Parts and Accessories (excluding railway locomotives)
航空器、航天器及零件	Aircraft, Spacecraft and Related Parts
船舶及浮动结构体	Ships and Related Products
第十八类 仪器、医疗器械、钟表及乐器	Instruments, Medical Instruments and Equipment, Clocks and Musical Instruments
光学、照相电影、计量检验、医疗仪器设备	Optical, Photographic, Film, Measuring and Checking, Medical Instruments and Equipments
钟表及零件	Clocks and Related Parts
乐器及零附件	Musical Instruments and Related Parts and Accessories
第十九类 武器、弹药及其零件、附件	Arms and Ammunition, Parts and Accessories thereof
第二十类 杂项制品	Miscellaneous Products
家具、床上用品、照明装置、活动房	Furniture, Bed Articles, Lighting Apparatus and Luminous Signs
玩具、游戏、运动用品及零附件	Toys, Games and Sports Goods and Related Parts and Accessories
杂项制品	Miscellaneous Manufactured Articles
第二十一类 艺术品、收藏品及古物	Works of Art, Collector's Pieces and Antiques
第二十二类 特殊交易品及未分类商品	Special Commodities and Unclassified Commodities

continued

(USD 10000)

2022		2023	
进　口 Imports	出　口 Exports	进　口 Imports	出　口 Exports
18	3371	38	3464
693	22602	284	18446
28423	168232	26532	148307
5547	26776	4443	20955
1342	71832	1359	53514
21534	69624	20729	73839
573755	471414	514716	430894
573755	471414	514716	430894
471438	551758	280198	470321
155650	45925	80198	66885
36078	204522	27573	178738
149319	15844	83185	18295
59612	13056	47697	6685
35172	104115	18026	63739
77	29	53	19
1062	250	593	141
3431	1515	1752	2113
11528	2327	7760	3618
10779	56784	8256	51113
8732	107391	5104	78974
1643194	2956828	1286223	2667964
592284	1002693	430642	960463
1050911	1954136	855580	1707501
416283	617728	344901	775090
745	31147	729	9207
308215	374119	240960	479190
102341	35604	101072	11507
4982	176858	2140	275186
377225	226622	346030	220921
353626	180741	322016	174664
21549	29670	21630	31407
2050	16211	2384	14851
86	85	11	23
74803	672141	73370	598711
10488	433695	9944	380810
42243	182362	44724	163730
22072	56085	18703	54171
74860	1662	12884	7775
33365	573030	38053	1463148

15-8　广州地区口岸进出口商品总值（2022—2023年）
Commodity Value of Imports and Exports through Ports in Guangzhou Area (2022-2023)

项　目	Item	2022		2023	
		万美元 (USD 10000)	万元 (10000 yuan)	万美元 (USD 10000)	万元 (10000 yuan)
进出口商品货物总值	**Total**	**25269383**	**168344219**	**24673369**	**173698317**
进口商品货物总值	Imports	10031272	66798255	8375997	58882110
出口商品货物总值	Exports	15238111	101545964	16297372	114816207

15-9　技术进口情况（2022—2023年）
General Technology Importation (2022-2023)

项　目	Item	2022		2023	
		合同数（个）Number of Contracts (unit)	金　额（万美元）Amount (USD 10000)	合同数（个）Number of Contracts (unit)	金　额（万美元）Amount (USD 10000)
总　计	**Total**	**22**	**231865**	**15**	**204732**
专利技术	Patent technology	2	13886	5	4309
专有技术	Proprietary technology	14	205088	5	187228
技术咨询、技术服务	Technical consulting	6	12446	5	12823
合资生产、合作生产	Joint ventures and manufacturing		445		373

15-10 技术进口分类（2022-2023年）

The Classification of Technology Importation (2022-2023)

项　　目	Item	2022		2023	
		合同数（个）Number of Contracts (unit)	金　额（万美元）Amount (USD 10000)	合同数（个）Number of Contracts (unit)	金　额（万美元）Amount (USD 10000)
总　　计	**Total**	**22**	**231865**	**15**	**204732**
按国民经济行业分	**By Sector**				
#制造业	# Manufacturing	20	229427	10	202896
#化学原料及化学制品制造业	# Chemical materials and chemical products manufacturing		32588	1	28758
食品制造业	Food manufacturing	1	12067		19504
交通运输设备制造业	Transportation equipment industry	6	144058	1	125409
通讯设备、计算机及其他电子设备制造业	Communication ,computer and other electronical equipment manufacturing	2	22607	7	11537
建筑业	Construction		132	3	210
科学研究、技术服务和地质勘查业	Scientific Research and Technical Services and geological perambulation industry	2	1962		1422
按国别(地区)分	**By Country (Territory)**				
#亚洲	# Asia	13	151402	12	134103
#中国香港	# Hong Kong ,China		1196	4	1305
中国台湾	Taiwan,China	1	3019	2	700
日　本	Japan	9	135252	2	130224
韩　国	Republic of Korea		11194	2	1519
欧洲	Europe	7	18055	2	24932
#德　国	# Germany	2	11319	1	10970
南美洲	South America		110		98
#英属维尔京群岛	# British Virgin Island		110		98
北美洲	North America	2	62241	1	45554
#美　国	# The USA	2	62241	1	45554

15-11 历年利用外资情况

Statistics on Utilization of Foreign Capital in Main Years

年 份 Year	项目(企业)个 数(个) Number of Contracts (unit)	#外商直接投资 Foreign Direct Investment	合同外资金额(万美元) Amount of Contracted Foreign Capital (USD 10000)	#外商直接投资 Foreign Direct Investment	实际使用外资金额(万美元) Amount of Foreign Capital Actually Used (USD 10000)	#外商直接投资 Foreign Direct Investment
1978	2		53			
1980	1379	21	24905	24794	3013	1287
1985	4394	290	70175	51575	15782	10389
1986	2062	104	33668	29569	17966	9316
1987	2271	126	28510	20374	8574	5562
1988	2120	289	52650	39338	27119	14521
1989	2121	292	57778	40101	43892	27481
1990	2711	389	55426	47183	27263	18613
1991	2678	571	87517	70635	40519	25938
1992	2925	1193	471080	449654	74595	57135
1993	2620	1275	704764	683634	147028	128464
1994	2907	1906	709683	685763	204816	181403
1995	2564	1774	685657	673101	225298	214444
1996	1793	865	510301	447393	260002	233153
1997	3066	661	219922	169824	289379	248003
1998	986	643	245058	193178	304467	271608
1999	1053	537	172808	141377	317600	298687
2000	1445	647	163454	152759	311541	298923
2001	1087	678	200604	196229	332746	300119
2002	1177	776	316579	302322	265299	228386
2003	1204	870	402176	351117	306409	258076
2004	1506	1046	334767	320494	247696	240062
2005	1599	1061	366155	340205	284128	264882
2006	1465	1025	463987	439124	305477	292339
2007	1460	959	715269	703506	341138	328579
2008	1378	991	604536	591864	377413	362277
2009	1022	844	388633	378401	387476	377339
2010	1170	980	505928	497384	408121	397862
2011	1273	1134	683809	674734	437626	427009
2012	1204	1095	693071	680188	474312	457485
2013	1258	1092	734009	711428	507853	480385
2014	1324	1155	827560	803975	543905	510707
2015		1429		836335		541634
2016		1757		990123		570120
2017		2459		1339133		628947
2018		5376		3995880		661108
2019		3446		3952881		714349
2020		2695		2223369		708498
2020*(人民币 RMB)		2695		15453892		4937180
2021*(人民币 RMB)		4048				5432585
2022*(人民币 RMB)		3442				5741290
2023*(人民币 RMB)		6629				4832227

注：1.合同外资金额、实际使用外资金额按当年口径统计。
2.由于制度变化，2015年开始不再统计外商其他投资，仅统计外商直接投资。
3.外商直接投资实际金额2020年起调整为商务部统计口径，下同。
4.*号表示相应行的数据计量货币为人民币，单位为万元。

Notes: I. The amount of contracted foreign capital and foreign capital actually used are calculated at current coverage.
II. Recording to the statistical system,the only statistical indicator is foreign direct investment instead of other foreign invest since 2015.
III.The actual amount of foreign direct investment will be adjusted to the statistical caliber of the Ministry of Commerce from 2020.
IIII.* indicates that the data of the corresponding row is measured in RMB (unit: ten thousand yuan).

15-12 历年利用外资项目(企业)个数、合同外资金额、实际使用外资金额指数（上年=100）

Indices of Contracts Number, Contracted Foreign Capital and Foreign Capital Actually Used in Main Years (Preceding Year=100)

年 份 Year	项目(企业)个数 Number of Contracts	# 外商直接投资 Foreign Direct Investment	合同外资金额 Amount of Contracted Foreign Capital	# 外商直接投资 Foreign Direct Investment	实际使用外资金额 Amount of Foreign Capital Actually Used	# 外商直接投资 Foreign Direct Investment
1980	250.3	300.0	1080.5	1258.6	306.2	780.0
1985	97.2	163.8	344.8	272.3	101.3	79.7
1986	46.9	35.9	48.0	57.3	113.8	89.7
1987	110.1	121.2	84.7	68.9	47.7	59.7
1988	93.4	229.4	184.7	193.1	316.3	261.1
1989	100.1	101.0	109.7	101.9	161.9	189.3
1990	127.8	133.2	95.9	117.7	62.1	67.7
1991	98.8	146.8	157.9	149.7	148.6	139.4
1992	109.2	208.9	538.3	636.6	184.1	220.3
1993	89.6	106.9	149.6	152.0	197.1	224.8
1994	111.0	149.5	100.7	100.3	139.3	141.2
1995	88.2	93.1	96.6	98.2	110.0	118.2
1996	69.9	48.8	74.4	66.5	115.4	108.7
1997	171.0	76.4	43.1	38.0	111.3	106.4
1998	32.2	97.3	111.4	113.8	105.2	109.5
1999	106.8	83.5	70.5	73.2	104.3	110.0
2000	137.2	120.5	94.6	108.1	98.1	100.1
2001	75.2	104.8	122.7	128.5	106.8	100.4
2002	108.3	114.5	174.1	170.4	110.6	110.2
2003	102.3	112.1	127.0	116.1	115.5	113.0
2004	125.1	120.2	127.7	125.6	164.8	164.4
2005	106.2	101.4	109.4	106.2	114.7	110.3
2006	91.6	96.6	126.7	129.1	107.5	110.4
2007	99.7	93.6	154.2	160.2	111.7	112.4
2008	94.4	103.3	84.5	84.1	110.6	110.3
2009	74.2	85.2	64.3	63.9	102.7	104.2
2010	114.5	116.1	130.2	131.4	105.3	105.4
2011	108.8	115.7	135.2	135.7	107.2	107.3
2012	94.6	96.6	101.4	100.8	108.4	107.1
2013	104.5	99.7	105.9	104.6	107.1	105.0
2014	105.2	105.8	112.7	113.0	107.1	106.3
2015		123.7		104.0		106.1
2016		123.0		118.4		105.3
2017		140.0		135.3		110.3
2018		218.6		298.4		105.1
2019		64.1		98.9		108.1
2020		78.2		58.3		105.4
2020*(人民币 RMB)		78.2		59.6		107.5
2021*(人民币 RMB)		150.2				110.0
2022*(人民币 RMB)		85.0				105.7
2023*(人民币 RMB)		192.6				84.2

注：1.2002年、2004年和2020年合同外资金额、实际使用外资金额统计口径调整，当年指数按可比口径计算。

2.*号表示相应行的数据计量货币为人民币，单位为万元。

Notes: I.The coverage of amount of contracted foreign capital and foreign capital actually used were adjusted in 2002、2004 and 2020, the indices of which being calculated on the same coverage.

II.* indicates that the data of the corresponding row is measured in RMB (unit: ten thousand yuan).

15−13 外商直接投资情况（2022−2023年）
Statistics on Foreign Direct Investment (2022-2023)

单位：万元 (10000 yuan)

项　　目	Item	2022	2023
项目(企业)个数　（个）	**Number of Contracts　(unit)**		
外商直接投资	Foreign Direct Investment	3442	6629
合资企业	Joint-venture Enterprises	1446	2207
合作企业	Cooperative Enterprises		
外资企业	Enterprises with Sole Foreign Funds	1905	4292
外商投资股份制企业	Share-holding Corporations	4	5
合作开发	Cooperative Development Enterprise		
合伙企业	Partnership Enterprises	87	125
其他	others		
实际使用外资金额	**Amount of Foreign Capital Actually Used**		
外商直接投资	Foreign Direct Investment	5741290	4832227
合资企业	Joint-venture Enterprises	920740	1078265
合作企业	Cooperative Enterprises	27569	33207
外资企业	Enterprises with Sole Foreign Funds	4052503	3529879
外商投资股份制企业	Share-holding Corporations	202	37474
合作开发	Cooperative Development Enterprise		1
合伙企业	Partnership Enterprises	740276	33401
其他	others		120000

15-14　外商直接投资情况（按地区分）（2022-2023年）

Statistics on Utilization of Foreign Direct Investment Capital (by Region) (2022-2023)

单位：万元　　　　(10000 yuan)

地　区	District	2022		2023	
		项目(企业)个数(个) Number of Contracts (unit)	实际使用外资金额 Amount of Foreign Capital Actually Used	项目(企业)个数(个) Number of Contracts (unit)	实际使用外资金额 Amount of Foreign Capital Actually Used
全　市	**Total**	**3442**	**5741290**	**6629**	**4832227**
#荔湾区	Liwan	272	124470	862	256592
越秀区	Yuexiu	645	161670	1676	105798
海珠区	Haizhu	135	261526	237	155658
天河区	Tianhe	959	552302	1589	259423
白云区	Baiyun	327	121120	469	90662
黄埔区	Huangpu	195	1938067	286	2130357
番禺区	Panyu	336	419820	484	210058
花都区	Huadu	91	163176	141	32673
南沙区	Nansha	367	1728029	735	1260584
从化区	Conghua	20	9031	31	93137
增城区	Zengcheng	87	238997	107	192573
广州空港经济区	Guangzhou Airport Economic Zone	2	23098	8	44720

15-15 外商直接投资项目分类（2023年）

Amount of Foreign Direct Investment Capital Actually Used by Category (2023)

单位：万元 (10000 yuan)

项　目	Item	项目(企业)个数(个) Number of Contracts (unit)	实际使用外资金额 Amount of Foreign Capital Actually Used
总　计	**Total**	**6629**	**4832227**
按国民经济行业分	**By Sector**		
农、林、牧、渔业	Agriculture, Forestry, Animal Husbandry and Fishing	14	37
采矿业	Mining		
制造业	Manufacturing	122	672374
电力、热力、燃气及水生产和供应业	Production and Supply of Electricity, Heat,Gas and Water	8	47050
建筑业	Construction	47	
批发和零售业	Wholesale and Retail Trade	3912	110882
交通运输、仓储和邮政业	Transport, Storage and Post	141	164849
住宿和餐饮业	Hotels and Catering Services	118	44000
信息传输、计算机服务和软件业	Information Transmission, Software and Information Technology Services	296	364150
金融业	Financial Intermediation	9	210000
房地产业	Real Estate	62	795903
租赁和商务服务业	Leasing and Business Services	987	604371
科学研究和技术服务业	Scientific Research and Technical Services	573	1732818
水利、环境和公共设施管理业	Management of Water Conservancy,Environment and Public Facilities	2	
居民服务、修理和其他服务业	Service to Households, Repair and Other Services	40	
教育	Education	1	
卫生和社会工作	Health and Social Service	16	793
文化、体育和娱乐业	Culture, Sports and Entertainment	281	85000
公共管理、社会保障和社会组织	Public Management, Social Security and Social Organization		
国际组织	International Organizations		

15−15 续表 continued

单位：万元 (10000 yuan)

项 目	Item	项目(企业)个数(个) Number of Contracts (unit)	实际使用外资金额 Amount of Foreign Capital Actually Used
按国别(地区)分	**By Country (Territory)**		
#中国香港	Hong Kong, China	2134	4268386
法 国	France	21	143294
中国澳门	Macao, China	185	120030
日 本	Japan	26	77940
英属维尔京群岛	Virgin Islands	6	70364
英 国	United Kingdom	17	66989
新加坡	Singapore	92	57286
开曼群岛	Cayman Islands	2	14209
中国台湾	Taiwan, China	332	2918
西班牙	Spain	11	2505
瑞 士	Switzerland	5	2413
美 国	United States	92	2176
新西兰	New Zealand	7	1270
韩 国	The Republic of Korea	178	1000
塞舌尔	Seychelles	1	708
加拿大	Canada	71	295
萨摩亚	Samoa		204
奥地利	Austria	1	152
瑞 典	Sweden	5	88

15-16 境外企业情况（2023年）

Statistics on Overseas Enterprises Funded by Domestic Capital (2023)

单位：万美元 (USD 10000)

项目	Item	当年新增 Newly Increased in Current Year	
		企业数(个) Number of Enterprises (unit)	中方投资额 Volume of Investment from China
总计	**Total**	**295**	**198326**
按投资企业类型分	**By Status of Investment**		
国有企业	State-owned enterprises	6	29231
集体企业	Collective-owned Enterprises	1	914
私营企业	Private-owned enterprises	275	159376
外资企业	Foreign-owned enterprises	13	8805
按国民经济行业分	**By Sector**		
农、林、牧、渔业	Agriculture, Forestry, Animal Husbandry and Fishing	1	122
采矿业	Mining		
制造业	Manufacturing	34	95421
电力、热力、燃气及水生产和供应业	Production and Supply of Electricity, Heat,Gas and Water	1	500
建筑业	Construction	1	226
批发和零售业	Wholesale and Retail Trade	127	27552
交通运输、仓储和邮政业	Transport, Storage and Post	6	13816
住宿和餐饮业	Hotels and Catering Services	1	437
信息传输、软件和信息技术服务业	Information Transmission, Software and Information Technology Services	39	24074
金融业	Financial Intermediation	2	11123
房地产业	Real Estate		
租赁和商务服务业	Leasing and Business Services	23	3626
科学研究和技术服务业	Scientific Research and Technical Services	28	8696
水利、环境和公共设施管理业	Management of Water Conservancy,Environment and Public Facilities	1	6
居民服务、修理和其他服务业	Service to Households, Repair and Other Services		
教育	Education	1	1090
卫生和社会工作	Health and Social Service	2	4
文化、体育和娱乐业	Culture, Sports and Entertainment	3	57
其他	Others	25	11577

15-16 续表 continued

单位：万美元 (USD 10000)

项　目	Item	当年新增 Newly Increased in Current Year 企业数(个) Number of Enterprises (unit)	中方投资额 Volume of Investment from China
按投资国家(地区)分	**By Investment Destination**		
中国香港	Hong Kong, China	180	42569
美国	United States of America	19	40208
摩洛哥	Kingdom of Morocco	1	28000
越南	Vietnam	20	21018
新加坡	Singapore	15	17818
开曼群岛	Cayman Islands	1	15384
泰国	Thailand	5	6653
法国	France	2	4401
德国	Germany	6	3882
印度尼西亚	Indonesia	8	3576
马来西亚	Malaysia	4	2916
墨西哥	Mexico	3	2126
英属维尔京群岛	British Virgin Islands	1	1663
中国澳门	Macao，China	8	1246
以色列	Israel		1164
津巴布韦	The Republic of Zimbabwe	1	1160
意大利	Italy		1038
澳大利亚	Australia	3	751
俄罗斯联邦	Russia	1	724
拉脱维亚	Latvia		600
加拿大	Canada	1	500
瑞典	Sweden	1	280
韩国	The Republic of Korea	5	220
爱尔兰	Ireland	1	217
老挝	Lao	1	100
荷兰	Netherlands	2	53
土耳其	Türkiye	1	30
沙特阿拉伯	Saudi Arabia	1	15
阿拉伯联合酋长国	United Arab Emirates	1	8
西班牙	Spain	1	5
英国	Britain	1	
匈牙利	Hungary	1	

15-17 对外劳务合作业务情况（2023年）

Statistics on Labor Cooperation with Foreign Countries or Territories (2023)

国别(地区)	Country(Region)	新签劳务人员合同工资总额（万美元）Total Salary of Newly Signed Labor Contracts (USD 10000)	劳务人员实际收入总额（万美元）Actual Total Income of Labor Personnel (USD 10000)
合　计	**Total**	**22531**	**27364**
中国香港	Hong Kong, China	20115	23376
中国澳门	Macao, China	1243	2664
越南	Vietnam	571	498
刚果(布)	Congo (Brazzaville)	231	204
马来西亚	Malaysia	196	187
柬埔寨	Cambodia	103	100
新加坡	Singapore	33	275
尼日利亚	Nigeria	17	17
菲律宾	Philippines	16	13
印度尼西亚	Indonesia	5	5
德国	Germany	1	5
巴拿马	The Republic of Panama		2
其他国家	Others	2	17

15−18 对外承包工程业务情况（2023年）

Statistics on Contracted Projects with Foreign Countries or Territories (2023)

国别(地区)	Country(Region)	新签合同额（万美元）Newly Signed Contracted Value (USD 10000)	完成营业额（万美元）Turnover (USD 10000)
合　计	**Total**	**97941**	**113996**
马来西亚	Malaysia	577	30491
加纳	Ghana		15154
葡萄牙	Portugal		13825
西班牙	Spain	66988	12036
波兰	Poland	19848	11578
智利	Chile		9375
卡塔尔	Qatar		7611
缅甸	Myanmar		3005
斯洛伐克	Slovakia		2236
尼日利亚	Nigeria	4491	1879
墨西哥	Mexico		1660
巴基斯坦	Pakistan		1607
沙特阿拉伯	Saudi Arabia		1535
肯尼亚	Kenya	13	611
柬埔寨	Cambodia	262	583
中国香港	Hong Kong, China	5508	373
孟加拉国	Bangladesh	196	196
印度尼西亚	Indonesia	41	181
中国澳门	Macao, China		51
图瓦卢	Tuvalu		7
澳大利亚	Australia	2	2
斯里兰卡	Sri Lanka	15	

15−19 文旅消费总额、入境文游消费情况（2023年）

Total cultural and tourism consumption, inbound cultural and tourism consumption (2023)

项 目	Item	文旅消费总额（万元）Total cultural and tourism consumption (10000 yuan)	国内文旅消费 Domestic cultural and tourism consumption	入境文旅消费 Inbound cultural and tourism consumption	国际旅游消费（万美元）International tourism consumption (USD 10000)
合 计	**Total**	**33094905**	**31208665**	**1886240**	**267932**
商品销售	Commodity Sales	6222903	5854746	368157	52595
餐 饮	Catering Services	6995370	6719226	276144	39225
长途交通	Long Distance Transport	7282902	6675533	607369	86274
住 宿	Accommodation	6653191	6301029	352162	50023
邮电通讯	Post and Telecommunications	35098	6241	28857	4099
市内交通	Local Transport	1037893	992436	45457	6457
游 览	Tours	2203297	2122189	81108	11521
娱 乐	Recreation	1118841	1067336	51505	7316
其 他	Others	1545410	1469929	75481	10422

注：自2023年起，旅游总收入更名为文旅游消费总额，国内旅游收入和外汇收入更名为国内文旅消费和入境文旅消费。

Note：Starting from 2023, the total tourism revenue will be renamed as the total cultural tourism consumption, and the domestic tourism revenue and foreign exchange revenue will be renamed as domestic cultural tourism consumption and inbound cultural tourism consumption.

15-20 城市接待过夜旅游者情况（2022-2023年）
Tourists Staying Overnight in Guangzhou (2022-2023)

项　　目	Item	2022	2023
人次数合计　（万人次）	**Total Number of Tourists (10000 person-times)**	**3824.17**	**5544.97**
入境旅游者	Overseas Tourists	154.12	377.41
外国人	Foreigners	36.30	131.58
亚　洲	Asia	18.40	60.59
#日　本	Japan	7.32	8.82
韩　国	Republic of Korea	1.39	4.09
蒙　古	Mongolia	0.02	0.33
印度尼西亚	Indonesia	0.09	2.58
马来西亚	Malaysia	0.49	5.09
菲律宾	Philippines	0.15	1.39
新加坡	Singapore	0.61	4.31
泰　国	Thailand	0.24	2.46
印　度	India	0.25	4.99
越　南	Vietnam	0.08	1.80
沙特阿拉伯	Saudi Arabia	0.32	2.71
欧　洲	Europe	6.06	26.11
#英　国	United Kingdom	0.54	2.53
法　国	France	0.54	1.89
德　国	Germany	1.04	1.84
意大利	Italy	0.57	1.51
瑞　士	Switzerland	0.04	0.40
瑞　典	Sweden	0.05	0.29
荷　兰	Netherlands	0.17	0.86
俄罗斯	Russia	0.24	4.10
西班牙	Spain	0.09	0.86
美　洲	America	4.86	21.86
#美　国	United States	2.72	12.98
加拿大	Canada	0.66	2.17
大洋洲	Oceania	0.83	3.89
#澳大利亚	Australia	0.54	2.96
新西兰	New Zealand	0.16	0.50
非　洲	Africa	6.15	19.13
香港同胞	Compatriots from Hong Kong	81.89	178.51
澳门同胞	Compatriots from Macao	13.69	27.45
台湾同胞	Compatriots from Taiwan	22.23	39.87
境内旅游者	Domestic Tourists	3670.05	5167.56
人天数合计　（万人天）	**Total Number of Tourists and Days (10000 person-days)**	**9075.22**	**12835.06**
入境旅游者	Overseas Tourists	361.42	839.95
外国人	Foreigners	94.07	311.70
香港同胞	Compatriots from Hong Kong	173.22	362.22
澳门同胞	Compatriots from Macao	29.45	56.87
台湾同胞	Compatriots from Taiwan	64.69	109.16
境内旅游者	Domestic Tourists	8713.79	11995.11

15-21 主要宾馆(酒店)基本情况（2022-2023年）
Statistics on Main Hotels (2022-2023)

项　　目	Item	2022	2023
企业情况	**Statistics of Enterprises**		
宾馆酒店数　（家）	Number of Hotels　(unit)	295	309
#星　级	Star-rated	125	124
五星级	Five-star	24	25
四星级	Four-star	29	31
三星级	Three-star	61	57
二星级	Two-star	11	11
一星级	One-star		
客房总数　（间）	Number of Guest Rooms　(unit)	66128	75999
床位总数　（张）	Number of Beds　(unit)	100914	109638
接待情况	**Reception Capacity**		
过夜旅游者　（万人次）	Tourists Staying Overnight　(10000 person-times)	883.66	1466.88
海外旅游者	Overseas Tourists	25.44	118.42
国内旅游者	Domestic Tourists	858.22	1348.46
过夜旅游者　（万人天）	Tourists Staying Overnight　(10000 person-days)	1376.64	2148.19
经营情况	**Statistics of Operation**		
营业收入　（万元）	Operating Income　(10000 yuan)	1010286	1510523
营业成本　（万元）	Operating Cost　(10000 yuan)	476007	567124
税金及附加　（万元）	Taxes and Extra Charges　(10000 yuan)	18604	25342
销售费用　（万元）	Selling expenses　(10000 yuan)	119078	168271
管理费用　（万元）	Management Expense　(10000 yuan)	316336	363253
财务费用　（万元）	Financial Expense　(10000 yuan)	27175	28866
营业利润　（万元）	Operating Profit　(10000 yuan)	-76556	199543
投资收益　（万元）	Investment Revenue　(10000 yuan)	22282	18593
营业外收支净额　（万元）	Net Non-operating Income and Expenditure　(10000 yuan)	13955	7100
利润总额　（万元）	Total Profits　(10000 yuan)	-66927	206545
年末从业人员　（人）	Employed Person at Year-end　(person)	35462	34652
开房率　（%）	Room Occupancy　(%)	48.23	63.07

15-22 旅行社基本情况（2022-2023年）

Statistics on Travel Agencies (2022-2023)

单位：万元 (10000 yuan)

项目	Item	2022	2023
企业情况	**Statistics of Enterprises**		
企业数 (个)	Number of Enterprises (unit)	924	1079
年末从业人员 (人)	Employed Persons at Year-end (person)	10384	11327
组团(外联)旅游情况	**Organized (Overseas) Tourism Contracted**		
组团(外联)人数（万人次）	Organized (Overseas) Persons Contracted (10000 person-times)	155.94	543.86
入境旅游者	Overseas Tourists	0.01	1.34
国内旅游者	Domestic Tourists	155.93	542.52
#出境游	Local Residents Going Overseas		33.59
经营情况	**Statistics of Operation**		
营业收入	Operating Income	709687	1825148
营业成本	Operating Cost	623639	1629493
税金及附加	Taxes and Extra Charges	2149	2263
销售费用	Selling expenses	30607	55300
管理费用	Management Expense	78997	87367
财务费用	Financial Expense	1869	3880
营业利润	Operating Profit	-44394	28261
营业外收支净额	Net Income of Non-business	4357	5246
利润总额	Total Profits	-39321	355564

注：组团(外联)人数包括旅行社外联入境旅游者人数和组团境内旅游者人数，包括过夜人数和不过夜人数，不包括接待人数。

Note: The organized(overseas)persons contracted includes both international and domestic tourists contracted by travel agencies and the data includes tourists staying overnight or not, except reception persons.

15-23 主要年份人民币对主要外币年平均汇价

Average Exchange Rates of RMB Against Main Convertible in Main Years

单位:人民币，元 (RMB, yuan)

年 份 year	100美元 100 US Dollars	100日元 100 Japanese Yen	100港元 100 Hong Kong Dollars	100欧元 100 Euros
1987	372.21	2.5799	47.74	
1988	372.21	2.9082	47.70	
1989	376.59	2.7360	48.28	
1990	478.38	3.3233	61.39	
1991	532.27	3.9602	68.45	
1992	551.49	4.3608	71.24	
1993	576.19	5.2020	74.41	
1994	861.87	8.4370	111.53	
1995	835.07	8.9225	107.96	
1996	830.57	7.6238	107.40	
1997	828.97	6.8623	107.09	
1998	827.90	6.3487	106.88	
1999	827.83	7.2913	106.66	
2000	827.84	7.6950	106.17	
2001	827.71	6.8098	106.07	
2002	827.70	6.6651	106.08	801.45
2003	827.70	7.1347	106.24	937.77
2004	827.70	7.6552	106.23	1029.00
2005	819.17	7.4484	105.00	1019.53
2006	797.18	6.8570	102.62	1001.90
2007	760.40	6.4632	97.46	1041.75
2008	694.51	6.7427	89.19	1022.27
2009	683.25	7.3244	88.15	955.25
2010	678.89	7.7122	87.39	906.86
2011	649.43	8.1309	83.39	902.34
2012	631.71	7.9343	81.43	814.64
2013	621.35	6.4682	80.11	824.47
2014	615.16	5.7456	79.34	803.45
2015	623.71	5.1643	80.46	690.12
2016	664.98	6.1178	85.68	734.12
2017	673.98	6.0254	86.47	766.10
2018	662.34	6.0074	84.51	780.72
2019	689.85	6.3347	88.05	772.55
2020	689.76	6.4626	88.93	787.55
2021	645.15	5.8735	83.00	762.93
2022	672.61	5.1261	85.89	707.21
2023	704.67	5.0350	90.02	764.25

15-24 外商投资企业及分支机构工商登记情况（2023年）

Statistics on Foreign Funded Enterprises Registered by Departments of Industry and Commerce (2023)

单位：万美元　　　　(USD 10000)

项　　目	Item	年末户数(个) Number of Enterprises at Year-end (unit)	注册资本 Registered Capital	#外方 Capital from Foreign Partners
总　计	**Total**	**43664**	**32887329**	**7170535**
按国民经济行业分	By Sector			
农、林、牧、渔业	Agriculture, Forestry, Animal Husbandry and Fishing	136	93018	54349
采矿业	Mining	3		
制造业	Manufacturing	3460	4257237	1603806
电力、热力、燃气及水生产和供应业	Production and Supply of Electricity,Heat,Gas and Water	77	163041	13688
建筑业	Construction	349	905403	32540
批发和零售业	Wholesale and Retail Trade	18752	1434180	327541
交通运输、仓储和邮政业	Transport, Storage and Post	1141	373051	102285
住宿和餐饮业	Hotels and Catering Services	2403	116965	53859
信息传输、软件和信息技术服务业	Information Transmission, Software and Information Technology	2269	1178585	170976
金融业	Financial Intermediation	403	958563	209016
房地产业	Real Estate	1442	4764957	1250945
租赁和商务服务业	Leasing and Business Services	7974	15738217	2834729
科学研究和技术服务业	Scientific Research and Technical Services	3880	2595438	436449
水利、环境和公共设施管理业	Management of Water Conservancy, Environment and Public Facilities	30	20267	4040
居民服务、修理和其他服务业	Service to Households, Repair and Other Services	318	26456	2822
教育	Education	17	358	221
卫生和社会工作	Health and Social Service	55	85467	6284
文化、体育和娱乐业	Culture, Sports and Entertainment	955	176126	66985
其他	Others			

注：本表不包括在广东省市场监督管理局注册登记的在穗企业数。

Note: The number of enterprises located in Guangzhou but registered in Guangdong Provincial Administration for Market Regulation is excluded.

15-25 广州市与国外结成友好城市一览（2023年末）

List of Foreign Friendly Cities with Guangzhou (Year-end of 2023)

国别	Country	城市	City	缔结日期（年、月、日）	Date of Signing
日　本	Japan	福　冈	Fukuoka	1979.05.02	May 2, 1979
美　国	United States	洛杉矶	Los Angeles	1981.12.08	December 8, 1981
菲律宾	Philippines	马尼拉	Manila	1982.11.05	November 05, 1982
加拿大	Canada	温哥华	Vancouver	1985.03.27	March 27, 1985
澳大利亚	Australia	悉　尼	Sydney	1986.05.12	May 12, 1986
意大利	Italy	巴　里	Bari	1986.11.12	November 12, 1986
法　国	France	里　昂	Lyon	1988.01.19	January 19, 1988
德　国	Germany	法兰克福	Frankfurt	1988.04.11	April 11, 1988
新西兰	New Zealand	奥克兰	Auckland	1989.02.17	February 17, 1989
韩　国	The Republic of Korea	光　州	Gwangju	1996.10.25	October 25, 1996
瑞　典	Sweden	林雪平	Linkoping	1997.11.24	November 24, 1997
南　非	South Africa	德　班	Durban	2000.07.17	July 17, 2000
英　国	United Kingdom	布里斯托尔	Bristol	2001.05.23	May 23, 2001
俄罗斯	Russia	叶卡捷琳堡	Ekaterinburg	2002.07.10	July 10, 2002
秘　鲁	Peru	阿雷基帕	Arequipa	2004.10.27	October 27, 2004
印度尼西亚	Indonesia	泗　水	Surabaya	2005.12.21	December 21, 2005
立陶宛	Litawen	维尔纽斯	Vilnius	2006.10.12	October 12, 2006
英　国	United Kingdom	伯明翰	Birmingham	2006.12.04	December 4, 2006
斯里兰卡	Sri lanka	汉班托塔	Hambantota	2007.02.27	February 27, 2007
巴　西	Brazil	累西腓	Recife	2007.10.22	October 22, 2007
芬　兰	Finland	坦佩雷	Tampere	2008.12.02	December 2, 2008
泰　国	Thailand	曼　谷	Bangkok	2009.11.13	November 13, 2009
阿根廷	Agentine Republic	布宜诺斯艾利斯	Buenos Aires	2012.04.16	April 16, 2012
阿联酋	United Arab Emirates	迪　拜	Dubai	2012.04.18	April 18, 2012
科威特	State of Kuwait	科威特城	Kuwait City	2012.04.25	April 25, 2012
俄罗斯	Russian Federation	喀　山	Kazan	2012.07.06	July 6, 2012
土耳其	Türkiye	伊斯坦布尔	Istanbul	2012.07.18	July 18, 2012
津巴布韦	The Republic of Zimbabwe	哈拉雷	Harare	2012.09.03	September 3, 2012
哥斯达黎加	The Republic of Costa Rica	圣何塞	San Jose	2012.09.11	September 11, 2012
日　本	Japan	登　别	Noboribetsu	2012.11.15	November 15, 2012
西班牙	Kingdom of Spain	巴伦西亚	Valencia	2012.12.29	December 29, 2012
摩洛哥	Kingdom of Morocco	拉巴特	Rabat	2013.10.03	October 3, 2013
波　兰	The Republic Of Poland	罗　兹	Lodz	2014.08.20	August 20, 2014
印　度	India	艾哈迈达巴德	Ahmedabad	2014.09.17	September 17, 2014
尼泊尔	Federal Democratic Republic of Nepal	博克拉	Pokhara	2014.11.29	November 29, 2014
厄瓜多尔	The Republic of Ecuador	基　多	Quito	2014.11.29	November 29, 2014
智　利	Chile	圣地亚哥	San Diego	2017.06.20	June 20, 2017
肯尼亚	Kenya	蒙巴萨郡	Mombasa County	2018.11.27	November 27, 2018

15−26 各国驻广州总领事馆一览（2023年末）

List of Consulate General in Guangzhou (Year-end of 2023)

馆 务	Consulates	设立时间 Date of Setting up	领区范围	Consular Region
美 国	United States	1979.08.31	广东、广西、福建、海南	Guangdong Guangxi Fujian Hainan
日 本	Japan	1980.03.01	广东、广西、福建、海南	Guangdong Guangxi Fujian Hainan
泰 国	Thailand	1989.02.12	广东、海南	Guangdong Hainan
波 兰	Poland	1989.07.22	广东、广西、海南	Guangdong Guangxi Hainan
澳大利亚	Australia	1992.12.09	广东、广西、福建、海南、湖南	Guangdong Guangxi Fujian Hainan Hunan
越 南	Viet Nam	1993.01.18	广东	Guangdong (Interim)
马来西亚	Malaysia	1993.10.24	广东、福建、海南、江西、湖南	Guangdong Fujian Hainan Jiangxi Hunan
德 国	Germany	1995.11.07	广东、广西、福建、海南	Guangdong Guangxi Fujian Hainan
英 国	United Kingdom	1997.01.14	广东、广西、湖南、福建、海南、江西	Guangdong Guangxi Hunan Fujian Hainan Jiangxi
法 国	France	1997.04.24	广东、广西、福建、海南	Guangdong Guangxi Fujian Hainan
菲律宾	Philippines	1997.05.23	广东、广西、湖南、海南	Guangdong Guangxi Hunan Hainan
荷 兰	Netherlands	1997.09.15	广东、广西、福建、海南	Guangdong Guangxi Fujian Hainan
加拿大	Canada	1997.11.20	广东、广西、福建、海南、湖南、江西	Guangdong Guangxi Fujian Hainan Hunan Jiangxi
柬埔寨	Cambodia	1998.07.01	广东、福建	Guangdong Fujian
丹 麦	Denmark	1998.09.23	广东、广西、福建、海南、贵州、云南	Guangdong Guangxi Fujian Hainan Guizhou Yunnan
意大利	Italy	1998.11.04	广东、广西、福建、海南、湖南、江西	Guangdong Guangxi Fujian Hainan Hunan Jiangxi
韩 国	The Republic of Korea	2001.08.28	广东、广西、福建、海南	Guangdong Guangxi Fujian Hainan
印度尼西亚	Indonesia	2002.12.12	广东、广西、福建、海南	Guangdong Guangxi Fujian Hainan
瑞 士	Switzerland	2005.10.10	广东、广西、福建、海南、湖南、江西	Guangdong Guangxi Fujian Hainan Hunan Jiangxi
比利时	belgium	2005.12.10	广东、福建、海南、云南、广西	Guangdong Fujian Hainan Yunnan Guangxi
新加坡	Singapore	2006.04.13	广东、海南、湖南、广西、云南、贵州	Guangdong Hainan Hunan Guangxi Yunnan Guizhou
古 巴	Cuba	2006.11.08	广东、广西、海南	Guangdong Guangxi Hainan
俄罗斯	Russia	2007.04.05	广东、福建、海南、云南、江西、广西	Guangdong Fujian Hainan Yunnan Jiangxi Guangxi
新西兰	New Zealand	2007.04.26	广东、广西、湖南、福建、海南	Guangdong Guangxi Hunan Fujian Hainan
希 腊	Greece	2007.05.15	广东、福建、湖南、广西、海南、贵州、云南	Guangdong Fujian Hunan Guangxi Hainan Guizhou Yunnan
印 度	India	2007.10.18	广东、福建、湖南、海南、云南、四川、广西	Guangdong Fujian Hunan Hainan Yunnan Sichuan Guangxi
奥地利	Austria	2007.11.25	广东、海南、湖南、广西	Guangdong Hainan Hunan Guangxi
挪 威	Norway	2008.02.18	广东、福建、海南、广西	Guangdong Fujian Hainan Guangxi
科威特	Kuwait	2008.02.21	广东、福建、海南、广西	Guangdong Fujian Hainan Guangxi
墨西哥	Mexico	2008.04.25	广东、海南、福建、湖南、江西、广西	Guangdong Hainan Fujian Hunan Jiangxi Guangxi
巴基斯坦	Pakistan	2008.06.27	广东、福建、湖南、海南、广西	Guangdong Fujian Hunan Hainan Guangxi
以色列	Israel	2009.03.22	广东、福建、海南、广西	Guangdong Fujian Hainan Guangxi

15-26 续表 conitnued

馆务	Consulates	设立时间 Date of Setting up	领区范围	Consular Region
西班牙	Spain	2009.06.14	广东、福建、湖南、广西、海南	Guangdong Fujian Hunan Guangxi Hainan
阿根廷	Argentina	2009.07.21	广东、福建、海南、广西	Guangdong Fujian Hainan Guangxi
厄瓜多尔	Ecuador	2009.09.08	广东、福建、江西、湖南、广西、海南	Guangdong Fujian Jiangxi Hunan Guangxi Hainan
巴西	Brazil	2010.04.15	广东、海南、广西、福建、湖南	Guangdong Hainan Guangxi Fujian Hunan
智利	Chile	2010.12.29	广东、海南、广西、福建	Guangdong Hainan Guangxi Fujian
马里	Mali	2011.07.18	广东、福建、海南、广西	Guangdong Fujian Hainan Guangxi
乌干达	Uganda	2011.08.15	广东、福建、海南、广西	Guangdong Fujian Hainan Guangxi
伊朗	Iran	2011.12.23	广东、福建、湖南、广西	Guangdong Fujian Hunan Guangxi
土耳其	Türkiye	2012.01.12	广东、福建、海南、广西	Guangdong Fujian Hainan Guangxi
斯里兰卡	Sri Lanka	2012.03.27	广东、福建、海南、广西、江西	Guangdong Fujian Hainan Guangxi Jiangxi
乌克兰	Ukraine	2012.05.30	广东、贵州、海南、湖南、广西	Guangdong Guizhou Hainan Hunan Guangxi
老挝	Lao	2013.09.23	广东、海南、江西、福建	Guangdong Hainan Jiangxi Fujian
秘鲁	Peru	2013.10.02	广东、广西、贵州、海南、云南、湖南	Guangdong Guangxi Guizhou Hainan Yunnan Hunan
吉尔吉斯斯坦	Kyrgyzstan	2014.04.08	广东、福建、江西、湖南、海南、广西	Guangdong Fujian Jiangxi Hunan Hainan Guangxi
尼日利亚	Nigeria	2014.07.09	广东、广西、海南	Guangdong Guangxi Hainan
科特迪瓦	Cote d Ivoire	2014.07.12	广东、福建、海南、江西、广西	Guangdong Fujian Hainan Jiangxi Guangxi
刚果(布)	Coga	2014.08.15	广东、海南、福建、广西	Guangdong Hainan Fujian Guangxi
哥伦比亚	Colombia	2014.12.12	广东、广西、贵州、云南、海南	Guangdong Guangxi Guizhou Yunnan Hainan
安哥拉	Angola	2015.11.06	广东、福建、海南、广西	Guangdong Fujian Hainan Guangxi
卡塔尔	Qatar	2015.11.10	广东、广西、福建、海南	Guangdong Guangxi Fujian Hainan
阿联酋	Emirates	2016.06.15	广东、广西、海南	Guangdong Guangxi Hainan
赞比亚	Zambia	2016.06.28	广东、福建、海南、广西	Guangdong Fujian Hainan Guangxi
沙特阿拉伯	Saudi Arab	2017.01.01	广东、福建、广西、海南	Guangdong Fujian Guangxi Hainan
塞内加尔	Senegal	2017.03.06	广东、福建、广西、海南	Guangdong Fujian Guangxi Hainan
尼泊尔	Nepal	2017.04.25	广东、广西、福建、海南	Guangdong Guangxi Fujian Hainan
苏丹	Sudan	2017.05.15	广东、江西、福建、湖南、贵州、云南、浙江、广西	Guangdong Jiangxi Fujian Hunan Guizhou Yunnan Zhejiang Guangxi
葡萄牙	Portugal	2017.07.17	广东、湖南、海南、福建、广西	Guangdong Hunan Hainan Fujian Guangxi
白俄罗斯	Belarus	2017.12.29	广东、湖南、海南、贵州、广西	Guangdong Hunan Hainan Guizhou Guangxi
乌拉圭	Uruguay	2018.03.26	广东、福建、贵州、海南、广西、湖南	Guangdong Fujian Guizhou Hainan Guangxi Hunan
委内瑞拉	Venezuela	2018.10.26	广东、福建、湖南、贵州、海南、广西	Guangdong Fujian Hunan Guizhou Hainan Guangxi
加纳	Ghana	2019.03.04	广东、福建、海南、广西	Guangdong Fujian Hainan Guangxi
巴拿马	Panama	2019.04.01	广东、福建、海南、贵州、湖南、广西	Guangdong Fujian Hainan Guizhou Hunan Guangxi
乌兹别克斯坦	Uzbekistan	2020.06.30	广东、福建、湖南、海南、广西	Guangdong Fujian Hunan Hainan Guangxi
匈牙利	Hungary	2021.12.01	广东、江西、福建、海南	Guangdong Jiangxi Fujian Hainan
坦桑尼亚	Tanzania	2022.05.20	广东、江西、福建、海南、广西	Guangdong Jiangxi Fujian Hainan Guangxi
瓦努阿图	Vanuatu	2023.04.27	广东、广西、福建、海南	Guangdong Guangxi Fujian Hainan

主要统计指标解释

【外商直接投资】是指外国投资者在我国境内通过设立外商投资企业、合伙企业、与中方投资者共同进行石油资源的合作勘探开发以及设立外国公司分支机构等方式进行投资。外国投资者可以用现金、实物、无形资产、股权等投资，还可以用从外商投资企业获得的利润进行再投资。

【对外劳务合作】指组织劳务人员赴其他国家或地区为国外的企业或机构工作的经营性活动。

【国际旅游消费】指入境游客在中国（大陆）境内旅行、游览过程中用于交通、参观游览、住宿、餐饮、购物、娱乐等全部花费。

【国内文旅消费】指国内游客在国内旅行、游览过程中用于交通、参观游览、住宿、餐饮、购物、娱乐等全部花费。

Explanatory Notes on Main Statistical Indicators

【Foreign Direct Investment】 refers to foreign investment in China through the establishment of foreign invested enterprises, cooperative exploration and development of petroleum resources with domestic investors and the establishment of branch organizations of foreign enterprises. Foreign investment can be made in forms of cash, physical investment, intangible assets and equity, in addition with reinvestment of the foreign enterprises with the profits gained from the investment.

【Overseas Labour Services】refer to operational activities of organizing labour force to go abroad providing services to foreign enterprises or agencies.

【International Tourism Consumption】 refers to the total expenditure of inbound tourists on transportation, sightseeing, accommodation, catering, shopping and entertainment during their travel and sightseeing in China (mainland).

【Domestic Cultural and Tourism Consumption】 refers to expenditure of domestic tourists on transportation, sighting, accommodation, food, shopping and entertainment while they travel.

第十六篇 CHAPTER 16

规模以上服务业

SERVICE ENTERPRISES ABOVE THE DESIGNATED SIZE

第十六篇　规模以上服务业

简要说明

一、本篇资料反映广州市规模以上服务业基本情况。

二、统计范围：辖区内规模以上服务业法人单位。

三、规模以上服务业涉及行业包括：交通运输、仓储和邮政业，信息传输、软件和信息技术服务业，租赁和商务服务业，科学研究和技术服务业，水利、环境和公共设施管理业，居民服务、修理和其他服务业，教育，卫生和社会工作，文化、体育和娱乐业；以及房地产业中除房地产开发经营外等行业。

四、规模以上服务业法人单位的界定标准为：

交通运输、仓储和邮政业，信息传输、软件和信息技术服务业，水利、环境和公共设施管理业三个门类和卫生行业大类年营业收入 2000 万元及以上服务业法人单位。

租赁和商务服务业，科学研究和技术服务业，教育三个门类，以及物业管理、房地产中介服务、房地产租赁经营和其他房地产业四个行业小类年营业收入 1000 万元及以上服务业法人单位。

居民服务、修理和其他服务业，文化、体育和娱乐业两个门类，以及社会工作行业大类年营业收入 500 万元及以上服务业法人单位。

五、调查方法：执行国家统计局制定的《规模以上服务业一套表制度》，调查方法为符合上述行业条件法人单位的全面调查。

六、本篇资料由广州市统计局服务业处整理提供。

Chapter 16 Service Enterprises Above Designated Size

Brief Introduction

I. This data in this chapter reflect the basic information of service enterprises above designated size of Guangzhou.

II. The statistical coverage of service enterprises above designated size includes relative sectors enterprises in every district in Guangzhou Municipality.

III. The sectors of service enterprises above designated size includes: Transport Storage and Postal Services Information Transmission Software and Information Technology Services Leasing and Business Services Scientific Research and Technical Services Management of Water Conservancy,Environment and Public Facilities Households' Service,Repair and Other Services Education Health and Social Work Culture,Sports and Entertainment and Real Estate (Not including Real Estate Development and Management).

IV. The standards for defining legal persons in the service industry above designated size are as follows:

Legal person unit in the service industry of transportation, storage and postal service, information transmission, software and information technology service, water conservancy, environment and public facilities management and health care industry with annual revenue of 20 million yuan or above.

Leasing and business services, scientific research and technical services, education, and four subcategories of real estate management, real estate intermediary services, real estate leasing operation and other real estate industries with annual revenue of 10 million yuan or more.

Residential service, repair and other services, two categories of culture, sports and entertainment, and social work, as well as service legal person units with annual revenue of 5 million yuan or more.

V. Survey method:implement the "a set of table system for Service Enterprises Above Designated Size" formulated by the National Bureau of Statistics, and is a comprehensive survey of legal entities meeting the above IV conditions..

VI. The data in this chapter are prepared and edited by the Division of Service Statistics of Guangzhou Statistics Bureau.

16-1 主要年份规模以上服务业企业主要财务指标

Main Financial Indicators of Service Enterprises above the Designated Size in Main Years

单位：万元 (10000 yuan)

项目	Item	2015	2016	2017	2018	2019
一、损益及分配	Profits and Loss					
营业收入	Business Revenue	71075059	81964693	98260031	111147729	136308072
营业成本	Business Costs	54346762	61682821	74051959	84736477	102255631
税金及附加	Tax and Extra Charges on Business	875415	688247	752423	784873	838693
销售费用	Sales Expenses	4234565	4811183	5649368	6257331	7049069
管理费用	Management Expenses	7770064	9162761	10838863	12375523	13575797
财务费用	Financial Expenses	2990003	3170867	3203977	3591399	3877484
投资收益(损失以"-"号记)	Investment Income (loss with "-"mark)	4729717	5597607	6581549	7161593	7995834
营业利润	Business Profits	6458836	7991606	10838079	11480628	14759461
利润总额	Total Profits	8075370	10692723	12369737	12178093	15147133
所得税费用	Income Taxes Payable	1455858	1724977	2312946	1592634	2590143
二、成本费用及增值税	Labor Cost and Value-added Tax					
应付职工薪酬	Total Wages Payable	14105400	16046031	20178986	21116175	27857120
应交增值税	Value-added Tax Payable	1519759	2395313	2471997	2286922	2962502
三、期末用工人数/平均用工人数(人)	Number of employed persons at Year-end/ Average number of employed persons(person)	1375987	1546571	1636729	1635692	2004759

16-1 续表 continued

单位：万元 (10000 yuan)

项目	Item	2020	2021	2022	2023
一、损益及分配	Profits and Loss				
营业收入	Business Revenue	140948283	170323902	173152354	189942498
营业成本	Business Costs	108011170	130607636	136241521	147001866
税金及附加	Tax and Extra Charges on Business	766772	953880	947952	1094206
销售费用	Sales Expenses	7443157	8666407	8434016	8456218
管理费用	Management Expenses	14069717	16511572	16659143	17042504
财务费用	Financial Expenses	3715214	4201222	4719468	4713396
投资收益(损失以"-"号记)	Investment Income (loss with "-"mark)	9636128	11038818	11452510	10211919
营业利润	Business Profits	12914615	16158768	13466858	16994984
利润总额	Total Profits	13287089	16407977	13990671	17296841
所得税费用	Income Taxes Payable	1959900	2229995	2306753	2473786
二、成本费用及增值税	Labor Cost and Value-added Tax				
应付职工薪酬	Total Wages Payable	29958822	35730372	38093653	38705285
应交增值税	Value-added Tax Payable	2787615	3312132	4813964	4075347
三、期末用工人数/平均用工人数(人)	Number of employed persons at Year-end/ Average number of employed persons(person)	2337156	2363452	2420728	2433281

注：从2021年年报起，国家统计局对统计制度进行修订，人数指标从"平均用工人数"改为"期末用工人数"。

Note: Starting from the 2021 annual report, the National Bureau of Statistics revised the statistical system. The number of people was changed from "Average number of employed persons" to " Number of employed persons at Year-end".

16−2 规模以上服务业企业主要财务指标（2023年）

Main Financial Indicators of Service Enterprises above the Designated Size (2023)

单位：万元 (10000 yuan)

项目	Item	2023	同比增速(%) Year-on-year Growth Rate (%)
一、损益及分配	Profits and Loss		
营业收入	Business Revenue	189942498	10.3
营业成本	Business Costs	147001866	7.8
税金及附加	Tax and Extra Charges on Business	1094206	16.6
销售费用	Sales Expenses	8456218	0.6
管理费用	Management Expenses	17042504	1.5
财务费用	Financial Expenses	4713396	0.8
投资收益(损失以“−”号记)	Investment Income(loss with “-”mark)	10211919	-6.0
营业利润	Business Profits	16994984	34.9
利润总额	Total Profits	17296841	30.7
所得税费用	Income Taxes Payable	2473786	9.8
二、成本费用及增值税	Labor Cost and Value-added Tax		
应付职工薪酬(本期贷方累计发生额)	Total Wages Payable(Credit Accumulated Amount in the current period)	38705285	4.2
应交增值税(本年累计发生额)	Value-added Tax Payable(Accumulated Amount in this year)	4075347	9.1
三、期末用工人数(人)	Number of employed persons at Year-end(person)	2433281	-0.3

注：同比增速按本年数和上年同口径数计算得出，下同。

Note: The year-on-year growth rate is calculated based on the number of this year and the same caliber number of last year, the same below.

16-3 规模以上服务业企业主要财务指标（2023年，按大中小微型企业分）

Main Financial Indicators of Service Enterprises above the Designated Size (2023 by Large, Medium, Small and Micro Enterprises)

单位：万元 (10000 yuan)

项　　目	Item	合计 Total	大型 Large-scale	中型 Middle-sized	小微型 Miniature
单位数(个)	Number of Enterprises(unit)	13367	579	1771	11017
一、损益及分配	Profits and Loss				
营业收入	Business Revenue	189942498	75153481	46840846	67948171
营业成本	Business Costs	147001866	56933735	35841563	54226568
税金及附加	Tax and Extra Charges on Business	1094206	404547	273745	415914
销售费用	Sales Expenses	8456218	2961256	2419289	3075674
管理费用	Management Expenses	17042504	4665748	5325211	7051545
财务费用	Financial Expenses	4713396	1699354	1089325	1924718
投资收益(损失以“–”号记)	Investment Income(loss with “-”mark)	10211919	2789135	3336491	4086293
营业利润	Business Profits	16994984	8671083	3892837	4431064
利润总额	Total Profits	17296841	8718278	3990414	4588148
所得税费用	Income Taxes Payable	2473786	1180987	732006	560793
二、成本费用及增值税	Labor Cost and Value-added Tax				
应付职工薪酬(本期贷方累计发生额)	Total Wages Payable(Credit Accumulated Amount in the current period)	38705285	18399614	12174217	8131454
应交增值税(本年累计发生额)	Value-added Tax Payable(Accumulated Amount in this year)	4075347	1909944	1074885	1090519
三、期末用工人数(人)	Number of employed persons at Year-end(person)	2433281	928362	841882	663037

注：本表根据国家统计局《统计上大中小微型企业划分办法(2017)》进行分类。

Note: This table is classified according to the " Measures for the Classification of Statistically Large, Medium and Small Enterprises (2017)" by the National Bureau of Statistics.

16-4 规模以上服务业企业主要财务指标（2023年，按行业分）

单位：万元

项　　目	Item	企业单位数（个）Number of Enterprises (unit)
合　计	**Total**	**13367**
按行业分	**Grouped by Sector**	
交通运输、仓储和邮政业	Transport, Storage and Postal Services	1770
铁路运输业	Railway Transport Service	10
道路运输业	Road Transport Services	562
水上运输业	Waterway Transport Service	75
航空运输业	Air Transport Service	14
管道运输业	Pipeline transport Service	2
装卸搬运和运输代理业	Handling and Transportation Agency	815
仓储业	Warehousing Service	174
邮政业	Postal Service	118
信息传输、软件和信息技术服务业	Information Transmission, Software and Information Technology Services	2341
电信、广播电视和卫星传输服务	Telecommunications, Broadcasting Television and Satellite Transmission Services	89
互联网和相关服务	Internet and Related Services	449
软件和信息技术服务业	Software and Information Technology Services	1803
房地产业(不含房地产开发)	Real Estate (Not including Real Estate Development and Management)	2104
租赁和商务服务业	Leasing and Business Services	3667
租赁业	Leasing	246
商务服务业	Business Services	3421
科学研究和技术服务业	Scientific Research and Technical Services	1700
研究和试验发展	Research and Experimental Development	246
专业技术服务业	Professional Technical Services	1183
科技推广和应用服务业	Services of Science and Technology Exchanges and Promotion	271
水利、环境和公共设施管理业	Management of Water Conservancy,Environment and Public Facilities	124
水利管理业	Management of Water Conservancy	3
生态保护和环境治理业	Ecological Protection and Environmental Treatment	44
公共设施管理业	Management of Public Facilities	74
土地管理业	Land Management	3
居民服务、修理和其他服务业	Households' service,Repair and Other Services	543
居民服务业	Services to Households	145
机动车、电子产品和日用产品修理业	Motor Vehicle,Electronic Products and Consumer Products repair	182
其他服务业	Other Services	216
教育	Education	255
卫生和社会工作	Health and Social Work	309
卫生	Health	228
社会工作	Social Work	81
文化、体育和娱乐业	Culture,Sports and Entertainment	554
新闻和出版业	News and Publication	71
广播、电视、电影和影视录音制作业	Production of Radio,Television,Film and Video Recording	178
文化艺术业	Culture and Arts	88
体育	Sports	64
娱乐业	Entertainment	153

Main Financial Indicators of Service Enterprises above the Designated Size (2023, by Sector)

(10000 yuan)

营业收入 Business Revenue	营业成本 Business Costs	税金及附加 Tax and Extra Charges	销售费用 Selling Expenses	管理费用 Management Expenses	财务费用 Financial Expenses
189942498	**147001866**	**1094206**	**8456218**	**17042504**	**4713396**
58934607	52832917	215169	831331	2550958	2735919
9778692	8780022	11147	3780	212076	218080
10976070	9119424	107642	86964	632906	1560246
6048653	5298085	19405	10892	407644	259183
13426315	12482702	40162	497970	265268	590080
228424	128459	871	471	8643	36550
12487857	11495494	15266	155708	601653	25459
1749009	1492742	13674	39884	133532	37881
4239589	4035990	7002	35662	289237	8441
53792703	36434822	191113	4153434	4577515	-264418
6148946	4794848	31726	498549	504983	-167609
18268494	12372839	65811	1153530	1514167	-48931
29375263	19267135	93576	2501355	2558365	-47878
14418078	10072888	323838	394821	2129019	705803
35553464	28461828	250757	1527147	3935047	1492962
1399692	1065815	5075	83914	167836	52073
34153771	27396014	245683	1443233	3767211	1440890
17292062	12417332	66487	603160	2104721	-11118
2549350	1733901	10613	128657	281768	-17328
12509983	9303037	48275	350678	1521165	-8036
2232729	1380395	7599	123825	301788	14246
1114087	889986	6041	28301	137468	21656
8070	5846	10	17	1859	61
363254	282695	2003	9714	47297	-4754
732250	596519	3985	18570	83955	26309
10514	4926	42	0	4358	40
1631483	1155896	5708	179640	287212	8944
469188	276941	1263	110173	101930	4707
467338	362419	1505	41065	61305	1866
694958	516537	2941	28402	123978	2372
1131248	653196	2590	112949	312037	3804
2751550	1854394	3951	361012	456568	39977
2589602	1730221	3842	354174	418145	35442
161947	124173	109	6838	38422	4535
3323217	2228607	28552	264423	551960	-20134
687204	540768	8522	45284	108778	-11121
874916	666887	4861	55946	81678	6771
313533	251028	1136	29513	47656	1474
291521	108997	4722	37944	117058	1590
1156043	660926	9311	95736	196789	-18849

16-4 续表

单位：万元

项　　目	Item	营业利润 Business Profits
合　计	**Total**	**16994984**
按行业分	Grouped by Sector	
交通运输、仓储和邮政业	Transport, Storage and Postal Services	1600848
铁路运输业	Railway Transport Service	442473
道路运输业	Road Transport Services	760012
水上运输业	Waterway Transport Service	314961
航空运输业	Air Transport Service	-173899
管道运输业	Pipeline transport Service	55092
装卸搬运和运输代理业	Handling and Transportation Agency	241230
仓储业	Warehousing Service	50889
邮政业	Postal Service	-89910
信息传输、软件和信息技术服务业	Information Transmission, Software and Information Technology Services	6071528
电信、广播电视和卫星传输服务	Telecommunications, Broadcasting Television and Satellite Transmission Services	926069
互联网和相关服务	Internet and Related Services	2545610
软件和信息技术服务业	Software and Information Technology Services	2599849
房地产业(不含房地产开发)	Real Estate (Not including Real Estate Development and Management)	1061067
租赁和商务服务业	Leasing and Business Services	6252546
租赁业	Leasing	21130
商务服务业	Business Services	6231416
科学研究和技术服务业	Scientific Research and Technical Services	1441776
研究和试验发展	Research and Experimental Development	299979
专业技术服务业	Professional Technical Services	1054693
科技推广和应用服务业	Services of Science and Technology Exchanges and Promotion	87104
水利、环境和公共设施管理业	Management of Water Conservancy,Environment and Public Facilities	99021
水利管理业	Management of Water Conservancy	153
生态保护和环境治理业	Ecological Protection and Environmental Treatment	30847
公共设施管理业	Management of Public Facilities	67315
土地管理业	Land Management	706
居民服务、修理和其他服务业	Households' service,Repair and Other Services	-21141
居民服务业	Services to Households	-36643
机动车、电子产品和日用产品修理业	Motor Vehicle,Electronic Products and Consumer Products repair	-2886
其他服务业	Other Services	18388
教育	Education	38167
卫生和社会工作	Health and Social Work	-11399
卫生	Health	-806
社会工作	Social Work	-10593
文化、体育和娱乐业	Culture,Sports and Entertainment	462572
新闻和出版业	News and Publication	139152
广播、电视、电影和影视录音制作业	Production of Radio,Television,Film and Video Recording	51240
文化艺术业	Culture and Arts	2902
体育	Sports	23854
娱乐业	Entertainment	245423

continued

(10000 yuan)

利润总额 Total Profits	所得税费用 Income Tax Expenses	应付职工薪酬 Total Wages Payable	应交增值税 Value-added Tax Payable	期末用工人数（人） Number of Employed Persons at Year-end (person)
17296841	**2473786**	**38705285**	**4075347**	**2433281**
1710347	531383	8720735	1041126	461932
432625	59316	1618496	667049	98840
811403	232588	2156795	239952	139120
330583	31263	733271	3932	19252
-127809	86300	2233254	37252	73208
54418	13219	24833	-3888	725
229728	63757	1320852	49913	89886
53228	16792	227327	26889	18385
-73828	28147	405905	20026	22516
6158550	973345	9533906	1156651	359670
932775	407094	1102048	293784	33547
2557546	266083	1979431	259536	73090
2668229	300168	6452427	603331	253033
1122068	316600	3384976	488533	324333
6277750	385405	9420488	787611	844681
12509	19599	163461	36638	11859
6265241	365806	9257027	750973	832822
1478072	158791	4765488	434230	209293
310322	30281	551751	45396	19745
1067950	102974	3597951	345885	170814
99801	25536	615786	42950	18734
100482	9157	254802	31269	25002
198		1225	177	103
31493	2365	55906	8332	3050
68074	6693	193538	22202	21603
717	100	4133	559	246
-20435	4727	602659	48984	82734
-38924	-592	166071	10190	13589
-1268	1709	83726	14540	7273
19757	3610	352861	24254	61872
44104	12685	468650	17129	29311
-11648	16397	875516	8911	60341
-4135	16134	785328	8367	45147
-7512	263	90189	544	15194
437550	65297	678066	60903	35984
139750	2329	220039	17758	6738
54539	1414	99973	10734	6018
6852	1420	54682	5417	3866
3301	5941	101169	6689	6643
233109	54193	202203	20306	12719

16–5 规模以上服务业企业主要财务指标（2023年，按地区分）

单位：万元

地区	District	企业单位数（个）Number of Enterprises (unit)	营业收入 Business Revenue	营业成本 Business Costs	税金及附加 Tax and Extra Charges	销售费用 Selling Expenses	管理费用 Management Expenses
合　计	**Total**	**13367**	**189942498**	**147001866**	**1094206**	**8456218**	**17042504**
按地区分	**By District**						
荔湾区	Liwan	447	3133332	1612221	24690	556441	588214
越秀区	Yuexiu	1980	29752895	24600407	161025	697381	2433049
海珠区	Haizhu	1872	20699728	13788679	207903	1134060	2430045
天河区	Tianhe	3377	55785594	41255475	304924	2985527	5280401
白云区	Baiyun	1427	24631051	21353528	115377	946868	1555139
黄埔区	Huangpu	1710	24366004	19212612	118394	1149526	1830516
番禺区	Panyu	1067	10659551	7890195	63880	592729	1053110
花都区	Huadu	381	4267455	3639551	18236	82185	316197
南沙区	Nansha	682	13857726	11497213	56077	219981	1219176
从化区	Conghua	112	693167	464414	5283	13888	132424
增城区	Zengcheng	312	2095995	1687572	18417	77632	204231

Main Financial Indicators of Service Enterprises above the Designated Size (2023, by Region)

(10000 yuan)

财务费用 Financial Expenses	营业利润 Business Profits	利润总额 Total Profits	所得税费用 Income Tax Expenses	应付职工薪酬 Total Wages Payable	应交增值税 Value-added Tax Payable	期末用工人数(人) Number of Employed Persons at Year-end (person)
4713396	**16994984**	**17296841**	**2473786**	**38705285**	**4075347**	**2433281**
55198	383237	384865	48949	720590	72171	46185
1118490	2973011	2985419	565086	6294377	1187605	414580
743526	3074294	3102688	457388	4194004	460575	227890
567741	7555464	7615278	601375	11056458	1196122	610039
859084	334245	413412	205239	4272496	232649	242229
514471	1367172	1402234	250499	5393861	450503	421669
137450	557406	588452	131517	2138876	190253	145533
87041	141671	150796	57696	481807	43011	42065
410592	671110	733174	133873	3548912	196669	218785
126335	-53654	-74575	2780	172899	19717	25444
93469	-8970	-4902	19385	431006	26072	38862

16-6 规模以上服务业企业主要财务指标（2023年，按登记注册类型分）

单位：万元

项 目	Item	企业单位数（个）Number of Enterprises (unit)
合 计	**Total**	**13367**
按登记注册类型分	**Grouped by Registration Status**	
内资企业	Domestic Funded	12350
国有企业	State-owned	293
集体企业	Collective-owned	251
股份合作企业	Cooperative	18
联营企业	Joint Ownership Enterprises	5
国有联营企业	State Joint Ownership Enterprises	2
集体联营企业	Collective Joint Ownership Enterprises	2
其他联营企业	Joint State-collective Enterprises	1
有限责任公司	Limited Liability Corporations	3269
国有独资公司	State Sole Funded Corporations	451
其他有限责任公司	Other Limited Liability Corporations	2818
股份有限公司	Share-holding Corporations Ltd.	267
私营企业	Private Enterprises	8124
私营独资企业	Private-funded Enterprises	95
私营合伙企业	Private Partnership Enterprises	195
私营有限责任公司	Private Limited Liability Corporations	7622
私营股份有限公司	Private Share Holding Corporations	212
其他企业	Others	123
港、澳、台商投资企业	Enterprises with Funds from Hong Kong, Macao and Taiwan Investors	622
与港澳台商合资经营企业	Joint-venture Enterprises	109
与港澳台商合作经营企业	Cooperative Enterprises	44
港澳台商独资经营企业	Enterprises with Sole Funds	436
港澳台商投资股份有限公司	Share-holding Corporations Ltd.	13
其他港澳台投资企业	Other Enterprises with Funds from Hong Kong, Macao and Taiwan	20
外商投资企业	Foreign Funded Enterprises	395
中外合资经营企业	Joint-venture Enterprises	113
中外合作经营企业	Cooperative Enterprises	7
外资企业	Enterprises with Sole Foreign Funds	240
外商投资股份有限公司	Share-holding Corporations Ltd.	9
其他外商投资企业	Other Foreign Funded Enterprises	26

Main Financial Indicators of Service Enterprises above the Designated Size (2023, by Registration Status)

(10000 yuan)

营业收入 Business Revenue	营业成本 Business Costs	税金及附加 Tax and Extra Charges	销售费用 Selling Expenses	管理费用 Management Expenses	财务费用 Financial Expenses
189942498	**147001866**	**1094206**	**8456218**	**17042504**	**4713396**
166469963	132534845	873527	6939299	14215870	4309637
8642692	7363347	73040	82460	824519	278067
767108	259727	39845	16554	350564	-2079
67869	43529	264	992	17411	97
61715	37636	2344	256	11996	-1038
27394	6303	2301	24	8671	-1178
5063	3418	19	232	2208	-119
29258	27915	23		1117	260
74079018	57645304	442615	2688970	5320231	3234143
21386578	18203563	184031	181799	1375885	1702436
52692441	39441741	258584	2507171	3944345	1531707
23535816	20486166	118354	1048748	1410034	464237
58669907	46304793	195926	3080817	6070524	332855
397036	308957	2373	19481	53239	-720
1110664	313879	6729	148235	382879	-2644
54151719	43440477	173788	2698779	5350196	303819
3010489	2211480	13035	214322	284211	32401
645838	394345	1140	20504	210592	3355
15552637	9567570	137642	1039958	1808842	220867
1196684	937233	21350	55769	148900	65894
2198680	1051392	13504	213474	94301	56873
11773565	7314120	99091	755612	1507497	98471
285817	208367	3091	6155	37741	-1759
97890	56459	606	8950	20404	1389
7919898	4899451	83036	476961	1017791	182892
1848215	1264034	13156	85965	188356	87587
207828	89000	969	4165	10112	10369
5135370	3302380	62079	313781	701114	85250
265448	181821	2740	42959	20981	-1531
463038	62216	4092	30091	97229	1218

16-6 续表

单位：万元

项　　目	Item	营业利润 Business Profits
合　计	**Total**	**16994984**
按登记注册类型分	**Grouped by Registration Status**	
内资企业	Domestic Funded	14526194
国有企业	State-owned	2007372
集体企业	Collective-owned	120818
股份合作企业	Cooperative	5793
联营企业	Joint Ownership Enterprises	10646
国有联营企业	State Joint Ownership Enterprises	11331
集体联营企业	Collective Joint Ownership Enterprises	-694
其他联营企业	Joint State-collective Enterprises	9
有限责任公司	Limited Liability Corporations	8281324
国有独资公司	State Sole Funded Corporations	3280509
其他有限责任公司	Other Limited Liability Corporations	5000816
股份有限公司	Share-holding Corporations Ltd.	2534360
私营企业	Private Enterprises	1549928
私营独资企业	Private-funded Enterprises	-44236
私营合伙企业	Private Partnership Enterprises	209484
私营有限责任公司	Private Limited Liability Corporations	1285750
私营股份有限公司	Private Share Holding Corporations	98930
其他企业	Others	15953
港、澳、台商投资企业	Enterprises with Funds from Hong Kong, Macao and Taiwan Investors	1494304
与港澳台商合资经营企业	Joint-venture Enterprises	-15923
与港澳台商合作经营企业	Cooperative Enterprises	720026
港澳台商独资经营企业	Enterprises with Sole Funds	877866
港澳台商投资股份有限公司	Share-holding Corporations Ltd.	25493
其他港澳台投资企业	Other Enterprises with Funds from Hong Kong, Macao and Taiwan	-113158
外商投资企业	Foreign Funded Enterprises	974487
中外合资经营企业	Joint-venture Enterprises	230822
中外合作经营企业	Cooperative Enterprises	90781
外资企业	Enterprises with Sole Foreign Funds	425356
外商投资股份有限公司	Share-holding Corporations Ltd.	7040
其他外商投资企业	Other Foreign Funded Enterprises	220489

continued

(10000 yuan)

利润总额 Total Profits	所得税费用 Income Tax Expenses	应付职工薪酬 Total Wages Payable	应交增值税 Value-added Tax Payable	期末用工人数（人） Number of Employed Persons at Year-end (person)
17296841	**2473786**	**38705285**	**4075347**	**2433281**
14797839	1931362	32073856	3547604	2148267
1997367	83084	1931451	123667	81771
157038	28015	177284	34724	18486
5836	1316	8134	2189	753
10670	2672	13253	1351	642
11340	2665	7961	1118	274
-681	8	3096	219	312
12	0	2196	15	56
8389691	1072842	14233851	1954501	867064
3301754	235074	5041382	891702	260053
5087938	837769	9192469	1062799	607011
2572437	352642	4812131	376116	199373
1648720	386685	10618847	1048451	962363
-42221	1569	118553	7877	7183
210032	40114	274523	57970	22633
1375029	334048	9525450	907397	880287
105880	10954	700321	75208	52260
16080	4106	278906	6605	17815
1519571	353354	3834275	372853	170860
2363	14346	344989	31583	33756
721667	108022	282779	41758	15026
882101	228155	3079547	275328	114128
25784	1166	100350	20493	6222
-112344	1666	26611	3691	1728
979431	189070	2797154	154890	114154
227830	50738	389466	34328	17354
92592	12876	23837	6233	1623
432204	100780	2109809	89384	83446
8754	-196	141073	8228	7580
218050	24872	132969	16717	4151

16-7 规模以上服务业企业主要财务指标（2023年，按控股情况分）

单位：万元

项　　目	Item	合 计 Total
按控股情况分	**Group by Type of Ownership**	
单位数(个)	Number of Enterprises(unit)	13367
一、损益及分配	Profits and Loss	
营业收入	Business Revenue	189942498
营业成本	Business Costs	147001866
税金及附加	Tax and Extra Charges on Business	1094206
销售费用	Sales Expenses	8456218
管理费用	Management Expenses	17042504
财务费用	Financial Expenses	4713396
投资收益(损失以“－”号记)	Investment Income(loss with “-”mark)	10211919
营业利润	Business Profits	16994984
利润总额	Total Profits	17296841
所得税费用	Income Taxes Payable	2473786
二、成本费用及增值税	Labor Cost and Value-added Tax	
应付职工薪酬(本期贷方累计发生额)	Total Wages Payable(Credit Accumulated Amount in the current period)	38705285
应交增值税(本年累计发生额)	Value-added Tax Payable(Accumulated Amount in this year)	4075347
三、期末用工人数(人)	Number of employed persons at Year-end(person)	2433281

Main Financial Indicators of Service Enterprises above the Designated Size (2023, by Type of Ownership)

(10000 yuan)

国有控股 State-owned	集体控股 Collective-owned	私人控股 Private Holdings	港澳台商控股 Hong Kong, Macao and Taiwan Holdings	外商控股 Foreign Holdings	其他 Other Holdings
1596	430	10294	570	343	134
76039130	2708220	89855507	13292444	6934070	1113129
63905822	1687760	68174876	8315213	4260713	657483
509989	68203	308604	126746	77469	3196
1663204	62706	5353714	889184	393191	94219
4661457	610959	8879339	1708647	950097	232005
3701449	26677	678009	182375	116252	8635
8018167	35415	1944653	193768	19672	245
9933347	244147	5120315	852036	843306	1834
10014477	289267	5261672	885439	845314	672
1253089	52264	745445	259663	158401	4924
15462191	465694	16415854	3503115	2596443	261987
1866650	88237	1625801	328100	149652	16907
714082	37706	1402149	144162	115234	19948

16-8 规模以上服务业企业营业收入（2023年，按行业分）

项　　目	Item
合　计	**Total**
按行业划分	**Grouped by Sector**
交通运输、仓储和邮政业	Transport, Storage and Postal Services
铁路运输业	Railway Transport Service
道路运输业	Road Transport Services
水上运输业	Waterway Transport Service
航空运输业	Air Transport Service
管道运输业	Pipeline transport Service
装卸搬运和运输代理业	Handling and Transportation Agency
仓储业	Warehousing Service
邮政业	Postal Service
信息传输、软件和信息技术服务业	Information Transmission, Software and Information Technology Services
电信、广播电视和卫星传输服务	Telecommunications, Broadcasting Television and Satellite Transmission Services
互联网和相关服务	Internet and Related Services
软件和信息技术服务业	Software and Information Technology Services
房地产业(不含房地产开发)	Real Estate (Not including Real Estate Development and Management)
租赁和商务服务业	Leasing and Business Services
租赁业	Leasing
商务服务业	Business Services
科学研究和技术服务业	Scientific Research and Technical Services
研究和试验发展	Research and Experimental Development
专业技术服务业	Professional Technical Services
科技推广和应用服务业	Services of Science and Technology Exchanges and Promotion
水利、环境和公共设施管理业	Management of Water Conservancy,Environment and Public Facilities
水利管理业	Management of Water Conservancy
生态保护和环境治理业	Ecological Protection and Environmental Treatment
公共设施管理业	Management of Public Facilities
土地管理业	Land Management
居民服务、修理和其他服务业	Households' service,Repair and Other Services
居民服务业	Services to Households
机动车、电子产品和日用产品修理业	Motor Vehicle,Electronic Products and Consumer Products Repair
其他服务业	Other Services
教育	Education
卫生和社会工作	Health and Social Work
卫生	Health
社会工作	Social Work
文化、体育和娱乐业	Culture,Sports and Entertainment
新闻和出版业	News and Publication
广播、电视、电影和影视录音制作业	Production of Radio,Television,Film and Video Recording
文化艺术业	Culture and Arts
体育	Sports
娱乐业	Entertainment

Business Revenue of Service Enterprises above the Designated Size (2023, by Sector)

企业单位数 (个) Number of Enterprises (unit)	营业收入 (万元) Business Revenue (10000 yuan)	同比增速 (%) Year-on-year Growth Rate (%)
13367	**189942498**	**10.3**
1770	58934607	15.6
10	9778692	48.8
562	10976070	8.4
75	6048653	5.0
14	13426315	63.9
2	228424	3.1
815	12487857	-12.6
174	1749009	9.8
118	4239589	0.7
2341	53792703	5.6
89	6148946	3.7
449	18268494	13.5
1803	29375263	1.5
2104	14418078	9.6
3667	35553464	13.2
246	1399692	-4.3
3421	34153771	14.1
1700	17292062	5.0
246	2549350	22.4
1183	12509983	1.1
271	2232729	10.7
124	1114087	-3.9
3	8070	-28.2
44	363254	-6.8
74	732250	-2.1
3	10514	3.0
543	1631483	9.7
145	469188	24.5
182	467338	4.4
216	694958	5.0
255	1131248	9.1
309	2751550	-12.6
228	2589602	-12.7
81	161947	-12.2
554	3323217	32.9
71	687204	4.0
178	874916	31.0
88	313533	130.7
64	291521	-4.3
153	1156043	58.0

16-9 规模以上服务业企业营业收入（2023年，按地区分）

Business Revenue of Service Enterprises above the Designated Size (2023, by District)

地　区	District	企业单位数（个）Number of Enterprises (unit)	营业收入（万元）Business Revenue (10000 yuan)	同比增速（%）Year-on-year Growth Rate (%)
合　计	**Total**	**13367**	**189942498**	**10.3**
荔湾区	Liwan	447	3133332	-2.2
越秀区	Yuexiu	1980	29752895	12.5
海珠区	Haizhu	1872	20699728	14.4
天河区	Tianhe	3377	55785594	4.8
白云区	Baiyun	1427	24631051	33.4
黄埔区	Huangpu	1710	24366004	6.3
番禺区	Panyu	1067	10659551	1.5
花都区	Huadu	381	4267455	16.7
南沙区	Nansha	682	13857726	4.7
从化区	Conghua	112	693167	-5.3
增城区	Zengcheng	312	2095995	17.1

16-10 规模以上服务业企业营业收入(2023年,按登记注册类型和控股情况分)

Business Revenue of Service Enterprises above the Designated Size (2023, by Registration Status and Type of Ownership)

项　目	Item	企业单位数(个) Number of Enterprises (unit)	营业收入(万元) Business Revenue (10000 yuan)	同比增速(%) Year-on-year Growth Rate (%)
合　计	**Total**	**13367**	**189942498**	**10.3**
按登记注册类型分	**Grouped by Registration Status**			
内资企业	Domestic Funded	12350	166469963	10.1
国有企业	State-owned	293	8642692	22.4
集体企业	Collective-owned	251	767108	15.2
股份合作企业	Cooperative	18	67869	7.8
联营企业	Joint Ownership Enterprises	5	61715	-3.0
国有联营企业	State Joint Ownership Enterprises	2	27394	40.5
集体联营企业	Collective Joint Ownership Enterprises	2	5063	-4.0
其他联营企业	Joint State-collective Enterprises	1	29258	-24.7
有限责任公司	Limited Liability Corporations	3269	74079018	11.1
国有独资公司	State Sole Funded Corporations	451	21386578	11.8
其他有限责任公司	Other Limited Liability Corporations	2818	52692441	10.8
股份有限公司	Share-holding Corporations Ltd.	267	23535816	31.8
私营企业	Private Enterprises	8124	58669907	0.7
私营独资企业	Private-funded Enterprises	95	397036	0.4
私营合伙企业	Private Partnership Enterprises	195	1110664	-3.2
私营有限责任公司	Private Limited Liability Corporations	7622	54151719	1.0
私营股份有限公司	Private Share Holding Corporations	212	3010489	-3.4
其他企业	Others	123	645838	7.6
港、澳、台商投资企业	Enterprises with Funds from Hong Kong, Macao and Taiwan Investors	622	15552637	12.8
与港澳台商合资经营企业	Joint-venture Enterprises	109	1196684	3.1
与港澳台商合作经营企业	Cooperative Enterprises	44	2198680	10.3
港澳台商独资经营企业	Enterprises with Sole Funds	436	11773565	15.4
港澳台商投资股份有限公司	Share-holding Corporations Ltd.	13	285817	-12.6
其他港澳台投资企业	Other Enterprises with Funds from Hong Kong, Macao and Taiwan	20	97890	-6.7
外商投资企业	Foreign Funded Enterprises	395	7919898	9.6
中外合资经营企业	Joint-venture Enterprises	113	1848215	0.1
中外合作经营企业	Cooperative Enterprises	7	207828	15.8
外资企业	Enterprises with Sole Foreign Funds	240	5135370	11.0
外商投资股份有限公司	Share-holding Corporations Ltd.	9	265448	17.1
其他外商投资企业	Other Foreign Funded Enterprises	26	463038	32.0
按控股情况分	**Group by Type of Ownership**			
国有控股	State-owned	1596	76039130	19.8
集体控股	Collective-owned	430	2708220	13.0
私人控股	Private Holdings	10294	89855507	2.4
港澳台商控股	Hong Kong, Macao and Taiwan Holdings	570	13292444	13.0
外商控股	Foreign Holdings	343	6934070	8.5
其他	Other Holdings	134	1113129	121.3

主要统计指标解释

【营业收入】指企业从事销售商品、提供劳务和让渡资产使用权等生产经营活动形成的经济利益流入。包括“主营业务收入”和“其他业务收入”。

【营业成本】指企业从事销售商品、提供劳务和让渡资产使用权等生产经营活动发生的实际成本。“营业成本”应当与“营业收入”进行配比。包括“主营业务成本”和“其他业务成本”。

【营业利润】指企业从事生产经营活动所取得的利润。执行企业会计准则或《小企业会计准则》的企业，根据会计“利润表”中“营业利润”项目的本年累计数填报；执行其他企业会计制度的企业，根据会计“损益表”中“营业利润”项目、“投资收益”项目的本年累计数之和填报。

【利润总额】指企业在一定会计期间的经营成果，是生产经营过程中各种收入扣除各种耗费后的盈余，反映企业在报告期内实现的盈亏总额。利润总额为营业利润加上营业外收入，减去营业外支出后的金额。

【应付职工薪酬】指企业为获得职工提供的服务或解除劳动关系而给予的各种形式的报酬或补偿。包括职工工资、奖金、津贴和补贴，职工福利费，医疗保险费、养老保险费、失业保险费、工伤保险费和生育保险费等社会保险费，住房公积金，工会经费和职工教育经费，带薪缺勤，利润分享计划，非货币性福利，辞退福利和其他为获得职工提供的服务而给予的报酬或补偿。其中，社会保险和住房公积金应包括单位和个人负担部分。

【期末用工人数】指报告期最后一日 24 时企业实际拥有的、参与本企业生产经营活动的人员数，无论是否从本企业领取劳动报酬均视为用工人数。该指标为时点指标，不包括最后一日当天及以前已经不再参与本企业生产经营活动的人员。

Explanatory Notes on Main Statistical Indicators

【Business Revenue】 refers to the inflow of economic benefits from the production and operation activities of an enterprise, such as selling goods, providing labor services and transferring the right to use assets. Including "main business income" and "other business income".

【Business Costs】 refer to the actual costs incurred in the production and operation activities of an enterprise, such as selling goods, providing services and transferring the right to use assets. "Operating cost" shall be matched with "operating income". Include "main business cost" and "other business cost".

【Business Profits】 refer to the profit obtained by an enterprise from its production and operation activities. Enterprises that implement the accounting Standards for Business Enterprises or the Accounting Standards for Small Enterprises shall fill in the "operating profit" item in the income statement according to the accumulated count of the current year; Enterprises that implement other accounting systems for enterprises shall report on the basis of the cumulative sum of the items "operating profit" and "investment income" in the accounting "income statement" for the current year.

【Total Profits】 refers to the operating results of an enterprise in a certain accounting period. It is the surplus of all kinds of income after deducting all kinds of expenses in the process of production and operation, reflecting the total profit and loss realized by an enterprise in the reporting period. Total profit is the amount of operating profit plus non-operating income, less non-operating expenses.

【Total Wages Payable】 refers to various forms of remuneration or compensation given by enterprises to obtain services provided by employees or to terminate labor relations. These include wages, bonuses, allowances and subsidies for employees, welfare payments for employees, social insurance premiums such as medical insurance, old-age insurance, unemployment insurance, work-related injury insurance and maternity insurance, housing provident funds, union funds and employee education funds, paid absences from work, profit-sharing plans, non-monetary benefits, Severance benefits and other payments or compensation for services rendered by employees. Among THEM, social INSURANCE AND housing accumulation fund should INCLUDE unit AND individual BURDEN part.

【Number of employed persons at Year-end】 refers to the number of employees actually owned by the enterprise and involved in the production and business activities of the enterprise at 24:00 on the last day of the reporting period, which shall be regarded as the number of employees whether they receive labor remuneration from the enterprise or not. The index refers to the time point index, excluding the personnel who no longer participate in the production and business activities of the enterprise on or before the last day.

第十七篇 CHAPTER 17

科 技

SCIENCE AND TECHNOLOGY

第十七篇　科技

简要说明

一、本篇资料反映广州市科学技术活动的基本情况。

二、资料来源：17-1 至 17-4 表根据广州市科学技术局、广州市市场监督管理局（知识产权局）、广州市科协等部门提供的统计数据加工整理。17-5 至 17-13 表由广州市统计局社会科技统计处根据国家统计局科技综合年报表数据整理。

Chapter 17 Science and Technology

Brief Introduction

I.The data in this chapter show the basic conditions of Guangzhou's activities of science and technology.

II. Data resources: Tables 17-1 to 17-4 is provided by Guangzhou Municipal Science and Technology Bureau, Guangzhou Administration for Market Regulation (Intellectual Property Office), Guangzhou Association of Science and Technology. Tables 17-5 to 17-13 are organized by the Social Science and Technology Statistics Department of Guangzhou Statistics Bureau, according to the annual report on enterprise R&D activities in the National Bureau of Statistics.

17−1　科技监测主要指标（2022−2023年）

Main Indicators of Scientific and Technological Monitoring (2022-2023)

项　　目	Item	2022	2023
科研机构人均固定资产原价（千元/人）	Per Capita Original Value of Fixed Assets of Scientific Research Institutions (1000 yuan/person)	998.69	1092.81
科学研究和技术服务业新增固定资产占全社会新增固定资产比重 (%)	Proportion of Newly-increasing Fixed Assets in Science Research and Technology Services to Newly-increasing Fixed Assets of the Whole Society (%)	0.65	1.28
每万人口专利授权量 （件/万人）	Number of Patent Applications Granted per 1 Million Persons (piece/10000 persons)	143.52	112.90
每万人口发明专利授权量 （件/万人）	Number of Invention & Patent Applications Granted per Million Persons (piece/10000 persons)	26.98	34.75
专业技术人才数 （万人）	Number of professional and technical personnel (10000 persons)	206.00	212.00
其中：高级职称	Senior title of professional	24.80	25.44
中级职称	Middle title of professional	94.00	97.52
初级职称	Junior title of professional	87.20	89.04

注：本表专利指标中的“人口”数量按我市户籍人口的两年平均数计算。

Note: The number of "population " in the patent indicators in this table is calculated according to the two-year average of registered residence population in our city.

17−2　各类科学研究与开发机构基本情况（2022−2023年）

Basic Statistics of Scientific Research and Development Institutions (2022-2023)

项　　目	Item	2022		2023	
		全 市 Total	# 市 属 Managed by Municipal Government	全 市 Total	# 市 属 Managed by Municipal Government
机构数 （个）	Number of Institutions (unit)	189	65	203	80
#自然科学	Natural Science	179	61	193	76
从业人员 （人）	Employed Persons (person)	35445	6685	35906	6459
#自然科学	Natural Science	34578	6325	35030	6106
在从业人员中的科研人员 （人）	Scientific Researchers of Employed Persons (person)	31195	5818	32649	5896
#自然科学	Natural Science	30381	5491	31827	5573

注：1.各类科学研究与开发机构指有法人地位的政府部门属科学研究与技术开发机构、科学研究和技术服务业其他事业单位和民办非企业单位。

2.自然科学指县以上政府部门属自然科学与技术领域研究与开发机构(理、工、农、医类)。

3.本表数据由广州市科学技术局提供。

Notes: I.Scientific research and development institutions refer to entities with legal person status, including government department-affiliated research institutions, research and development institutions in other units of the scientific research and technical service industry, and non-enterprise units of private non-profit organizations.

II.Natural science refers to government departments at or above county level belonging to research and development institutions in the field of natural science and technology(science, industry, agriculture and medicine).

III.The data in this table is provided by the Guangzhou Municipal Science and Technology Bureau.

17-3 科协基本情况（2023年）

项　目		Item	
机构数	(个)	Number of Associations for Science & Technology	(unit)
机关人数	(人)	Number of Agency Personnel	(person)
在册学会、协会、研究会	(个)	Number of Registered Societies, Associations and Research Societies	(unit)
企业科协	(个)	Associations in Enterprises	(unit)
乡镇/街道科协个数	(个)	Associations in County-level cities/Communities	(unit)
农技协个数	(个)	Specialized Rural Technological Societies	(unit)
举办科普宣讲活动	(次)	Number of Lectures on Popular Science	(times)
其中：专家科普报告会	(次)	Number of Experts Popular Science Reports	(times)
其中：举办专题展览	(次)	Number of Special Subject Exhibitions	(times)
其中：属于全国科普日、科普周活动	(次)	Number of the Activities of National Science Popularization Day and Science Popularization Week	(times)
其中：举办青少年科普活动	(次)	Number of Lectures on Popular Science for Teenagers	(times)
科普宣讲活动受众人数	(人次)	Number of Participants in Lectures on Popular Science	(person-time)
其中：属于全国科普日、科普周活动受众人数	(人次)	Number of Participants in National Science Popularization Day and Science Popularization Week	(person-time)
其中：青少年科普活动受众人数	(人次)	Number of Participants in Lectures on Popular Science for Teenagers	(person-time)
参加活动科技人员、专家人数	(人次)	Number of Participants in Lectures on Popular Science for Scientists and Experts	(person-time)
参加科普宣讲活动的学会、协会、研究会	(个次)	Number of Participants in Lectures on Popular Science for Academies, Associations and Research societies	(unit-time)
举办青少年科技竞赛	(项)	Number of Teenagers Science and Technology Competitions	(times)
青少年科技竞赛参加人数	(人次)	Number of Persons Engaged in Teenagers Science and Technology Competitions	(person)
科技馆(科普活动中心)	(个)	Number of Science Centers	(unit)
科普活动站(室)	(个)	Number of Popular Science labs	(unit)
接待国外专家学者	(人)	Foreign Experts and Scholars	(person)
接待港澳台地区专家学者	(人)	Experts and Scholars from Hong Kong, Macao and Taiwan	(person)
科学家精神教育基地个数	(个)	Number of Scientist Spirit Education Bases	(unit)
通过媒体宣传科技工作者人次	(人次)	Number of technology workers promoted through media	(person-time)
院士专家服务工作站(中心)个数	(个)	Number of Academician Expert Service Workstations	(unit)
院士专家进站(中心)人次	(人次)	Academicians and experts enter the station	(person-time)
科普教育基地个数	(个)	Number of science popularization education bases	(unit)
实体科技馆服务人次	(人次)	Number of people served by physical science and technology museums	(person-time)
全媒体渠道注册用户数	(人)	Number of registered users across all media channels	(person)
全媒体渠道浏览量	(次)	Number of views across all media channels	(times)

注：本表数据由广州市科学技术协会提供。

Basic Statistics on Associations for Science and Technology (2023)

合 计 Total	# 市科协 City-level Associations	区科协 District-level Associations
14	3	11
117	45	72
220	161	59
349	261	88
147		147
5		5
4360	3543	817
424	289	135
132	77	55
232	12	220
867	645	222
40136808	31561509	8575299
4339470	3120433	1219037
7791197	134060	7657137
5550	4098	1452
33	6	27
35	1	34
55168	9588	45580
2	1	1
468		468
3	3	
73	73	
2		2
5517	5369	148
44	41	3
444	410	34
6	1	5
75900	75900	
1213869	1183775	30094
67461340	63287400	4173940

Note: The data in this table is provided by the Guangzhou Association for Science and Technology.

17-4 专利授权量（2022-2023年）

Patent Certified (2022-2023)

单位：件 (item)

指　标	Indicators	专利授权量 Patent Certified 2022	2023
总　计	**Total**	**146854**	**118070**
按种类分	**By Sort**		
发　明	Creations and Inventions	27604	36339
实用新型	Utility Models	81121	49395
外观设计	Appearance Designs	38129	32336
按对象分	**By Applicant**		
非职务发明创造	Non-position Creations and Inventions	21267	8370
职务发明创造	Position Creations and Inventions	125587	109700
大专院校	Universities and Colleges	14327	13755
科研单位	Research Institutions	3642	3691
工矿企业	Industrial Enterprises	105738	88540
机关团体	Government Agencies and Organizations	1880	3714

注：本表数据由广州市市场监督管理局(知识产权局)提供。

Note: The data in this table is provided by the Guangzhou Municipal Market Supervision Administration (Intellectual Property Bureau).

17-5 主要年份研究与试验发展(R&D)投入情况

Research and Experimental Development (R&D) in Main Years

年份 Year	R&D经费内部支出(亿元) Internal Expenditure on R&D (100 million yuan)	R&D人员(万人) Number of R&D Personnel (10000 persons)	R&D人员折合全时当量(万人年) Number of R&D Personnel (10 000 man-year)	研发强度(%) Percentage of R&D Expenditure in Provincial GDP (%)
2000	29.06		2.58	1.17
2001	32.66		2.72	1.15
2002	34.86		2.82	1.09
2003	37.27		2.89	0.99
2004	44.51		2.99	1.00
2005	47.29		3.05	0.92
2006	51.38		3.07	0.84
2007	100.40		4.36	1.41
2008	129.19		4.80	1.56
2009	171.01	9.07	6.58	1.87
2010	192.43	9.91	6.60	1.79
2011	238.06	11.58	8.41	1.92
2012	262.87	12.87	9.04	1.94
2013	292.07	14.38	10.02	1.90
2014	334.01	15.34	10.28	2.00
2015	380.13	16.57	10.96	2.10
2016	457.46	16.27	11.02	2.34
2017	532.41	19.57	11.80	2.48
2018	600.17	20.36	13.42	2.63
2019	677.74	22.90	15.06	2.87
2020	774.84	23.93	16.04	3.10
2021	881.72	23.57	15.24	3.12
2022	988.36	27.87	18.32	3.43
2023	1042.99	34.99	23.31	3.44

注：1．本表研发强度数据按当年地区生产总值计算，未对过往年份数据进行调整。
2．2009年以前未对R&D人员进行统计。

Notes: I. The Percentage of R&D Expenditure in Provincial GDP data in this table is calculated based on the current year's Provincial GDP, and the previous year's data is not adjusted.

II. No statistics on Number of R&D Personnel before 2009.

17−6 研究与试验发展(R&D)经费投入基本情况（2022−2023年）

Basic situation on investment in Research and Experimental Development (R&D) (2022-2023)

指　标	Item	2022	2023
R&D经费内部支出（亿元）	**Internal Expenditure on R&D (100 million yuan)**	**988.36**	**1042.99**
按支出类型分组	Group by Expenditure Type		
基础研究支出	Basic Research Expenditure	120.97	135.20
应用研究支出	Applied Research Expenditure	179.73	140.94
试验发展支出	Experimental Development Expenditure	687.67	766.85
按部门分组	Grouped by Source of Department		
企业	Enterprises	625.02	686.57
高校	Institutions of Higher Education	162.79	177.50
科研机构	R&D Institutions	160.53	161.18
其他	Others	40.02	17.75
按资金来源分组	Grouped by Source of Funds		
政府资金	Government	275.85	260.43
企业资金	Enterprises	669.93	729.10
境外资金	Abroad	2.01	2.63
其他资金	Others	40.57	50.83
全社会R&D经费内部支出占GDP比例（%）	**Percentage of Research and Development Expenditure in Provincial GDP (%)**	**3.43**	**3.44**

注：由于四舍五入造成的机械误差，此处不作调整。

Note: Mechanical error caused by rounding is not adjusted here.

17-7 研究与试验发展(R&D)人员投入基本情况（2022-2023年）
Basic situation on personnel input in Research and Experimental Development (R&D) (2022-2023)

指　　标	Item	2022	2023
R&D人员　（万人）	**Number of R&D Personnel　(10 000 persons)**	**27.87**	**34.99**
按部门分组	Grouped by Source of Department		
企业	Enterprises	17.57	22.36
高校	Institutions of Higher Education	6.93	8.82
科研机构	R&D Institutions	2.81	3.01
其他	others	0.57	0.80
R&D人员折合全时当量　（万人年）	**Number of R&D Personnel　(10 000 person-years)**	**18.32**	**23.31**
按部门分组	Grouped by Source of Department		
企业	Enterprises	12.41	16.74
高校	Institutions of Higher Education	3.28	3.65
科研机构	R&D Institutions	2.24	2.35
其他	others	0.38	0.58
按类型分组	Group by Type		
基础研究	Basic Research	2.58	2.80
应用研究	Applied Research	2.85	2.90
试验发展	Experimental Development	12.88	17.62

注：由于四舍五入造成的机械误差，此处不作调整。

Note: Mechanical error caused by rounding is not adjusted here.

17-8 规模以上工业企业研发情况（2022-2023年）

Research and Experimental Development (R&D) of Industrial Enterprises above the Designated Size (2022-2023)

项　　目	Item	2022	2023
规模以上工业企业数 （个）	Number of Industrial Enterprises above Designated Size (unit)	6693	6744
#有R&D活动的企业数 （个）	Number of Enterprises Having R&D Activities (unit)	2620	2272
有研发机构的企业数 （个）	Number of Enterprises Having Research and Development Institutions (unit)	3087	3175
R&D经费内部支出合计（万元）	Expenditure for R&D (10000 yuan)	4009981.3	4503821.8
按支出用途分组	Grouped by use of Expenditure		
经常性支出	Recurrent Expenditure	3749553.3	4210875.6
资产性支出	Capital Expenditure	260428.0	292946.2
按支出类型分组	Group by Expenditure Type		
基础研究支出	Basic Research Expenditure	20137.7	898.3
应用研究支出	Applied Research Expenditure	55220.2	23382.3
试验发展支出	Experimental Development Expenditure	3934623.4	4479541.2
按资金来源分组	Grouped by Source of Funds		
政府资金	Government Appropriation Funds	53393.3	46159.5
企业资金	Self-raised Funds of Enterprises	3953515.5	4456638.5
境外资金	Overseas Funds	1945.7	201.9
其他资金	Others	1126.8	821.9
R&D人员 （人）	R&D Personnel (person)	116321	142957
R&D人员折合全时当量（人年）	Full-time Equivalent of R&D Personnel (person-year)	83186	102734
企业办研发机构数 （个）	Number of Research and Development Institutions in Enterprises (unit)	3537	3587
研发机构人员 （人）	Personnel in Research and Development Institutions (person)	123855	128601
#硕士毕业及以上的人员	Personnel with Educational Background of Master and Above	11727	12746

17−9 资质以上建筑业企业研发情况（2022−2023年）

Research and Experimental Development (R&D) of Grade Construction Enterprises (2022-2023)

项　　目	Item	2022	2023
资质以上建筑业企业数　（个）	Number of Grade Construction Enterprises　(unit)	427	453
#有R&D活动的企业数　（个）	Number of Enterprises Having R&D Activities (unit)	118	88
有研发机构的企业数　（个）	Number of Enterprises Having Research and Development Institutions　(unit)	107	114
R&D经费内部支出合计（万元）	Expenditure for R&D　(10000 yuan)	365134.8	189783.4
按支出用途分组	Grouped by use of Expenditure		
经常性支出	Recurrent Expenditure	359074.0	185713.5
资产性支出	Capital Expenditure	6060.8	4069.9
按支出类型分组	Group by Expenditure Type		
基础研究支出	Basic Research Expenditure	7728.8	801.1
应用研究支出	Applied Research Expenditure	12858.4	11604.5
试验发展支出	Experimental Development Expenditure	344547.6	177377.8
按资金来源分组	Grouped by Source of Funds		
政府资金	Government Appropriation Funds	1403.7	293.3
企业资金	Self-raised Funds of Enterprises	363731.1	189311.9
境外资金	Overseas Funds		178.2
其他资金	Others		
R&D人员　（人）	R&D Personnel　(person)	10726	9244
R&D人员折合全时当量（人年）	Full-time Equivalent of R&D Personnel (person-year)	8113	7648
企业办研发机构数　（个）	Number of Research and Development Institutions in Enterprises　(unit)	156	181
研发机构人员　（人）	Personnel in Research and Development Institutions　(person)	14175	15010
#硕士毕业及以上的人员	Personnel with Educational Background of Master and Above	956	1005

注：本表中的建筑业企业指特、一级资质总承包，一级资质专业承包建筑业企业。

Note: Data in this table is the first-grade qualification of construction enterprise refers to the special and general contracting of construction enterprise specialized contracting.

17-10 规模以上服务业企业研发情况（2022-2023年）
Research and Experimental Development (R&D) of Service Enterprises above the Designated Size (2022-2023)

项　　目	Item	2022	2023
规模以上服务业企业数　（个）	Number of Service Enterprises above Designated Size (unit)	9850	10351
#有R&D活动的企业数　（个）	Number of Enterprises Having R&D Activities (unit)	1295	943
有研发机构的企业数　（个）	Number of Industrial Enterprises Having Research and Development Institutions (unit)	1557	1573
R&D经费内部支出合计（万元）	Expenditure for R&D (10000 yuan)	1713732.9	1955562.1
按支出用途分组	Grouped by use of Expenditure		
经常性支出	Recurrent Expenditure	1631437.1	1909749.4
资产性支出	Capital Expenditure	82295.8	45812.7
按支出类型分组	Group by Expenditure Type		
基础研究支出	Basic Research Expenditure	59404.9	10087.1
应用研究支出	Applied Research Expenditure	186578.4	124958.4
试验发展支出	Experimental Development Expenditure	1467749.6	1820516.6
按资金来源分组	Grouped by Source of Funds		
政府资金	Government Appropriation Funds	36768.2	35586.9
企业资金	Self-raised Funds of Enterprises	1665652.8	1917805.9
境外资金	Overseas Funds	10469.4	1453
其他资金	Others	842.5	716.3
R&D人员　（人）	R&D Personnel (person)	48043	70771
R&D人员折合全时当量（人年）	Full-time Equivalent of R&D Personnel (person-year)	32357	56555
企业办研发机构数　（个）	Number of Research and Development Institutions in Enterprises (unit)	1972	1986
研发机构人员　（人）	Personnel in Research and Development Institutions (person)	115918	119696
#硕士毕业及以上的人员	Personnel with Educational Background of Master and Above	19571	20440

注：本表中规模以上服务业只包含以下行业：交通运输、仓储和邮政业，信息传输、软件和信息技术服务业，租赁和商务服务业，科学研究和 技术服务业，水利、环境和公共设施管理业，卫生和社会工作，文化、体育和娱乐业。

Note: The service enterprises above the designated size in this table only includes the following industries: transportation, warehousing and postal service, information transmission software and information technology services, leasing and business services, scientific research and technical services, water environment and public facilities management, health and social work, culture and sports and entertainment.

17-11 高校研究与试验发展(R&D)情况（2022-2023年）

Research and Experimental Development (R&D) of Institutions of Higher Education (2022-2023)

项　　目	Item	2022	2023
R&D经费内部支出合计（万元）	**Expenditure for R&D (10000 yuan)**	**1627872.1**	**1774959.4**
按类型分组	Group by Expenditure Type		
基础研究支出	Basic Research Expenditure	749172.0	930977.9
应用研究支出	Applied Research Expenditure	705464.0	661185.6
试验发展支出	Experimental Development Expenditure	173236.1	182795.9
按资金来源分组	Grouped by Source of Funds		
政府资金	Government Appropriation Funds	1024572.6	1133740.4
企业资金	Self-raised Funds of Enterprises	472967.7	436469.9
境外资金	Overseas Funds	4484.4	20918.4
其他资金	Others	125847.4	183830.7
R&D人员（人）	**R&D Personnel (person)**	**69251**	**88176**
R&D人员折合全时当量（人年）	**Full-time Equivalent of R&D Personnel**	**32785.8**	**36494.6**
按类型分组	Group by Type		
基础研究	Basic Research	18161.1	19954.3
应用研究	Applied Research	12884.8	14148.1
试验发展	Experimental Development	1739.9	2392.2

17-12　科研机构研究与试验发展(R&D)情况（2022-2023年）

Research and Experimental Development (R&D) of R&D Institutions (2022-2023)

项　　目	Item	2022	2023
R&D经费内部支出合计（万元）	**Expenditure for R&D (10000 yuan)**	**1605287.5**	**1611776.2**
按类型分组	Group by Expenditure Type		
基础研究支出	Basic Research Expenditure	323429.4	343117.8
应用研究支出	Applied Research Expenditure	548973.6	499468.7
试验发展支出	Experimental Development Expenditure	732884.5	769189.7
按资金来源分组	Grouped by Source of Funds		
政府资金	Government Appropriation Funds	1271539.5	1235333.3
企业资金	Self-raised Funds of Enterprises	65124.7	61006.1
境外资金	Overseas Funds	3180.0	3561.4
其他资金	Others	265443.3	311875.4
R&D人员（人）	**R&D Personnel (person)**	**28107**	**30146**
R&D人员折合全时当量（人年）	**Full-time Equivalent of R&D Personnel**	**22417**	**23494**
按类型分组	Group by Type		
基础研究	Basic Research	6112	6601
应用研究	Applied Research	6937	6634
试验发展	Experimental Development	9368	10259

17-13 各区研究与试验发展(R&D)投入情况（2023年）

Research and Experimental Development (R&D) by District (2023)

地区	Districts	R&D经费内部支出(亿元) Internal Expenditure on R&D (100 million yuan)	研发强度(%) Percentage of R&D Expenditure in Provincial GDP (%)
全 市	**Total**	**1042.99**	**3.44**
荔湾区	Liwan	15.35	1.20
越秀区	Yuexiu	57.11	1.50
海珠区	Haizhu	93.74	3.45
天河区	Tianhe	203.15	3.10
白云区	Baiyun	49.66	1.77
黄埔区	Huangpu	293.83	6.81
番禺区	Panyu	101.36	3.54
花都区	Huadu	45.08	2.50
南沙区	Nansha	127.25	5.48
从化区	Conghua	10.00	2.36
增城区	Zengcheng	46.47	3.20

注：1.本表研发强度数据按当年地区生产总值计算。
2.由于四舍五入造成的机械误差，此处不作调整。

Notes: I.The Percentage of R&D Expenditure in Provincial GDP data in this table is calculated based on the current year's Provincial GDP.
II.Mechanical error caused by rounding is not adjusted here.

主要统计指标解释

【研究与试验发展（R&D）】 指为增加知识存量（也包括有关人类、文化和社会的知识）以及设计已有知识的新应用而进行的创造性、系统性工作，包括基础研究、应用研究和试验发展三种类型。应当满足五个条件：新颖性、创造性、不确定性、系统性、可转移性（可复制性）。

Explanatory Notes on Main Statistical Indicators

【Research and Experimental Development(R&D)】 refers to the creative and systematic work to increase the stock of knowledge (including human, cultural and social knowledge) and design new applications of existing knowledge. It includes three types: basic research, applied research and experimental development. Five conditions should be met: novelty, creativity, uncertainty, systematicness, transferability (replicability).

第十八篇 CHAPTER 18

教育、文化、体育、卫生、社会福利和其他

EDUCATION, CULTURE, SPORTS, PUBLIC HEALTH, SOCIAL WELFARE AND OTHERS

第十八篇　教育、文化、体育、卫生、社会福利和其他

简要说明

一、本篇资料反映广州市教育、文化、体育、卫生、社会福利及其他事业的发展情况。

二、本篇资料由广州市统计局社会和科技统计处（统计设计管理处）整理提供。

三、教育部分包括高等、中等、基础教育、幼儿教育、各级成人教育。资料由省教育厅、市教育局、省人力资源和社会保障厅等相关部门提供。

四、文化部分主要包括文化机构、人员及业务活动开展情况等。文化统计资料根据省文化和旅游厅、市文化广电旅游局、省广播电视局、省委办公厅（省档案局）、市委办公厅（市档案局）、市委宣传部等有关部门提供的统计年报加工整理。

五、体育部分主要包括体育行政部门主办的运动会和比赛活动、全民健身活动情况及运动竞技成绩等，资料由市体育局提供。

六、卫生部分主要包括卫生事业机构、床位及人员数、医院业务情况、妇幼保健情况等，资料由市卫生健康委员会提供。

七、社会福利部分主要包括社会福利事业的机构数、收养救济人数、婚姻登记状况等，资料由市民政局、市退役军人事务局、市应急管理局、市医疗救助服务中心提供。

八、社会保险部分主要包括五种险种的年末参保人数和全年享受人数。其中养老保险、失业保险和工伤保险数据由市人力资源和社会保障局提供，医疗保险和生育保险数据由市医疗保障局提供。

九、其他部分主要包括司法工作开展情况和刑事案件、治安案件、交通事故、火灾事故发生情况等，资料由市司法局、市公安局、市消防救援支队提供。

Chapter 18 Education, Culture, Sports, Public Health, Social Welfare and Others

Brief　Introduction

I. The data in this chapter show the development conditions of Guangzhou's education, culture, sports, public health, social welfare and others.

II.The data in this chapter are prepared and provided by the Division of Social, Science and Technology Statistic (Statistical Design Management Office) of Guangzhou Municipal Bureau of Statistics.

III.The data on education cover the situations on higher education, secondary education, primary education, kindergartens and adult education at all levels. The data are provided by Guangdong Provincial Bureau of Education, Guangzhou Municipal Bureau of Education, Guangdong Provincial Bureau of Human Resources and Social Security, etc.

IV. The data on culture mainly cover the situations on institutes, employed persons and business activities of culture. The cultural statistics are processed according to the statistical annual reports provided by the Guangdong Provincial Department of Culture and Tourism, Guangzhou Bureau of Culture, Radio and Television Tourism, Guangdong Radio and Television Bureau, Guangdong Provincial Committee Office (Provincial Archives Bureau),Guangzhou Committee Office (Municipal Archives Bureau), Publicity Department of the CPC Guangzhou Municipal Committee and other relevant departments.

V. The data on sports mainly include the sports games and matches organized by sports administrative departments, mass sports and athletics sports. The data are provided by Guangzhou Municipal Bureau of Sports.

VI. The data on public health mainly include the number of institutions, hospital beds and personnel, hospital business, women and babies hygiene. The data are provided by Guangzhou Municipal Health Commission.

VII. The data on social welfare mainly include the number of institutions, the number receiving social welfare relief funds and marriage registrations, etc. The data are provided by Guangzhou Municipal Civil Affairs Bureau, Guangzhou Municipal Veterans Affairs Bureau, and Municipal Emergency Management Bureau and Guangzhou Municipal Medical Assistance Service Center.

VIII.The part of social insurance mainly includes the number of insurance participants at the end of the year and the number of people enjoying the whole year of five kinds of insurance. The data of endowment insurance, unemployment insurance and industrial injury insurance are provided by Guangzhou Municipal Human Resources and Social Security Bureau, and the data of medical insurance and reproductive insurance are provided by Guangzhou Municipal Medical Security Bureau.

IX. The data on others mainly include the judicial conditions, basic statistics on traffic accidents and fires, etc. The data are provided by Guangzhou Municipal Bureau of Justice, Guangzhou Municipal Bureau of Public Security and Municipal Fire Brigade and Emergency Management Bureau.

18-1 教育事业基本情况（2022-2023年）

Basic Statistics on Education (2022-2023)

项　　目		Item		2022	2023
学校数	**（所）**	**Number of Schools**	**(unit)**	**1774**	**1799**
普通、职业高等学校		Regular and Vocational Institutions of Higher Education		84	84
中等职业学校		Vocational Secondary Schools		77	75
技工学校		Technical Schools		47	47
普通中学		Regular Secondary Schools		555	566
高　中		Senior Secondary Schools		126	134
初　中		Junior Secondary Schools		429	432
小　学		Primary Schools		992	1008
特殊教育学校		Special Schools		19	19
专任教师	**（人）**	**Number of Full-time Teachers**	**(person)**	**214858**	**226116**
普通、职业高等学校		Regular and Vocational Institutions of Higher Education		80015	84415
中等职业学校		Vocational Secondary Schools		6606	6529
技工学校		Technical Schools		10878	11482
普通中学		Regular Secondary Schools		48728	50932
高　中		Senior Secondary Schools		14885	15441
初　中		Junior Secondary Schools		33843	35491
小　学		Primary Schools		67290	71311
特殊教育学校		Special Schools		1341	1447
招生数	**（人）**	**New Student Enrollment**	**(person)**	**1024718**	**1106385**
普通、职业高等学校		Regular and Vocational Institutions of Higher Education		451623	462613
中等职业学校		Vocational Secondary Schools		55330	43364
技工学校		Technical Schools		86861	93747
普通中学		Regular Secondary Schools		215716	232734
高　中		Senior Secondary Schools		61936	67500
初　中		Junior Secondary Schools		153780	165234
小　学		Primary Schools		213837	272459
特殊教育学校		Special Schools		1351	1468
在校学生	**（人）**	**Total Student Enrollment**	**(person)**	**3738667**	**3840484**
普通、职业高等学校		Regular and Vocational Institutions of Higher Education		1489276	1468613
中等职业学校		Vocational Secondary Schools		163313	148862
技工学校		Technical Schools		271498	276881
普通中学		Regular Secondary Schools		602372	643034
高　中		Senior Secondary Schools		170272	183621
初　中		Junior Secondary Schools		432100	459413
小　学		Primary Schools		1204223	1294475
特殊教育学校		Special Schools		7985	8619
毕业生数	**（人）**	**Graduates**	**(person)**	**826299**	**951603**
普通、职业高等学校		Regular and Vocational Institutions of Higher Education		358211	461710
中等职业学校		Vocational Secondary Schools		56396	53150
技工学校		Technical Schools		69215	72055
普通中学		Regular Secondary Schools		176310	186663
高　中		Senior Secondary Schools		52616	53426
初　中		Junior Secondary Schools		123694	133237
小　学		Primary Schools		164954	176673
特殊教育学校		Special Schools		1213	1352

注：本表普通、职业高等学校数据由广东省教育厅提供，仅包括本专科生；技工学校数据由广东省人力资源和社会保障厅提供；其余数据由广州市教育局提供。

Note: The data of regular and vocational institutions of higher education in this table are provided by the Department of Education of Guangdong Province,including only junior college students;the data of technical schools are provided by Human Resources and Social Security Department of Guangdong Province; and the rest of the data are provided by the Bureau of Education of Guangzhou City.

18-2 主要年份每万人口在校学生数、每个教师负担学生数
Students Enrollment per 10000 Persons and Students Taught by Every Teacher in Main Years

单位：人 (person)

年 份 Year	平均每万人口在校学生数 Students Enrollment Per 10000 Persons			平均每个教师负担学生数 Students Taught by Every Teacher		
	普通、职业高校 Regular and Vocational Institutions of Higher Education Students	普通中学生 High School Students	小学生 Primary School Students	普通、职业高校 Regular and Vocational Institutions of Higher Education Students	普通中学 Regular Secondary Schools	小 学 Primary School Students
1978	44.94	795.85	1178.65	3.10	18.25	24.05
1980	54.28	598.04	1175.91	3.65	15.83	21.80
1985	94.77	456.79	993.46	4.83	15.15	20.43
1986	99.43	471.25	967.81	4.87	16.10	21.05
1987	103.35	487.88	938.26	5.18	16.40	21.04
1988	112.42	481.43	919.33	5.52	16.21	21.05
1989	116.10	463.41	941.98	5.74	15.44	21.93
1990	110.16	446.65	963.03	5.52	15.25	22.79
1991	106.92	446.28	985.58	5.58	15.56	23.24
1992	109.37	461.81	1009.11	6.04	15.99	24.16
1993	126.51	469.79	1034.06	6.87	15.94	24.52
1994	139.74	475.66	1058.77	7.75	16.20	24.62
1995	147.56	494.03	1073.74	8.13	16.42	23.90
1996	151.23	516.39	1074.82	8.23	16.53	22.77
1997	153.60	538.65	1085.07	8.72	16.79	22.24
1998	160.76	562.95	1087.87	9.33	16.99	22.14
1999	196.03	581.75	1083.13	10.83	17.25	22.81
2000	264.14	606.92	1080.31	13.95	17.59	22.16
2001	343.44	642.86	1106.66	16.48	17.60	22.04
2002	414.97	668.15	1133.21	14.40	17.38	22.04
2003	516.75	705.69	1168.69	14.48	17.21	21.76
2004	623.14	719.53	1185.82	15.45	17.28	21.88
2005	738.58	733.24	1203.62	15.89	17.09	22.02
2006	814.28	746.16	1174.64	16.22	16.89	21.85
2007	888.35	745.78	1149.31	16.33	16.38	21.24
2008	938.77	742.25	1100.35	16.90	16.07	20.45
2009	1001.75	723.94	1043.13	17.30	15.50	19.61
2010	1046.88	709.90	1023.16	17.32	14.97	18.88
2011	1100.10	689.46	1006.37	17.31	14.48	18.74
2012	1142.17	669.67	1000.36	17.49	13.74	18.43
2013	1181.11	657.14	1032.38	17.74	13.41	19.06
2014	1209.96	632.55	1068.44	17.82	12.84	19.00
2015	1221.30	603.18	1097.96	17.66	12.38	19.01
2016	1214.58	580.92	1112.63	17.71	12.07	18.60
2017	1188.74	567.37	1118.98	17.43	11.90	18.31
2018	1171.09	554.53	1140.96	17.32	11.82	18.52
2019	1196.32	551.76	1158.33	17.09	11.91	18.40
2020	1326.90	551.41	1142.11	18.36	12.00	17.97
2021	1396.47	563.10	1151.13	18.66	12.08	17.92
2022	1439.04	582.05	1163.60	18.61	12.36	17.90
2023	1389.93	608.58	1225.12	17.40	12.63	18.15

注：1.普通、职业高校数据仅包括本专科生。
2.平均每万人口在校学生数用年末户籍人口计算。

Notes: I.The data for regular and vocational institutions of higher education only include junior college students.
II.The average number of students in school per 10000 population is calculated by the registered residence population at the end of the year.

18-3 主要年份各级各类学校在校学生数

Students Enrollment by Various Schools in Main Years

单位：人 (person)

年份 Year	普通、职业高等学校 Regular and Vocational Institutions of Higher Education	中等职业学校 Vocational Secondary Schools	技工学校 Technical Schools	普通中学 Regular Secondary Schools	小学 Primary Schools	特殊教育学校 Special Schools
1978	21699			384313	569165	326
1980	27239	18852	8273	300134	590146	289
1985	51647	48959	5615	248940	541420	372
1986	55223	61913	8670	261733	537528	481
1987	58402	69693	12479	275690	530189	546
1988	64859	78025	17225	277743	530368	651
1989	67969	84662	18514	271291	551458	724
1990	65465	95048	20319	265423	572286	854
1991	64389	103860	21692	268760	593537	949
1992	66958	113218	23842	282720	617779	1032
1993	78901	141307	25242	292991	644907	1680
1994	89019	154144	29742	303004	674464	3760
1995	95429	182090	36078	319493	694401	5411
1996	99214	212396	43446	338776	705134	6096
1997	102372	210956	50566	359000	723183	5977
1998	108378	210566	58396	379505	733375	5827
1999	134283	227084	59779	398499	741950	6106
2000	185078	219640	59570	425261	756961	5224
2001	244736	209340	64008	458099	788604	5877
2002	299037	200090	76660	481481	816617	5495
2003	374742	200337	87878	511756	847524	4947
2004	459676	184682	104317	530776	874749	5302
2005	554327	191499	122108	550320	903353	5010
2006	619442	216555	153175	567619	893575	5045
2007	687115	237411	173413	576845	888965	5340
2008	736152	244070	196197	582051	862859	5246
2009	796006	251077	242085	575252	828889	5131
2010	843934	248060	252812	572280	824807	5153
2011	896123	248614	269188	561618	819771	4527
2012	939208	239446	289967	550669	822594	4719
2013	983051	240579	279329	546941	859263	4389
2014	1019291	244585	240350	532870	900072	4386
2015	1043221	237130	236323	515228	937870	4281
2016	1057281	216974	222298	505685	968531	2969
2017	1067335	196796	229651	509427	1004695	2975
2018	1086407	184094	226342	514428	1058455	2846
2019	1140949	180249	244098	526222	1104714	4938
2020	1307144	123657	262527	543203	1125103	5757
2021	1412569	171402	269212	569589	1164403	7571
2022	1489276	163313	271498	602372	1204223	7985
2023	1468613	148862	276881	643034	1294475	8619

注：普通、职业高等学校数据仅包括本专科生。
Note: The data for regular and vocational institutions of higher education only include junior college students.

18-4 主要年份研究生基本情况

Basic Statistics on Postgraduates in Main Years

单位：人 (person)

年 份 Year	培养单位 (所) Training Units (unit)	#普通高校 Regular Institutions of Higher Education	毕业生数 Graduates	#普通高校 Regular Institutions of Higher Education	#博 士 Doctors
1985	15	12	654	650	7
1990	25	13	1491	1438	101
1991	24	13	1272	1234	109
1992	19	13	947	917	76
1993	18	13	1025	1003	76
1994	18	13	1079	1064	142
1995	21	13	1259	1215	154
1996	21	13	1440	1396	188
1997	21	13	1770	1715	253
1998	21	13	1843	1759	420
1999	21	13	2168	2059	371
2000	21	13	2131	2028	417
2001	22	14	2753	2671	540
2002	20	12	3133	3022	574
2003	20	12	4439	4299	772
2004	24	16	6541	6303	1160
2005	24	16	9006	8699	1331
2006	24	16	11790	11360	1579
2007	26	18	12624	12170	1751
2008	26	18	14773	14286	2086
2009	26	18	15395	14969	2462
2010	26	18	16244	15828	2265
2011	26	18	18584	18155	2374
2012	27	19	20816	20372	2583
2013	27	19	21833	21382	2700
2014	22	19	22717	22636	2788
2015	22	19	23218	23132	2881
2016	22	19	24138	24057	2896
2017	22	19	24127	24044	2979
2018	22	19	25418	25315	3031
2019	22	19	26703	26599	2985
2020	22	19	31506	31399	3284
2021	22	19	33918	33802	3604
2022	22	19	38555	38425	4328
2023	22	19	45483	45354	4861

注：1.本表数据由广东省教育厅提供。
2.2014年起，中国科学院在我市研究所招收的研究生不再纳入全市教育事业统计，因此2014年及以后的研究生数据不含中国科学院在广州的数据。下表同。

Notes: I.The data in this table are provided by the Department of Education of Guangdong Province.
II.Since 2014, Guangzhou education statistics does not include the recruit students of Chinese Academic of Sciences in Guangzhou. So since 2014 the statistic of graduates does not contain the graduates of Chinese Academy of Sciences in Guangzhou.The same as the following table.

18−4 续表 continued

单位:人 (person)

年 份 Year	招生数 New Students Enrollment	#普通高校 Regular Institutions of Higher Education	#博 士 Doctors	在校学生数 Students Enrollment	#普通高校 Regular Institutions of Higher Education	#博 士 Doctors
1985	1526	1518	74	2878	2859	92
1990	1113	1090	76	3355	3264	293
1991	1171	1157	167	3216	3149	338
1992	1258	1228	162	3492	3426	417
1993	1521	1490	201	3940	3865	533
1994	1866	1831	298	4656	4562	681
1995	1875	1782	407	5283	5080	935
1996	2367	2249	457	6162	5888	1192
1997	2387	2288	457	6696	6388	1391
1998	2997	2921	582	7821	7521	1539
1999	3673	3559	788	9253	8952	1933
2000	5435	5274	1048	12492	12135	2549
2001	7080	6837	1352	17150	16631	3421
2002	8245	7910	1596	20408	19674	4256
2003	10864	10403	2104	26294	25253	5499
2004	13642	13143	2656	34599	33302	7474
2005	15642	15140	2780	40594	39124	8980
2006	17093	16586	2672	45238	43725	9149
2007	18084	17578	2819	49838	48298	9846
2008	19298	18776	2893	53826	52313	10753
2009	22181	21684	3132	60129	58635	11530
2010	23390	22844	3059	65911	64321	11528
2011	24216	23690	3119	69825	68223	12125
2012	25042	24504	3195	73118	71484	12526
2013	26002	25457	3294	76193	74535	13389
2014	26524	26440	3463	77211	76943	13818
2015	27137	27037	3434	79547	79268	14085
2016	28563	28459	3617	82282	81979	14532
2017	34074	33963	3847	90716	90391	15171
2018	37356	37244	4580	101092	100757	16394
2019	39531	39395	5193	112432	112064	18460
2020	49965	49832	5782	128828	128434	20691
2021	53607	53461	6321	146120	145695	23014
2022	56636	56435	6868	162045	161554	25280
2023	59014	58800	7533	172938	172363	27718

18-5 普通高等院校各类专业本科学生数（2023年）

Students Enrollment in Regular Institutions of Higher Education by Field of Study (2023)

单位：人 (person)

项 目	Item	毕业生数 Number of Graduates	招生数 New Students Enrollment	在校学生数 Number Of Students Enrollment
合 计	**Total**	**190122**	**228454**	**811688**
哲 学	Philosophy	180	205	861
经济学	Economics	15444	15234	60654
法 学	Law	7969	9624	34127
教育学	Education	4262	9388	26964
文 学	Literature	26947	30250	106383
历史学	History	635	752	3009
理 学	Science	9644	9807	41718
工 学	Engineering	51051	64557	231303
农 学	Agriculture	2474	2420	9757
医 学	Medicine	10721	14688	61079
管理学	Management	45431	48877	164659
艺术学	Art	15364	22652	71174

注：本表数据由广东省教育厅提供。

Note: The data in this table are provided by the Department of Education of Guangdong Province.

18-6 普通、职业高等院校本专科基本情况（2023年）

单位：人

院 校 名 称	Name of Universities, Institutes and Colleges	毕业生数 Number of Graduates
合 计	**Total**	**461710**
中山大学	Sun Yat-sen University	7468
华南理工大学	South China University of Technology	6072
暨南大学	Jinan University	6160
华南农业大学	South China Agricultural University	9526
南方医科大学	Southern Medical University	3022
广州中医药大学	Guangzhou University of Traditional Chinese Medicine	2740
华南师范大学	South China Normal University	7035
广东工业大学	Guangdong University of Technology	8950
广东外语外贸大学	Guangdong University of Foreign Studies	4782
广东财经大学	Guangdong Business Institute	5955
仲恺农业工程学院	Zhongkai Agritechnical College	6665
广东药科大学	Guangdong Pharmaceutical University	3515
星海音乐学院	Xinghai Conservatory of Music	1217
广州美术学院	Guangzhou Academy of Fine Arts	1403
广州体育学院	Guangzhou Institute of Physical Education	1816
广东技术师范大学	Guangdong Polytechnic Normal University	8308
广东金融学院	Guangdong Finance College	4717
广东警官学院	Guangdong Police College	1677
广州大学	Guangzhou University	9630
广州医科大学	Guangzhou Medical Institute	2036
广东白云学院	Guangdong Baiyun Vocational Technical College	8977
广东培正学院	Guangdong Peizheng College	4665
广东第二师范学院	Guangdong University of Education	4111
广州民航职业技术学院	Guangzhou Civil Aviation College	4285
广州航海学院	Guangzhou Maritime College	2691
香港科技大学(广州)	The HongKong University of Science and Technology(Guangzhou)	
广东轻工职业技术学院	Guangdong Light Industry Technical College	10737
广东省外语艺术职业学院	Guangdong College of Foreign Languages and Art	6799
广东机电职业技术学院	Guangdong Machinery and Electricity College	10573
广东工贸职业技术学院	Guangdong Vocational College of Industry & Commerce	10016
广东交通职业技术学院	Guangdong Communication Polytechnic College	10903
广东水利电力职业技术学院	Guangdong Technical College of Water Resources and Electric Engineering	6765
广东生态工程职业学院	Guangdong Eco-engineering Polytechnic	6987
广东司法警官职业学院	Judicial Police Officers' Professional Institute of Guangdong	1966
广东女子职业技术学院	Guangdong Women's Professional College	3022
广东农工商职业技术学院	Guangdong AIB Polytechnic College	8327
广东邮电职业技术学院	Guangdong Posts & Telecom Vocational Technology College	2891
广东建设职业技术学院	Guangdong Construction Vocational Technology Institute	8001
广东行政职业学院	Guangdong Vocational of Administration	1892

Basic Statistics on Regular and Vocational Institutions of Higher Education (2023)

(person)

招生数 Number of New Entrants	在校学生数 Number of Enrolled Students	校本部教职工人数 Number of Teachers and Staff	#专任教师 Full-time Teachers	#正高级 Professors	#副高级 Associate Professors	#中 级 Lecturers
462613	**1468613**	**120541**	**84415**	**11484**	**22501**	**30134**
7947	33467	10043	4960	1785	2269	786
6919	27757	4530	2602	1066	1111	415
7338	29686	6384	2736	832	1045	723
8834	37611	3390	2626	481	958	1088
2982	14313	3549	2242	730	925	580
2942	13002	2154	1697	457	538	601
7931	30396	5498	2601	683	694	973
9919	39447	4235	2986	553	976	1240
5425	20930	2335	1608	360	423	597
5879	29147	1975	1567	242	439	685
4971	23626	1623	1306	136	352	560
5800	23942	1951	1666	211	490	776
1315	5407	638	407	43	109	136
1889	7146	1025	549	77	179	250
1830	6710	835	651	66	101	268
8329	36533	2356	1603	158	344	808
6822	27919	1641	1287	101	284	608
1727	7525	673	311	35	97	115
7459	31290	3246	2048	465	809	758
2140	9758	1851	1308	436	395	308
11108	33707	1896	1387	91	328	549
5250	18542	1198	935	14	131	302
4039	15932	1247	928	52	164	513
4654	13541	744	605	33	173	322
3279	13980	988	707	79	203	361
135	135	717	179	41	116	
2308	18328	1389	1055	104	326	502
8359	19417	1075	956	38	228	379
10180	25043	1296	1084	46	366	483
7702	22138	1203	959	34	236	355
9370	26182	1737	1410	89	437	653
4529	17069	840	703	40	217	290
5435	12843	777	650	15	150	226
1609	4842	307	225	15	63	86
3001	9159	375	323	13	87	132
5996	18979	1362	1143	35	339	442
2732	9088	526	364	9	63	139
7333	21309	1039	959	22	189	376
3781	8041	293	229	4	31	95

18-6 续表

单位：人

院 校 名 称	Name of Universities, Institutes and Colleges	毕业生数 Number of Graduates
广东体育职业技术学院	Guangdong Sports Vocational Technical Institute	1781
广东食品药品职业学院	Guangdong Food and Drug Vocational School	7562
广东文艺职业学院	Guangdong Vocational Literature and Art College	1620
广州工程技术职业学院	Guangzhou Institute of Technology	5961
广州番禺职业技术学院	Guangzhou Panyu Polytechnic College	5037
广州体育职业技术学院	Guangzhou Sports Training and Technical College	1322
广东理工职业学院	Guangdong Polytechnic Institute of Technology	4984
广州城市职业学院	Guangzhou City Polytechnic College	5365
广东工程职业技术学院	Guangdong Polytechnic College of Engineering	9572
广州铁路职业技术学院	Guangzhou Railway Vocational Technical College	3497
广东科贸职业学院	Guangdong Vocational College of Science and Trade	11561
广州科技贸易职业学院	Guangzhou Polytechnic of Science and Trade	2873
广东青年职业学院	Guangdong Youth Polytechnic College	2355
广东舞蹈戏剧职业学院	Guangdong Dance and Drama College	1503
广东南华工商职业学院	Guangdong Nanhua Vocational College of Industry and Commerce	5488
私立华联学院	Private Hualian University	3297
广东岭南职业技术学院	Guangdong Lingnan Polytechnic College	11757
广州康大职业技术学院	Kanda Vocational Technical College	1334
广州工商学院	Guangdong College of Technology and Business	9193
广州涉外经济职业技术学院	Guangzhou International Economics College	6249
广州南洋理工职业学院	Guangzhou Nanyang Institute of Technology	4711
广州科技职业技术大学	Guangzhou Vocational University of Science and Technology	8047
广州现代信息工程职业技术学院	Guangzhou Modern Information Engineering College	4269
广州华南商贸职业学院	South China Business Trade College	3686
广州华立科技职业学院	Guangzhou HuaLi Vocational College of Science and Technology	6744
广州珠江职业技术学院	Guangzhou Pearl-River Vocational College of Technology	1795
广州松田职业学院	Guangzhou Songtian Polytechnic College	5406
广州城建职业学院	Guangzhou City Construction College	8626
广州华商职业学院	Guangzhou Huashang Vocational College	9983
广州华夏职业学院	Guangzhou Huaxia Technical College	10590
广州东华职业学院	Guangdong Donghua Polytechnic College	4035
广州华立学院	Guangzhou Huali College	5908
广州应用科技学院	Guangzhou College of Applied Science and Technology	5331
广州商学院	Guangzhou College of Commerce	7462
广州新华学院	Guangzhou Xinhua University	6009
广州软件学院	Software Engineering Institute of Guangzhou	3491
广州南方学院	Nanfang College Guangzhou	5846
广东外语外贸大学南国商学院	South China Business College, Guangdong University of Foreign Studies	2292
广州华商学院	Guangzhou Huashang College	9287
华南农业大学珠江学院	Zhujiang College of South China Agriculture University	3660
广州理工学院	Guangzhou Institute of Science and Technology	4368
广州城市理工学院	Guangzhou Health Science College	7392
广州卫生职业技术学院	Guangzhou Health Science College	2080
广东科学技术职业学院	Guangdong Polytechnic of Science and Technology	12079
广州幼儿师范高等专科学校	Guangzhou Normal School of Pre-school Education	

注：1.本表数据由广东省教育厅提供。
2.2022年6月，教育部依法批准正式设立香港科技大学(广州)。

continued

(person)

招生数 Number of New Entrants	在校学生数 Number of Enrolled Students	校本部教职工人数 Number of Teachers and Staff	#专任教师 Full-time Teachers	#正高级 Professors	#副高级 Associate Professors	#中 级 Lecturers
1833	4633	314	242	17	48	91
7423	20547	822	702	27	185	275
3034	7338	577	390	9	81	164
3422	9552	433	383	7	85	225
4229	12936	964	642	60	170	314
793	2946	502	142	7	45	70
4845	15906	983	717	32	166	352
6373	17075	762	564	21	149	255
6959	21645	1095	1041	23	164	468
4880	12154	601	510	35	138	223
8247	28405	1698	1428	30	357	360
4444	11684	506	474	21	89	221
	2958	113	101	1	15	55
2350	6939	497	417	17	89	139
4838	14571	674	592	10	79	262
2609	7562	445	314	1	27	143
4776	14700	1270	1184	60	193	403
995	2703	161	112	2	8	48
7929	28344	2155	1476	13	171	503
4150	10608	689	512	15	88	184
6758	14138	914	791	26	166	227
6175	17398	1465	1170	114	240	340
3143	8167	571	425	5	81	150
6657	11528	891	676	13	55	142
7550	20740	1044	885	10	168	203
2146	6536	433	355	21	40	115
8086	13971	746	535	7	66	190
7552	20186	1389	1107	24	221	295
9523	22627	1405	1268	77	178	287
6235	16498	832	761	46	116	210
4000	11783	725	597	25	95	141
9913	25248	1300	1029	178	215	208
11747	26483	1433	1134	93	227	393
8398	28825	1810	1322	35	249	545
8845	25300	1476	1099	53	143	536
3849	16273	970	693	51	172	269
4934	19029	1064	840	95	166	391
3504	9427	827	464	81	92	203
12043	32042	1676	1424	183	254	450
5709	12524	676	518	39	103	160
14168	31656	1432	1134	63	138	235
5643	22329	1211	949	58	146	484
3082	8992	431	320	6	77	148
8219	26171	1487	1308	82	347	557
1407	3649	131	106		14	20

Notes: I. The data in this table are provided by the Department of Education of Guangdong Province.
II. In June 2022, the Ministry of Education officially approved the establishment of the Hong Kong University of Science and Technology (Guangzhou) in accordance with the law.

18-7 高中、初中、小学毕业生升学情况（2022-2023年）

Statistics on Graduates of Senior, Junior Secondary Schools and Primary Schools Entering Higher Level Schools (2022-2023)

项　目	Item	2022	2023
高中毕业生数（人）	Graduates of Senior Secondary Schools (person)	52616	53426
已升学人数（人）	Students Entering Institution of Higher Education (person)	51785	52340
升学率 (%)	Percentage of Graduates of Senior Secondary Schools Entering Institution of Higher Education (%)	98.42	97.97
初中毕业生数（人）	Graduates of Junior Secondary Schools (person)	123694	133237
已升学人数（人）	Students Entering Senior Secondary Schools (person)	119363	129238
升学率 (%)	Percentage of Graduates of Junior Secondary Schools Entering Senior Secondary Schools (%)	96.50	97.00
小学毕业生数（人）	Graduates of Primary Schools (person)	164954	176673
已升学人数（人）	Students Entering Junior Secondary Schools (person)	162146	173752
升学率 (%)	Percentage of Graduates of Primary Schools Entering Junior Secondary Schools (%)	98.30	98.35

注：本表数据由广州市教育局提供。
Note: The data in this table are provided by Guangzhou Municipal Education Bureau.

18-8 普通中学专任教师学历情况（2023年）

Diploma Qualifications of Full-time Teachers in Regular Secondary Schools (2023)

项　目	Item	高　中 Senior Secondary Schools	初　中 Junior Secondary Schools
专任教师(人)	**Full-time Teachers**	**15441**	**35491**
#研究生毕业	Postgraduates	4503	5353
本科毕业	Graduates Attending Regular College Course	10918	29593
大专毕业	Junior College Graduate		544
学历达标率(%)	**Diploma Qualification Rate**	**99.87**	**100.00**

注：1.高中专任教师学历达标率为本科及以上学历的专任教师占比；初中专任教师学历达标率为大专及以上学历的专任教师占比。
2.本表数据由广州市教育局提供。

Notes: I.The diploma qualification rate of teachers in senior secondary schools is the proportion of full-time teachers with a bachelor's degree or above. The diploma qualification rate of teachers in junior secondary schools is the proportion of full-time teachers with a junior college degree or above.
II.The data in this table are provided by Guangzhou Municipal Education Bureau.

18-9 各类学校教职工人数及专任教师数（2022-2023年）

Number of Educational Personnel and Full-time Teachers by Type of School (2022-2023)

单位：人 (person)

项目	Item	2022	2023
各类学校教职工人数	**Number of Staff and Workers by Type of School**	**275436**	**290008**
普通、职业高等学校	Regular and Vocational Institutions of Higher Education	116092	120541
中等职业学校	Vocational Secondary Schools	8776	8509
技工学校	Technical Schools	13707	14507
普通中学	Regular Secondary Schools	57370	61555
小学	Primary Schools	77924	83245
特殊教育学校	Special Schools	1567	1651
各类学校专任教师数	**Number of Full-time Teachers by Type of School**	**214858**	**226116**
普通、职业高等学校	Regular and Vocational Institutions of Higher Education	80015	84415
中等职业学校	Vocational Secondary Schools	6606	6529
技工学校	Technical Schools	10878	11482
普通中学	Regular Secondary Schools	48728	50932
小学	Primary Schools	67290	71311
特殊教育学校	Special Schools	1341	1447

18-10 小学教育情况（2022-2023年）
Statistics on Primary Education (2022-2023)

项　目	Item	2022	2023
小学毛入学率 (%)	Percentage of School-age Children Enrolled (%)	101.26	101.69
小学在校学生数 (人)	Number of Children Enrolled in Schools (person)	1204223	1294475
小学校内外学龄人口总数 (人)	Number of School-age Population in and out of Primary Schools (person)	1189249	1272905
毕业率 (%)	Percentage of Graduation (%)	99.40	99.67
上学年预计毕业生数 (人)	Number of Graduated Pupils in Previous Year (person)	165945	177263
毕业生人数 (人)	Number of Graduates (person)	164954	176673

注：1.本表数据由广州市教育局提供。
　　2.小学毛入学率＝小学在校学生数/小学校内外学龄人口总数。
Notes: I.The data in this table are provided by Guangzhou Municipal Education Bureau.
　　II. Percentage of School-age Children Enrolled is equal to the number of children enrolled in schools divided by the number of school-age population in and out of primary schools.

18-11 成人高等教育基本情况（2022-2023年）
Basic Statistics on Adult Higher Education (2022-2023)

单位：人 (person)

项　目	Item	2022	2023
成人高等教育	**Higher Education for Adults**		
学校数 (所)	Number of Schools (unit)	9	9
教职工人数	Number of Educational Personnel	799	726
#专任教师数	Number of Full-time Teachers	299	291
聘请校外教师 (人次)	Number of Teachers Engaged from Other Schools (Person-time)	2749	2577
毕业生	Graduates	196935	225656
招生数	New Students Enrollment	283132	279798
在校学生数	Students Enrolled	651587	701133

注：本表数据由广东省教育厅提供。
Note: The data in this table are provided by the Department of Education of Guangdong Province.

18-12 成人高等教育在校学生数（2022—2023年）
Number of Students Enrolled in Adult Higher Education by Level (2022-2023)

单位：人 (person)

项　目	Item	2022	2023
成人高等教育	**Higher Education for Adults**	**651587**	**701133**
成人高等学校	Institutions of Higher Education for Adults	22758	22289
广播电视大学	Radio and TV Universities	12130	10123
职工高等学校	Schools of Higher Education for Staff and Workers	10628	12166
管理干部学院	Colleges for Management Cadres		
普通高校附设	Departments Run by Regular Institutions of Higher Education	628829	678844
函　授	Correspondence Divisions	368695	413125
业　余	Evening Universities	260134	265719
脱　产	Courses in Form of Full Time for Adults		

注：本表数据由广东省教育厅提供。
Note: The data in this table are provided by the Department of Education of Guangdong Province.

18-13 民办普通中小学及幼儿园情况（2023年）
Statistics on Regular Secondary Schools, Primary Schools and Kindergartens Run by Society (2023)

单位：人 (person)

项　目	Item	学校数（所）Number of Schools (unit)	毕业生数 Number of Graduates	招生数 Number of New Entrants	在校学生数 Number of Enrolled Students	教职工数 Number of Educational Personnel	#专任教师 Full-time Teachers
合　计	**Total**	**1542**	**187043**	**159611**	**632745**	**79043**	**43698**
普通中学	Regular Secondary Schools	199	33141	42732	113198	14377	9522
高　中	Senior Secondary Schools	28	3917	9038	19522	3019	1835
初　中	Junior Secondary Schools	171	29224	33694	93676	11358	7687
小　学	Primary Schools	126	42974	45104	266945	22288	15457
幼儿园	Kindergartens	1217	110928	71775	252602	42378	18719

注：本表数据由广州市教育局提供。
Note: The data in this table are provided by Guangzhou Municipal Education Bureau.

18-14 幼儿园基本情况（2022-2023年）

Basic Statistics on Kindergartens (2022-2023)

项　目	Item	2022	2023
幼儿园数　（所）	**Number of Kindergartens (unit)**	**2223**	**2246**
公　办	Kindergartens Run by Government	989	1029
民　办	Kindergartens Run by Society	1234	1217
教职工人数　（人）	**Number of Teachers and Staff (person)**	**98532**	**96369**
#专任教师	Number of Full-time Teachers	45872	44787
在园幼儿数　（人）	**Number of Student Enrollment (person)**	**655288**	**598219**

注：本表数据由广州市教育局提供。
Note: The data in this table are provided by Guangzhou Municipal Education Bureau.

18-15 体育事业基本情况（2022-2023年）

Basic Statistics on Sports (2022-2023)

项　目	Item	2022	2023
群众体育活动情况	**Mass Sports Activities**		
各级各类群众体育品牌赛事活动（项次）	Mass Sports Activities and Competitions of all kinds all levels (item-times)	61	176
举办国际级、国家级单项比赛次数（次）	Number of international and national individual competitions (times)	7	46
破纪录	**Records Chalked up**		
破世界纪录（项、人次）	World Records Chalked up (item, person-times)	0项0人次	0项0人次
破亚洲纪录（项、人次）	Asian Records Chalked up (item, person-times)	0项0人次	0项0人次
破全国纪录（项、人次）	National Records Chalked up (item, person-times)	4项4人次	0项0人次
获得冠军	**Champions Won**		
广州运动员获世界冠军(项、人次)	World Champions (item, person-times)	4项4人次	8项8人次
广州运动员获亚洲冠军(项、人次)	Asian Champions (item, person-times)	2项2人次	18项25人次
广州运动员获全国冠军(项、人次)	National Champions (item, person-times)	38项66人次	48项96人次

注：本表数据由广州市体育局提供。2023年原指标“各级各类大型全民健身活动赛事”名称更改为“各级各类群众体育品牌赛事活动”。
Note: The data in this table are provided by Guangzhou Municipal Sports Bureau. Since 2023, the item "large-scale Body-building Activities Run of all kinds all levels" has been renamed as "Mass Sports Activities and Competitions of all kinds all levels".

18-16 文化主要指标（2022-2023年）
Main Indicators of Culture (2022-2023)

项　　目	Item	2022	2023
电影、艺术	**Films and Arts**		
广州备案立项影片 (部)	Guangzhou Record Project Approval Films (film)	34	73
广州取景拍摄影片 (部)	Guangzhou Shooting Films (film)	11	13
院线公映影片 (部)	Theatrical Release Films (film)	15	23
#故事片 (部)	Feature Films (film)	8	10
纪录片 (部)	Documentary (film)	2	3
动画片 (部)	Animated Films (film)	4	5
戏曲片 (部)	Opera Films (film)	1	3
#国产片 (部)	Domestic Films (film)	14	21
合拍片 (部)	Co-production Films (film)	1	2
进口片 (部)	Imported Films (film)		
广州发行影片 (部)	Films Released in Guangzhou (film)	21	23
艺术表演场馆 (个)	Art Performance Halls (unit)	8	8
艺术表演场馆座席数 (个)	Seats of Art Performance Halls (unit)	5986	5985
专业艺术表演团体 (个)	Specialized Arts Performance Troupes (unit)	15	15
本团原创首演剧目 (个)	Premiere Performance of Original Play (unit)	28	45
艺术表演团体演出场次 (万场)	Number of Performance for Arts Performance Troupes (scene)	0.10	0.23
艺术表演团体国内演出观众人次(万人次)	Number of Spectators for Arts Performance Troupes (10000 person-times)	62	209
广播电视事业	**Broadcasting and Television**		
广　播	**Broadcasting**		
节目套数 (套)	Number of Programs (set)	17	17
平均日播音 (小时)	Broadcasting Hours per Day (hour)	369	370
广播综合人口覆盖率 (%)	Listener Rating (%)	100.00	100.00
电　视	**Television**		
节目套数 (套)	Number of Programs (set)	23	23
平均周播放时间 (小时)	Broadcasting Hours per Week (hour)	3368	3342
制作电视剧 (集)	TV Play Programs (set)	502	336
电视综合人口覆盖率 (%)	Viewer Rating (%)	100.00	100.00
广播电视发射台站	**Radio and Television Transmission Stations**		
广播电视台 (座)	Radio and Television Stations (set)	2	6
中、短波转播发射台 (座)	Medium Wave and Short Wave Broadcasting Transmission Stations (set)	3	3

18-16 续表 continued

项 目	Item	2022	2023
图书、档案事业	**Books and Archives**		
公共图书馆 (间)	Public Libraries (unit)	14	14
总藏量 (万册)	Total Collections (10000 volumes)	4247	4278
#图 书	Books	3835	3863
阅览室座席 (个)	Seating Capacity of Reading Rooms (seat)	30507	31045
#少儿阅览室座席	Seating Capacity of Children Reading Rooms	6759	6759
总流通人次 (万人次)	Total Number of Circulation (10000 person-times)	2769	2722
书刊文献外借册次 (万册次)	Number of Books Borrowed by the Readers (10000 volume-times)	3667	4793
国家综合档案馆 (个)	Number of National Comprehensive Archives (unit)	13	13
馆藏案卷总数 (万卷)	Total Number of Collections (10000 volumes)	616	643
图书销售量 (万册)	Number of Books Sold (10000 volumes)	4533	4298
群众文化事业	**Mass Culture**		
群众艺术馆、文化馆 (间)	Units Responsible for Guiding Mass Art (unit)	13	13
文化站 (个)	Cultural Stations (unit)	176	176
举办展览 (个)	Number of Exhibitions (unit)	610	1113
组织文艺活动 (次)	Art Performances and Story-telling (times)	6336	14978
举办训练班 (次)	Training Courses (times)	9094	14873
文物事业	**Cultural Relics**		
博物馆、纪念馆 (个)	Museums and Memorial Halls (unit)	59	45
藏品数 (件)	Number of Cultural Relics Collection (piece)	1682586	1680590
#一级品	Grade One	1100	1076
基本成列 (个)	Number of Displays (unit)	184	151
临时展览 (个)	Number of Exhibitions (unit)	274	287
参观人次 (千人次)	Number of Visitors (1000 person-times)	7363	20860
文物商店 (间)	Cultural Relic Stores (unit)	2	1

注：1.文物事业自2022年起不含美术馆相关数据。
2.由于2023年部分博物馆被定义为文保单位不计入统计，故博物馆数量有所减少。
3.本表数据由广东省广播电视局、广东省文化旅游厅、广东省档案局、广州市委宣传部、广州市文化广电新闻出版局、广州市档案局提供。

Notes: I.Cultural relics business has not included data related to art museums since 2022.
II.Since some museums are defined as cultural preservation units in 2023, the number of museums has decreased.
III.Data in this table are provided by Guangdong Provincial Radio and Television Bureau, Guangdong Provincial Department of Culture and Tourism, Guangdong Provincial Archives Bureau, Publicity Department of Guangzhou Municipal Committee, Guangzhou Municipal Bureau of Culture, Radio, Film, Press and Publication, and Guangzhou Municipal Archives Bureau.

18-17 主要年份卫生事业基本情况

Basic Statistics on Public Health in Main Years

年 份 Year	卫生机构数（个） Health Care Institutions (unit)	#医 院 Hospitals	卫生技术人员（人） Medical Professionals (person)	#医 生 Doctors	卫生机构床位数（张） Hospital Beds (bed)	#医 院 Hospitals	每万人口医生数（人） Doctors per 10000 Population (person)	每万人口医院床位数（张） Hospital Beds per 10000 Population (bed)
1978	1589	140	31547	12014	17109	14382	24.88	29.78
1980	1802	141	35792	14566	17673	14747	29.02	29.38
1985	2098	163	42522	18079	23830	19439	33.17	35.67
1986	2319	165	44666	19152	25031	20020	34.48	36.05
1987	2173	174	45818	19557	26599	21544	34.61	38.13
1988	2387	182	46957	20094	27981	22663	34.83	39.28
1989	2409	186	47988	20913	28988	23458	35.72	40.07
1990	2353	190	48276	21015	29930	24395	35.36	41.05
1991	2347	194	48618	21026	31293	25286	34.91	41.99
1992	2323	200	49052	21304	32646	26901	34.80	43.94
1993	2094	210	50097	22153	32399	27339	35.52	43.84
1994	2131	216	50819	22401	33086	27871	35.17	43.75
1995	2238	221	52851	23321	34139	28721	36.06	44.41
1996	1987	222	52450	22384	34338	29728	34.12	45.31
1997	1989	224	53654	22829	35301	30067	34.25	45.11
1998	2013	224	54053	22817	35306	30791	33.85	45.67
1999	1670	250	54480	23068	36431	31284	33.68	45.67
2000	1703	252	55677	23503	38758	33716	33.54	48.12
2001	2257	253	56262	23949	39417	34558	33.61	48.50
2002	2265	196	54652	22169	40430	32736	30.76	45.43
2003	2349	183	57274	23464	42210	34140	32.36	47.08
2004	2443	188	59943	24493	45687	35979	33.20	48.77
2005	2517	211	64182	25852	47888	39359	34.44	52.44
2006	2603	223	69091	27338	50500	42821	35.94	56.29
2007	2543	225	76791	29056	52640	45209	37.57	58.45
2008	2388	218	80687	29953	54973	47128	38.20	60.10
2009	2341	224	89179	32926	59038	50367	41.44	63.39
2010	2387	216	95546	33575	62552	53227	41.65	66.03
2011	3459	207	100832	35638	65940	55429	43.75	68.05
2012	3511	224	106708	37442	70649	62194	45.53	75.63
2013	3729	222	114802	39694	73301	64864	47.69	77.93
2014	3749	224	120915	40715	77011	68685	48.33	81.53
2015	3724	229	126681	42499	82022	73313	49.75	85.83
2016	3806	243	137953	46791	87959	79037	53.75	90.80
2017	4058	243	145045	49747	90222	81747	55.41	91.05
2018	4598	255	156497	54134	95134	86011	36.32	57.71
2019	5093	269	168056	58671	100080	90940	38.33	59.41
2020	5550	289	177835	62329	101640	93067	33.26	49.66
2021	5814	291	187703	66204	106513	97117	35.20	51.63
2022	6159	298	195697	68687	110507	100490	36.66	53.64
2023	6677	331	204254	71850	117071	106785	38.16	56.72

注：1. 从2016年起卫生指标按照新的《2016国家卫生和计划生育统计调查制度》统计。其中，医生为执业(助理)医师数。
2. 从2004年起医院不包卫生院及社区卫生服务中心(站)。
3. 2017年及以前年份，每万人口医生数和每万人口医院床位数用年末户籍人口计算，从2018年起用年末常住人口计算。

Notes: I. Since 2016,the health indicators have been counted according to the new National Health and Family Planning Survey system 2016. Among them, the number of doctors practising (assistant) doctors.
II.The number of hospitals haven't included the township hospitals since 2004.
III.In 2017 and previous years,doctors per 10000 population and hospital beds per 10000 population were calculated by the year-end registered population. Since 2018, they were calculated by the year-end permanent population.

18-18 医疗卫生机构数（2022-2023年）

Number of Health Institutions (2022-2023)

单位：个 (unit)

项　　目	Item	2022	2023
各类医疗卫生机构合计	**Total Number of Health Care Institutions**	**6159**	**6677**
医　院	**Hospitals**	**298**	**331**
综合医院	General Hospitals	150	162
中医医院	TCM Hospitals	37	44
中西医结合医院	Hospitals Which Integrate Traditional Chinese Therapeutics with Western Therapeutics in Practice	4	4
专科医院	Specialized Hospitals	93	103
护理院	Nursing Homes	14	18
基层医疗卫生机构	**Basic Health Care Institutions**	**5663**	**6132**
社区卫生服务中心(站)	Health Service Centers(Stations) for Community	333	323
社区卫生服务中心	Health Service Centers for Community	163	163
社区卫生服务站	Health Service Stations for Community	170	160
卫生院	Township Hospitals	31	31
村卫生室	Village Health Hospitals	935	942
门诊部	Outpatient Departments	1794	1928
诊所、卫生所、医务室	Clinics, Health Stations, Infirmaries	2570	2908
专业公共卫生机构	**Specialized Health Care Institutions**	**67**	**67**
疾病预防控制中心(防疫站)	CDC(Epidemic Prevention Stations)	16	16
专科疾病防治院(所、站)	Specialized Disease Prevention & Treatment Institutions	6	7
健康教育所(站、中心)	Health Education Stations(Centers)	5	4
妇幼保健机构	Maternity and Child Care Institutions	12	12
急救中心(站)	First Aid Centers(Stations)	8	8
采供血机构	Blood Collection Agencies	5	5
卫生监督所(局)	Health Supervision Stations	14	14
计划生育技术服务中心(站)	Family-planning Technical Service Centers(Stations)	1	1
其他卫生机构	**Others**	**131**	**147**
康复医疗机构	Rehabilitation Medical Institution	10	10
疗养院	Sanitariums	6	4
康复医疗中心	Rehabilitation Medical Center	4	6
医学科学研究机构	Research Institutions of Medical Science	6	6
医学教育机构	Training Institutions of Medical Science		
统计信息中心	Statistical Information Centers	2	2
其他卫生机构	Other Health Institutions	113	129
#临床检验中心(所、站)	Clinical Inspect Centers(stations)	24	37

注：本表数据由广州市卫生健康委员会提供。

Note: The data in this table are provided by Guangzhou Municipal Health Commission.

18-19 医疗卫生机构床位数（2022-2023年）

Number of Beds in Medical and Health Institutions (2022-2023)

单位：张 (unit)

项　　目	Item	2022	2023
各类医疗卫生机构床位	**Total Number of Beds in Health Institutions**	**110507**	**117071**
医　院	**Hospitals**	**100490**	**106785**
综合医院	General Hospitals	60154	65137
中医医院	TCM Hospitals	12162	13346
中西医结合医院	Hospitals Which Integrate Traditional Chinese Therapeutics with Therapeutics in Practice	2772	2855
专科医院	Specialized Hospitals	23535	23275
护理院	Nursing Homes	1867	2172
基层医疗卫生机构	**Community Medical and Health Institutions**	**5040**	**5570**
社区卫生服务中心(站)	Health Service Centers for Community	2722	3213
卫生院	Township Hospitals	2318	2357
专业公共卫生机构	**Specialized Public Health Institutions**	**4438**	**4407**
#专科疾病防治机构	Specialized Disease Prevention & Treatment Institutions	123	123
妇幼保健机构	Maternity and Child Care Institutions	4313	4284
其他卫生机构	**Others**	**539**	**309**
#疗养院	Sanitariums	293	43

注：本表数据由广州市卫生健康委员会提供。

Note: The data in this table are provided by Guangzhou Municipal Health Commission.

18-20 医疗卫生机构工作人员（2022-2023年）

Number of Employed Personnel in Medical and Health Institutions (2022-2023)

单位：人 (person)

项　　目	Item	2022	2023
卫生人员	**Medical Personnel**	**238147**	**247839**
卫生技术人员	Medical Technical Personnel	195697	204254
执业(助理)医师	Assistant Certified Doctors	68687	71850
#执业医师	Certified Doctors	64677	67827
#全科医生	General Doctors	6870	9774
注册护士	Registered Nurses	91203	95097
药　师(士)	Pharmacists	10042	10405
技　师(士)	Technicians	12827	14396
#检验师(士)	Testers	7529	7954
其　他	Others	12938	12506
其他技术人员	Other Technical Personnel	8478	8804
管理人员	Managerial Personnel	29480	33280
#仅从事管理的人员	People Only Engaged in Management	10486	11090
工勤技能人员	Workers	23058	23313
乡村医生和卫生员	Rural Doctors and Medical Attendants	428	378

注：1.2021年起，全科医生数=注册为全科医学专业的人数+注册为乡村全科执业助理医师数。
2.管理人员包括同时承担领导职责、管理任务和临床、监督等卫生技术工作的人员和在管理部门仅从事管理的人员。
3.卫生人员=卫生技术人员+其他技术人员+仅从事管理的人员+工勤技能人员+乡村医生和卫生员。
4.本表数据由广州市卫生健康委员会提供。

Notes: I. Since 2021, the number of general doctors equal to the number of registered general practitioners plus the number of registered rural assistant general practitioners.
II. Managerial Personnel includes those who assume leadership responsibilities, management tasks, clinical, supervisory and other medical technical work, and those who are only engaged in management in the management department.
III. Medical personnel includes medical technical personnel, other technical personnel, people only engaged in management, workers and rural doctors and medical attendants.
IV. The data in this table are provided by Guangzhou Municipal Health Commission.

18−21 医疗卫生机构基本情况（2023年，按地区分）

Basic Statistics on Medical and Health Institutions (2023, by District)

地　区	District	医疗卫生机构数（个）Medical and Health Institutions (unit)	医院 Hospital	实有床位（张）Number of Beds (bed)	医院 Hospital
总　计	**Total**	**6677**	**331**	**117071**	**106785**
荔湾区	Liwan	291	28	7608	7369
越秀区	Yuexiu	398	34	26947	25039
海珠区	Haizhu	552	22	13044	12178
天河区	Tianhe	1075	69	15283	14875
白云区	Baiyun	1021	67	25688	24558
黄埔区	Huangpu	493	24	5016	3964
番禺区	Panyu	649	28	7373	6548
花都区	Huadu	698	17	4930	3815
南沙区	Nansha	321	16	2246	2076
从化区	Conghua	410	9	2525	1922
增城区	Zengcheng	769	17	6411	4441

18−21 续表 continued

地　区	District	卫生人员数（人）Number of Medical Personnel (person)	#卫生技术人员（人）Medical Technical Personnel (person)	#执业(助理)医师（人）Assistant Certified Doctors (person)	#注册护士（人）Registered Nurses (person)
总　计	**Total**	**247839**	**204254**	**71850**	**95097**
荔湾区	Liwan	14970	12801	4817	5875
越秀区	Yuexiu	59118	49823	16014	23021
海珠区	Haizhu	26850	21804	7625	10407
天河区	Tianhe	39286	31703	11645	15026
白云区	Baiyun	39892	30993	10383	15145
黄埔区	Huangpu	12784	10359	3418	3836
番禺区	Panyu	18488	15727	6199	7126
花都区	Huadu	12561	10780	4095	5044
南沙区	Nansha	5333	4547	1657	2189
从化区	Conghua	5702	4728	1766	2241
增城区	Zengcheng	12855	10989	4231	5187

注：本表数据由广州市卫生健康委员会提供。
Note: The data in this table are provided by Guangzhou Municipal Health Commission.

18-22 民营医疗机构基本情况（2023年，按地区分）

Basic Statistics on Private Medical and Health Institutions (2023, by District)

地区	District	医疗卫生机构数（个）Medical and Medical Institutions (unit)	床位数（张）Number of Beds (unit)	卫生人员数（人）Number of Medical Personnel (person)	#卫生技术人员（人）Medical Technical Personnel (person)	#执业(助理)医师(人) Assistant Certified Doctors (person)	#注册护士（人）Registered Nurses (person)
总计	**Total**	**4856**	**27357**	**70751**	**56453**	**21511**	**26113**
荔湾区	Liwan	227	928	3089	2775	1144	1270
越秀区	Yuexiu	264	1136	5822	4503	1714	2259
海珠区	Haizhu	434	1923	5777	4463	1802	2048
天河区	Tianhe	972	4901	17235	12859	5062	6175
白云区	Baiyun	789	10997	14161	11259	4149	5364
黄埔区	Huangpu	402	1836	6777	5472	1567	1734
番禺区	Panyu	563	1609	6510	5435	2234	2510
花都区	Huadu	450	1545	4000	3453	1417	1660
南沙区	Nansha	150	155	1365	1035	477	405
从化区	Conghua	147	476	1008	918	320	508
增城区	Zengcheng	458	1851	5007	4281	1625	2180

注：本表数据由广州市卫生健康委员会提供。

Note: The data in this table are provided by Guangzhou Municipal Health Commission.

18-23 医疗资源与服务情况（2023年，按经济类型和设置主办单位分）

Resources and Services on Medical Institutions (2023，By Economic Type and Setting Organizer)

项目	Item	合计 Total	公立医疗机构 Public Medical Institutions	#政府办 Operated by Governments	民营医疗机构 Private Medical Institutions
医疗机构数（个）	Number of Units (unit)	6677	1821	791	4856
总诊疗人次（万人次）	Patients Treated (10000 person-times)	16983.55	13791.74	12856.94	3191.81
#门　诊	Outpatient Visits	15260.69	12167.79	11299.96	3092.91
急　诊	Emergency Visits	1216.23	1160.15	1111.29	56.08
观察室留观病例数（万人次）	Number of Persons for Further Observation (10000 person-times)	49.05	48.49	48.39	0.56
健康检查人次（万人次）	Number of Persons for Health Examination (10000 person-times)	1153.62	822.35	755.81	331.27
入院人数（万人次）	Number of Inpatients (10000 person-times)	400.70	366.73	359.62	33.97
出院人数（万人次）	Number of Leaving Hospital(10000 person-times)	400.01	365.80	358.72	34.21
年底实有病床数（张）	Number of Beds at Year-end (unit)	117071	89714	86525	27357
病床使用率（%）	Utilization Rate of Beds (%)	80.60	84.35	84.53	67.80
病床周转次数（次/年）	Turnover Rate of Beds (times/year)	35	42	43	13
出院者平均住院日（日）	Average Hospitalization Period (day)	8.30	7.52	7.42	16.56
医师人均每日担负诊疗人次(人)	Average Daily For Per Doctor visited (person)	9.72	11.28	11.21	6.07
医师人均每日担负住院床日(人)	Doctor Responsible For Inpatient Bed Days Per Capita Daily (person)	1.67	1.56	1.55	2.34

注：本表数据由广州市卫生健康委员会提供。

Note: The data in this table are provided by Guangzhou Municipal Health Commission.

18-24 医疗资源与服务情况（2023年，按机构类型分）

Resources and Services on Medical Institutions (2023，By Organization Type)

项　　目	Item	医　院 Hospital	基层医疗卫生机构 Basic Medical and Health Institutions	社区卫生服务中心(站) Community Health Care Centers	卫生院 Health Center	专业公共卫生机构 Professional Medical and Health Institutions	其他卫生机构 Other Health Care Institutions
机构数　（个）	Number of Units　(unit)	331	6132	323	31	67	147
总诊疗人次　（万人次）	Patients Treated (10000 person-times)	10188.25	5781.06	3044.73	634.93	1001.94	12.31
#门　诊	Outpatient Visits	9162.06	5226.09	2706.79	436.92	860.36	12.18
急　诊	Emergency Visits	926.60	183.74	66.55	117.19	105.89	
观察室留观病例数　（万人次）	Number of Persons for Further Observation　(10000 person-times)	43.68	5.09	2.01	3.08	0.28	
健康检查人次（万人次）	Number of Persons for Health Examination　(10000 person-times)	680.22	391.40	170.12	30.39	76.32	5.69
入院人数　（万人次）	Number of Inpatients (10000person-times)	367.05	11.32	3.57	7.75	22.13	0.20
出院人数　（万人次）	Number of Leaving Hospital (10000 person-times)	366.55	11.20	3.47	7.73	22.08	0.19
年末实有病床数　（张）	Number of Beds at Year-end　(unit)	106785	5570	3213	2357	4407	309
平均开放病床数　（张）	Average Number of Beds in Use (unit)	103358	5105	2767	2337	4275	294
病床使用率　(%)	Utilization Rate of Beds　(%)	81.66	63.48	60.24	67.31	76.42	65.45
病床周转次数（次/年）	Turnover Rate of Beds　(times/year)	35.46	21.94	12.53	33.07	51.65	6.55
出院者平均住院日（日）	Average Hospitalization Period　(day)	8.42	9.61	14.88	7.25	5.33	36.93

注：本表数据由广州市卫生健康委员会提供。

Note: The data in this table are provided by Guangzhou Municipal Health Commission.

18-25 村卫生室基本情况（2022-2023年）

Statistics on Rural Health Institutions (2022-2023)

项　　目	Item	2022	2023
机构数　（个）	Number of Institutions　(unit)	935	942
执业(助理)医师　（人）	Certified (Assistant) Doctors　(person)	590	567
注册护士　（人）	Certified (Assistant) Nurses　(person)	232	213
乡村医生和卫生员　（人）	Rural Doctors and Medical Attendants　(person)	424	375
乡村医生	Rural Doctors	399	357
卫生员	Medical Attendants	25	18
总诊疗人次　（万人次）	Patients Treated　(10000 person-times)	132.14	178.69

注：本表数据由广州市卫生健康委员会提供。

Note: The data in this table are provided by Guangzhou Municipal Health Commission.

18−26 卫生事业其他指标（2022−2023年）

Other Indicators of Health Care (2022-2023)

项目	Item	2022	2023
人均卫生资源	**Per Capita Health Resources**		
每万人口卫生机构床位数 (张)	Number of Hospital Beds per 10000 Population (unit)	58.99	62.18
每万人口卫生技术人员数 (人)	Number of Medical Technical Personnel per 10000 Population (person)	104.46	108.49
每万人口执业(助理)医师数 (人)	Number of Certified (Assistant) Doctors per 10000 Population (person)	36.66	38.16
每万人口注册护士数 (人)	Number of Registered Nurses per 10000 Population (person)	48.68	50.51
防病工作	**Disease Prevention**		
甲、乙类传染病发病率 (1/10万)	Incidence Disease Rate of type A&B Infectious Disease (per 100000 persons)	588.76	949.84
甲、乙类传染病死亡率 (1/10万)	Death Rate of type A&B Infectious Diseases (per 100000 persons)	0.67	1.13
儿童计划免疫接种率 (%)	Planned Vaccination Rate of Children (%)	99.87	99.37
卡介苗基础免疫 (%)	BCG Basic Vaccination Rate	99.91	99.56
脊髓灰质炎基础免疫 (%)	Poliovirus Basic Vaccination Rate	99.88	99.45
百白破基础免疫 (%)	Pertussis, Diphtheria & Tetanus Basic Vaccination Rate	99.86	99.43
麻疹基础免疫 (%)	Measles Virus Basic Vaccination Rate	99.87	99.41
乙肝基础免疫 (%)	Hepatitis B Basic Vaccination Rate	99.87	99.41
乙脑基础免疫 (%)	Encephalitis B Basic Vaccination Rate	99.89	99.24
妇幼工作	**Women and Children**		
孕产妇保健系统管理率 (%)	Management Rate of Maternity Health Care System (%)	97.21	97.97
产前检查率 (%)	Medical Examination Rate before Birth (%)	98.65	98.73
住院分娩率 (%)	Hospital Childbirth Rate (%)	99.88	99.89
3岁以下儿童系统管理率 (%)	Management Rate of Children System at 3 Years Old and below (%)	92.75	93.00
7岁以下儿童健康管理率 (%)	Management Rate of Children Health Care at 7 Years Old and below (%)	98.36	98.19
新生儿遗传代谢性疾病筛查率 (%)	Screening Rate of Neonatal Genetic and Metabolic Disease (%)	99.75	99.80
新生儿听力筛查率 (%)	Neonatal Hearing Screening Rate (%)	99.45	99.70
住院分娩出生缺陷发生率 (1/万)	Birth Defect Rate at Hospital Childbirth (1/10000)	270.98	303.14
出生低体重儿发生率 (%)	Incidence Rate of Low Weight Infants at Birth (%)	6.75	6.94
5岁以下儿童中重度营养不良发生率 (%)	Incidence Rate from Medium and Serious Malnutrition of Children at 5 Years Old and below (%)	1.30	1.56
围产儿死亡率 (‰)	Death Rate of Perinatal Children (‰)	3.49	3.94
孕产妇死亡率 (1/10万)	Death Rate of Pregnant and Lying-in Women (per 100000 persons)	3.82	2.80
婴儿死亡率 (‰)	Death Rate of Infant (‰)	1.79	1.63
5岁以下儿童死亡率 (‰)	Death Rate of Children at 5 Years Old and below (‰)	2.77	2.57

注：1.本表数据由广州市卫生健康委员会提供。
2.本表人均卫生资源用年末常住人口计算。
3.甲、乙类传染病发病率、死亡率用年平均常住人口计算。

Notes: I. The data in this table are provided by Guangzhou Municipal Health Commission.
II. Per capita health resources is calculated by annual resident population.
III. The incidence disease rate and death rate of type A and B infections diseases are calculated by annual resident population.

18–27 律师、公证、基层司法基本情况（2022–2023年）

Basic Statistics on Lawyers, Notarization and Grassroots Judicial Work (2022-2023)

项　　目		Item		2022	2023
律师工作		**Lawyers**			
律师事务所	（个）	Number of Law Offices	(unit)	902	975
执业律师	（人）	Number of Certified Lawyers	(person)	22744	25264
担任常年法律顾问	（家）	Number of Units with Permanent Legal Advisors	(unit)	24817	23141
民事诉讼代理	（件）	Civil Case Litigation Agency	(case)	207250	303718
行政诉讼代理	（件）	Administrative Action Case Litigation Agency	(case)	5069	7491
非诉讼法律事务	（件）	off-court Case	(case)	61946	51506
刑事辩护及代理	（件）	Criminal Case Litigation Agency	(case)	22298	45481
公证工作		**Notarization**			
公证处	（个）	Number of Notary Offices	(unit)	10	10
公证人员	（人）	Number of Notary Personnel	(person)	535	540
办结公证总数	（件）	Number of Notary Documents	(case)	316108	439633
#国内民事公证		Domestic Civil Notary		213902	289265
国内经济公证		Domestic Economic Notarization		55489	68618
涉外民事公证		Foreign-related Civil notary		46125	81196
涉外经济公证		Foreign-related Economic Notarization		592	554
基层司法工作		**Grassroots Judicial Work**			
司法所	（个）	Number of Law Services	(unit)	176	176
司法所人员	（人）	Number of Law Service Personnel	(person)	1103	1156
司法所兼职人员	（人）	Number of Units with Legal Advisors	(person)		
司法所辅助人员	（人）	Ancillary Judicial Personel in Courts	(person)	655	674
人民调解委员会	（个）	Number of People's Mediation Committees at Year-end	(unit)	3417	3425
调解人员	（人）	Number of Mediators at Year-end	(person)	18420	20011
调解纠纷总数	（件）	Number of Disputes Mediated	(case)	61119	71297

注：本表数据由广州市司法局提供。

Note:The data in this table are provided by Guangzhou Municipal Bureau of Justice.

18–28 社会治安主要指标（2022–2023年）

Main Indicators of Public Security (2022-2023)

项目		Item		2022	2023
刑事案件		**Criminal Cases**			
立当年案数	（件）	Number of Cases Registered	(case)	90380	89522
破当年案数	（件）	Number of Cases Cracked in Current Year	(case)	36224	42317
破案率	(%)	Percentage of Cases Cracked to Total Criminal Cases in Current Year	(%)	40.1	47.3
治安案件		**Offense Cases against Public Order**			
受理数	（件）	Number of Cases Accepted to be Treated	(case)	100817	138757
查处数	（件）	Number of Cases Investigated and Treated	(case)	95457	137306
城市交通事故		**City Traffic Accidents**			
交通事故	（件）	Number of Traffic Accidents	(case)	4683	5217
死伤人数	（人）	Number of Deaths and Injuries	(person)	4487	5108
#死亡人数		Number of Deaths		572	807
损失折款	（万元）	Losses Converted into Cash	(10000 yuan)	1252	1300
火　灾		**Fires**			
火灾起数	（起）	Number of Fires	(case)	9516	9610
死伤人数	（人）	Number of Deaths and Injuries	(person)	42	79
#死亡人数		Number of Deaths		8	25
损失折款	（万元）	Losses Converted into Cash	(10000 yuan)	8568	9130

注：本表刑事案件、治安案件、城市交通事故数据由广州市公安局提供。火灾相关数据由广州市消防救援支队提供。

Note: This table provides data on criminal cases, public security cases, and urban traffic accidents provided by the Guangzhou Municipal Public Security Bureau. Fire-related data are provided by Guangzhou Fire Rescue Detachment.

18-29 社会保险情况（2022-2023年）

Conditions of Social Insurance (2022-2023)

单位：人 (person)

项目	Item	2022 参保人数 Persons Participating in Insurance	2022 享受保险待遇人数 Number of People Enjoying Insurance	2023 参保人数 Persons Participating in Insurance	2023 享受保险待遇人数 Number of People Enjoying Insurance
基本养老保险	Basic Pension Insurance	10234161	1939113	10357176	2022788
城镇职工基本养老保险	Basic Pension Insurance for Employed Persons in Urban Units	8860865	1346683	9015230	1426504
城乡居民养老保险	Pension Insurance for Urban and Rural Resident	1373296	592430	1341946	596284
社会医疗保险	Social Medical Care Insurance	13913970	7809062	14142104	8260315
职工社会医疗保险	Employee Social Medical Care Insurance	9086703	5489763	9257827	5866053
城乡居民社会医疗保险	Social Medical Care Insurance for Urban and Rural Residents	4827267	2319299	4884277	2394262
失业保险	Unemployment Insurance	7148285	234555	7186926	278306
工伤保险	Work Injury Insurance	7322600	18793	7634735	23463
生育保险	Maternity Insurance	7021602	353125	7028575	1887447

注：1.养老保险、失业保险、工伤保险数据由广州市人力资源和社会保障局提供，医疗保险、生育保险数据由广州市医疗保障局提供。

2.职工社会医疗保险参保人数2021年口径为当期缴费人数，即2021年末参保人数。2022年口径按国家医保局规定改为6个月内有缴费并参保状态正常的人员。

3.生育保险参保人数2021年口径为当期缴费人数，即2021年末参保人数。2022年口径按国家医保局规定改为6个月内有缴费并参保状态正常的人员。

4.享受职工社会医疗保险待遇人数不含个账注资、大学生门诊包干、药店购药人数。

5.生育保险享受保险待遇相关数据为享受保险待遇人次，2023年享受生育保险人次口径调整，将产前检查人次纳入统计。

Notes: I. The data on pension insurance, unemployment insurance and industrial injury insurance are provided by Guangzhou Municipal Human Resources and Social Security Bureau, and the data on medical insurance and maternity insurance are provided by Guangzhou Municipal Medical Insurance Bureau.

II. The number of employees participating in social medical insurance in 2021 is the number of current contributors, that is, the number of participants at the end of 2021.In 2022, according to the provisions of the National Medical Insurance Bureau,the caliber will be changed to those who have paid fees within 6 months and participate in the normal insurance status.

III. The number of maternity insurance participants in 2021 is the number of current payment, that is, the number of participants at the end of 2021. In 2022, according to the provisions of the National Medical Insurance Bureau, the caliber will be changed to those who have paid fees within 6 months and participate in the normal insurance status.

IV. The number of employees who enjoy social medical insurance does not include the number of individual account injection,college students' outpatient contract, and pharmacies.

V. The data related to the insurance benefits of maternity insurance are the number of people who enjoy insurance benefits. The caliber of the number of people who enjoy maternity insurance in 2023 will be adjusted to include the number of prenatal check-ups in the statistics.

18-30 优抚和社会救助、福利事业情况（2022-2023年）
Statistics on Special Care, Social Relief and Social Welfare (2022-2023)

项　　目	Item	2022	2023
优抚事业	**Special Care and Preferential Treatment**		
抚恤、补助优抚对象总人数（人）	Number of Persons Enjoying Regular Pensions and Allowances (person)	35632	34516
抚恤事业财政性支出（万元）	Expenses on Special Care and Preferential Treatment (10000 yuan)	60639	61845
社会救助	**Social Relief**		
城市居民最低生活保障人数（人）	Number of Persons Enjoying Minimum living Security In Urban Areas (Person)	18387	18390
城市居民最低生活保障户数（户）	Number of Households Enjoying Minimum living Security In Urban Areas (Household)	11757	11743
农村居民最低生活保障人数（人）	Number of Persons Enjoying Minimum living Security In Rural Areas (Person)	27935	28286
农村居民最低生活保障户数（户）	Number of Households Enjoying Minimum living Security In Rural Areas (Household)	11560	11504
城市特困人员救助供养人数（人）	Number of Relief Personnel in Urban Areas (Person)	5710	6291
农村特困人员救助供养人数（人）	The Number of Relief Personnel in Rural Areas (Person)	3931	4182
资助参加医疗救助保险（人次）	Number of Persons Funded to Participate in Medical Care Insurance (Person)	159168	216879
直接实施医疗救助人次数（人次）	Number of Persons Direct Implementation of Medical Assistance (Person-times)	1019848	1388381
#住院救助人次数（人次）	Number of Persons Enjoying Medical Assistance Inpatient Services (Person-times)	144811	181584
门诊救助人次数（人次）	Number of Persons Enjoying Medical Assistance Outpatient Services (Person-times)	875037	1206797
临时救助人次数（人次）	Number of temporary assistance (Person-times)	2880	8812
城市低收入家庭救助人数（人）	Number of Persons low-income families assisted in Urban Areas (Person)	2272	2155
城市低收入家庭救助户数（户）	Number of Households low-income families assisted in Urban Areas (Household)	1015	958
农村低收入家庭救助人数（人）	Number of Persons low-income families assisted In Rural Areas (Person)	2281	1944
农村低收入家庭救助户数（户）	Number of Households low-income families assisted In Rural Areas (Household)	747	628
生活无着人员救助人次数（人次）	Number of Homeless People Enjoying Relief (Person-times)	18034	17282
#未成年人救助保护机构救助未成年人人次数（人次）	Number of times that minors are rescued by minors' rescue and protection Agency (Person-times)	34	97
社会救助事业财政性支出（万元）	Expenses on Social Relief (10000 yuan)	105008	103202
自然灾害生活救助财政性支出（万元）	Financial Relief Funds for Disasters (10000 yuan)	517	25
社会福利	**Social Welfare**		
享受困难残疾人生活补贴人数（人）	Number of persons with disabilities receiving living allowances (Person)	31786	32084
享受重度残疾人护理补贴人数（人）	Number of persons receiving care subsidies for severely disabled persons (Person)	112956	113225
社会福利收养性单位数（个）	Number of Social Welfare Adoption Units (unit)	254	264
社会福利收养性单位床位数（张）	Number of Beds in Social Welfare Adoption Units (unit)	66264	66690
年末社会福利收养性单位在院人数（人）	Number of Persons in Social Welfare Adoption Units at Year-end (Person)	30397	30937
社会福利事业财政性支出（万元）	Expenses on Social Welfare (10000 yuan)	339163	348418
城乡社区服务	**Grassroots Social Security in Urban and Rural Areas**		
社区服务设施数（个）	Number of Community Service Facilities in Urban Areas (unit)	3253	3256
#社区服务中心(站)（个）	Centers of Community Service	3004	3009

注：1.优抚事业数据由广州市退役军人事务局提供，医疗救助数据由广州市医疗救助服务中心提供，自然灾害生活救助财政性支出数据由广州市应急管理局提供，其余数据由广州市民政局提供。
2.社会福利收养性单位相关数据不含优抚及转隶单位数据。
3.抚恤事业财政性支出包含中央、市和区财政支出，统计口径包括优抚对象抚恤补助、慰问金、一次性抚恤金和义务兵家庭优待金等。
4.自然灾害生活救助财政性支出数据指救助经费，不含物资救助。
5.原“流浪乞讨人员救助人次数”指标修改为“生活无着人员救助人次数”，指标口径不变。
6.从2022年起，同时享受医疗救助待遇和医疗救助购买服务项目待遇的在计算住院救助人次数时合并按1人次计算。

Notes: I. The data on preferential care are provided by Guangzhou Bureau of Veterans Affairs, medical assistance data are provided by Guangzhou Medical Assistance Service Center, financial relief funds for disasters data are provided by Guangzhou Municipal Emergency Management Bureau. Other data are provided by Guangzhou Civil Affairs Bureau.
II. The relevant data of social welfare adoptive units do not include the data of preferential care and subordinate units.
III. The financial expenditure on pension business includes the financial expenditure of the central government, municipalities and districts, and the statistical caliber includes pension subsidies, condolence payments, one-time pensions and preferential treatment for the families.
IV. The data of financial relief funds for disasters include aid funding and does not include material relief.
Ⅴ.The original index of "Number of Vagrants and Beggars Enjoying Relief" was revised to "Number of Homeless People Enjoying Relief",and the indicator caliber remained unchanged.
VI. Since 2022, those who enjoy both medical assistance treatment and medical assistance purchase service project treatment will be combined to calculate the number of hospitalized rescuers by one person。

18−31 结婚登记和离婚登记情况（2022−2023年）

Marriage Registration and Divorce Registration (2022-2023)

单位：对 (couple)

地区	District	2022 结婚登记对数 Number of Marriage Registration	2022 离婚登记对数 Number of Divorces Registration	2023 结婚登记对数 Number of Marriage Registration	2023 离婚登记对数 Number of Divorces Registration
全市	**Total**	**78242**	**22469**	**100645**	**27647**
荔湾区	Liwan	4289	1569	6401	2019
越秀区	Yuexiu	8253	2564	11041	2963
海珠区	Haizhu	6210	2431	8841	2886
天河区	Tianhe	10228	2440	11451	2999
白云区	Baiyun	10911	2894	12501	3370
黄埔区	Huangpu	5895	1374	7611	1682
番禺区	Panyu	10288	2817	12490	3398
花都区	Huadu	6045	1887	10543	2578
南沙区	Nansha	4371	1044	5273	1500
从化区	Conghua	3905	1218	4257	1279
增城区	Zengcheng	7847	2231	10236	2973

注：1.从2018年起，涉外婚姻登记办理权限下放到各区。
2.本表数据由广州市民政局提供。

Notes: I. The authority for registration of foreign-related marriages has been delegated to all districts since 2018.
II. The data in this table are provided by Guangzhou Municipal Civil Affairs Bureau.

18−32 社会组织机构情况（2022−2023年）

Social Organization Structure (2022-2023)

单位：个 (unit)

项目	Item	2022	2023
社会组织机构数	**Number of social organizations**	**8004**	**7964**
#社会团体	Social Group	3467	3535
民办非企业	Private non-enterprise Organization	4397	4290
基金会	Foundation	140	139

注：本表数据由广州市民政局提供。

Note: The data in this table are provided by Guangzhou Municipal Civil Affairs Bureau.

主要统计指标解释

【卫生人员】指在医院、基层医疗卫生机构、专业公共卫生机构及其他医疗卫生机构工作的职工，包括卫生技术人员、乡村医生和卫生员、其他技术人员、管理人员和工勤人员。一律按支付年底工资的在岗职工统计，包括各类聘任人员（含合同工）及返聘本单位半年以上人员，不包括临时工、离退休人员、退职人员、离开本单位仍保留劳动关系人员、本单位返聘和临聘不足半年人员。

【执业医师】指《医师执业证》"级别"为"执业医师"且实际从事医疗、预防保健工作的人员，不包括实际从事管理工作的执业医师。执业医师类别分为临床、中医、口腔和公共卫生四类。

【执业助理医师】指《医师执业证》"级别"为"执业助理医师"且实际从事医疗、预防保健工作的人员，不包括实际从事管理工作的执业助理医师。执业助理医师类别分为临床、中医、口腔和公共卫生四类。

【律师】指受聘参加律师事务所工作，提任法律顾问、刑（民）事代理人、刑事辩护人，办理非诉讼事件、解答法律询问，代写法律事务文书等主要从事律师业务的专职法律工作者和兼职律师。

【公证人员】指在国家公证机关依法办理公证事务的司法人员。包括公证员、助理公证员和在公证处工作的其他人员。

【调解人员】指人民调解委员会担负调解民间一般民事纠纷和轻微违法行为所引起的纠纷的工作人员。包括调解委员会的委员和调解小组调解员。

Explanatory Notes on Main Statistical Indicators

【Health Personnel】 refers to staff and workers working in hospitals, primary medical and health institutions, specialized public health institutions and other medical and health institutions, including health technicians, rural doctors and health workers, other technical personnel, administrative personnel and workers. Statistics shall be made according to the on-post staff who pay the salary at the end of the year, including all kinds of hired staff (including contract staff) and rehired staff of the unit for more than half a year, excluding temporary workers, retired staff, retired staff, left the unit and still retained labor relations staff, rehired staff of the unit and temporary staff for less than half a year.

【Licensed Physician】 refers to the personnel whose "level" is "licensed physician" and who are actually engaged in medical treatment and preventive health care, excluding the medical practitioners who are actually engaged in management work. The medical practitioners are divided into four categories: clinical, traditional Chinese medicine, oral and public health.

【Assistant medical practitioner】 refers to those who are "assistant medical practitioner" in the "Medical Practitioner Certificate" and are actually engaged in medical treatment and preventive health care, excluding assistant medical practitioner who is actually engaged in management work. Assistant medical practitioners are classified into four categories: clinical, traditional Chinese medicine, oral and public health.

【Lawyers】 refers to full-time legal workers and part-time lawyers who are employed to work in law firms, appointed legal counsel, criminal (civil) affairs agent, criminal defender, handle non-litigation events, answer legal inquiries, and write legal documents.

【Notary】 refers to the judicial personnel who handle notary affairs in the national notary office according to law. This includes notaries, assistant notaries and other persons working in the notary office.

【Conciliator】 refers to the staff of the people's conciliation committee who is responsible for mediating ordinary civil disputes and disputes caused by minor illegal acts. Including members of the conciliation Board and conciliation panel mediators.

附 录

APPENDIX

附录1 全国国民经济主要指标（2022–2023年）

Main Indicators of National Economy of China (2022-2023)

项　　目	Item	2022	2023
年末总人口（万人）	Year-end Population (10000 persons)	141175	140967
国内生产总值（亿元）	Gross Domestic Product (100 million yuan)	1204724	1260582
#第一产业	Primary Industry	88207	89755
第二产业	Secondary Industry	473790	482589
第三产业	Tertiary Industry	642727	688238
人均国内生产总值（元）	Per Capita Gross Domestic Product	85310	89358
全社会固定资产投资额（亿元）	Total Investment in Fixed Assets (100 million yuan)	495966	509708
社会消费品零售总额（亿元）	Total Retail Sales of Consumer Goods (100 million yuan)	439733	471495
货物周转量（亿吨公里）	Total Freight To-kilometers (100 million ton-km)	231783	247745
旅客周转量（亿人公里）	Total Passenger-kilometers (100 million passenger-km)	12922	29832
邮政业务总量（亿元）	Business Volume of Postal Services (100 million yuan)	14317	
电信业务总量（亿元）	Business Volume of Telecommunication Services (100 million yuan)	17501	18359
货物进出口总额（亿美元）	Total Imports & Exports through Customs (100 million yuan)	62509	59360
进口总额（亿美元）	Total Imports through Customs (100 million dollar)	27065	25569
出口总额（亿美元）	Total Exports through Customs (100 million dollar)	35444	33790
实际使用外商直接投资（亿美元）	Amount of Capital Actually Used in Foreign Direct Investment (USD 100 million)	1891	1633
一般公共预算收入（亿元）	General Public Budget Revenue (100 million yuan)	203649	216795
居民消费价格总指数（上年=100）	General Consumer Price Index (preceding year=100)	102.0	100.2
城镇非私营单位就业人员年平均工资（元）	Average Wage of Employed persons in Urban Units (yuan)	114029	120698
城镇居民年人均可支配收入（元）	Per Capita Annual Disposable Income of Urban Residents (yuan)	49283	51821
农村居民年人均可支配收入（元）	Per Capita Annual Disposable Income of Rural Residents (yuan)	20133	21691
在校学生数	Number of Enrolled Students by Level of School		
#普通本专科学校（万人）	Undergraduate in Regular HEIS (10000 persons)	3659	3775
普通高中（万人）	Regular Senior Secondary Schools (10000 persons)	2714	2804
普通小学（万人）	Primary Schools (10000 persons)	10732	10836
医疗卫生机构床位数（万张）	Hospital Beds (10000 units)	975	1017
卫生技术人员（万人）	Medical Technical Personnel (10000 persons)	1166	1249
#执业医师和执业助理医师	Doctors and Assistant Medical Practitioners	444	478

注：2022年为最终统计数据，2023年为初步统计数据。

Note: The figures of 2023 are preliminary statistics, and the figures of 2022 are finally statistics.

附录2　广东省国民经济主要指标（2022—2023年）

Main Indicators of National Economy of Guangdong Province (2022-2023)

项　　　　目	Item	2022	2023
年末常住人口　(万人)	Year-end Population (10000 persons)	12657	12706
年末就业人员人数　(万人)	Year-end Employed Persons (10000 persons)	6904	7057
地区生产总值　(亿元)	Gross Domestic Products (100 million yuan)	129513.55	135673.16
人均地区生产总值　(元)	Per Capita GDP (yuan)	102217	106986
社会消费品零售总额　(亿元)	Total Retail Sales of Consumer Goods (100 million yuan)	44882.92	47494.86
货运量　(万吨)	Freight Traffic (10000 tons)	364199	382401
客运量　(万人)	Passenger Traffic (10000 persons)	47632	82680
港口货物吞吐量　(万吨)	Volume of Freight Handled at Ports (10000 tons)	204802	221462
邮政业务总量　(亿元)	Business Volume of Postal Services (100 million yuan)	3112.87	3645.36
电信业务总量　(亿元)	Business Volume of Telecommunications Services(100 million pieces)	1950.26	2024.09
进口总值　(亿美元)	Total Imports (100 million dollar)	4462.65	4069.91
出口总值　(亿美元)	Total Exports (100 million dollar)	7961.30	7729.29
实际利用外商直接投资　(亿元)	Amount of Direct Foreign Capital Actually Used (100 million yuan)	1819.02	1591.64
地方一般公共预算收入　(亿元)	General Public Budgetary Revenue of Local Government (100 million yuan)	13260.88	13850.78
地方一般公共预算支出　(亿元)	General Public Budgetary Expenditure of Local Government (100 million yuan)	18533.08	18527.03
居民消费价格指数　(上年=100)	General Consumer Price Index (preceding year=100)	102.2	100.4
工业生产者出厂价格指数　(上年=100)	Producer Price Index for Manufactured Goods (preceding year=100)	103.0	98.5
工业生产者购进价格指数　(上年=100)	Producer Price Index for Purchased Goods (preceding year=100)	104.1	97.6
城镇单位就业人员年平均工资　(元)	Average Wage of Fully Employed Staff and Workers in Urban Units (yuan)	124916	131418
城镇常住居民人均可支配收入　(元)	Per Capita Disposable Income of Urban Residents (yuan)	56905	59307
农村常住居民人均可支配收入　(元)	Per Capita Disposable Income of Rural Residents (yuan)	23598	25142
在校学生数　(万人)	Number of Enrolled Students by Level of School (10000 persons)		
普通高等学校	Institutions of Higher Education	267.09	260.14
中等学校	Secondary Schools	824.62	861.91
小　学	Primary Schools	1084.05	1110.52
医院、卫生院　(个)	Medical Technical Personnel (10000 persons)	2981	3044
执业(助理)医师　(万人)	Number of Doctors (10000 persons)	33.52	35.95
医院及卫生院床位　(万张)	Hospital Beds (10000 units)	56.41	58.34

注：2022年为最终统计数据，2023年为初步统计数据。

Note: The figures of 2023 are preliminary statistics, and the figures of 2022 are finally statistics.

附录3 中国香港特别行政区主要统计指标（2022–2023年）
Main Indicators of Hong Kong Special Administrative Region (2022-2023)

项　　目	Item	2022	2023
人口及生命统计	**Population and Vital Events**		
总人口(年中数)　(万人)	Mid-year Population　(10000 persons)	734.6	753.6
粗出生率　(‰)	Crude Birth Rate　(‰)	4.4	4.4
粗死亡率　(‰)	Crude Death Rate　(‰)	8.7	7.2
劳动、就业	**Labor and Employment**		
劳动人口　(万人)	Labor Force　(10000 persons)	377.6	382.2
劳动人口参与率　(%)	Labor Force Participation Rate　(%)	58.2	57.3
失业率　(%)	Unemployment Rate　(%)	4.3	2.9
本地生产总值	**Gross Domestic Product　(GDP)**		
本地生产总值(按2021年环比物量计算)　(亿港元)	GDP　(At 2021 Link Ratios, HKD 100 million)	27624	28512
人均本地生产总值(按2021年环比物量计算)(港元)	Per Capita GDP　(At 2021 Link Ratios, HKD)	376038	378342
本地生产总值(按当年价格计算)　(亿港元)	GDP　(At Current Prices, HKD 1000 million)	28091	29913
人均本地生产总值(按当年价格计算)　(港元)	Per Capita GDP　(At Current Prices, HKD)	382393	396933
本地居民总收入（按当年价格计算）　（亿港元）	**Gross National Income (at current prices)　(GNI)**		
本地居民总收入　(亿港元)	GNI　(HKD 100 million)	29949	32590
人均本地居民总收入　(港元)	GNI per capita　(HKD)	407681	432452
工业生产	**Industrial Production**		
工业生产指数　(2015年=100)	Index of Industrial Production　(2015 = 100)	101.2	105.0
工业电力消费量　(万亿焦耳)	Industrial Electricity Consumption　(terajoule)	11087	11126
工业煤气消费量　(万亿焦耳)	Industrial Gas Consumption　(terajoule)	1704	1743
对外商品贸易	**External Merchandise Trade**		
进口　(亿港元)	Imports　(CIF, HKD 100 million)	49275	46450
香港产品出口　(亿港元)	Domestic Exports　(HKD 100 million)	626	656
转口　(亿港元)	Re-exports　(HKD 100 million)	44690	41118
运输、旅游	**Transport , Communications and Tourism**		
进出香港货物总量　(万吨)	Inward and Outward Movements of Cargo (10000 tons)		
总卸下	Total Discharged	12936	12355
总装上	Total Loaded	7601	6923
集装箱吞吐量　(万标准集装箱)	Container Throughput　(10000 TEUs)	1669	1440
访港旅客　(万人次)	Visitors Arrivals　(10000 person-times)	60	3400
酒店入住率　(%)	Hotel Room Occupancy Rate　(%)	66	82
政府收支　（亿港元）	**Public Accounts　(HKD 100 million)**		
政府收入　(前一年4月至当年3月)	Total Government Revenue (Apr. of previous year- Mar. of current year)	6936	6222
政府支出　(前一年4月至当年3月)	Total Government Expenditure (Apr. of previous year- Mar. of current year)	6934	8105
消费价格指数　（按年变动率）	**Consumer Price Indices　(Annual Rate of Change)**		
综合消费价格指数	Composite Consumer Price Index	103.3	105.5
教育	**Education**		
小学学生人数　(人)	Student Enrolment in Primary Schools　(person)	337549	329780
中学学生人数　(人)	Student Enrolment in Secondary Schools　(person)	333774	341919

注：2023年数据在日后得到更多资料时会作出修订。

Note: Figures of 2023 are subject to revision as more data become available.

附录4 中国澳门特别行政区主要统计指标（2022–2023年）

Main Indicators of Macao Special Administrative Region (2022-2023)

项　　目		Item		2022	2023
人口及生命统计		**Population and Vital Events**			
年中人口估计	(万人)	Mid-year Estimates of Population	(10000 persons)	67.7	67.9
出生率	(‰)	Crude Birth Rate	(‰)	6.4	5.5
死亡率	(‰)	Crude Death Rate	(‰)	4.4	4.4
劳动、就业		**Labour**			
劳动人口	(万人)	Labour Force	(10000 persons)	37.9	37.5
劳动力参与率	(%)	Labour Force Participation Rate	(%)	68.6	67.9
失业率	(%)	Unemployment Rate	(%)	3.7	2.7
就业不足率	(%)	Underemployment Rate	(%)	6.9	1.7
本地生产总值		**Gross Domestic Product**			
以2021年环比物量计算		**At 2021 Link Ratios**			
本地生产总值	(亿澳门元)	GDP	(100 million MOP)	1948.6	3518.0
人均本地生产总值	(万澳门元)	GDP per Capita	(100 million MOP)	28.7	51.9
按当年价格计算		At Current Prices			
本地生产总值	(亿澳门元)	GDP	(100 million MOP)	1973.1	3794.8
人均本地生产总值	(万澳门元)	GDP per Capita	(10000 MOP)	29.1	55.9
对外商品贸易		**External Merchandise Trade**			
出口	(亿澳门元)	Exports	(100 million MOP)	135.2	133.4
本地产品出口	(亿澳门元)	Domestic Exports	(100 million MOP)	20.2	15.5
转口	(亿澳门元)	Re-exports	(100 million MOP)	115.0	117.9
进口	(亿澳门元)	Imports	(100 million MOP)	1398.1	1414.4
运输、旅游		**Transport &Tourism**			
进出澳门货运车辆数目	(万辆)	Lorries Entering and Departing Macao	(10000 times)	34.2	38.3
访澳旅客	(万人次)	Visitors Arrival	(10000 person-times)	570.0	2821.3
酒店入住率	(%)	Hotel Room Occupancy Rate	(%)	38	82
财政收支		**Government Accounts**			
公共财政总收入	(亿澳门元)	Total Government Revenue	(100 million MOP)	1096.4	949.9
公共财政总支出	(亿澳门元)	Total Government Expenditure	(100 million MOP)	1021.5	871.6
消费价格指数		**Consumer Price Index**			
综合消费价格指数(2018年4月至2019年3月=100)		Composite Consumer Price Index (Apr.2018 - Mar.2019 = 100)		103.70	104.68
教　育		**Education**			
小学生	(人)	Primary Education	(person)	37854	38349
中学生	(人)	Secondary Education	(person)	30274	31617
高等教育学生	(人)	Higher Education	(person)	49594	55611

注：2023年数据在日后得到更多资料时会作出修订。

Note: Figures of 2023 are subject to revision as more data become available.

附录5 粤港澳大湾区主要经济指标（2023年）

Main Indicators of Guangdong-Hong Kong-Macao Greater Bay Area (2023)

地区	Region	土地面积（平方公里）	地区生产总值 Gross Domestic Product			人均地区生产总值 Per Capita GDP		
		Land Area (sq.m)	绝对值（亿元） Absolute (100 million yuan)	指数（上年=100） Index (preceding year =100)	绝对值（亿美元） Absolute (USD 100 million)	绝对值（元） Absolute (yuan)	指数（上年=100） Index (preceding year =100)	绝对值（美元） Absolute (USD)
广州	Guangzhou	7238.46	30355.73	104.6	4307.79	161634	104.5	22938
深圳	Shenzhen	1987.01	34606.40	106.0	4911.01	195230	105.6	27705
珠海	Zhuhai	1725.07	4233.22	103.8	600.74	170306	103.2	24168
佛山	Foshan	3797.79	13276.14	105.0	1884.02	138526	104.9	19658
惠州	Huizhou	11350.36	5639.68	105.6	800.33	93036	105.5	13203
东莞	Dongguan	2460.38	11438.13	102.6	1623.19	109339	102.8	15516
中山	Zhongshan	1780.99	3850.65	105.6	546.45	86636	105.7	12295
江门	Jiangmen	9535.19	4022.25	105.5	570.80	83409	105.6	11837
肇庆	Zhaoqing	14891.43	2792.51	103.7	396.29	67614	103.6	9595
香港特别行政区	Hong Kong Special Administrative Region	1114.60	26840.37	103.2	3808.41	356157	102.2	50535
澳门特别行政区	Macao Special Administrative Region	33.30	3334.47	180.5	470.58	491628	180.5	69382

附录5 续表 continued

地区	Region	年末人口（万人） Population at the Year-end (10000 persons)	港口集装箱吞吐量（万标准集装箱） Container Throughput (10000 TEUs)	进出口总额（亿美元） Total Exports and Imports (USD 100 million)	出口总额（亿美元） Total Exports (USD 100 million)	进口总额（亿美元） Total Imports (USD 100 million)
广州	Guangzhou	1882.70	2541.44	1552.87	925.38	627.49
深圳	Shenzhen	1779.01	2988.00	5492.98	3482.67	2010.31
珠海	Zhuhai	249.41	122.52	421.10	287.32	133.78
佛山	Foshan	961.54	347.13	851.93	697.00	154.93
惠州	Huizhou	607.34	54.58	484.09	289.48	194.61
东莞	Dongguan	1048.53	390.15	1822.75	1203.64	619.11
中山	Zhongshan	445.82	129.66	366.34	314.43	51.92
江门	Jiangmen	482.24	160.55	246.32	200.18	46.15
肇庆	Zhaoqing	413.17	61.14	52.86	39.18	13.68
香港特别行政区	Hong Kong Special Administrative Region	753.61	1440.10	11268.87	5335.80	5933.07
澳门特别行政区	Macao Special Administrative Region	67.90	14.43	191.94	16.54	175.40

注：1.本表香港、澳门统计数据来自《中国统计摘要》、香港特别行政区政府统计处以及澳门特别行政区统计暨普查局。

2.香港特别行政区和澳门特别行政区地区生产总值为“本地生产总值 ”，年末人口为“年中人口 ”。

3.本表汇率按照100港币=90.02人民币元，100澳门元=87.87人民币元，100美元=704.67人民币元，100美元=782.9港币，100美元=806.4澳门元计算。

4.本表中，广州、深圳、珠海、佛山、惠州、东莞、中山、江门、肇庆九市土地面积为2022年数据。

Notes: I. Data in this chart regarding Hong Kong and Macao come from the Hong Kong Special Administrative Region Census and Statistics Department, and the Macao Special Administrative Region Statistics and Census Service.

II. The gross domestic product (GDP) of the Hong Kong Special Administrative Region and the Macao Special Administrative Region is "Local Gross Domestic Product" and the year-end population is "mid-year population".

III. This chart is calculated using currency conversion rates of 100HKD=90.02RMB,100MOP=83.41RMB, 100USD=704.67RMB, 100USD=782.9HKD,100USD=806.4MOP.

IV. In this table, the land area data of Guangzhou, Shenzhen, Zhuhai, Foshan, Huizhou, Dongguan, Zhongshan, Jiangmen and Zhaoqing are the data of 2022.